L'aide humanitaire en Haïti

La grande escroquerie

Timothy T. Schwartz

traduit de l'anglais
par David Malenfant

Le Dièdre

Titre original :
The Great Haiti Humanitarian Aid Swindle
© Timothy T. Schwartz, 2017
ISBN 10:1544054742
ISBN 13:978-1544054742
publié avec l'accord de Timothy T. Schwartz

© David Malenfant, 2019
pour la traduction française
ISBN 978-616-565-362-6
publié par David Malenfant
Tous droits réservés

Couverture : David Malenfant

Haïti est le pays en développement le plus étudié et le moins bien compris au monde.

Ira Lowenthal
Anthropologue américain qui a vécu 40 ans en Haïti

Qui donne est un sot. Qui refuse un don est un imbécile.

Dicton populaire haïtien

Ce livre est dédié aux millions de personnes qui ont fait des dons pour aider les Haïtiens dans le besoin ; aux dizaines de milliers de secouristes et de travailleurs humanitaires sincères qui se sont rendus en Haïti pour donner un coup de main ; aux Haïtiens démunis à qui s'adressent les dons et qui sont nombreux, pour ne pas dire la plupart, à ne jamais en voir la couleur ; et aux générations futures d'enfants haïtiens. Toutes ces personnes méritent des explications pour l'aide gaspillée, les exagérations, les distorsions de la vérité et les mensonges purs et simples dont le peuple haïtien fut longtemps victime, bien avant et bien après le tremblement de terre de 2010.

TABLE DES MATIÈRES

Acronymes

ACTED	Agence d'aide à la coopération technique et au développement
BAI	Bureau des avocats internationaux
BARR	Enquête Évaluation des bâtiments et déblaiement
BID	Banque interaméricaine de développement
CIA	Agence centrale de renseignements des États-Unis
CIRH	Commission intérimaire pour la reconstruction d'Haïti
CNE	Centre national des équipements
CNVJ	Commission nationale de vérité et de justice
DAP	Disaster Accountability Project
DART	Équipe d'intervention en cas de catastrophe
DIA	Agence de renseignements de la défense des États-Unis
ETS	Enstitu de Travay Sosyal
FMI	Fonds monétaire international
FRAPH	Front pour l'avancement et le progrès haïtien
HRF	Fonds des droits de la personne (Human Rights Fund)
IBESR	Institut du Bien-être social et des Recherches
J/P HRO	J/P Haitian Relief Organization
KOFAVIV	Komisyon Fanm Viktim pou Viktim
MICIVIH	Mission civile internationale en Haïti
MINUSTAH	Mission des Nations Unies pour la stabilisation en Haïti
MSF	Médecins sans frontières
OEA	Organisation des États américains
OCHA	Bureau des Nations Unies pour la coordination des affaires humanitaires
OIM	Organisation internationale pour les migrations
OIT	Organisation internationale du Travail
PAM	Programme alimentaire mondial
SOFA	Solidarite Fanm Ayisyen
UNHCR	Haut-Commissariat des Nations Unies pour les réfugiés
USAID	Agence américaine pour le développement international
RSMU	Recherche et sauvetage en milieu urbain

1

Introduction : l'industrie de la charité

L'INDUSTRIE DE LA CHARITÉ VUE PAR LA PÈGRE

Je suis assis à une table dans un saloon obscur de la République dominicaine. L'air est saturé de fumée, des travailleuses du sexe à peine vêtues longent le bar et trois colosses comme j'en ai rarement vus me font face. Des gangsters de la Nouvelle-Angleterre. De *vrais* gangsters. Je ne les connais pas vraiment, à l'exception de Billy, avec qui j'ai frayé il y a bien longtemps. C'était avant d'obtenir mon doctorat en anthropologie et de venir étudier et travailler dans le secteur humanitaire en Haïti. À l'époque, ma vie était bien différente. Gangster ou pas, Billy est un héros de guerre, a toujours été un véritable ami et nous avons gardé contact pendant toutes ces années. Lorsqu'il m'a annoncé la venue de son petit groupe en République dominicaine, où j'habitais à l'époque, j'ai naïvement proposé de me joindre à eux pour leur faire découvrir le coin. Voilà comment je me suis retrouvé à cette table, le guide improvisé de trois dangereux gangsters de la Nouvelle-Angleterre.

La plupart de leurs conversations tournaient autour du travail. « Tu te souviens quand ils ont refroidi Davy ? », suivi des détails de l'exécution du pauvre Davy. Comment untel a extorqué de l'argent à un pauvre imbécile. Des cambriolages, des transactions qui tournent au vinaigre et un nombre incalculable de bagarres de bar.

Ce soir-là, après près d'une semaine ensemble, l'un d'eux me demande ce que je fais dans la vie. Les trois hommes me fixent et attendent une réponse. Ils savent déjà que j'ai écrit un livre sur l'aide humanitaire et j'imagine qu'ils veulent m'entendre à ce sujet. Je me sens un peu mal à l'aise. Après les bagarres de bar et les liquidations mafieuses, le monde de l'aide humanitaire me semble plutôt banal. Peu importe, je me lance. Je leur raconte toutes les arnaques décrites dans mon livre. Les orphelinats qui sont des entreprises commerciales. Les écoles destinées aux enfants défavorisés peuplées d'enfants riches profitant d'une éducation gratuite. Les enseignants et les travailleurs humanitaires qui détournent des dons alimentaires destinés à des écoliers affamés. Etc. Tandis que je raconte tout ça, une pensée me vient à l'esprit : peut-être vaut-il mieux ne pas exposer tous les maux de l'aide internationale à trois gangsters. Ils pourraient plutôt y voir de belles occasions d'affaires. Mais une fois mon histoire terminée, les trois hommes se secouent plutôt la tête d'un air dégoûté. L'un d'eux retire le cigare de sa bouche et, avec toute la sincérité d'un tueur de sang-froid, déclare : « J'ai rarement entendu quelque chose d'aussi écœurant. »

LA CORRUPTION DE LA CHARITÉ

La charité est une bonne chose. Sauver des vies, donner aux plus nécessiteux et sacrifier un salaire durement gagné pour aider un inconnu : ces gestes sont non seulement admirables, ils sont héroïques, divins. C'est indéniable. Personne n'ignore la portée d'un don fait à une veuve, à un orphelin, à une personne handicapée, à un sans-abri. Aussi, s'approprier ces dons, faire en sorte que l'argent destiné à une sans-abri aveugle ou à un enfant qui se meurt de faim se retrouve plutôt dans ses propres poches, c'est tout comme voler directement ces personnes. C'est jeter cette femme aveugle à la rue, c'est saisir la nourriture dans l'assiette de cet enfant affamé. C'est ignoble, lâche et cruel, une bassesse telle qu'elle choque et dégoûte même les criminels les plus endurcis. En effet, c'est vraiment « écœurant ». Le problème, c'est qu'on ne parle pas de quelques incidents isolés, mais d'une industrie de milliards de dollars.

L'INDUSTRIE DE LA CHARITÉ

Des millions de gens participent au dépouillement des plus démunis de la planète. À cette fin, ils rusent, exagèrent et mentent de façon éhontée. Comme nous le verrons dans ces pages, ils publient des images de ce qu'ils prétendent être des enfants réduits à l'esclavage et des femmes violées. Ils inventent ou exagèrent leurs statistiques. Ils recherchent avec avidité les histoires d'abus les plus odieuses tout en s'attribuant le rôle de sauveurs de la veuve et de l'orphelin. Enfin, bien évidemment, ils nous demandent de l'argent.

Tout ça ne serait pas si grave s'ils aidaient vraiment. Malheureusement, dans de nombreux cas, pour ne pas dire la plupart, cette aide est inexistante ou superficielle. C'est à eux-mêmes, et non aux personnes démunies et en détresse, qu'est destinée la plus grande partie des fonds amassés. L'argent sert à payer leur maison, les frais de scolarité de leurs enfants privilégiés, leur régime de pension et leurs vacances.

C'est déplorable. C'est tordu. C'est écœurant. Cela dit, la majorité des acteurs de l'humanitaire ne sont pas des escrocs sournois qui passent leurs journées à conspirer et à manigancer dans des réduits enfumés. Au contraire, la plupart font carrière au sein d'organismes des Nations Unies comme l'UNICEF, d'ONG comme CARE International et d'organisations religieuses comme World Vision[i] et Catholic Relief Services. Certains sont des vedettes de rock comme Wyclef Jean ou de cinéma comme George Clooney, des personnes déjà riches. Leurs

---

[i] NDT « Vision du Monde » en Europe, « Vision mondiale » au Canada.

principaux alliés pour nous faire avaler leurs histoires, leurs chiffres gonflés et leurs statistiques truquées ? Des bastions de nouvelles dites crédibles comme le *New York Times*, le *Guardian* de Londres, des fils de presse comme l'*Associated Press*, l'*United Press International* et l'*Agence France-Presse*, ainsi que des émissions à heure de grande écoute comme *60 Minutes* et *Anderson Cooper 360°*. Ces grands médias sont leur porte-voix. Ils confèrent une crédibilité aux mensonges et aux exagérations qui poussent les bonnes âmes de ce monde à donner pour des causes souvent inventées ou exagérées au point de ne plus rien à voir avec la réalité. Sous leur regard, une tradition haïtienne utile comme les *restaveks* (une forme de noviciat qui aide les enfants à sortir de la rue et à apprendre un métier) devient une ignoble forme d'esclavage.

Ce dont j'accuse ces personnes et ces organisations, je ne prétends pas qu'elles le font intentionnellement, qu'elles cherchent délibérément à nous duper et à voler l'argent destiné aux plus démunis de ce monde. La plupart d'entre elles croient en la véracité des exagérations et des mensonges qu'elles propagent. Certaines les défendent sans rien obtenir en retour, tandis que d'autres sont même prêtes à payer pour pouvoir contribuer. Ces terribles fléaux sociaux qu'elles combattent ont été mis en lumière par des « experts » et des « militants ». Ils ne peuvent qu'être vrais ! Cependant, d'après mon expérience (et j'ai plus de 20 ans d'expérience en tant que chercheur et analyste pour les plus grands organismes humanitaires du monde), bon nombre de ces fléaux scandaleux n'existent même pas ou leur description est travestie au point de ne plus rien avoir avec la réalité. Voilà le sujet de ce livre : l'industrie de la charité en Haïti. Dans une certaine mesure, ce livre porte sur le gaspillage et les détournements de fonds, une histoire qui, même si elle mérite d'être approfondie, a déjà été racontée en partie ailleurs. Cependant, ce livre se penche plus que tout sur une autre facette de l'histoire qui n'a toujours pas été racontée : les exagérations, les distorsions de la réalité et les mensonges utilisés pour solliciter des dons, ainsi que la presse qui, plutôt que de séparer minutieusement le vrai du faux, contribue à duper le public et à dépeindre Haïti comme l'un des pires endroits au monde. Ces outrances, qui ne semblent nulle part aussi graves qu'en Haïti, ont atteint leur paroxysme dans la foulée du tremblement de terre du 12 janvier 2010[1].

LE PLUS GRAND AFFLUX DE DONS DE L'HISTOIRE

Le séisme qui a frappé Haïti en 2010 a été suivi, en termes de dollars, par la plus grande vague de sympathie de l'histoire. Les sommes recueillies furent tout à fait spectaculaires. Les entreprises et les particuliers ont donné un total de 3,1 milliards de dollars[ii] pour venir en aide aux victimes. Les gouvernements étrangers ont promis 10 milliards supplémentaires. Histoire de replacer ces chiffres en contexte, notons qu'à l'échelle mondiale, l'ensemble de l'aide de sources privées et publiques destinée aux catastrophes était de 19 milliards de dollars en 2010. C'est là tout l'argent donné sur cette planète pour venir en aide aux victimes de catastrophes. De ces 19 milliards, 13,1 furent pour Haïti. Par ailleurs, les États-Unis étaient à ce moment aux prises avec la plus importante récession de leur histoire depuis la Grande dépression[2, 3, 4, 5].

Si cette somme avait été versée au gouvernement haïtien, elle aurait permis de boucler 13 ans de budget national (un budget de 965 millions en 2009). Mais ce n'est pas ce qui arriva. Du moins, pas entièrement : un an après le séisme, le gouvernement haïtien avait reçu un pour cent des dons. Les autres 99 pour cent avaient été versés aux ONG, notamment Save the Children, la Croix-Rouge[6], CARE International, Catholic Relief Services, Concern Worldwide, Mercy Corps, Food for the Poor, et Feed the Hungry ; aux organismes de l'ONU, comme l'UNICEF et le Progamme alimentaire mondial ; et à des entrepreneurs privés de l'aide humanitaire, notamment les sociétés américaines Chemonics et Development Alternatives Inc.

[ii] Sauf indication contraire, tous les montants sont en dollars américains.

On s'attendait à ce que ces organisations soient les plus aptes à faire face à la crise. Depuis longtemps, elles combattaient la pauvreté dans le monde. La plupart d'entre elles avaient été fondées dans les années cinquante, voire avant, et bon nombre œuvraient en Haïti depuis au moins un demi-siècle. Nulle part ailleurs n'existait-il des administrations, des professionnels, des bénévoles et des consultants de ce calibre. On croyait non seulement qu'ils étaient les mieux placés pour relever le pays, mais que, avec une montagne de dons à leur disposition, ils pourraient créer un nouveau Haïti. Ils allaient placer Haïti sur la voie de cette prospérité qui lui a tristement échappé pendant deux siècles, depuis qu'il est glorieusement devenu la deuxième nation de l'hémisphère occidental à gagner son indépendance[7]. Comme l'a déclaré Bill Clinton : « En dépit de cet horrible séisme, voilà l'occasion parfaite pour Haïti d'échapper aux sombres chapitres de son passé et de bâtir un avenir meilleur », après quoi il a lancé le nouveau mot d'ordre : « Build Back Better » (Reconstruire en mieux)[8].

LE GASPILLAGE

La dilapidation et le gaspillage ont débuté presque immédiatement. Le Programme alimentaire mondial des Nations Unies a loué deux bateaux de croisière de luxe avec domestiques, serveurs et tout le bataclan. Total de la facture : 16,6 millions de dollars pour 90 jours, un tarif trois fois plus élevé que celui du marché selon une enquête de *Fox News*[9].

Des sociétés américaines de déblayage post-catastrophe ont décroché des contrats de centaines de millions de dollars pour nettoyer les décombres après s'être associées à la femme du président haïtien et au consul d'Israël en Haïti, un milliardaire haïtien. Ils ont facturé 68 $ par mètre cube de déblais, trois fois le scandaleux 23 $ par mètre cube porté au compte du gouvernement américain dans la foulée de l'ouragan Katrina et cinq fois le 14 $ par mètre cube que l'équipe de Sean Penn facturait au même moment pour déblayer Haïti.

Le gouvernement des États-Unis recevra une facture moyenne de 5 265 $ par abri temporaire pour les victimes du séisme, un prix beaucoup plus élevé que n'importe quel autre abri humanitaire dans le monde. BEAUCOUP plus élevé. C'est près de deux fois le prix qui s'y rapproche le plus, à savoir les 3 000 $ payés par l'ONU en 2009 pour des abris hivernaux en Géorgie, un pays développé ; c'est cinq fois les 910 $ facturés par des organisations humanitaires pour des abris hivernaux temporaires destinés aux réfugiés de guerre afghans ; et c'est 18 fois le coût des matériaux en Haïti, 300 $, pour construire une cabane de 3 x 4 mètres avec un plancher de béton, des murs en contreplaqué et un toit en tôle ondulée[10].

De son côté, le Fonds Clinton-Bush pour Haïti, après avoir récolté 47 millions de dollars pour les victimes du tremblement de terre, offrira 2 millions de cette somme sous forme de prêt à faible taux d'intérêt à l'une des familles les plus riches d'Haïti, les Madsen, pour lui permettre de terminer la construction d'un hôtel de luxe. La Fondation Clinton, après avoir récolté 34 millions de dollars, construira des salles de classe pour plus de 1 000 enfants : à vrai dire, des remorques dont les niveaux de méthanal (formaldéhyde), un agent de préservation du bois, étaient si élevés que les enfants et les enseignants en tombaient malades[11]. Le fabricant des soi-disant classes-caravanes n'était nul autre que Clayton Homes, une société américaine qui avait aussi vendu des maisons mobiles saturées de formaldéhyde à l'Agence fédérale de gestion des situations d'urgence des États-Unis (FEMA) en 2004 et qui, au moment même où la Fondation Clinton achetait les caravanes pour Haïti, était poursuivie en justice par les survivants de l'ouragan Katrina[12, 13].

On pourrait continuer comme ça jusqu'à la fin des temps. Avant le séisme, l'ONG Food for the Poor construisait des maisons permanentes en Haïti au coût de 2 000 $ par maison. Après le séisme, le gouvernement américain a mandaté Food for the Poor pour la construction de 750 maisons qui reproduisaient essentiellement le même modèle, mais cette fois au coût de 38 000 $ par maison[14], 19 fois le prix original[15]. Gail McGovern, la PDG de la Croix-Rouge, a déclaré que 100 millions des 500 millions de dollars donnés à la Croix-Rouge serviraient à « fournir des maisons permanentes à des dizaines de milliers de personnes »[16]. Cinq ans plus tard, le diffuseur NPR révélait que la Croix-Rouge avait construit un total de six maisons permanentes.

Comprenez-moi bien : toute l'aide n'a pas été dilapidée. Des efforts de secours à court terme ont été efficaces et économiques. Des équipes chirurgicales de Médecins sans frontières (MSF), de Partners in Health et de centaines d'autres organismes de secours médical ont été dépêchées en Haïti. Sans elles, Haïti aurait été un enfer encore plus terrible. Sean Penn s'est également avéré être une exception[17]. Neuf jours après le séisme, l'acteur foulait le sol haïtien avec son charisme, sa langue bien pendue et sa tendance à invectiver tous ceux qui l'énervent. Contre toutes attentes, il s'est révélé avoir un talent pour la gestion de crise propre à faire honte à la plupart des directeurs d'ONG. Dans la première année, Sean Penn a dépensé 14 millions de dollars, une minuscule fraction des 1,4 milliard de dollars dépensés cette année-là, une somme principalement amassée auprès de célébrités. En dépit de ces maigres ressources, son équipe a nettoyé 20 pour cent des décombres de Port-au-Prince et son camp a abrité cinq pour cent de tous les réfugiés[18, 19, 20, 21, 22, 23, 24, 25, 26, 27, 28].

LES DISSIMULATIONS

Malheureusement, Sean Penn, MSF et Partners in Health ne sont que les exceptions qui confirment la règle. Il est beaucoup plus facile de trouver des exemples de gaspillages et de facturations absurdes. Tout aussi troublants étaient les dissimulations et les refus de rendre des comptes au sujet des dépenses.

L'organisme Disaster Accountability Project (DAP) a examiné 196 des plus importantes organisations ayant récolté des dons destinés aux victimes du tremblement de terre. Voici ce que l'étude a révélé :

1. Seulement six de ces organisations détaillaient leurs activités dans des rapports de situation factuels, accessibles au public et mis à jour régulièrement.

2. Une seule organisation disposait de ce que le DAP considère être des « informations complètes et factuelles ».

3. Une majorité de ces organisations, plus précisément 128, n'avaient aucun rapport de situation factuel sur leur site Web, lequel contenait plutôt des descriptions anecdotiques d'activités ou des appels aux émotions.

4. Bon nombre d'organisations prétendaient offrir des descriptions plus détaillées de leurs activités sur leurs blogues, mais ceux-ci étaient plutôt constitués presque entièrement « de pathos, de photos d'enfants et de comptes rendus purement anecdotiques de moments touchants lors d'interventions ».

Lorsque le DAP a écrit aux ONG pour leur demander de remplir un bref sondage, 90 pour cent n'ont pas répondu[29]. Le DAP a répliqué avec quatre autres courriels expliquant l'importance et l'obligation morale d'être transparent et de rendre des comptes aux donateurs. Leurs demandes sont restées lettre morte. Ben Smilowitz, le directeur du DAP, a conclu que « la plupart de ces ONG se fichent de la coordination. Elles font leurs propres affaires dans leur coin. Elles ne nous disent pas ce qu'elles font, nous ne savons pas ce qu'elles font, et elles veulent probablement que ça reste ainsi »[30, 31, 32].

LA CUPIDITÉ

Ainsi, après avoir recueilli une montagne de dons destinés aux victimes du séisme, les agences humanitaires ont dilapidé ces fonds puis refusé de rendre des comptes. Cependant, encore une fois, ce n'est pas exactement là le sujet du livre, qui se penche avant tout sur les moyens utilisés pour solliciter ces dons. Ce livre traite des exagérations, des distorsions de la réalité et des mensonges éhontés employés par les organismes humanitaires pour récolter de l'argent. Il explore également la manière dont les médias internationaux propagent ces mensonges et leur confère par le fait même une crédibilité. Le fait est que, en dépit du gaspillage et de l'incompétence qui ont fait suite au séisme, en dépit de l'afflux massif de dons et de l'incapacité surprenante des organisations humanitaires à faire profiter les victimes de ces dons, ces organisations ont continué de solliciter nos portefeuilles. Et qu'ont fait les bonnes âmes de ce monde ? Elles ont continué de donner.

La Fédération internationale de la Croix-Rouge a d'abord lancé un « appel éclair » de 10 millions de dollars visant à offrir une aide d'urgence à 100 000 personnes. Le 30 janvier, trois semaines après le tremblement de terre, elle demandait 103 millions pour « aider jusqu'à 600 000 bénéficiaires pendant trois ans ». La Croix-Rouge recevra un total de 1,2 milliard de dollars, soit dix fois le montant réclamé à l'origine. Save the Children a initialement sollicité des dons à hauteur de 9,8 millions. Après avoir atteint ce montant en quelques semaines, ses besoins sont passés à 20 millions. À la fin de l'année, l'ONG avait recueilli 87 millions de dollars, soit près de dix fois sa requête originale. World Vision a commencé par une demande de 3,8 millions de dollars. L'organisation a ensuite lancé un nouvel appel, puis un autre, puis bien d'autres jusqu'à ce qu'elle récolte un total de 191 millions. L'UNICEF a d'abord sollicité 120 millions de dollars. Après avoir récolté 229 millions en six mois, soit pratiquement le double de la demande initiale, l'UNICEF a déterminé qu'il lui manquait 127 millions. Ce ne sont là que quelques exemples. En règle générale, les ONG et les organismes de l'ONU étaient insatiables. Seul MSF a indiqué avoir recueilli suffisamment de dons, et ce après avoir récolté un fabuleux 138 millions de dollars[33]. Par ailleurs, les sollicitations ne se limitaient pas aux grandes ONG. Six mois après le tremblement de terre, des musiciens et des artistes organisaient toujours des concerts et des écoliers continuaient de vendre de la limonade pour venir en aide aux survivants[34, 35, 36].

LES DONS

Cette générosité apparemment sans limites du public de l'étranger constitue l'aspect le plus étonnant de cette catastrophe. « La véritable question, a balbutié Blake Elis sur les ondes de *CNN Money* neuf jours après le séisme, c'est de savoir si cet élan de générosité va se poursuivre. » Lucy Bernholz, conseillère en collecte de fonds pour le secteur philanthropique, s'inquiétait également : « Cette vague de soutien est remarquable, mais les gens perdent rapidement l'intérêt [envers les catastrophes]. » L'éditrice du journal *Chronicle of Philanthropy*, Stacy Palmer, était tout aussi inquiète : « Quelque chose devra se produire, sans quoi les gens oublieront et retourneront vaquer à leurs occupations. »

Et quelque chose s'est effectivement produit : une panoplie de mensonges, d'exagérations et de distorsions de la réalité visant à susciter l'indignation et la sympathie des donateurs étrangers. Ces simulacres de vérité ont été habilement propagés par la presse internationale avide de sensationnalisme et, à tout le moins dans le cas d'Haïti, par des journalistes incapables de démêler le vrai du faux ou n'en voyant pas l'intérêt. J'ai écrit ce livre pour différentes raisons. D'abord, pour révéler l'outrance des organismes humanitaires qui mentent, s'autofélicitent et sollicitent davantage de dons après avoir dilapidé ce qu'on leur a déjà donné. Ensuite, pour démontrer comment les médias répètent ces mensonges sans vergogne. Enfin, parce ce que le temps est venu pour ces organisations de rendre des comptes. Pour mettre fin au gaspillage et au détournement des fonds destinés aux plus démunis de ce monde, nous devons forcer les organismes humanitaires à démontrer, de manière précise et honnête, quels sont les problèmes de pauvreté qu'ils prétendent résoudre – ce qui n'arrivera jamais tant et aussi longtemps que le public ignorera la gravité du problème.

À bien des égards, ce livre est la suite d'un de mes livres précédents, *Mascarade en Haïti*, qui portait sur les ratées de l'aide au développement en Haïti et sur le foisonnement d'une culture de l'aide fondée sur la tromperie et l'escroquerie. Comme pour *Mascarade en Haïti*, je n'ai pas écrit le présent livre pour vilipender l'aide au développement, mettre des personnes dans l'embarras ou entacher la réputation de certaines organisations humanitaires. L'objectif est plutôt d'encourager l'honnêteté et de provoquer des changements. La différence entre *Mascarade en Haïti* et ce livre est la suivante : armé de données sur le séisme et de l'expérience d'une décennie supplémentaire à mener des recherches archivistiques et quelque 40 enquêtes et sondages en Haïti pour le compte d'organismes humanitaires et de gouvernements (le sujet des chapitres suivants), je pousse la critique et l'analyse plus loin. Je présente une description et une analyse plus complètes et mieux étayées des exagérations mensongères et de l'exploitation de la pauvreté haïtienne. En bref, je lève le voile sur la Grande escroquerie de l'aide humanitaire en Haïti[37, 38].

2

Les secours

LES SECOURISTES EN MILIEU URBAIN LES MIEUX FORMÉS AU MONDE

Nous sommes jeudi, un peu plus de 48 heures après le séisme. Je conduis en pleine nuit dans le centre-ville dévasté de Port-au-Prince. Un feu brûle au bout de la rue, des pneus de camion qui grésillent, craquent et dispersent des volutes de fumée vers le ciel étoilé. L'odeur âcre du caoutchouc brûlé flotte dans l'air.

Dans la caisse de mon camion se trouvent trois secouristes et leurs deux chiens, ainsi que mon ami Ben, un major de l'armée américaine retraité depuis peu. Quatre autres secouristes m'accompagnent dans l'habitacle. Ils font tous partie de l'équipe de Fairfax, en Virginie[iii]. Même dans mon camion, ils gardent leur casque de sécurité sur la tête et leur matériel d'escalade sur le dos. C'est du sérieux.

[iii] Première escouade de la Virginie, Opérations internationales de recherche et de sauvetage en milieu urbain du comté de Fairfax.

— Les 48 premières heures , me dit le chef de l'équipe. Tout se joue dans les deux premiers jours.

Nous discutons de la capacité de survie d'une personne piégée sous les décombres.

— Il y a ce qu'on appelle la *rhabdo*, ajoute un autre secouriste. Rhabdomyolyse. Après 72 heures, les muscles squelettiques commencent à se désintégrer, à se liquéfier.

Il explique ensuite comment la destruction du muscle entraîne la libération d'une protéine dans la circulation sanguine, ce qui à son tour provoque une insuffisance rénale et, à moins d'un traitement rapide, la mort.

— Trois jours, déclare le chef. C'est tout.

Nous passons lentement devant les pneus incendiés et je sens une bouffée de chaleur. Les secouristes à l'arrière pensent avoir vu des cadavres dans les flammes.

— Si la *rhabdo* ne les tue pas, la soif s'en chargera, précise le chef.

J'effectue un grand virage autour du feu et je continue mon chemin vers le centre de Port-au-Prince.

— Trois jours sans eau, poursuit-il, et c'est la fin.

Nous commençons à calculer à voix haute. Déjà 50 heures se sont écoulées depuis le tremblement de terre. Demain matin, lorsque nous reviendrons, ce sera 64 heures. Demain après-midi, 72 heures. À ce moment, tous les espoirs seront perdus.

Nous avons poursuivi nos recherches toute la journée, d'un bâtiment effondré à l'autre. Dans certains cas, un étage s'était effondré à plat sur l'étage inférieur, « comme une crêpe », disait le chef. Ces maisons semblaient sans espoir. Autour de nous, la vie suivait son cours normal : des gens faisaient leurs courses au marché, d'autres cuisinaient un plat derrière la maison, des enfants jouaient dehors… Toutefois, aux environs des commerces et des marchés, des foules s'amassaient. Certains se faufilaient dans les brèches des bâtiments et repartaient avec ce qu'ils pouvaient trouver.

À un moment, Ben et moi avons pénétré un marché en ruines par une ouverture béante dans le béton et l'armature. J'avais cru comprendre que nous devions faire sortir les pillards, alors j'ai crié vers l'intérieur du bâtiment : « Hé ! Des secouristes et leurs chiens s'apprêtent à effectuer des recherches, le bâtiment doit être évacué. »

J'ai attendu un moment, mais personne ne sortait. « Nous allons lâcher les chiens ! » J'ai attendu encore un peu. Aucun signe de vie. « Ils MORDENT », ai-je crié de toutes mes forces. Peu de temps après, les « pillards » émergeaient des décombres, les bras aussi chargés que possible.

Ils n'étaient pas agressifs. Bon nombre d'entre eux avaient de la difficulté à franchir le mur où je me trouvais. « Mesi, Blan », disaient-ils en créole, ce qui ne signifie pas « merci Blanc », comme on pourrait se l'imaginer, mais plutôt « merci l'étranger ». Une femme avec un sac énorme s'efforçait d'atteindre le rebord d'une saillie devant moi. Elle n'avait pas la force nécessaire pour gravir la pile de gravats avec son sac. Je demandais aux hommes qui passaient de l'aider, mais ils m'ignoraient tous. Tout en soulevant une boîte de détergent à lessive sur ses épaules, l'un deux a répondu : « Pas question, c'est chacun pour soi. » Je suis finalement descendu pour aider la femme à grimper le mur.

D'autres m'ont demandé de l'aide.

Un jeune homme s'est arrêté devant moi et a déposé une boîte sur le sol. Il en a sorti une grosse bouteille de vin *Ernest and Julio Gallo* et m'a demandé ce que c'était.

— C'est du vin.

— Est-ce que ça va me rendre costaud ?

Tandis que le calme régnait dans les ruines du magasin, une scène en apparence cauchemardesque se déroulait à l'extérieur. La police nationale haïtienne avait bloqué l'accès à l'aide d'une corde. Les policiers laissaient passer les pillards qui sortaient du marché, mais utilisaient des tuyaux d'arrosage pour fouetter quiconque tentait de franchir la corde en sens inverse. Aussi, une meute de loups affamés patientait le long de la corde. Les pillards dévalaient les gravats et passaient en dessous de la corde pour ensuite se buter au mur formé par la foule, qui se jetait sur leur butin. Les marchandises tirées en tous sens se déchiraient, leur contenu se répandait sur le sol et ceux qui arrivaient à mettre la main sur quoi que ce soit déguerpissaient illico.

De retour dans mon camion avec les secouristes et Ben à l'arrière, nous passons l'entrée d'un cimetière. Sur le panneau qui surplombe l'entrée, une citation de la Genèse qui tombe à point nommé : « Souviens-toi que tu es poussière ».

Le chef prolonge la limite possible de survie sous les décombres : « On a déjà trouvé des survivants après plus de quatre jours », annonce-t-il.

« Je crois que le record est de cinq jours », ajoute un autre secouriste[iv].

Le chef montre des signes d'impatience. « Nous n'avons aucun projecteur, nous n'avons pas nos outils. » Il veut retourner à l'ambassade, où d'autres secouristes fraîchement débarqués dressent des tentes et organisent des équipes de recherche pour les prochains jours, et où le matériel tant attendu de l'équipe de Fairfax devrait arriver d'une minute à l'autre. Cela dit, matériel ou pas, le temps est compté. Par ailleurs, nous avons entendu dire que des survivants étaient coincés sous les décombres de la cathédrale épiscopale Sainte-Trinité. C'est près d'ici. Nous débattons quelque peu et en arrivons à un compromis : nous allons au moins trouver l'église avant de retourner à l'ambassade.

Quelques minutes plus tard, nous nous faufilons dans un passage étroit entre de petits feux et des bâtiments en ruines. La rue est couverte de boue noire. On devine des groupes de gens dans la noirceur. Je n'ose pas dire aux secouristes que je suis perdu.

[iv] Comme on le verra plus loin dans ce chapitre, le record était de 14 jours. Une durée de huit jours est plus probable. Toutefois, la teneur de l'argument demeure la même : très peu de gens survivent plus de 72 heures.

Nous poursuivons notre chemin, une rue noire et abandonnée après l'autre. Ensuite, au loin, de la lumière.

Nous nous rapprochons. La lumière s'intensifie. Un bruit de martèlement se fait entendre, la terre tremble, puis nous arrivons enfin à la source du tapage.

Une immense chargeuse s'offre à notre vue. Elle est équipée de projecteurs d'illumination braqués sur un bâtiment partiellement écroulé. On se croirait en plein jour. La machine gigantesque cogne contre la structure. Son immense godet d'acier s'élève dans les airs puis s'abat sur une section découverte du deuxième étage. La structure entière se met à trembler. De l'autre côté de la rue, une foule morose observe la scène.

Je gare le camion sur le trottoir, juste à côté des spectateurs. Plusieurs policiers sont sur les lieux, assis dans un camion noir et blanc. Les jambes d'un policier pendouillent hors de la portière du conducteur. Un autre policier est affalé sur le siège du passager. La foule observe solennellement le godet de la chargeuse qui monte dans les airs, marque un arrêt puis revient s'abattre contre la structure. Bam ! Le bâtiment tremble.

Cette foule est calme et disciplinée, différente de celle vue au marché plus tôt dans la journée. Elle reste de l'autre côté de la rue, comme retenue par une ligne imaginaire. Le bâtiment en face, lui aussi, est différent. Il ne s'agit pas d'un cas désespéré, d'un tas de gravats ou d'étages aplatis les uns sur les autres comme des crêpes. Il y a un mètre, un mètre et demi d'espace entre chaque étage. La structure est dans un piètre état, mais tient toujours.

Nous descendons du camion, les yeux rivés sur le bâtiment, et la foule se masse autour de moi tandis que nous nous approchons. On me dit qu'il s'agit de l'École nationale d'infirmières, une institution publique. Lorsque le séisme a frappé, 110 étudiantes se trouvaient à l'intérieur. « Il y a des femmes à l'intérieur », dit une voix. L'espoir renaît. *Après des jours de recherches futiles*, me dis-je, *nous allons enfin sauver quelqu'un.* « Elles sont en vie, dit-on. Nous leur avons parlé. »

Nous allons sauver quelqu'un.

Je regarde l'excavatrice. Ses projecteurs inondent le bâtiment d'une lumière blanche. *Avec cette lumière, les secouristes peuvent faire leur travail.* Je regarde l'école. La force du séisme a pulvérisé les murs et je peux voir à l'intérieur du deuxième étage. Je vois une toilette, un lavabo de porcelaine. Et derrière, de l'espace. *Aucune raison de retourner à l'ambassade. Nous avons tout le nécessaire. Nous avons de la lumière. Nous avons des chiens. Nous pouvons entrer dans le bâtiment.* Cependant, la chargeuse poursuit son travail. Son godet s'abat de nouveau sur la structure et je sens le sol vibrer sous mes pieds.

Je me plante juste à côté de la chargeuse et je crie à l'opérateur en créole, *Tann !* « Attends ! Nous avons des chiens. » La monstrueuse machine jaune s'arrête.

Lorsque le tremblement de terre a frappé 51 heures plus tôt, je me trouvais en République dominicaine, l'autre pays qui, avec Haïti, forme l'île d'Hispaniola. J'étais en vacances avec mon ami Joseph, un diplomate américain en poste à Port-au-Prince, et Ben, le major à la retraite aussi présent à l'École nationale d'infirmières. Nous venions tout juste d'arriver à notre hôtel. Joseph a allumé la télé : séisme en Haïti. Il a aussitôt téléphoné à un ami haïtien. Aucune réponse. Il a appelé ses contacts à Washington. Eux non plus n'arrivaient pas à joindre quiconque. Nous savions une chose : la situation était grave. Des milliers de personnes étaient mortes. La femme et la fille de Joseph se trouvaient à Port-au-Prince. Nous avons sauté dans mon camion, en route vers Haïti.

Joseph voulait retrouver sa femme et sa fille, qui demeuraient injoignables par téléphone. Ben et moi étions là pour aider. Pas seulement Joseph, mais quiconque avait besoin d'aide. Nous voulions être des héros. Pourquoi pas ? N'est-ce pas une noble aspiration ? Comme tant d'étrangers qui ont vécu et travaillé en Haïti, je suis hanté par un sentiment de frustration et d'échec. À titre d'anthropologue, et parfois de travailleur humanitaire, j'avais passé la majeure partie des 20 dernières années témoin de la misère et du désespoir chroniques du pays sans réellement accomplir quoi que ce soit de tangible pour contrer le déclin. Par moments, j'ai touché un salaire respectable qui, comparativement à 90 pour cent de la population haïtienne, constituait une véritable fortune. Cette réussite semblait toutefois vide de sens. J'ai gagné de l'argent. Et alors ? Je n'ai jamais rien fait d'héroïque.

En apparence, Ben est mon parfait contraire. Je suis plutôt solitaire, je n'apprécie guère l'autorité et le travail en équipe n'est pas mon fort. Ben, lui, a passé quatre ans dans la marine américaine et vingt ans dans l'armée, dont trois ans en tant qu'instructeur du cours pour sapeurs en chef de l'École de génie de l'armée américaine de Fort Leonard Wood, au Missouri. Ben est un expert en explosifs et se classe parmi les meilleurs tireurs d'arme de poing des États-Unis. Par ailleurs, en plus d'être un véritable dur à cuire, Ben est un officier cultivé et raffiné. Diplômé de West Point en génie électrique, il a fait partie de l'équipe de sept hommes chargée de remettre en marche le réseau électrique irakien après sa destruction lors de l'invasion américaine de 2003. Pendant deux ans, Ben a également été l'un des deux attachés de presse de l'armée au Pentagone. Ben est un excellent candidat au titre de héros.

Malgré nos dissimilitudes, Ben et moi partageons la même frustration. Nous avons tous deux été témoins, de l'intérieur, d'énormes cafouillages bureaucratiques qui ont ruiné la vie d'un nombre incalculable de personnes censées bénéficier de notre aide. J'ai décrit dans un autre livre comment l'aide alimentaire a causé la perte de petits agriculteurs haïtiens et exacerbé le risque de famine. Ben a pris sa retraite un an avant le tremblement de terre, dégoûté par la bureaucratie américaine en Irak, qui selon lui est complètement déconnectée des besoins réels sur le terrain. Aujourd'hui, dans la foulée du séisme, nous sommes tous deux saisis par un véritable sentiment du devoir. Voilà l'occasion de nous rendre utiles, de faire quelque chose de bien.

Les besoins étaient clairs et nets. Des milliers de personnes blessées et sans logis avaient besoin d'une aide immédiate. Inutile d'organiser des rencontres pour mettre sur pied un grand projet. Il suffisait de nous rendre là-bas, de sortir les victimes des décombres, de les amener aux hôpitaux, de distribuer des provisions. En bref, il suffisait d'aider. Voilà pourquoi nous nous rendions en Haïti. Mais par où commencer ? Comme nous étions déjà avec notre ami Joseph, l'ambassade des États-Unis nous est apparue comme l'endroit tout désigné. Nous avions tort.

Nous avons passé le premier jour à transporter les bagages des employés de l'ambassade qui évacuaient les lieux. Accompagnés de leurs enfants, de leurs chiens et de tout le bataclan, ils se rendaient à l'aéroport en convoi sous escorte. Certains étaient en pleurs. Joseph, un diplomate chevronné qui a connu les conflits au Congo, au Kenya, en Russie, en Afghanistan et en Irak, est « resté en douce », selon ses mots. Refusant de partir, il s'est rendu dans son bureau de l'ambassade pour faire son travail. Ben et moi nous sommes retrouvés dans le stationnement, observant tout ce beau monde courant à gauche et à droite, puis faisant le pied de grue en attendant l'arrivée d'un long convoi de VUS noirs. Ben a longuement observé le dernier véhicule quitter les lieux et disparaître au loin de la longue rue poussiéreuse. « En tant qu'Américain, j'ai un peu honte », dit-il dans son accent traînant du Montana.

Le lendemain matin, quelque 36 heures après le séisme, la situation était différente. Lorsque Ben, Joseph et moi sommes arrivés à l'ambassade, celle-ci commençait à se remplir de secouristes. Des palettes chargées de provisions jonchaient le stationnement. Des hommes empilaient des boîtes à côté d'une grosse tente. On entrait et on sortait de l'ambassade. Certains nouveaux venus érigeaient des tentes sur la pelouse, d'autres étaient assis sur des boîtes et mangeaient des rations individuelles de campagne. Les véritables héros commençaient à arriver.

C'est parmi ces secouristes professionnels que j'ai rencontré l'équipe de Fairfax. C'était, selon ses propres dires, l'équipe de recherche et sauvetage en milieu urbain (RSMU) la mieux entraînée au monde. À 10 h, nous parcourions Port-au-Prince avec l'une de leurs unités. Cette équipe disposait de chiens spécialement formés. Deux d'entre eux étaient dans mon camion à l'École nationale d'infirmières. « Ce sont les meilleurs chiens des États-Unis », nous a affirmé l'un des secouristes. « S'il y a un survivant dans l'un des bâtiments, ils vont le trouver. » Nous venions, semblait-il, de nous joindre au groupe le plus apte à faire de nous des héros. Voilà comment nous avons abouti à l'École nationale d'infirmières.

Le bavardage fébrile de la foule emplit l'air. J'entends quelqu'un près de moi dire « Y'ap sove yo » (Ils vont les sauver). Quelqu'un d'autre mentionne sa sœur. J'entends quelqu'un dire « Si Jezi vle » (Si Jésus le veut). Je me retourne vers le chef des secouristes. Il est debout sur le trottoir et remue la tête. Il pointe un morceau de béton qui pend dangereusement de la corniche du troisième étage. « Une épée de Damoclès », me dit-il.

Épée de Damoclès ? Mais c'est de l'autre côté du bâtiment. Il suffit de ne pas s'en approcher.

Un secouriste regarde le chef d'un air appréhensif. Il attend une décision. « Il faut être prudent », dit le chef, sans s'adresser à quiconque en particulier. Une autre membre de l'équipe, une dresseuse de chiens, se poste à ses côtés.

— Qu'allons-nous faire ?

Le chef hésite. Tous les yeux sont rivés sur lui. Il regarde fixement le morceau de béton suspendu.

— Amène un chien.

La dresseuse trottine jusqu'au camion et revient avec un berger allemand, tenu fermement en laisse. La foule est massée autour de nous. On sent toute l'expectative.

La femme et le chien entrent en action. Ils se dirigent vers le bâtiment, le chien tirant sur la laisse. Il y a environ 15 mètres entre eux et l'entrée. Ils se rapprochent de trois mètres. Le berger allemand est devant, il tire sur sa laisse, impatient. *C'est l'un des meilleurs chiens de secours des États-Unis. Il sera à la hauteur. Il va trouver quelqu'un. Il va prouver qu'il y a des survivants dans le bâtiment. Puis nous allons les sauver.*

« GO ! » lance la maîtresse alors qu'elle lâche le chien, qui file droit vers le bâtiment. À mi-chemin, il bifurque vers la gauche, court cinq mètres parallèlement au collège, puis s'arrête. Il renifle le sol, se retourne et court vers la femme.

Elle se penche et flatte le chien. « Bon chien, bon chien. » Elle murmure ensuite à son oreille, lui donne une bonne poussée, puis crie de nouveau : « GO ! »

Le chien file vers le bâtiment. Encore une fois, il s'arrête, renifle quelque chose.

— GO !

Le chien longe le bâtiment en courant.

— GO !

Le chien fait des allers-retours à la course. Deux pas vers l'avant, deux pas vers l'arrière. Course à gauche, course à droite. La dresseuse tente d'amadouer le chien. Elle se penche, lui murmure encore une fois des mots d'approbation. Rien n'y fait. Il ne va pas entrer.

Elle doit entrer dans le bâtiment, ou à tout le moins s'en approcher. Allez, vas-y avec le chien.

— Oublie ça, lance le chef à la dresseuse.

Elle remet son chien en laisse et retourne à mon camion.

— Nous ne pouvons rien faire ici, annonce le chef, qui regarde le bâtiment d'un air détaché. Mieux vaut retourner à l'ambassade.

Il est fou ? Vous avez vos crampons, vous avez vos casques de sécurité, vous avez un autre chien. Merde, vous êtes secouristes ! Vous êtes des HÉROS ! Allons-y. ALLONS-Y !

Le chef fixe toujours la structure.

— Non, il n'y a rien à faire ici, nous n'avons pas d'équipement.

QUOI ? Rien à faire ? Comment sais-tu ça, toi ? Pas un seul secouriste n'est même entré dans le bâtiment.

Dans la foule, on commence à sentir que le chef abandonne. On commence à parler. Quelqu'un pousse un gémissement. Je me retourne vers la foule et je dis en créole :

— Attendez. Je vais revenir avec une autre équipe.

La foule se masse autour de moi. L'espoir renaît. Je suis moi aussi enthousiaste. *Pas question de les laisser détruire ce bâtiment. Il y a peut-être des survivants à l'intérieur.*

— Soyez patients, dis-je à la foule. Je vais revenir.

Un policier se mêle à la conversation :

— C'est vrai ce que vous dites ?

Je ne sais pas quoi répondre.

— Êtes-vous certain de revenir ?

Le policier est sérieux, autoritaire.

Euh, non, je ne suis pas certain. Et si je n'arrive pas à trouver une équipe ? Et si on ne m'écoute pas ?

— Nous devons sortir les cadavres de là, déclare le policier.

Je ne suis rien d'autre que le traducteur et le chauffeur. Je suis le guide, pas un secouriste.

— Les corps, ajoute-t-il, vont commencer à pourrir.

L'opérateur de la chargeuse s'est joint à la conversation. Il abonde dans le sens du policier :

— L'odeur va bientôt se répandre.

Je ne sais même pas ce qu'ils insinuent, « les corps vont commencer à pourrir », « l'odeur va bientôt se répandre ». J'imagine que c'est mauvais signe. Des maladies.

— Êtes-vous un expert ?, me demande le policier.

Non, non et non, je ne suis pas un expert, du moins pas un expert en séismes ou en catastrophes. Ceux qui veulent partir, là, les voilà vos experts. Ils sont hautement qualifiés. Les meilleurs au monde. À tout moment, ils sont prêts à s'envoler aux quatre coins du globe, leur matériel stocké dans des caisses portables. C'est ce qu'ils m'ont répété toute la journée. Ils ont été envoyés par le gouvernement des États-Unis ! Moi, je suis un anthropologue des cultures, plus précisément de la paysannerie. Mon dernier livre portait sur la famille haïtienne. Non, non, je ne connais rien aux séismes ! Quoi faire ? J'imagine mon ami de l'ambassade qui me réprimande : « Tu as cru bon contredire le chef de la plus grande équipe de secours d'urgence des États-Unis, monsieur "l'expert" ? »

Je regarde le chef. Il n'a pas compris un seul mot de ma conversation en créole avec le policier et l'opérateur de la chargeuse. Je demande au chef :

— Qu'est-ce que je leur dis ?

Il ne me regarde même pas. Il continue de fixer le bâtiment.

— Dites-leur de continuer.

— Vous voulez que je leur dise de détruire le bâtiment ?

Il fixe toujours le collège, comme si c'était une cause perdue.

— Je n'ai pas d'équipement. C'est dangereux.

— Vous voulez que je leur dise de le détruire ?

— Oui, dites-leur de le détruire, répond-il, les yeux toujours rivés sur le bâtiment.

Je me retourne vers le policier et l'autre homme :

— Détruisez le bâtiment.

Puis je repars vers le camion. La foule me suit.

— Quoi ?

— Non, attendez. Il y a des survivants à l'intérieur !

Je monte dans le camion.

— Nous parlions avec eux il n'y a pas deux minutes.

— Vous ne pouvez pas partir !

Assis derrière le volant, je remonte la vitre pour ne pas entendre les supplications de la foule. J'attends que tous montent à bord tandis que je sens les larmes me monter aux yeux. *Je ne sais pas ce que j'aurais dû faire.* Je m'imagine la scène, un homme de 46 ans, 230 livres, assis dans son camion, les larmes lui coulant sur le visage. Les secouristes de Fairfax me rejoignent dans l'habitacle. Ben est à l'arrière, avec les chiens et le reste de l'équipe.

Le camion est secoué par le chef qui entre en claquant la porte. Il respire bruyamment et ne tient pas en place. « Broken Arrow», lance-t-il dans son émetteur radio tandis que nous démarrons. *Broken arrow... What the fuck ? Ça veut dire quoi ça, « Broken arrow »*[39] ?

3

Broken arrow : presse internationale, peur et exacerbation du désastre

LA PEUR

Nous sommes le 15 janvier, trois jours après le séisme. Sur le tarmac de l'aéroport, Ben et moi aidons des soldats de la 82e division aéroportée à charger d'épaisses et lourdes plaques de métal à l'arrière de mon camion. Le va-et-vient se poursuit, puis je m'arrête soudainement :

— C'est quoi ça au juste ?

— Des gilets pare-balles, me répond Ben.

Je réalise soudainement que les secouristes et autres bienfaiteurs fraîchement débarqués en Haïti craignent la désintégration complète de la société. Jusqu'à ce que le chef de Fairfax utilise l'expression « Broken Arrow », personne ne me l'avait avoué ouvertement. La peur était toutefois là depuis le début.

Le matin de notre arrivée, nous nous étions rendus chez Joseph. Assis sur la véranda au bord de la piscine, nous mangions des œufs pochés, du bacon et des tranches de mangue dans la lumière du soleil naissant. Joseph avait déposé sur la table la radio portative de l'ambassade, d'où émanaient des bruits de panique et de fuite. Le personnel de sécurité de l'ambassade organisait l'évacuation.

— De quoi ont-ils si peur ?, ai-je demandé.

— Aucune idée, répondit Joseph en harponnant une tranche de mangue avec sa fourchette.

Une heure après le petit déjeuner, deux agents de sécurité armés se trouvaient sur le pas de la porte. Joseph, sa femme et sa fille, ces deux dernières saines et sauves, devaient être évacués. Les hommes étaient là pour escorter la famille jusqu'à l'ambassade.

Ben et moi les avons suivis dans mon camion. Après avoir parcouru les rues de Port-au-Prince à la recherche d'Haïtiens blessés ou piégés sous les décombres, il semblait plutôt mal à propos de suivre l'évacuation d'Américains indemnes qui ne voulaient même pas partir. Mais que faire d'autre ? Comme je l'ai mentionné dans le chapitre précédent, l'ambassade nous apparaissait comme le meilleur endroit où intégrer une équipe de secours. C'est ainsi que, après avoir aidé Joseph et sa famille à transporter leurs bagages, nous nous sommes retrouvés dans le stationnement de l'ambassade à observer nos compatriotes en fuite.

Tandis que je charge des gilets pare-balles dans la caisse de mon camion pour l'élite des forces militaires américaines, je commence à comprendre que c'est la peur qui explique l'évacuation du personnel de l'ambassade, tout comme notre abandon de l'École d'infirmières la veille. « *Broken Arrow* », avait lancé le chef des secouristes dans son émetteur radio. Dans le jargon militaire, m'a plus tard expliqué Ben, on utilise cette expression pour réclamer des frappes aériennes sur sa propre position au moment de battre en retraite. J'attribuais notre retrait à une évaluation objective et professionnelle, quoique erronée, du bâtiment. En réalité, le chef avait tout simplement eu peur d'une foule qui lui apparaissait de plus en plus hostile.

C'est également la peur qui doit expliquer tout cet équipement militaire et cette clôture de trois mètres que les soldats installent autour de leur camp de base, ici à l'aéroport. C'est probablement la peur qui les pousse à marcher dans cette chaleur accablante avec 35 kilos de barda sur le dos et une mitrailleuse en bandoulière sur l'épaule. Enfin, comment expliquer autrement que 72 heures après le séisme, la fenêtre la plus critique pour trouver des survivants, aucun travailleur humanitaire et pas même des troupes de l'ONU ne se sont rendus dans les quartiers les plus durement touchés, les quartiers défavorisés, où les besoins étaient les plus criants ?

Pourquoi tout le monde était-il à ce point effrayé ? La raison, c'est que les secouristes, les travailleurs humanitaires et les soldats qui arrivaient en Haïti s'attendaient à trouver Port-au-Prince à feu et à sang. Et pourquoi donc ? Parce que c'est exactement ce que leur racontait la presse.

VOIR CE QUE L'ON CROIT

La première réaction de la presse fut appropriée. Le 13 janvier, soit le lendemain du tremblement de terre, la plupart des journaux ont repris les premières dépêches sinistres de *Reuters* et de l'*Associated Press*. Dans le monde anglophone, les grands titres étaient plutôt laconiques, du genre : « Séisme en Haïti : on appréhende des milliers de morts » (ABC, BBC, AOL).

Cependant, dès le lendemain, le ton avait changé. Les secouristes que nous accompagnions avaient probablement eu vent des nouvelles, qui n'étaient pas parvenues jusqu'à nous. Sur le site Web de la CBS : « Les gangs font la loi dans les rues d'Haïti » ; dans le *Washington Post* : « Les gangs ont pris le contrôle de Port-au-Prince » ; sur CBS New York : « Le quartier des affaires : l'enfer sur terre où les corps s'amoncellent et des hommes se battent pour de la nourriture et des provisions. » À en croire les médias, Haïti était en proie à une furie aux proportions vésuviennes.

On ne peut pas rejeter la faute sur l'inexpérience des reporters. Des journalistes normalement professionnelles comme Jennifer Kay et Michelle Faul, de l'*Associated Press*, ont tracé le portrait de « jeunes hommes aux visages masqués par des cagoules arpentant les rues, machette à la main ». Des médias de partout dans le monde ont repris la nouvelle : *The Boston Globe*, *The Northwest Herald*, *The Australian*, *The Huffington Post*, *The Toledo Blade*, *The Hindu*, *The Star*, et *The Free Republic*, ainsi que CBS News et ABC News.

Le *Telegraph* est allé encore plus loin : Aislinn Laing et Tom Leonard, qui n'étaient même pas en Haïti à ce moment, mais 260 km plus loin à Santo Domingo, en République Dominicaine, ont déclaré dans un article que la loi et l'ordre n'avaient pratiquement plus cours, que le pillage était endémique et que « des coups de feu crépitaient en permanence dans la capitale ».

Interrogé par *Reuters*, Shaul Schwarz, un photographe du magazine *Time*, a décrit l'une des scènes les plus ahurissantes à être relayée dans les journaux et les émissions de ce monde : « La situation va de mal en pire ici. Des survivants empilent les cadavres pour en faire des barricades.[40] »

Les articles eurent des répercussions désastreuses. Des secouristes abandonnaient des survivants pour se réfugier dans des lieux sécurisés. L'ONU a interdit à ses travailleurs humanitaires de descendre dans la rue. Des ONG ont interdit à leur personnel d'aider la population. De nombreuses personnes qui connaissaient Haïti et étaient présentes lorsque le séisme a frappé se sont tout simplement enfuies. Ansel Herz, un journaliste indépendant, a déclaré à un interviewer ne pas avoir vu un seul convoi d'aide dans les rues du centre-ville le jour du séisme ni le lendemain. Pas même un secouriste solitaire ni un représentant du gouvernement haïtien ou de l'ONU. Même chose pour Ben et moi. Ben n'arrêtait pas de se demander à voix haute où était passé tout le monde[41].

En réalité, certains s'étaient rendus à l'aéroport pour être évacués, notamment le personnel de l'ambassade. Des équipes de médecins sur le terrain ont même plié bagage et quitté le pays. Non pas en dépit, mais en raison du désastre. Lorsque le tremblement de terre a frappé,

Bryan Hartog, un chirurgien orthopédique, était sur place avec une équipe médicale de 50 personnes, dont un autre médecin et sept infirmiers. Ils travaillaient à Léogâne, le véritable épicentre du séisme, où ils construisaient une clinique pour l'organisme évangélique *Mission to Haiti*. Quelle chance pour la population de Léogâne d'avoir, à ce moment précis, 50 professionnels de la santé, dont un chirurgien orthopédique ! Ils sont tous partis.

« Je savais qu'il y aurait des milliers de victimes », a plus tard déclaré Bryan Hartog. En effet, presque immédiatement, des blessés ont afflué, qui la jambe et le crâne facturés, qui paralysé par un traumatisme de la moelle épinière, qui souffrant de lésions ouvertes et contaminées. « Nous avons extrait deux petites filles des décombres, elles devaient avoir deux et quatre ans, et plus tard trois autres enfants sont morts, l'un d'eux d'un affaissement du poumon. » Le docteur Hartog fut grandement perturbé « de voir la peur sur leur visage avant de rendre l'âme, de voir la peine de leurs familles. Ce sont de vraies personnes avec de vrais besoins, et elles ont besoin de notre aide. » Malgré ce besoin criant de personnel médical, dès le deuxième jour, le docteur Hartog se trouvait à l'aéroport avec son équipe, en route vers la maison[42].

La fuite de gens comme Bryan Hartog et son équipe était fort certainement attribuable à une peur entretenue par le portrait de violence généralisée dépeint par la presse. Le problème, c'est que pratiquement tout ce qui était rapporté dans les médias était faux et n'avait rien à voir avec la réalité telle que nous la vivions sur le terrain. C'est vrai, on entassait des corps sur le bord des rues. Cependant, les corps empilés ne servaient pas de barricades de guerre improvisées, comme semblait le suggérer Shaul Schwarz du *Time*. On les entassait là en espérant qu'ils seraient ramassés par les équipes de secours avant de décomposer.

C'est vrai, bon nombre des plus démunis de Port-au-Prince faisaient ce que de nombreuses personnes à New York, à Montréal ou à

Paris auraient fait à la suite d'un événement aussi catastrophique : ils pillaient. Les médias en ont tiré des clichés sensationnalistes : dans les rues baignées d'un nuage de poussière, de jeunes Noirs fouillent les décombres en quête de butin, leurs visages masqués tels des bandits. C'est vrai, ils se promenaient une machette ou un couteau à la main. Par contre, les écharpes ne servaient pas à cacher le visage de criminels, comme l'insinuaient Jennifer Kay et Michelle Faul. Elles servaient plutôt à masquer l'odeur des corps en décomposition et à filtrer la poussière de ciment qui flottait dans l'air comme un brouillard épais, gênant la respiration. Enfin, les machettes et les couteaux n'étaient pas pour commettre des massacres. En Haïti, les machettes sont le couteau suisse des pauvres, le seul outil que possèdent bien des gens. Les survivants s'en servaient pour fouiller les décombres. Si certaines personnes utilisaient des couteaux pour ouvrir des portes et des coffres-forts et piller, ils les utilisaient aussi pour libérer des gens ensevelis sous les décombres. Des milliers d'entre eux. Au cours des années qui ont fait suite au séisme, des dizaines de personnes m'ont raconté avoir été sauvées par des pillards. Je n'ai jamais rencontré une seule personne sauvée par un secouriste de métier.

Qu'en est-il des coups de feu ? Ils ne provenaient pas de gangs. Il ne s'agissait pas de fusillades qui éclataient un peu partout à Port-au-Prince, comme l'insinuaient Aislinn Laing et Tom Leonard du *Telegraph* dans leur description de « coups de feu crépitant en permanence dans la capitale ». Des Haïtiens et des étrangers effrayés sortaient derrière leur maison la nuit et tiraient dans les airs pour faire fuir les pillards et les bandits, réels ou imaginaires (dans la plupart des cas imaginaires, comme je l'expliquerai plus tard). Ce n'était pas l'Apocalypse ni un violent chaos généralisé. En réalité, comme de nombreux Haïtiens le savaient déjà et comme le lieutenant-général Ken Keen, le commandant de la force opérationnelle interarmées en Haïti (opération Unified Response), l'admettra éventuellement, Port-au-Prince n'avait pas été aussi sûre depuis bien longtemps[43].

Nous avons fini de charger les gilets pare-balles. Ben et moi sommes maintenant sur le tarmac de l'aéroport et observons deux hélicoptères 100 mètres plus loin, de vrais monstres. Leurs pales tourbillonnent dans le bruit sourd des moteurs. Ils sont si puissants que nous les sentons battre l'air. Ben me crie à l'oreille : « Ce sont des Chinook CH 47. Les soldats les appellent les "shit-hooks". Ils peuvent s'envoler avec un semi-remorque. » Il me raconte également qu'ils brûlent environ 290 gallons de carburant par heure. Ils sont là, immobiles, le moteur en marche depuis au moins une demi-heure. Nous nous mettons à calculer, mais un sergent nous interrompt : « Il y a une réunion. »

Peu de temps après, nous rejoignons une unité complète de quelque 40 parachutistes attroupés sur le tarmac. Les hélicoptères rugissent et nous devons faire un effort pour entendre le lieutenant qui s'époumone : « Nous prévoyons nous envoler à des endroits prédéterminés. Lorsque l'hélicoptère atterrira, le traducteur du Département d'État (moi) utilisera le mégaphone-avertisseur pour dire à la population de ne pas s'approcher. Ensuite, trois d'entre vous sauteront au sol. Vous adopterez une formation à trois avec vos armes pointées vers la foule. »

Les armes pointées vers la foule ?

Du moins, tous n'ont pas sombré dans la panique irrationnelle. Lorsque le séisme a frappé, Ansel Herz, un journaliste indépendant, se trouvait dans son appartement du deuxième étage. Ansel vivait dans un quartier de classe moyenne composé de bâtiments de béton de deux ou trois étages. Tandis que sa demeure tremblait et ballottait de plus en plus intensément, Ansel a chancelé jusqu'au balcon et s'est préparé à sauter sur le toit de l'immeuble voisin. Puis la terre a cessé de trembler.

Ansel, un jeune homme de 22 ans tout juste sorti de l'université et remarquablement posé, comme le reconnaîtront ceux qui le connaissent, s'est ressaisi puis est sorti avec son appareil photo. Au cœur d'une catastrophe dont il ne pouvait à ce moment imaginer les proportions, il a marché seul dans la nuit noire vers le centre de la ville, au bas de la colline. Il s'est rendu au Palais national, fissuré et partiellement effondré. Il s'est rendu au pénitencier abandonné. Il s'est rendu à Cité Soleil, un quartier décrit par les forces de sécurité de l'ONU comme étant parmi « les plus dangereux de la planète ». Deux jours plus tard, Ansel a tenté d'avertir le reste du monde :

> Dans la foulée du séisme, il n'y a eu aucune violence généralisée. Les rues, dépourvues d'armes à feu, de couteaux et de voleurs, étaient peuplées d'une suite ininterrompue de familles transportant leurs effets personnels. Les déplacés exprimaient leur colère et leur frustration, non pas avec leurs poings, mais avec de tristes chansons qui se perdaient dans la nuit.

Six jours après le séisme, après avoir passé tout ce temps dans les rues de Port-au-Prince, Paul Hunter, de la Canadian Broadcasting Corporation (CBC), écrivait ceci :

> Lorsque le séisme a frappé, tous s'attendaient à ce qu'Haïti dégénère rapidement en émeutes et en violences. Ces peurs ne se sont jamais matérialisées. Oui, il y a eu des pillages [...] Et, effectivement, des coups de feu sporadiques ont été signalés. Toutefois, la réalité, c'est que Port-au-Prince ne saurait être plus calme. Où qu'elle aille, l'équipe de la CBC a été accueillie chaleureusement, que ce soit dans les cités de tentes ou dans les rues dévastées du centre-ville, de jour comme de nuit. Lorsqu'on considère le cauchemar qui nous entoure, il s'agit là d'un aspect qui réchauffe le cœur[44].

Rares sont les journalistes qui les ont écoutés.

Tandis que Ben et moi attendions notre départ en hélicoptère, assis avec des soldats à l'extrémité du tarmac, une équipe de l'émission *60 Minutes* de la CBS s'est elle aussi greffée à la 82e Division aéroportée. Comme nous, elle vient de passer trois heures à suivre les soldats ici et là, s'attendant à tout moment à s'envoler dans un hélicoptère pour distribuer des provisions à la population désespérée et dévastée de Port-au-Prince. Ben raconte à l'une des monteuses que je suis un anthropologue qui travaille en Haïti depuis 20 ans et elle nous invite à rencontrer le reste de l'équipe. Je suppose qu'on veut connaître mon opinion sur la situation. Sans aucun doute, j'ai des choses à raconter.

« C'est un grave problème », dis-je en marchant, impatient de remettre les pendules à l'heure et, probablement, toujours désireux d'être un héros. « Quelqu'un doit dire à la population qu'il n'y a rien à craindre. Les secouristes et les travailleurs humanitaires doivent mettre le nez dehors et se rendre utiles. »

Je rencontre l'équipe. J'ignore totalement qui ils sont. Je n'ai vu aucun épisode de *60 Minutes* depuis au moins 20 ans. Je sais toutefois qu'il s'agit d'une grosse production. *60 Minutes* est le plus important programme de nouvelles de l'histoire télévisuelle des États-Unis : 42 ans sur les ondes, récipiendaire de 78 Emmys. Dans quelques heures, l'une de ces personnes s'adressera au public américain pour lancer un message à la planète. Pourquoi pas un cri d'alarme menant à une prise de conscience ?

— Les gens ne comprennent pas ce qui se passe, leur dis-je, tout en songeant personnellement : *voilà ma chance d'avoir un impact, d'aide à mettre fin à cette panique.* Il n'y a aucun problème de sécurité.

J'essaie de sembler aussi professionnel que possible.

— Port-au-Prince n'a jamais été aussi sûre.

Assis au sein du groupe se trouve un homme costaud au visage pâle. C'est probablement le patron, et il donne des signes d'impatience. Il n'aime pas ce que je dis. Il se mêle soudainement à la conversation, avec le ton ferme et autoritaire d'un journaliste qui en a vu d'autres :

— Hier soir, quelqu'un a tiré en direction d'une équipe de la CBS.

— N'importe quoi !

Puis, me reprenant, je tente de retrouver un ton plus professionnel.

— Peut-être s'agissait-il d'un malentendu ? Ou de coups de semonce ? La police ?

Mais je ne peux rien dire. *J'aurais dû lui demander des détails.* Un moment plus tard, il regarde ailleurs et je parle dans le vide.

Les journalistes des grands médias n'ont pas tous cédé à la panique.

La même nuit du 15 janvier, Sanjay Gupta, un médecin et reporter de CNN, se trouvait dans un hôpital de fortune avec son équipe de tournage au moment où l'équipe médicale belge qui soignait les patients a soudainement commencé à plier bagage. Les Belges ont chargé tout leur équipement dans des véhicules et sont partis, sous escorte militaire de l'ONU. Aucun soldat de l'ONU n'est resté sur place. Ils ont même emporté le matériel médical avec eux. Selon Sanjay Gupta, ils n'ont laissé derrière que des « victimes du séisme se tordant de douleur et s'accrochant à la vie.[45] »

Pourquoi donc ?

« C'est incroyable que ces médecins soient partis. Les gens ont peur des pauvres », a déclaré Russel Honoré, lieutenant-général à la retraite et ancien chef des opérations de secours lors de l'ouragan Katrina en 2005. « Je n'ai jamais rien vu de tel de ma vie. Quelle lâcheté ! Ils doivent se ressaisir et retourner là-bas. »

Le seul médecin demeuré sur les lieux est Sanjay Gupta. Russel Honoré et l'équipe de la CNN ont veillé les blessés tout au long de la nuit. À 3 h 45, Sanjay Gupta a envoyé ce message sur Twitter : « Travail de nuit dans un hôpital de fortune en Haïti. Beaucoup de travail, mais l'état des patients est stable. Ce soir, j'ai transformé mon équipe de tournage en équipe médicale. »

Je lève mon chapeau à Sanjay Gupta et à l'équipe de CNN. Voilà de véritables héros. Celui qui a ordonné le retrait des médecins devrait passer en cour martiale. Par contre, le plus honteux dans cette affaire, ce n'est pas tant la peur des travailleurs humanitaires. Quiconque suivait les nouvelles aurait eu peur. L'odieux retombe sur la presse, ces professionnels sur qui nous comptons pour nous rapporter les faits. Ce sont eux qui semaient la peur. D'autant plus inquiétant est le fait que les militaires des États-Unis, ces combattants formés à la guerre moderne qui, à tout moment, auraient pu être autorisés à tuer sans impunité, *eux* écoutaient ce que la presse avait à dire. Les descriptions de scènes apocalyptiques qui faisaient le tour du monde revenaient jusqu'en Haïti pour terroriser tous ceux qui s'y trouvaient. Et ce n'était que le début. Voici les manchettes du lendemain, le 16 janvier, soit quatre jours après le séisme :

« À Port-au-Prince, les pillages s'aggravent et dégénèrent en violence »
Vancouver Sun, 16 janvier 2010

« La nuit, des voleurs armés de machettes arpentent les rues d'Haïti »
The Telegraph, 16 janvier 2010

Anderson Cooper et Ivan Watson de CNN, comme si un massacre semblable à celui du Rwanda se déroulait secrètement en Haïti, titraient :

« Découverte d'une fosse commune en dehors de Port-au-Prince »
CNN, 16 janvier 2010

Bien sûr qu'il y avait des fosses communes ! Des dizaines de milliers de personnes venaient de mourir écrasées sous les décombres. Il aurait été impossible de fournir une sépulture décente à chacune des victimes. Les conséquences de cette couverture ridicule étaient bien réelles. Si, le 16 janvier, les troupes américaines avaient commencé à abattre les pilleurs haïtiens, personne n'aurait rien trouvé à redire. Il semblait effectivement qu'un réel danger planait sur le pays. Le 17 janvier, le lieutenant-général Ken Keen, commandant adjoint du Commandement Sud de l'armée des États-Unis, a annoncé : « En ce qui concerne la sécurité, nous allons devoir faire quelque chose. Des incidents violents sont survenus, des incidents qui nuisent à notre capacité de soutenir le gouvernement haïtien et de surmonter les défis auxquels le pays fait face. Pour pouvoir fournir une aide humanitaire, nous avons besoin d'un environnement sûr. » Le lieutenant-général, en raison de ce qu'il considérait être une exacerbation de la violence, concluait ainsi : « Nous allons aborder ce problème conjointement avec les Nations Unies, et nous allons agir rapidement. » Le 17 janvier, l'armée américaine semblait prête à s'en prendre aux pilleurs et aux gangs[46].

À ce moment, le lieutenant-général Keen avait sans contredit les moyens d'« agir rapidement ». Immédiatement après le tremblement de terre, l'armée américaine avait pris le contrôle de l'aéroport. Au cours des cinq jours suivants, elle a refusé l'atterrissage à des avions transportant des approvisionnements de France, du Brésil, d'Italie, du Venezuela et de Cuba, et même à des organismes d'aide humanitaire comme l'UNICEF et le Programme alimentaire mondial. Quatre avions de MSF ont été déroutés vers la République dominicaine. Ils transportaient tous du sang et des fournitures médicales, 40 tonnes de matériel dans un des cas. Pendant ce temps, l'armée des États-Unis autorisait l'atterrissage de ses avions pour acheminer sa propre « aide », notamment 20 458 militaires et une quantité infinie de boîtes emplies de gilets pare-balles comme ceux que moi et Ben avions chargés dans mon camion[47].

Ce n'était pas nécessairement une mauvaise idée d'envoyer l'armée américaine. Haïti aurait certainement pu profiter d'une ou deux des 31 brigades d'autonomie (Sustainment Brigades), formées de spécialistes en approvisionnement et en transport, ou de quelques-uns des 16 600 Seabees, des experts de la construction, du déblaiement de décombres et des soins de première ligne. Les États-Unis auraient pu envoyer quelques milliers de ces Seabees accompagnés de véhicules pour appuyer les secouristes et distribuer de la nourriture. C'est ce qu'ils ont fait en Louisiane et au Pakistan en 2005 et au Japon en 2011. Pourquoi pas en Haïti en 2010 ?

Ils n'ont pas envoyé de brigades d'autonomie ni de Seabees.

Ils ont plutôt opté pour 4 000 membres de la 22e et de la 24e unité du corps expéditionnaire des marines. Ils ont envoyé les

3 400 combattants de la 82ᵉ division aéroportée, la brigade que moi et Ben accompagnions. Les soldats n'ont pas apporté du matériel de déblaiement ni des médicaments. Ils ont apporté des mitrailleuses, des munitions et des gilets pare-balles. Ils se joignaient aux 6 700 troupes de combat de l'ONU déjà présentes en Haïti.

L'ampleur de la force militaire déployée est tout à fait ahurissante. Proportionnellement à la population, il y avait 20 pour cent plus de troupes de combat des États-Unis et de l'ONU en Haïti que lors de l'invasion de l'Irak en 2003 (27 000 troupes pour une population de 3 millions de civils à Port-au-Prince, comparativement à 200 000 troupes pour non seulement une population de 30 millions de civils en Irak, mais *en plus* 1,2 million de soldats et de réservistes ennemis)[48].

Les journalistes ont fait les calculs, mentionné comme toujours l'insécurité et le sentiment général de panique, puis conclu que la lenteur des efforts humanitaires était attribuable à la violence post-séisme.

« La violence en Haïti nuit au travail humanitaire »
(l'article de l'*Associated Press* a été repris par la BBC, la CBS, Fox, ABC, Yahoo, *The The Lancet, The Star, The Boston Globe* et *The Huffington Post*, 17 janvier 2010)

« La violence paralyse l'acheminement de l'aide en Haïti »
The Toronto Star, 18 janvier 2010

« Anarchie et pilleurs rendent impossible l'acheminement de l'aide en Haïti »
The Mirror, 18 janvier 2010

L'acheminement de l'aide était bel et bien au point mort, mais pas en raison d'un chaos généralisé. Le véritable coupable, c'était la peur engendrée par la presse.

Pendant ce temps, le 19 janvier, la crise médicale s'aggravait. Le docteur Mark Hyman, de l'organisme Partners in Health, lançait un appel à l'Hôpital général de Port-au-Prince. Il avait besoin de matériel intraveineux, de seringues, de fluides intraveineux et d'instruments chirurgicaux. Lui et son équipe étaient contraints d'utiliser de la vodka comme désinfectant et d'opérer avec des scies à métaux. À l'autre bout de la ville, Loris de Filippi, coordinateur de MSF, signalait que 12 personnes nécessitaient une amputation. L'équipe de MSF a aussi été forcée d'utiliser une scie à métaux[49].

Le même jour, l'armée américaine refusait l'atterrissage à un cinquième avion de MSF. Les contrôleurs aériens américains lui ont donné une approbation pour le 26 janvier, une semaine plus tard. Cet avion transportait 12 tonnes de matériel médical, notamment des médicaments, des instruments chirurgicaux et deux dialyseurs[50].

Les médias continuaient de jeter de l'huile sur le feu en diffusant en direct des images d'échauffourées et de pillages dans les rues de Port-au-Prince. Ironie du sort, Anderson Cooper, un journaliste de CNN que beaucoup considéraient être un modèle de journalisme nuancé en plein cirque médiatique, a offert un bel exemple de journalisme irresponsable lorsqu'il a fait montre de son héroïsme et de son courage dans son reportage intitulé « In the Midst of Looting Chaos » (En plein cœur des pillages et du chaos), diffusé le 18 janvier.

Dans le reportage, on peut voir une mêlée violente sans trop savoir ce qui se passe. Anderson Cooper explique toutefois aux téléspectateurs que les pillards se battent pour une boîte de chandelles. Un garçon de 10 ans est frappé sur la tête par un morceau de béton. Anderson Cooper se jette immédiatement dans la mêlée, saisit le garçon ensanglanté dans ses bras et l'emporte en lieu sûr, tout ça capté sur vidéo. Peu de temps après, le garçon a disparu. Anderson Cooper ne sait pas ce qu'il est advenu, s'il a survécu. Qui a frappé le garçon ? Pour quelle raison ? S'agissait-il d'un accident ? Il l'ignore. La scène était toutefois spectaculaire et, selon Anderson Cooper, il ne fait aucun doute qu'il s'agissait d'une espèce de bagarre.

Toutefois, ce que ce reportage démontre, outre la bravoure intrépide d'Anderson Cooper, c'est une contradiction qui aurait dû faire sourciller le public. Tandis que les journalistes étrangers captivaient les téléspectateurs et les lecteurs avec leurs images et leurs histoires de pillages, de bagarres et de bandits masqués, machette à la main, les journalistes eux semblaient à l'épreuve des balles. Ils se promenaient caméra à l'épaule, photographiaient ces personnes avec leurs couteaux et leurs machettes, marchaient en plein milieu d'une échauffourée de pilleurs, interviewaient la population et, règle générale, se rendaient partout et n'importe où pour faire ce que bon leur semblait.

C'était le plus grand déploiement de journalistes télévisuels depuis le tsunami de 2004 et pas un seul reporter n'a été attaqué, blessé ni menacé. Malgré tout, grâce à des reportages sélectifs et sensationnalistes se concentrant sur les quelques zones où des pillages (presque toujours non violents) avaient lieu, la presse est arrivée à peindre un portrait apocalyptique de la situation. Elle a commencé à imputer la lenteur de l'acheminement de l'aide à la « violence » généralisée. Maintenant, l'armée américaine était en passe de déclarer la loi martiale et de déployer des troupes dans la ville[51].

Pourquoi les médias ont-ils agi ainsi ? D'un point de vue historique, la réponse, c'est qu'ils n'ont jamais fait autrement en Haïti. Des journalistes et des fabulateurs propagent des informations erronées sur Haïti depuis plus d'un siècle. La contribution des journalistes à la désinformation ambiante sur Haïti constitue l'un des grands thèmes de ce livre, un problème qui en explique un autre et sur lequel nous nous pencherons plus loin : comment les ONG arrivent à s'en tirer avec leurs semi-vérités et leur dénaturation d'Haïti, des Haïtiens et de la culture haïtienne. Lorsque l'on considère l'ampleur de cette désinformation, on comprend mieux comment la plupart des employés d'ONG en arrivent à croire le boniment de leur propre organisation. Voici un bref historique.

HAÏTI VU PAR LA PRESSE : CANNIBALES, ZOMBIS, SIDA, ENFANTS ESCLAVES, VIOLEURS ET GÉOPHAGES

L'image contemporaine d'Haïti dans les médias anglo-saxons remonte au best-seller de 1886 *Haïti, ou la République noire*. Dans ce livre, Sir Spencer St. John, à l'époque consul en Haïti, initie l'Occident au ragoût congolais, un soi-disant plat haïtien composé de pois-congo et de chair humaine. Trente et un ans plus tard, les débuts de l'occupation américaine ont mené à une intégration complète d'Haïti dans l'imaginaire américain. En 1920, voici ce qu'on pouvait lire dans le journal *National Geographic*, cette mascotte de l'intellectualisme populaire des États-Unis :

> Ici, dans les contrées sauvages, les autochtones [sic] ont rapidement oublié leur mince vernis de civilisation chrétienne. Leur animisme aveugle a repris le dessus et ils ne redoutent plus que les bandits locaux et la magie noire des houngans, les prêtres vaudou[52].

En 1929, William Seabrook, un écrivain voyageur américain et journaliste du *New York Times*, viendra compléter le tableau et donner le ton pour le reste du siècle avec *L'Île magique*, un autre best-seller de fiction se donnant des airs d'essai qui dépeint Haïti comme la terre du macabre. En plus de faire allusion au vaudou et au cannibalisme, le livre présentait pour la première fois à l'Occident des histoires de « morts-vivants », une coquille humaine tuée, ramenée d'entre les morts puis changée en esclave imbécile par quelques tours de sorcellerie. Il s'agissait, bien sûr, des célèbres zombis, qui depuis ce jour hantent l'image d'Haïti sur la scène internationale. Jusqu'à ce jour, les morts-vivants de William Seabrook ont donné naissance à un total de 660 films mettant en scène des zombis[53].

La science moderne n'a rien pu y faire. Dans les années 1980, après cinq décennies de films de zombis de plus en plus ridicules, Wade Davis, candidat au doctorat à l'Université de Harvard, a annoncé que les zombis existaient réellement. Il a même prétendu en détenir la preuve : la recette pharmacologique utilisée par les sorciers haïtiens pour zombifier la population. Il est ainsi devenu la coqueluche d'Hollywood et des médias. Son premier essai, *The Serpent and the Rainbow* (*Le serpent et l'arc-en-ciel*), publié en 1985, est devenu un best-seller international. Wes Craven, le célèbre réalisateur du film *Les Griffes de la nuit* mettant en scène le personnage de Freddy Krueger, tournera plus tard un long-métrage inspiré du livre. En 1988, Wade Davis publia son deuxième livre, *Passage of Darkness: The Ethnobiology of the Haitian Zombie* (*Passage de ténèbres : l'ethnobiologie du zombi haïtien*), pour tenter de convaincre le monde universitaire qu'il ne blaguait pas. La préface fut rédigée par Richard Evans Schultes, un professeur de Harvard reconnu comme le père de l'ethnobotanique, le mentor de Wade Davis, qui fut le premier à aiguiller Davis vers le sujet des zombis[54, 55].

Les arguments de Wade Davis et de Richard Evans Schultes sont fascinants. Selon eux, les sorciers haïtiens, plus précisément des *bokors*, seraient capables d'extraire une neurotoxine du poisson-ballon pour en faire une poudre à saupoudrer dans les chaussures ou les vêtements de la victime. Un autre ingrédient, une espèce de chardon caustique aux propriétés irritantes semblables à celles de l'herbe à puce, forcerait la victime à se gratter. Le grattement déchirerait la peau et permettrait aux toxines de pénétrer le flux sanguin. Le raisonnement était extraordinaire, soutenu par la recherche, la logique et les références académiques. Ailleurs dans le monde, il existe en effet des cas documentés de personnes tombées dans un coma profond après avoir consommé du poisson-ballon mal apprêté. Il est clair que l'étudiant et le professeur s'étaient tous deux convaincus d'avoir trouvé le secret des morts-vivants, en plus de convaincre leurs lecteurs avec brio.

Cependant, si l'on y regarde de plus près, on découvre que les données de Wade Davis sont aussi convaincantes que celles qui prouvent l'existence du yéti en Himalaya ou des vampires en Transylvanie. Des scientifiques plus sceptiques se sont penchés sur cette formule zombificatrice et ont estimé que les victimes récupéreraient si la dose était trop petite, sans quoi ils mouraient certainement. La possibilité que les victimes puissent paraître mortes assez longtemps pour être enterrées vivantes, déterrées puis exploitées en tant que main-d'œuvre (sans jamais regagner leurs esprits) était on ne peu plus mince. Malgré tout, les zombis ont capté l'imagination du public outre-mer, plus précisément le nombre croissant d'Américains intéressés par le vaudou et le mysticisme haïtien. Les lecteurs en redemandaient.

Par ailleurs, le fait que la désillusion académique de Wade Davis fut encouragée par Max Beauvoir, un biochimiste haïtien du Massachusetts Institute of Technology et grand houngan autoproclamé, n'est certainement pas le fruit du hasard. C'est Max Beauvoir qui suggéra le premier l'existence d'une logique pharmacologique derrière le phénomène des zombis à Richard Evans Schultes, le père de l'ethnobotanique. Max Beauvoir, retourné vivre en Haïti en 1973, a enjôlé le professeur Schultes avec des histoires de poudre à zombi et de profits somptueux pour les compagnies pharmaceutiques en Haïti. Richard Evans Schultes a éventuellement dégagé des fonds et dépêché Wade Davis, un impétueux candidat au doctorat dépourvu de toute connaissance sur Haïti, sur l'« île magique ». Max Beauvoir s'est occupé de tout. Il a aiguillé la recherche de Wade Davis. Sur le terrain, sa fille bilingue de 16 ans a servi de guide et d'interprète. La jeune Beauvoir a veillé à ce que le chercheur ne rencontre que des houngans « authentiques », à savoir des associés de son père. Wade Davis les payait avec l'argent récolté auprès de dirigeants de sociétés pharmaceutiques et, en échange, les hougans l'entretenaient de leurs recettes zombificatrices plausibles d'un point de vue pharmaceutique qui forment la substance de ses best-sellers. De son côté, Max Beauvoir, bonimenteur par excellence, a fait fructifier cet intérêt du public en vendant des remèdes miracles et des philtres d'amour et en organisant des spectacles vaudous hors de prix pour les touristes en Haïti. Parmi les plus célèbres de ces spectateurs, on compte nuls autres que Bill et Hillary Clinton, qui ont passé une soirée à se faire divertir par Max Beauvoir pendant leur lune de miel.

Les grands médias étaient on ne peut plus heureux d'ignorer le manque de crédibilité académique des recherches de Wade Davis sur les zombis (p. ex., le magazine *Time* en 1983). Alors que déjà depuis plusieurs années la communauté scientifique avait rejeté catégoriquement l'idée selon laquelle la tetrodotoxine du poisson-ballon constituait l'ingrédient secret de la zombification, Bill O'Reilly déclarait en 1991 dans l'émission *Inside Edition* du réseau CBS que, « incroyablement, les scientifiques ont prouvé que les zombis existent réellement ». Au moment d'écrire ces lignes en 2016, on peut lire dans un blogue sur le site Web de la chaîne ABC que « dans la vraie vie, les zombis proviennent de l'île antillaise d'Haïti [sic] », suivi des conclusions de Wade Davis, sans aucune dose de scepticisme[56, 57, 58].

UNE NOUVELLE HORREUR MYSTIQUE HAÏTIENNE : LE SIDA

Également dans les années 80, soit environ au même moment où Wade Davis commençait à vendre ses best-sellers de pseudoscience sur les zombis haïtiens, l'explosion d'épidémie du sida donna à la presse une autre occasion de traîner Haïti dans la boue. Les Centres pour le contrôle et la prévention des maladies des États-Unis, alors qu'ils tentaient de déterminer l'origine du sida, ont signalé une première poussée épidémique en Haïti et déterminé que les Haïtiens constituaient un groupe à haut risque. Il s'agissait d'une première. Comme l'a souligné Guy Durand, un médecin haïtien : « Jamais auparavant dans l'histoire de la médecine une condition pathologique n'a-t-elle été associée à une nationalité. » Dans ce cas-ci, il s'agissait cependant d'Haïti, la terre du vaudou et des zombis. À une époque où la preuve de l'existence des zombis venait d'être établie et où une vague de réfugiés de l'« île magique » s'apprêtait à déferler sur le continent américain, les États-Unis étaient aux prises avec un mystérieux syndrome contre lequel la médecine moderne ne pouvait rien. Les corps d'Américains parfaitement normaux, soudainement incapables de repousser des pathogènes, succombaient à la mort. Tous les ingrédients d'un scénario mystique de zombis et de pilleurs de tombes étaient réunis[59].

Plutôt que d'examiner plus en profondeur les accusations implicites, la presse a dépoussiéré les vieilles histoires sensationnalistes sur Haïti : des récits de sacrifices (vrais, mais d'animaux, pas des personnes), de consommation de sang animal (certaines personnes, parfois), de cannibalisme (faux) et de sexualité débridée (faux). De nouvelles histoires s'y sont également greffées : la consommation de sang menstruel (faux) et l'injection hypodermique d'eau à l'aide de seringues usagées (vrai). Dans son livre *Sida en Haïti : la victime accusée* (1992), le docteur Paul Farmer dénonce deux siècles de diffamation journalistique en prenant pour exemple un article du magazine *Rolling Stone* dans lequel le lien entre Haïti et le sida est décrit comme « une piste tout droit sortie d'une tombe, comme si un zombi, laissant tomber dans son sillage bandelettes et morceaux de chair putréfiée, était venu annoncer une malédiction ».

L'impact économique fut immédiat et dévastateur. De 1981 à 1983, le nombre de clients dans les hôtels est passé brusquement de 70 000 à 10 000 par année, portant un coup dur au secteur touristique déjà affaibli. Aux États-Unis, les Haïtiens, considérés comme un groupe à haut risque, payèrent un autre prix. Ils ne pouvaient plus faire don de sang, les enfants haïtiens étaient des compagnons de jeu potentiellement mortels ostracisés à l'école et des Haïtiens ont été mis en quarantaine[60].

Au final, il fut établi que le sida ne provenait pas d'Haïti, mais de l'Afrique, de l'autre côté de l'océan Atlantique. De plus, la maladie ne s'était pas propagée d'Haïti vers les États-Unis, mais plutôt en sens inverse. Le sida avait été introduit en Haïti tout au début de l'épidémie par des étrangers homosexuels en vacances qui, souvent contre rétribution, avaient infecté des partenaires haïtiens[61].

On pourrait penser que, après l'ampleur des dommages causés ainsi que les absurdités et les accusations liées aux zombis et au sida, des excuses s'imposaient. À tout le moins, on aurait pu s'attendre à ce que la presse offre une couverture plus nuancée et respectueuse de « l'île magique » au cours des décennies suivantes. Il n'en fut rien. Au début du millénaire, les journalistes internationaux en mal de copie ont trouvé un nouveau « zombi » : les enfants esclaves.

ENFANTS ESCLAVES

Au début des années 90, selon les grands médias des États-Unis et du Royaume-Uni, il y avait en Haïti entre 300 000 et 400 000 enfants esclaves, dont 80 pour cent étaient des filles âgées de 4 à 15 ans. Les « enfants esclaves » étaient victimes de la traite. Une fois vendus et achetés comme des objets, ils entamaient une « vie atroce ». Toujours selon les médias, ces esclaves étaient victimes d'abus sexuels, la seule expression physique d'amour ou d'affection à laquelle ils avaient droit. Les journalistes donnaient constamment en exemple les cas les plus incroyables et horribles, par exemple celui de Pembroke Pines, en Floride. Les lecteurs du magazine *Time* ont pu lire une révélation troublante : cette pratique d'asservissement des enfants, une « tradition profondément ancrée dans la culture haïtienne », s'était maintenant répandue aux États-Unis. L'article illustrait ensuite comment « les autorités floridiennes [...] ont sauvé une jeune Haïtienne de 12 ans, sale, négligée et souffrant de douleurs abdominales aiguës provoquées par des viols répétés ». On venait de trouver un nouveau zombi prêt à hanter la population. L'horreur était résumée par des gros titres laconiques :

« L'esclavage haïtien »
TIME, 2001

« Le sombre secret d'Haïti »
NPR, 2004

« Le sort tragique des enfants esclaves haïtiens »
The Telegraph, 2007

« La vie atroce des enfants esclaves haïtiens »
BBC, 2009

L'esclavage des enfants en Haïti : un sujet sensationnaliste de plus dans lequel versaient les journalistes pour capter l'attention du public. Les organismes qui pouvaient tirer un avantage de cette rhétorique (l'UNICEF, l'Organisation internationale du travail [OIT], Save the

Children et des centaines d'orphelinats) étaient entièrement disposés à prêter main-forte. En effet, on assistait possiblement aux débuts de l'alliance entre la presse et le monde de l'aide humanitaire, une alliance qui, de manière délibérée ou non, deviendrait rapidement une gigantesque machine à générer des dons. Les statistiques étaient extrêmement exagérées et la vérité à ce point travestie que la plupart des allégations pourraient être qualifiées de frauduleuses. L'événement qui en dit le plus long sur cette campagne à la rescousse des enfants esclaves haïtiens a eu lieu en 2004 : l'UNICEF, Save the Children et l'OIT ont chargé l'organisme Fafo – sans doute le plus important institut de recherche sur l'asservissement des enfants – de mener une immense enquête fondée sur un échantillon aléatoire de 7 812 ménages des zones rurales et urbaines d'Haïti.

Le Fafo a découvert que non pas 14 pour cent des enfants âgés de 5 à 17 travaillaient comme domestiques (comme l'affirmaient les journalistes et les organismes humanitaires), mais 6,3 pour cent, soit 173 000 enfants. Le Fafo a également révélé que, si les *restaveks* (« reste avec », les enfants employés comme domestiques) travaillaient effectivement plus que les enfants biologiques des familles d'accueil, ils avaient toutefois une bonne raison de le faire. À l'époque, 70 pour cent de la population haïtienne vivait dans des villages et des régions rurales, et bon nombre de *restaveks* faisaient partie de cette catégorie. Ils effectuaient des tâches domestiques en échange d'une pension et d'une éducation au-delà des écoles primaires rurales. Par ailleurs, selon les normes haïtiennes, bon nombre de ces enfants domestiques n'étaient pas plus victimes de maltraitance que les enfants biologiques de la famille d'accueil. En général, les parents avaient tendance à battre leurs propres enfants plus souvent que les *restaveks* ; les *restaveks* profitaient d'autant, sinon de plus d'heures de sommeil ; et, plus souvent que les enfants biologiques de la famille d'accueil, les *restaveks* disposaient de leur propre lit, matelas ou couchette. De plus, contrairement à l'image véhiculée, les *restaveks* n'étaient pas privés d'éducation. Au contraire, au moins 60 pour cent d'entre eux étaient inscrits à l'école, ce qui à l'époque correspondait exactement à la moyenne nationale et était 6 pour cent plus élevé que la moyenne de 54 pour cent pour les enfants en milieu rural. En bref, la situation du *restavek* moyen était, sur le plan du bien-être physique, statistiquement supérieure à celle de l'enfant haïtien moyen vivant avec ses parents[62].

Ni les organismes de protection de l'enfant ni les médias mentionnés précédemment ne feront plus jamais référence à l'enquête du Fafo, qui fut même ignorée par les organismes gouvernementaux. Dans son rapport de 2007, le département du Travail des États-Unis a répété les statistiques sans fondement d'une étude de l'UNICEF de 1996-1997, à savoir qu'il se trouvait entre 250 000 et 300 000 *restaveks* en Haïti dont 80 pour cent étaient des filles de moins de 14 ans (un nombre absurde, qui signifierait que 25 pour cent de toutes les Haïtiennes dans cette catégorie d'âge seraient des « enfants esclaves »). Ils ont également ignoré d'autres conclusions du Fafo et déclaré que « la plupart » des *restaveks* travaillaient entre 10 et 14 heures par jour et que « la plupart » n'étaient pas inscrits à l'école. C'est ainsi que, en 2009, l'ambassade des États-Unis et les organismes qui avaient financé l'enquête du Fafo (l'UNICEF, Save the Children et l'OIT), comme pour reléguer irrémédiablement les conclusions aux oubliettes, se sont rassemblés avec d'autres organismes pour célébrer les résultats d'une nouvelle étude financée par USAID et menée par la Fondation panaméricaine de développement. On donna à l'étude un titre sensationnaliste : « Lost Childhoods in Haiti » (Les enfances perdues d'Haïti). Les organismes humanitaires à l'origine du rapport ont déclaré qu'il s'agissait de « la plus vaste enquête de terrain sur les violations des droits de la personne axée sur la traite, la maltraitance et la violence à l'égard des enfants ». Il s'agissait en fait d'une enquête de 1 480 ménages, soit moins d'un quart de l'étude du Fafo, laquelle ne fut jamais mentionnée.

Les médias ont rapidement salué l'enquête et ses résultats effroyables. Les diffuseurs Fox, BBC, ABC et CBS avaient tous la même indignation à partager. Un reportage de CNN citait un total de 225 000 enfants « victimes d'esclavage », un nombre qualifié de « nettement supérieur à ce que l'on croyait ». Pourtant, presque chaque article et reportage publié dans la décennie précédente citait le nombre de 300 000 enfants mentionné par l'UNICEF en 1996. Encore une fois, le rapport insistait fortement sur les filles. On y prétendait que deux tiers des *restaveks* étaient des filles et, appuyant encore une fois sur les mauvais traitements subis comme s'il s'agissait de la norme, on racontait que ces *restaveks,* « la plupart des jeunes filles [...], souffrent d'agressions sexuelles, psychologiques et physiques tout en devant s'acquitter d'un labeur extrême ». Au moment du tremblement de terre en 2010, l'esclavage des enfants en Haïti était un sujet plus chaud que jamais. Cela dit, les enfants esclaves n'étaient qu'une histoire d'horreur de plus sur l'île magique[63, 64, 65].

Tandis que l'idée d'enfants esclaves haïtiens s'imprégnait dans l'imaginaire populaire international (et comme si les descriptions sensationnalistes d'Haïti n'étaient pas allées assez loin), les journalistes affluant vers Haïti ont une fois de plus fait des Haïtiens un peuple violent, tordu, pervers, fanatique de vaudou, affamé et mourant de fin. Plus particulièrement, ils ont découvert des gangs, des viols, des taux d'homicide affolants et des biscuits de terre.

GANGS, VIOLS ET MEURTRES

Exception faite de Cuba, Haïti devint dans les années 90 le dernier pays des Antilles victime du transbordement de la drogue et des problèmes qu'il provoque, comme les gangs de jeunes et la consommation de crack. Même aujourd'hui, la grande majorité des Haïtiens demeurent conservateurs sur le plan sexuel et social comparativement aux milieux urbains d'Amérique latine. Beaucoup plus, par exemple, qu'aux États-Unis ou qu'en République dominicaine voisine, qui partage l'île d'Hispanolia avec Haïti. Pour ceux qui en douteraient, voici un exemple : le taux de grossesse chez les adolescentes en Haïti est parmi les plus bas des pays en développement, au moins deux fois inférieur à celui de bien des pays d'Amérique latine, y compris la République dominicaine. Ce taux est également le tiers du taux de 2006 enregistré aux États-Unis chez les Hispaniques et les Noires (126 grossesses pour 1 000 adolescentes)[66]. Certaines pratiques comme les tatouages sont relativement récentes et la majorité de la société haïtienne les réprouve.

Malgré tout, au début des années 2000, le pays était aux prises avec un grave problème de gangs, selon les médias. Des communes comme Cité Soleil, peuplée en majeure partie de migrants des zones rurales, ont été qualifiées d'endroits les « plus dangereux au monde ». Encore une fois, l'essence du message se trouvait dans les grands titres :

« Les gangs d'Haïti »
ABC, 14 mars 2006

« Les troupes de l'ONU combattent les gangs d'Haïti, une rue à la fois »
The New York Times, 10 février 2007

« La misère engendre la violence dans un bidonville haïtien »
CNN, 15 mai 2009

Attention, je ne prétends pas qu'il n'y avait ni problème ni gang en Haïti. Tout ce que je dis, c'est que la réalité était complètement travestie par la presse. Incroyablement, des journalistes ont même cité des témoignages non confirmés alléguant l'existence de gangs de rue formés d'hommes et de lesbiennes se consacrant au viol de jeunes femmes :

« Dans le chaos qu'est Haïti, le viol en toute impunité est la norme »
Miami Herald, 16 mai 2004

« La règle des violeurs en Haïti »
The Sunday Times, 6 mai 2008

Comme pour le sida qui avait été associé aux Haïtiens lors de la crise du sida, les journalistes ont fait un amalgame tordu : ils ont fait du viol une maladie contagieuse :

« L'épidémie de viols »
The New York Times, 2 décembre 2007

« En Haïti, une vague d'enlèvement s'accompagne d'une épidémie de
viols »
Reuters, 8 mars 2007

Qu'importe si la plupart de ces journalistes n'avaient jamais vu ni interviewé un membre de gang haïtien.

Qu'importe si, pendant la majeure partie de cette période, Haïti était le théâtre d'une violente lutte politique. D'un côté, il y avait les *chimères*, la milice armée représentant les quelque 90 pour cent de la population qui appuyait Jean-Bertrand Aristide, ancien prêtre et président démocratiquement élu. De l'autre, il y avait les 10 pour cent restants, l'élite, qui soutenait une force armée de 200 rebelles (généreusement financée et lourdement armée) qui a renversé Aristide.

Qu'importe si, aux yeux de la population des quartiers pauvres où vivaient bon nombre de ces chimères, les rebelles n'étaient rien d'autre que des mercenaires financés par des groupes politiques engagés dans une guerre de classes.

Qu'importe si des extrémistes en Irak, au Pakistan et en Afghanistan, une ceinture d'explosifs à la taille, donnaient la mort en quelques secondes à plus de gens que ne le faisaient ces « extrémistes » haïtiens (tous belligérants confondus) en trois mois à n'importe quelle période du conflit.

Qu'importe si les journalistes faisaient référence à l'« armée cannibale », un groupe paramilitaire, sans jamais préciser qu'elle n'était pas formée de cannibales, ou décrivaient Port-au-Prince comme étant « la ville la plus dangereuse sur Terre » sans jamais reconnaître que, selon les statistiques, elle était en fait considérablement moins dangereuse que la plupart des villes des États-Unis.

Qu'importe si les données sur les viols publiées par les groupes de défense des victimes (il n'existe pas de données officielles) faisaient état d'un taux de viol se situant à une fraction du taux enregistré aux États-Unis au cours d'une année donnée.

Qu'importe si, sans aucun document médical à l'appui, des journalistes de grands journaux américains faisaient état de gangs de violeurs, notamment d'hommes ayant implanté des roulements à billes dans leur prépuce pour blesser davantage les femmes. En réalité, en pleine guerre de classes, la population pouvait toujours se promener sans surveillance dans 99,9 % du pays.

Qu'importe si, malgré les 1 356 enlèvements enregistrés en 2006 (en pleine lutte de classes, une des années les plus violentes), Haïti détenait le taux d'homicides le plus bas des Antilles, un cinquième de la moyenne régionale, un sixième de la République dominicaine voisine, un neuvième de la Jamaïque et un tiers de Porto Rico.

Qu'importe si les taux d'homicides de 2004 à 2009 incluaient également les homicides attribuables à la violence politique, ce qui signifie que les Haïtiens ont sans doute mené la guerre civile la plus bénigne de l'Histoire, et que, pendant toute cette période, l'estimation officielle du nombre d'homicides était de 1 600, soit un dixième du taux d'homicides de Washington DC., la capitale américaine, un dixième du voisin d'Haïti, la République dominicaine, un pays démocratique et politiquement stable dont le nombre d'habitants est relativement le même, mais le territoire deux fois plus grand et le PIB par habitant environ 20 fois supérieur (8 500 $ US, contre 405 $ US en Haïti).

Qu'importe tout cela.

Viols, enlèvements et meurtres : voilà de « bonnes » nouvelles. Ou, à tout le moins, le genre de nouvelles qui fait vendre de la copie.

Puis vinrent les biscuits de boue.

BISCUITS DE BOUE

En 2008, Jonathan Katz, un journaliste de l'*Associated Press*, écrivait que des Haïtiens mangent « régulièrement » de la boue comme « repas », parfois « trois fois par jour », selon une de ses sources. Le problème, c'est que c'est impossible. Personne ne peut survivre sur une diète de boue. Il est vrai qu'Haïti possède une vieille et fascinante industrie de géophagie. Certaines régions du pays se spécialisent dans la transformation de l'argile et de la chaux, qui contiennent des minéraux essentiels et que la population consomme par habitude, comme du tabac à priser, ou pour durcir les selles lorsque malade, comme un antidiarrhéique. Et qu'importe si Jonathan Katz – au dire de tous (moi inclus) l'un des meilleurs journalistes en Haïti –, conscient des coutumes haïtiennes, n'a jamais prétendu que la population survivait grâce à un régime de boue (le principal intéressé me l'a lui-même confirmé). Qu'importe tout cela. Les Haïtiens sont affamés et ils mangent de la boue, voilà une nouvelle. L'information provenait de l'*Associated Press*, la plus importante agence de presse du monde. On pouvait donc supposer que la nouvelle avait déjà fait l'objet d'une vérification rigoureuse et qu'elle pouvait être reproduite telle quelle. Une fois en ligne, elle s'est répandue d'un grand média à l'autre comme une traînée de poudre.

« Les Haïtiens pauvres contraints de manger des biscuits de boue »
New York Sun, 30 janvier 2008

« Haïti : le prix de la nourriture étant trop élevé, des familles doivent s'alimenter principalement de biscuits de boue »
The Guardian, 29 juillet 2008

« Les Haïtiens pauvres mangent des biscuits de boue pour survivre »
Huffington Post, 22 février 2009

Le *National Geographic*, ce bastion de l'intellectualisme populaire américain qui, 91 ans plus tôt, écrivait que « l'animisme aveugle de la population haïtienne a repris le dessus », a lui aussi sauté sur la nouvelle :

« Les Haïtiens pauvres contraints de se nourrir de boue »
National Geographic News, 30 janvier 2008

Puis vint le tremblement de terre.

CHANGER LE DISCOURS AMBIANT

Quel est donc le bilan de cette période d'anarchie post-apocalyptique qui a fait suite au séisme ? À Port-au-Prince, une ville où 2,3 millions de personnes étaient sans domicile (nous disait-on), 316 000 personnes avaient péri (une autre exagération sur laquelle nous nous pencherons plus tard), 4 000 prisonniers parmi les « plus dangereux du pays » s'étaient échappés (la plupart n'avaient pas encore subi de procès et n'étaient pas des criminels, mais des prisonniers politiques), 80 pour cent des bâtiments s'étaient effondrés (faux, encore une fois)… À Port-au-Prince, donc, dans la semaine ayant fait suite au tremblement de terre, le nombre de personnes affamées ou se livrant au désespoir, au pillage et à la violence était incroyablement bas. Voici le bilan officiel :

- Deux Dominicains blessés, définitivement de manière intentionnelle (on ignore s'ils tentaient de vendre de l'approvisionnement de secours, comme le faisaient certains camionneurs dominicains)[67].

- Une fille tuée, apparemment par la balle d'un policier. Le meurtre a été jugé involontaire[68].

- Deux hommes que la police aurait ligotés et abattus (les journalistes étrangers les ont qualifiés de « pillards ». Cependant, comme dans la plupart des cas la police ne se contentait pas de tolérer les pillages, mais y participait, nous pouvons supposer que l'histoire est plus complexe. Par exemple, le gouvernement pourrait avoir ordonné l'exécution de prisonniers échappés)[69].

- Un pillard abattu par un agent de sécurité (une attaque intentionnelle, mais on ignore ce qui a précédé le coup de feu. L'homme a-t-il menacé l'agent ? Est-il retourné sur les lieux plusieurs fois ? Les deux hommes se sont-ils battus de quelque manière ? S'agissait-il d'un des prisonniers échappés plus dangereux ? Etc.)[70].

- Un policier tué par son partenaire (un autre accident, du moins selon la version officielle. Selon les médias, le policier aurait pris son partenaire pour un pillard).

- Au moins deux personnes battues à mort par la population (en Haïti, la justice populaire est chose commune et sans doute l'une des raisons pour lesquelles le taux de criminalité n'est pas aussi élevé que dans d'autres pays. Comme le dirait un Haïtien, il n'y a pas de police pour *protéger les criminels* contre la population)[71].

Nous parlons d'une métropole de 3 millions d'habitants dans la foulée d'une des pires catastrophes de l'histoire de l'hémisphère occidental. Cette période fut considérablement moins violente en Haïti qu'en République dominicaine, le pays voisin où, à ce moment, 55 personnes étaient tuées en moyenne chaque semaine. Jamais les journalistes n'ont cité de telles données.

J'ignore qui, de la presse ou de l'armée, a fait volte-face en premier. Peu importe, soudainement, le 19 janvier, les nouvelles n'étaient plus si alarmantes. Le lieutenant-général Keen, prêt à envoyer des troupes dans les rues de Port-au-Prince pas moins de deux jours plus tôt, se comportait soudainement comme s'il n'y avait jamais eu de quoi s'inquiéter. « Le niveau de violence actuel, a-t-il déclaré, est en deçà du niveau pré-séisme ». Robert Gates, le secrétaire de la Défense des États-Unis a abondé dans le même sens. « Il y a beaucoup moins de violence à Port-au-Prince depuis le tremblement de terre », a-t-il déclaré aux journalistes[72].

Le 17 janvier, le commandant de l'armée des États-Unis était prêt à envoyer dans les rues de Port-au-Prince plusieurs bataillons des forces armées, les meilleurs soldats d'élite de la planète, pour mettre fin à la violence et au chaos qui ravageaient la ville. Le 18 janvier, la situation s'était aggravée, c'était un vrai pandémonium, la déclaration de la loi martiale était imminente. Toutefois, dès le lendemain, les masses d'Haïtiens en maraude disparurent des journaux, des écrans de télévision et de la mire des fusils automatiques du U.S. Southern Command. C'était comme s'il n'y avait jamais eu de problème de sécurité à Port-au-Prince après le séisme.

Les Casques bleus de l'ONU, qui avaient interdit à quiconque de sortir sans escorte armée et avaient passé la majeure partie de la semaine barricadés dans des camps fortifiés, ne s'aventurant dans les rues qu'en char d'assaut ou en groupes armés, ont aussi soudainement changé de refrain. Comme si l'ONU n'avait jamais été préoccupée une seule seconde par la situation, le porte-parole de l'organisation, John Holmes, a déclaré à la presse : « Il est très facile, en se concentrant sur un incident en particulier, de donner l'impression qu'un grave problème de sécurité, de loi et d'ordre se prépare. Selon nous, ce n'est actuellement pas le cas.[73] »

Malgré le nouveau discours des médias et de l'armée, les peurs et les restrictions subsistèrent. Les 20 000 soldats et les milliers de travailleurs humanitaires venus apporter un secours d'urgence étaient à ce moment complètement terrifiés et soumis à des règles de sécurité strictes. L'ONU avait divisé la ville en différentes zones selon un code de couleurs. Il était totalement interdit aux travailleurs humanitaires de se rendre dans les zones rouges. Dans les zones orange, ils ne pouvaient pas sortir de leur véhicule et devaient garder les fenêtres fermées en tout temps. Ils pouvaient pénétrer les zones jaunes, mais seulement à certains moments de la journée. Les zones considérées comme les moins sûres étaient, bien sûr, les plus pauvres. L'aide destinée à ces zones, où les besoins étaient les plus criants, serait éventuellement distribuée dans des lieux strictement contrôlés. La distribution attirera parfois des foules de dizaines de milliers de personnes. Ces gens étaient en proie à une frustration et à un ressentiment généralisé et, au bout du compte, c'est le système de distribution de l'aide qui provoqua un réel problème de sécurité. Enfin, il y avait les zones vertes.

Les zones vertes étaient sans danger. Il s'agissait des quartiers riches où pratiquement aucune aide n'était requise. Malgré tout, l'aide serait bientôt distribuée massivement dans ces zones. Avec leurs bars et restaurants chics, ces zones devinrent rapidement des sanctuaires à l'économie florissante et à l'inflation galopante, où le coût d'une bière, de repas nutritifs et de chambres d'hôtel confortables serait bientôt comparable, voire supérieur, aux prix de Miami, de Paris et de Genève. Le terme « zones vertes » était tout à fait indiqué. C'étaient là que se trouvaient les billets verts américains et où les *boujwas* (bourgeois), comme les appelaient les pauvres, faisaient leur fortune ou continuaient de s'enrichir.

Pour expliquer ce qui est arrivé, je ne suis pas certain que nous puissions jeter le blâme sur l'armée. Les officiers et les soldats sont formés pour la guerre, c'est leur gagne-pain. Les politiciens et les bureaucrates qui les ont envoyés là-bas sont bien plus coupables. Les États-Unis ont envoyé des troupes de combat. Après coup, le gouvernement américain a tenté de réécrire l'histoire en suggérant que tout ce déploiement était d'ordre humanitaire, un argument risible – si ce n'était des conséquences tragiques. La réalité, c'est que le gouvernement américain craignait réellement le démantèlement de la société, comme presque tout le monde. De mon point de vue, les véritables coupables, ce sont eux qui ont semé cette peur : les représentants de la presse, sur qui nous comptons pour connaître la vérité.

La presse a traité Haïti comme elle l'a toujours fait. Pour vendre de la copie et attirer les cotes d'écoute, elle a propagé cette image du pays qu'elle-même a créée : un endroit où règnent le macabre, la folie et le malin, une « île de damnés » où, dans le meilleur des cas, tout n'est que meurtres, viols et vaudou. Il s'agit là d'un des épisodes les plus déshonorants de l'histoire des médias. Ils auraient pu se rendre utiles, apaiser les peurs et faciliter l'approvisionnement en aide et les activités du personnel médical. Les rédacteurs en chef auraient pu veiller à la primauté d'un journalisme responsable. Mais il n'en fut rien. En effet, la presse a fait bien pire. Les réseaux de télévision et les journaux ont dépêché une armée de professionnels de l'information, mais plutôt que de nous décrire la situation et les besoins des survivants de manière responsable, ils ont tenté, au nom de la copie et des cotes d'écoute, de nous divertir et de nous glacer le sang. Ce faisant, ils ont posé les bases d'une deuxième catastrophe : un désastre médical et la gestion ratée de l'acheminement de l'aide, décrits dans le prochain chapitre.

Mais revenons à notre histoire : le 19 janvier, le Département d'État des États-Unis, l'armée des États-Unis et la presse ont soudainement fait marche arrière. En réalité, ils n'avaient pas vraiment le choix. Il suffisait de parcourir les rues pour constater qu'ils avaient tout faux : Haïti n'était pas un spectacle apocalyptique de meurtres et de chaos. Des journalistes indépendants comme Ansel Herz et certains médias comme CBC avaient déclenché une autre tempête médiatique sur les exagérations et le sensationnalisme de leurs confrères. Un grand nombre de reproches provenaient également d'ONG médicales comme l'organisme français MSF, dont cinq avions de fournitures médicales avaient été déroutés par l'armée américaine. Le 16 janvier, l'armée avait même fermé l'aéroport pendant trois heures pour la venue d'Hillary Clinton.

L'opération de secours humanitaire des États-Unis était sur le point de devenir un énorme sujet d'embarras. On parlait de « l'ouragan Katrina de Barrack Obama », mais en réalité c'était bien pire : cette fois-ci, les États-Unis avaient insisté pour diriger les efforts de secours d'une catastrophe en territoire étranger. Pour accompagner la volte-face américaine, Hillary Clinton, la secrétaire d'État, envoya une dépêche aux ambassades des États-Unis du monde dans laquelle on pouvait lire ceci[74] :

> Je suis profondément préoccupée par certaines couvertures internationales inexactes et défavorables du rôle et des intentions des États-Unis en Haïti. À long terme, il sera impératif de rétablir les faits[75].

« Rétablir les faits » : Hillary Clinton ne s'adressait pas à la presse américaine, qui avait contribué à légitimer l'intervention militaire américaine et accusait même les États-Unis de ne pas en faire assez pour contrôler les rues de Port-au-Prince, mais à la presse étrangère, qui tenait maintenant les États-Unis responsables de la mort de milliers de personnes.

Mais à quoi bon chercher des coupables. Soudainement, les rues de Port-au-Prince étaient « plus sûres qu'elles ne l'étaient avant le tremblement de terre », un point c'est tout. Et, malgré les éventuelles nouvelles sensationnalistes de viols, de pervers sexuels et de trafiquants d'enfants esclaves, on ne parlera plus des dangers de la rue. La peur de la violence s'était soudainement volatilisée. L'industrie de la presse venait de perdre un filon payant, mais elle n'eut pas à chercher bien longtemps avant d'en trouver un autre. Dans les jours qui firent suite au séisme, on assista à une série de sauvetages spectaculaires, le sujet du prochain chapitre. Ces sauvetages, diffusés sur les émissions d'information aux heures de grande écoute, ont servi de dénouement heureux aux histoires de souffrance et de désespoir des derniers jours. Ils ont fait exploser les cotes d'écoute et conféraient au gouvernement américain, qui finançait la plupart de ces opérations, une aura de héros. Et, comme à l'habitude lorsqu'il est question de la presse, de l'industrie de l'aide internationale et des politiciens, la *bullshit* n'était pas bien loin.

4

Opportunisme politique : sauver certains et laisser mourir les autres

LES SURVIVANTS

Lorsque le tremblement de terre a frappé, Ena se trouvait au rez-de-chaussée de son immeuble de six étages. Elle préparait du riz et des haricots pour le dîner de ses six enfants.

L'instant d'après, elle était ensevelie sous une pile de gravats. « Lorsque j'ai repris mes sens, se souvient-elle, j'ai repoussé des morceaux de béton qui m'écrasaient. J'ai crié le nom de mes enfants. » Aucune réponse. Ena pouvait toutefois voir des couches de béton là où deux de ses enfants, Kiki et Sabina, faisaient leurs devoirs. « J'étais certaine qu'ils étaient morts ».

En réalité, deux de ses enfants avaient péri : Didine, 18 mois, et Yéyé, neuf ans, morts sur le coup. Ce qu'Ena ignorait à ce moment, c'est que Titi, trois ans, Kiki, sept ans, et Sabina, dix ans, étaient toujours en vie. Ils étaient coincés sous les décombres.

Kiki se souvient d'avoir tiré Titi sous la table lorsque le bâtiment s'est effondré. Ils restèrent ensuite piégés dans une cavité formée par les blocs de béton tombés autour d'eux. Les trois frères et sœurs se sont blottis les uns contre les autres.

Kiki et Sabina confortaient le petit Titi. « Lorsqu'il criait, je lui chantais des chansons, s'est rappelé Kiki. Je voulais qu'il vive. Mais il n'était pas assez grand pour survivre. Il était trop petit. »

Avant que Titi ne meure, il a demandé de l'eau à sa sœur Sabina, qui le berçait dans ses bras. « Il était impossible de trouver de l'eau, alors mon petit frère est mort juste à côté de moi », a-t-elle expliqué. Le jour suivant, le corps de Titi a commencé à se décomposer.

Les enfants restaient prisonniers des décombres. De son côté, la famille endeuillée a déménagé dans un camp de tentes. Une semaine s'est écoulée.

Le mercredi 19 janvier, alors que tous les espoirs étaient depuis longtemps évanouis, une tante nommée Denival est retournée fouiller les décombres de la maison à la recherche de biens familiaux : « Alors que je tirais sur un débris, j'ai entendu une voix s'échapper du béton sous mes pieds. "Maman ! Aide-nous, maman ! De l'eau." »

Partie en courant, Denival est tombée sur un policier haïtien, qui est allé chercher une équipe de policiers et de pompiers de New York. L'opération de sauvetage était lancée.

Cinq heures et cinq planchers de béton plus tard, déjà tard dans la nuit, Kiki et Sabina étaient extirpés d'un trou pratiqué dans la montagne de gravats. C'est Kiki qui a émergé le premier dans la lumière aveuglante des projecteurs. Accueilli par les acclamations d'un orchestre multinational de secouristes et de photojournalistes, confus, effrayé et soulevé par un grand gaillard des services de pompier de New York qu'il ne connaissait pas, Kiki a repéré sa tante Denival. Il a souri et ouvert grand les bras pour l'embrasser. Clic ! Le cliché sera bientôt appelé la « photo vue partout dans le monde »[76].

D'autres sauvetages spectaculaires et émotionnels suivront. Le même jour où Kiki et Sabina étaient sauvés, Nathalie Hotteline, 25 ans, était extirpée d'un supermarché ; une équipe de démolissage trouvait

Elisabeth Joassaint, le « bébé miracle » âgé de 23 jours, indemne et dormant à poings fermés dans son berceau ; et Ena Zizi, 69 ans, était sauvée des ruines de la résidence de l'archevêque.

Par la durée de leur survie sous les décombres, ces rescapés ont tous déjoué les pronostics. Comme nous l'expliquait la veille l'équipe de sauvetage de Fairfax à l'École nationale d'infirmières, la plupart des victimes de tremblement de terre, privées de nourriture, de médicaments et d'eau, ne peuvent survivre plus de 72 heures. La clé de la survie réside dans l'accès à une source d'hydratation quelconque. À Port-au-Prince, Emmanuel Buso a survécu 10 jours en buvant sa propre urine ; Wismond Exantus, 24 ans, a survécu 11 jours sur un régime de whisky et de boissons gazeuses ; Darlène Étienne, 16 ans, a été libérée par une équipe de sauvetage après avoir tenu le coup pendant 15 jours grâce à l'eau de la baignoire. C'est un jour de plus que la plus longue survie confirmée de l'histoire des séismes. Enfin, il y a eu Evans Monsignac, qui prétend avoir survécu pendant 27 jours en buvant de la boue d'égout à petites gorgées, une affirmation pour le moins suspecte. La presse a traité ces histoires comme des miracles. Ces images, ces moments où des Haïtiens, couverts de poussière et les yeux éblouis par la lumière, sont libérés de leur tombeau de béton, voilà exactement ce que les bonnes âmes de partout dans le monde espéraient voir au moment où ils allumaient la télévision pour connaître les dernières nouvelles sur Haïti. Chaque fois qu'un de ces sauvetages émouvants avait lieu, nous avions droit en soirée à une conférence de presse du Département d'État des États-Unis où l'on proclamait le succès de l'intervention et précisait le nombre de personnes « sauvées » au cours de la journée pas les équipes de secours internationales et américaines. Le revirement de situation était quasi parfait pour le gouvernement américain qui, la semaine précédente, était accusé d'avoir nui aux secours en semant la panique à propos de taux de violence exagérément élevés et en privilégiant l'envoi de troupes militaires.

Ces sauvetages m'ont touché de nombreuses façons. Moi aussi, je voulais voir des gens sauvés. Des proches et des connaissances savaient que j'étais avec les secouristes et m'écrivaient pour me féliciter de ma contribution à cette grande opération de secours. Et il est vrai que, sans les secouristes, des dizaines de survivants comme Kiki et Sabina seraient morts. Toutefois, quelque chose clochait. En marge des sauvetages profondément émouvants, il y avait des manquements pour le moins troublants. Sans mon expérience à l'École nationale d'infirmières, mon sentiment serait peut-être différent. Les efforts de secours me seraient sans doute apparus comme une aide héroïque apportée par mon pays aux pauvres Haïtiens. Cependant, j'ai vu les dessous des opérations, j'ai été témoin des exagérations de la presse et des lacunes des secours décrites dans le chapitre précédent, et il m'apparaît plus que nécessaire de lever le voile sur la véritable situation – laquelle n'avait pas de quoi rendre fier. Dans la plupart des cas, le scénario classique se répétait : la vérité était dénaturée, les Haïtiens dénigrés et les étrangers portés aux nues, qu'il s'agisse de secouristes de pays développés, de journalistes « héroïques » ou de travailleurs humanitaires, comme nous le verrons tout au long de ce livre. En effet, c'est auprès des secouristes que j'ai commencé à réaliser à quel point la presse travestit la réalité en Haïti.

LES SECOURISTES DE FAIRFAX

Pour bien comprendre les rouages de l'industrie mondiale du sauvetage et pourquoi, en tant qu'Américain, je ne suis pas très fier de notre bilan en Haïti, il est utile d'examiner l'historique de l'équipe de Fairfax et les raisons pour lesquelles elle s'est retrouvée en Haïti dans la foulée du séisme de 2010.

Il est vrai que les services d'incendie et de secours du comté de Fairfax possèdent l'équipe de recherche et de sauvetage en milieu urbain (RSMU) la plus grande et la mieux équipée au monde. Il s'agit de la première équipe en son genre aux États-Unis et elle a évolué au fil des décennies. Comme la plupart des casernes de pompiers en Amérique, celle de Fairfax est passée d'un effectif composé de pompiers volontaires à une équipe de pompiers professionnels à temps plein après la Seconde Guerre mondiale. Parallèlement à un essor dans les domaines de l'urbanisation et du bâtiment, l'industrie du sauvetage dans son ensemble, et à Fairfax en particulier, s'est développée à une vitesse phénoménale. En 1949, on trouvait 10 pompiers de carrière employés dans le comté de Fairfax. En 1985, ils étaient plus de 1 000. Et ces pompiers ont vu leur juste part de catastrophes majeures.

En 1968, ils sont intervenus lors des émeutes et des incendies criminels à Washington D.C. qui ont fait suite à l'assassinat de Martin Luther King ; en 1973, encore une fois à Washington D.C., lors de l'effondrement d'un gratte-ciel ; en 1986, lorsqu'une émeute de prisonniers a provoqué l'incendie d'un pénitencier local ; en 1999, lorsqu'un camion transportant 40 000 tonnes d'explosifs s'est renversé sur l'autoroute ; et le 11 septembre 2001, lorsque des terroristes ont provoqué l'écrasement d'un avion sur le Pentagone. Ils ont aussi été dépêchés plus loin encore. En 1989, ils sont intervenus à Charleston, en Caroline du Sud, dans la foulée de l'ouragan Hugo ; en 1993, à Northridge, en Californie, à la suite d'un tremblement de terre ; et, en 2005, sur la côte du Golfe du Mexique dans la foulée de l'ouragan Katrina. Ils figurent également sur la liste des « premiers intervenants » du Bureau d'assistance en cas de catastrophes à l'étranger (Office of Foreign Disaster Assistance) des États-Unis, ce qui signifie qu'ils sont parmi les premiers Américains à intervenir en cas de catastrophe à l'étranger. Les équipes de Fairfax sont intervenues pratiquement partout dans le monde : en Arménie soviétique à la suite d'un tremblement de terre en 1988 ; en Bolivie lors d'inondations dévastatrices en 2008 ; et en Haïti, en 2008, lorsque l'effondrement d'une école a fait 93 morts parmi les écoliers, 150 blessés et 35 prisonniers des décombres (dont pas un seul n'a été sauvé par les équipes de Fairfax)[77].

À chaque intervention, les contribuables américains payaient la note. Qui aurait pu s'en plaindre ? Ces escouades de héros étaient les ambassadeurs de la bonne volonté américaine et gagnaient les cœurs et les esprits des populations en sauvant des vies. Qui oserait mettre en doute le bien-fondé d'une équipe de sauvetage dûment formée et compétente basée juste à côté de Washington D.C. ? C'est ainsi que le comté de Fairfax en est venu à posséder une unité de RSMU parmi les plus grandes et les mieux équipées au monde, la crème de la crème, l'élite de l'élite mondiale.

— Nous nous entraînons pour ce genre de situation. C'est notre raison d'être, déclare le secouriste qui me parle pour la première fois des équipes de RSMU de Fairfax.

Léger embonpoint et accent rural de la Virginie, il est couché à l'arrière de mon camion, son matériel en guise d'oreiller. Il serait sans doute tout aussi à l'aise à manger des grillades autour d'une table de billard dans un bar sportif. À ce moment, nous sommes deux heures avant le fiasco de l'École nationale d'infirmières, 49 heures après le tremblement de terre. Nous nous trouvons au ministère des Affaires étrangères, un endroit que les secouristes apprécient particulièrement. Nous arrêtons le véhicule, un gardien de sécurité ouvre la barrière puis la referme derrière nous. Personne d'autre ne peut pénétrer l'enceinte. Aucune foule. Aucun pillard. Aucun jeune homme qui nous demande du travail. Aucun survivant qui, en proie au désespoir, nous supplie de l'aider à trouver un membre de sa famille prisonnier des décombres. Les autres secouristes et les deux chiens se rendent au bâtiment du ministère à la recherche de signes de vie. Ben et moi restons près du camion. Il commence à faire noir et nous espérons qu'ils feront vite. Le gardien de sécurité nous a déjà dit qu'il n'y avait aucun survivant ici et nous le croyons. Nous voulons trouver des lieux plus prometteurs avant de retourner à l'ambassade.

C'est ainsi que, appuyés contre le pare-chocs arrière du camion, nous écoutons le secouriste décontracté nous raconter à quel point lui et son équipe sont efficaces et ce qui est réellement arrivé lors de leur déploiement en Haïti.

—Tout notre matériel est stocké dans des semi-remorques et prêt à être chargé dans un avion C-5.

Le degré de sophistication de cet équipement est étourdissant : des microphones, des dispositifs d'écoute par émission acoustique et des sondes télescopiques infrarouges pour localiser les survivants prisonniers des gravats. Des marteaux perforateurs et des outils de coupe en carbure métallique pour se frayer un chemin dans les décombres. Des chaînes, des câbles, des seaux et un système de cordes et de poulies pour dégager les débris. Des sacs gonflables, des pompes, des ancres et des contrefiches pour consolider les passages qui permettront d'atteindre et d'extirper les survivants. Des minerves, des gaines dorsales et des brancards pour immobiliser les blessés. Des crochets et des gaines spécialement destinées aux sauvetages pour faire passer les victimes dans des passages étroits. Des défibrillateurs cardiaques automatisés et de respirateurs mécaniques pour assurer la survie des victimes. Au total, 48 tonnes de matériel. Ils ont également des chiens hautement qualifiés, notamment celui qui refuserait plus tard d'entrer dans l'École nationale d'infirmières.

— Lorsqu'on nous appelle, nous sommes prêts à partir en deux heures.

Le 12 janvier en soirée, ils étaient en effet les premiers à recevoir un coup de téléphone et prêts à partir dans les deux heures. Tout ce qu'il restait à faire, c'était de conduire leurs camions jusqu'au gros-porteur C-5 qui les attentait à la base aérienne de Dover, dans le non loin Delaware. Ils seraient en Haïti moins de cinq heures après le séisme. Malheureusement, il y a eu « quelques problèmes », nous dit le secouriste. D'abord, aucun gros-porteur C-5 n'était disponible.

— Impossible de conduire nos camions directement dans un avion.

Ils ont donc été contraints de décharger tout leur matériel, toutes les 48 tonnes. Ils ont ensuite dû trouver un autre avion. Comme ils payaient avec des fonds fédéraux, les règles fédérales les obligeaient à lancer un appel d'offres.

— Heureusement, poursuit-il, le lendemain matin, une offre a été acceptée.

En début d'après-midi, les 72 secouristes de Fairfax étaient enfin à bord d'un avion en route vers Haïti. La première équipe a atterri en Haïti un peu moins de 24 heures après le séisme.

Cependant, une fois sur les lieux, ils n'avaient pas leur matériel. En raison des règlements sur les bagages des compagnies aériennes, ils n'avaient pas pu apporter leurs défibrillateurs, leurs seaux, leurs crochets, leurs sacs gonflables et leurs cordes. Ce matériel devait être transporté par avion-cargo. Ainsi, bien qu'ils soient arrivés en Haïti, ils devaient attendre. Et pour attendre, ils attendirent : l'avion transportant tout leur matériel avait été dérouté vers la République dominicaine. Malgré tout, ils ne se sont pas révélés être complètement inutiles. Trois secouristes et leurs chiens ont participé à un sauvetage à l'hôtel Christopher la nuit précédant la débâcle de l'École nationale d'infirmières. Pendant ce temps, les 69 autres membres de l'équipe sont restés pépères dans l'enceinte de l'ambassade.

Lorsque l'équipe avec laquelle Ben et moi travaillions s'est décidée à sortir dans les rues, la fourgonnette de l'ambassade est tombée en panne. Heureusement, j'avais un camion, celui où était couché ce secouriste avec qui nous discutions. C'est ainsi que nous avons chargé mon camion et levé les voiles.

Tout cela signifie que la première véritable équipe de sauvetage des États-Unis était sur le terrain 40 heures après le tremblement de terre et se déplaçait dans la caisse de mon camion parce que l'ambassade n'avait pas été en mesure de lui fournir un véhicule en état de marche. Cependant, à lire les articles de journaux et les rapports du Département d'État des États-Unis ou de l'ONU, on croirait que la plupart des équipes de sauvetages étaient sur place en moins de 24 heures. Une aura d'héroïsme était projetée sur les efforts de secours. On laissait entendre que les secouristes faisaient un travail du tonnerre. Tim Callaghan, le directeur de l'équipe d'intervention en cas de catastrophe (Disaster Assistance Response Team, DART) d'USAID, était bien placé pour savoir à quel point l'intervention des États-Unis était « efficace » : son organisme était responsable de la coordination. Le 2 février 2010, il a expliqué ce que tous (le gouvernement des États-Unis, les journalistes et le public américain) tenaient déjà pour acquis :

> L'aspect le plus remarquable de l'intervention américaine a été le déploiement des équipes de recherche qualifiées dans les 24 heures [...] Ce sont de véritables héros. Je les ai vus ramper dans des bâtiments qui auraient pu leur tomber sur la tête à tout moment en cas de réplique sismique. Les États-Unis peuvent être fiers. Je suis fier – en tant que spécialiste et en tant que contribuable. Ils ont pénétré ces bâtiments, ils ont

trouvé des survivants au beau milieu de cadavres et il leur a fallu des heures pour les sauver[78].

Moi aussi, je suis fier d'eux. Ou plutôt : je suis fier de ceux qui sont réellement entrés dans les bâtiments pour sauver des vies. Mais j'étais sur le terrain, à l'École nationale d'infirmières. Et j'ai entendu des dizaines d'histoires d'autres personnes présentes à des lieux de sauvetage semblables. J'ai lu attentivement les comptes rendus de la presse et examiné minutieusement les chiffres. Et je dois dire : le ramassis de foutaises que les bureaucrates de carrière comme Tim Callaghan essaient de nous faire avaler ne m'inspire pas la fierté, mais le dégoût.

LES SAUVETAGES À LA SUITE D'UN SÉISME ET L'IMPORTANCE D'AGIR RAPIDEMENT

Il est facile d'expliquer pourquoi je me sens ainsi. Cependant, il convient d'expliquer pourquoi Tim Callaghan était si prompt à déclarer que les équipes de sauvetage américaines avaient été dépêchées en Haïti en moins de 24 heures. La raison est simple : si elles étaient arrivées plus tard, elles auraient été inutiles.

En situation de sauvetage, ce qui compte, c'est la vitesse. C'est connu. Depuis 1902, le monde a connu 128 séismes ayant fait plus de 1 000 morts. Trente-trois séismes ayant fait plus de 10 000 morts, une moyenne d'un séisme très meurtrier tous les trois ans. Dix-neuf séismes de plus de 25 000 morts, une moyenne d'un séisme extrêmement meurtrier tous les cinq ans et demi. À l'exception du Japon et de l'Italie, les bilans les plus lourds ont tous été dans des pays en développement, comme Haïti, où les codes du bâtiment sont en grande partie inexistants[79].

Les scientifiques qui ont étudié ces tremblements de terre en ont appris beaucoup sur les chances de survie des victimes prisonnières des décombres. Macintyre et al. ont étudié des rapports médicaux et des comptes rendus de la presse au sujet de plus de 1 000 sauvetages liés à 42 tremblements de terre. Ils ont constaté que dans les six à huit premières heures, les voisins et la famille étaient responsables de 90 pour cent ou plus de tous les sauvetages effectués. Dans les 40 heures suivantes, les personnes piégées sans toutefois être gravement blessées demeuraient normalement en vie. Voilà pourquoi il est si important pour les équipes de sauvetage d'arriver dans les 48 premières heures. Certains spécialistes ont récemment fait passer cette fenêtre de 48 à 72 heures. D'une manière ou d'une autre, très peu de sauvetages ont lieu après deux jours. Après trois jours, il est extrêmement rare d'extirper des survivants des décombres. Lorsqu'une victime est sauvée après plus de trois jours, c'est parce qu'elle a eu la chance d'avoir accès à une source d'eau et de nourriture dans un contexte où la température et l'humidité n'étaient pas accablantes, comme dans le cas des sauvetages haïtiens mentionnés plus haut. Cependant, même en pareils cas, le sauvetage ne garantit pas la survie. Après plusieurs jours coincés et immobiles sous les décombres, les rescapés n'ont qu'une chance infime de survivre aux effets de la claustration, en particulier s'ils sont blessés. Après cinq jours, le taux de survie des personnes extirpées des décombres est de sept pour cent[80, 81].

Voilà pourquoi Irwin Redlener, directeur du Centre national pour la préparation en cas de catastrophe de l'Université Columbia, a ainsi expliqué à la chaîne CNN toute l'importance de trouver rapidement les survivants : « La plupart des tentatives de sauvetage ont lieu durant cette fenêtre de 72 heures, a-t-il annoncé. Ce nombre n'est pas anodin. Il se fonde sur des calculs très sérieux de la période pendant laquelle le plus grand nombre de vies peuvent être sauvées.[82] »

AGIR RAPIDEMENT (OU PAS)

Des 67 équipes de secouristes internationales qui fouleront le sol haïtien, une seule arriva à Port-au-Prince dans les 24 heures, celle de Fairfax, à laquelle Ben et moi nous étions greffés. Dans ce cas, « dans les 24 heures » signifie exactement 24 heures. Par contre, les secouristes n'avaient pas leur matériel, qui avait été dérouté vers la République dominicaine. À l'exception de trois secouristes, les 72 membres de l'équipe n'ont pas quitté l'enceinte de l'ambassade jusqu'au lendemain, soit plus de 40 heures après le séisme. Il ne restait alors plus que huit heures aux cruciales premières 48 heures. Au moment où nous sommes arrivés à l'École nationale d'infirmières, nous avions déjà dépassé cette limite.

La *California Task Force 2* fut la deuxième équipe américaine à fouler le sol haïtien[v]. Ses membres ont atterri le jeudi 14 janvier, soit plus de 40 heures après le séisme, et n'ont commencé à travailler que le lendemain, 60 heures après le séisme et 12 heures après les 48 premières heures. La *Florida Task Force 1* de Miami-Dade et la *Florida Task Force 2*, également du sud de la Floride, sont arrivées le même jour. Leur matériel a aussi été dérouté vers la République dominicaine et n'est arrivé que 78 heures après le séisme, soit 30 heures après la fenêtre de 48 heures. La deuxième équipe de Fairfax est arrivée en Haïti quelque 60 heures après les premières secousses. La *Virginia Task Force 2* de Viriginia Beach est arrivée 96 heures après le tremblement de terre, quatre jours plus tard. La *New York Task Force 1* est arrivée le samedi, soit plus de 100 heures après le séisme. Une semaine après le séisme, les quatre autres équipes des États-Unis qui devaient être dépêchées sur les lieux cherchaient toujours un avion lorsqu'il fut décidé, à leur grand dam, que ce n'était plus nécessaire. Les chances de trouver d'autres survivants étaient extrêmement minces[83].

Alors, quand Tim Callaghan, le directeur de la DART, encensait les efforts qu'il coordonnait, affirmant que « l'aspect le plus remarquable de l'intervention américaine a été le déploiement d'équipes de recherche qualifiées dans les 24 heures », il fabulait. Plus directement, on pourrait même suggérer qu'il mentait. Comment aurait-il pu ne pas connaître la vérité ?

---

[v] Équipe de recherche et sauvetage en milieu urbain *California Task Force 2*, service d'incendies du comté de Los Angeles.

LA VÉRITÉ SUR LES SECOURS

Pourquoi Tim Callaghan insistait-il autant sur le fait que les secouristes américains se trouvaient sur le terrain dans les 24 heures ? La raison la plus évidente, c'est que, dans le cas contraire, ils n'auraient pas fait leur travail et auraient gaspillé l'argent des contribuables. Ce qui n'est pas si grave du point de vue des secouristes. Comme l'a si bien dit l'un d'eux à l'arrière de mon camion : « Nous sommes payés au taux horaire et demi. Ça, c'est 24 heures par jour lorsque nous sommes en mission. » Il est toutefois inexact d'affirmer que les secouristes des États-Unis sont arrivés dans les 24 heures. Il est aussi exagéré de prétendre que les secouristes étaient là pour aider les pauvres d'Haïti. Si le président Barack Obama a annoncé que de l'aide était en chemin pour tous ceux en Haïti, il a aussi clairement fait savoir que les Haïtiens devront faire la file derrière les Américains pour en recevoir :

> Nous n'avons aucune priorité plus grande que la sécurité des citoyens américains et nous avons évacué par avion des Américains blessés. Les évacuations se poursuivront au cours des prochains jours. Je sais que bon nombre d'Américains, en particulier les Américains d'origine haïtienne, attendent désespérément des nouvelles de leurs familles et de leurs amis... Sachez que nous n'abandonnerons pas tant que nos concitoyens américains ne seront pas tous hors de danger[84].

Accorder la priorité aux Américains, cela signifiait que, dans la période critique de la première semaine, celle où il était plus probable de pouvoir sauver des vies, la plupart des secouristes étaient dépêchés vers des endroits sûrs où des étrangers étaient faits prisonniers. Ces endroits, le secouriste de Fairfax couché à l'arrière de mon camion les appelait les « sites prioritaires ».

Ben et moi avons passé une bonne partie de cette première journée avec les secouristes à l'un de ces sites, le Caribbean Market, l'endroit où nous avons aidé à faire évacuer les pillards. Il s'agissait du supermarché haut de gamme le plus populaire auprès des diplomates et des travailleurs humanitaires, là où « nous achetions nos boîtes de céréales à 10 $ », écrira Jonathan Katz, journaliste de l'*Associated Press* (« nous » étant les étrangers en Haïti). Dans les jours qui ont fait suite au séisme, la zone bouclée du supermarché était à ce point remplie de secouristes et de chiens qu'il était pratiquement impossible de s'y déplacer. Lorsque Ben et moi sommes arrivés sur les lieux, il y avait au moins 50 secouristes. Plus tard en soirée, après avoir quitté l'École nationale d'infirmières avec les secouristes de Fairfax, nous nous attendions à retourner à l'ambassade. C'est ce que le chef avait déclaré. Toutefois, le centre de commandement de l'équipe de Fairfax nous a redirigés vers l'hôtel Christopher, le siège de l'armée onusienne. Plus de 150 représentants de l'ONU se trouvaient à l'intérieur lorsque le bâtiment s'est effondré, dont des membres du haut-commandement militaire de l'ONU pour Haïti. C'est ainsi que, dans une enceinte protégée par des murs et 50 soldats chinois lourdement armés, nous avons passé trois heures principalement à discuter avec d'autres secouristes dans le stationnement. Nous avons ensuite été dépêchés à l'hôtel Montana, un établissement perché à flanc de montagne, le « second chez-soi » de l'élite internationale – à savoir les diplomates, les journalistes et les travailleurs humanitaires. Là-bas, derrière un autre mur d'enceinte, nous avons passé *encore une fois* trois heures à nous mêler aux autres équipes de recherche et de secours. Pas moins de 50 soldats chiliens de l'ONU montaient la garde.

Cette même nuit, à moins de deux coins de rue de cet endroit où nous mourrions d'ennui assis à discuter avec des dizaines de secouristes dans l'enceinte murée de l'hôtel Montana, un journaliste de CNN se trouvait devant des volontaires haïtiens qui tentaient de sauver une jeune fille de 11 ans. Il écrira plus tard : « Il n'y a tout simplement pas assez de secouristes. » Le lendemain soir, aux décombres de l'Université Caraïbe située à moins de deux kilomètres, les passants pouvaient entendre les cris d'une étudiante, Christel Legroviau. Après trois jours à creuser les décombres, les résidents locaux n'arrivaient toujours pas à la rejoindre. La sœur de Christel a repéré un représentant de l'ONU et l'a convaincu de la suivre jusqu'à l'université pour constater par lui-même que sa sœur prisonnière était bel et bien vivante. Sur les lieux, ce dernier lui a dit qu'il n'y avait rien à faire, qu'aucune équipe de sauvetage n'était disponible. Tel que promis, personne n'est venu.

Ce n'est pas que les secouristes ne voulaient pas y aller – à l'exception peut-être de l'équipe de Fairfax. « Nous attendons depuis deux jours, ils ne nous envoient qu'aux endroits sans importance alors que le temps file », a déclaré le pompier Pere Perez au *Sunday Times*[85].

Une grande part du problème était attribuable à la panique semée par les médias internationaux et à la réaction de l'ONU et de l'armée américaine, le sujet du chapitre précédent. Cette deuxième nuit, l'ONU avait déjà rédigé sa politique de « sécurité ». Même si elles le voulaient, les équipes de secouristes n'étaient pas autorisées à se rendre dans les quartiers pauvres pour y chercher des survivants. Trop dangereux, selon l'ONU. Alors que nous nous trouvions à discuter dans le stationnement de l'hôtel Christopher, les forces de l'ONU rappelaient une équipe de recherche du Mexique au beau milieu d'une opération de sauvetage. Carlos Morales, le chef de l'équipe mexicaine, s'en est plaint : « Quel manque d'organisation. Nous avions déjà extirpé six survivants de l'université quand ils nous ont ordonné de retourner au quartier général en raison de quelques coups de feu.[86] »

Pendant ce temps, on avait vent d'un nombre incalculable de sauvetages effectués par des Haïtiens à l'aide des moyens du bord. Une femme a coupé son propre pouce pour se dégager. Une autre, qui avait déjà perdu trois de ses enfants, a passé trois jours à tenter, désespérée, de sauver son seul fils toujours en vie, dont la jambe était coincée sous un toit de ciment. Finalement, au bout du rouleau et incapable d'aider son fils qui agonisait devant ses yeux, elle a emprunté une génératrice portable et une scie électrique pour lui amputer la jambe.

Règle générale, un Haïtien pauvre sans la citoyenneté américaine ayant survécu aux 24 premières heures risquait fort peu d'être sauvé par un secouriste étranger. Les secouristes américains cherchaient d'abord et avant tout les citoyens américains ; même chose pour les Européens, les

Chinois, etc. De plus, les secouristes s'arrangeaient pour demeurer à l'abri du danger. Enfin, même si certains pompiers étaient consternés de ne pas pouvoir sauver des Haïtiens dans les quartiers populaires, les témoignages suggèrent de manière désolante que la plupart des pompiers américains étaient plutôt susceptibles de laisser un Haïtien coincé ou blessé exactement là où ils l'avaient trouvé. L'incident à l'École nationale d'infirmières n'était qu'un exemple.

Damien Cave, du *New York Times*, a vu des secouristes de Miami-Dade[vi] laisser à eux-mêmes quatre survivants prisonniers des décombres. Comme pour l'équipe de Fairfax à l'École nationale d'infirmières, les secouristes n'avaient pas leurs outils avec eux. Ils avaient également peur d'une foule non loin de plus en plus agitée. Ils ont donc laissé la foule et les Haïtiens pris au piège se débrouiller par eux-mêmes[87].

Cinq heures plus tard et n'ayant sauvé aucune personne dans l'intervalle, la même équipe de Miami-Dade repassait avec une caravane de six camionnettes et VUS lorsqu'elle est tombée sur la même foule. Des gens descendaient une colline dans leur direction, « criant, courant avec ce qui semblait être un corps », a rapporté Damien Cave. Ils venaient tout juste de sauver le deuxième des quatre survivants et cherchaient à l'amener à l'hôpital.

La foule d'Haïtiens a dû être soulagée de voir les secouristes et leurs six véhicules. Toutefois, selon le témoignage de Damien Cave, le chef de l'équipe de Miami-Dade, le même qui avait ordonné à son équipe d'abandonner les survivants pris au piège, « a ordonné aux membres de son équipe de rester dans leur véhicule ». Il a ensuite demandé à son traducteur de « calmer la foule agitée et d'expliquer que les équipes de recherche et de sauvetage n'étaient pas équipées pour servir d'ambulance ».

Selon toute apparence, cet article du *New York Times* avait été rédigé pour souligner les efforts des pompiers de Miami-Dade.

[vi] Florida Task Force-1 (FL-TF1).

Cependant, son aspect le plus intéressant est peut-être le message que Damien Cave semblait chercher à faire passer sans oser le dire franchement. Après avoir raconté le refus des secouristes de Miami d'amener une femme à l'hôpital, Damien Cave termine son article en décrivant comment deux médecins de l'armée de l'air effectuant des chirurgies à l'ambassade des États-Unis ont « demandé aux secouristes de ne pas amener de patients haïtiens ».

Il est affligeant de lire comment des secouristes de Miami-Dade ont laissé à eux-mêmes quatre survivants et ont ensuite refusé de détacher ne serait-ce qu'un seul véhicule de leur convoi pour sauver une femme blessée. Malgré tout, je veux bien leur donner le bénéfice du doute. Ils font un travail difficile et se trouvaient dans le centre de Port-au-Prince, une métropole de 3 millions d'habitants pouvant être qualifiée de bordel dans le meilleur des cas, à un moment où chaque problème était exacerbé par la déconfiture bureaucratique attribuable au séisme. Il n'y avait que 1 918 secouristes à la recherche de survivants dans une masse de débris qui aurait pu remplir 10 000 piscines olympiques, selon le corps des ingénieurs de l'armée américaine. Ces secouristes cherchaient des aiguilles dans une botte de foin et se devaient d'être prudents. Ils devaient d'abord assurer leur propre protection et être sélectifs. Comme nous l'avons vu, c'était une véritable course contre la montre. Si une victime ne peut être sauvée à temps, ou si une mission menace la sécurité des secouristes, ces derniers doivent rebrousser chemin pour chercher une personne pouvant être sauvée rapidement et en toute sécurité. Soit. Donnons-leur le bénéfice du doute.

Ce qui m'agace, c'est autre chose. Mon objectif ici n'est pas de vous convaincre que les secouristes sont des êtres méprisables. Il me semble raisonnable de supposer que la majorité d'entre eux sont de bonnes personnes mues par de nobles intentions. Ce que j'essaie plutôt d'illustrer, c'est à quel point le système est pourri, et comment il est difficile de le corriger par la faute de nombreuses personnes. En effet, certains ne se contentent pas de dissimuler les failles. Des gens comme Tim Callaghan, le directeur de la DART, mentent carrément.

COMMENT BIEN FAIRE PARAÎTRE UN CAFOUILLAGE MONSTRE

Les équipes de secouristes, leurs attachés de presse et les politiciens américains ont tous qualifié les opérations de sauvetage en Haïti d'énorme succès. Ils ont parlé d'un exploit immense grâce à la coopération de secouristes de partout dans le monde : Canada, Mexique, Espagne, France, Russie, Grèce, Pologne, Islande, Chine, Colombie, Venezuela, Équateur, Pérou, Brésil, Jamaïque, Luxembourg, Slovaquie… On parle de 67 équipes de recherche et de sauvetage de 30 pays, pour un total de 1 918 secouristes, accompagnés de 160 chiens. Combien de personnes ont été sauvées par les secouristes ? Cent trente-sept, un total qu'ils ont tous qualifié de record pour ce type de situation d'urgence. Selon l'ambassade des États-Unis, il s'agissait du « plus grand nombre de sauvetages connus dans le cadre d'une intervention internationale. » Selon l'ONU, « le plus grand nombre de vies sauvées par des équipes internationales de recherche et de sauvetage jamais enregistré ».

Examinons tout ça de plus près.

Près de cinq jours après le tremblement de terre, Tim Callaghan, le représentant d'USAID à la tête des secours d'urgence dont nous avons déjà rapporté les mensonges, a déclaré lors d'une conférence à Washington D.C. que les secouristes américains avaient « extrait » 29 survivants et que le nombre total de sauvetages pour toutes les équipes internationales était de 61. D'après les centaines de séismes et d'opérations de sauvetage ayant eu lieu dans le monde ces dernières années, et compte tenu de l'importance capitale des 48 premières heures, on devrait s'attendre, après déjà cinq jours, à un très petit nombre de sauvetages supplémentaires.

Le lendemain, Tim Callaghan a annoncé un bilan de 39 vies secourues par les équipes américaines et de 71 par l'ensemble des équipes internationales. C'est plausible. Puis la septième journée, alors que les chances de survie des personnes faites prisonnières étaient très minces, Tim Callaghan a annoncé que les équipes américaines étaient les seules à avoir effectué un sauvetage, une seule et unique personne, portant le bilan à 40 sauvetages pour les équipes américaines et à 72 pour toutes les équipes mises ensemble. « Un nombre incroyablement élevé », a-t-il déclaré.

Tout ça est plausible. La suite est toutefois incroyable. Le lendemain, Cheryl Mills, la chef de cabinet d'Hillary Clinton au Département d'État, a ajouté 50 personnes à ce nombre, soit un bilan de 122 personnes sauvées, ce qu'elle a qualifié de « sans précédent et miraculeux »[88].

D'où provenaient ces nouveaux rescapés ? Le bilan précédent comptait-il des calculs erronés ? Aurait-on oublié de signaler des sauvetages ? Une salle remplie de survivants a-t-elle été miraculeusement secourue ? Aucune explication n'a jamais été donnée. Après avoir fouillé les journaux, je n'ai trouvé qu'une seule mention d'un sauvetage entre le bilan de Tim Callaghan du 19 janvier et celui de Cheryl Mills le lendemain. Le 24 janvier, date après laquelle seulement deux autres sauvetages seront signalés par la presse (dont un auquel aucune équipe de secouriste n'a participé), le Département d'État des États-Unis annonça un bilan de 45 vies sauvées par les équipes de sauvetage américaines et de 132 pour l'ensemble des équipes internationales. Ils feront éventuellement passer ce bilan à 47 personnes pour les États-Unis et à 147 pour l'ensemble des équipes.

Le plus troublant, c'est non seulement l'origine mythique de ces chiffres, mais l'incohérence entre le battage médiatique et la réalité. Même si 137 ou 147 survivants ont réellement été extirpés des décombres, au final, ça ne représente que très peu de personnes. Malgré tout le bien dit de la sophistication des secouristes, de leurs chiens et de leur matériel, les chiffres, eux, n'avaient rien à envier. Pas un seul des 160 chiens n'est arrivé à localiser une victime par lui-même. Ils sont utilisés, et ont été utilisés, pour effectuer des vérifications. Pour leur part, les secouristes n'ont trouvé qu'une seule personne par eux-mêmes, une femme du Caribbean Market, un endroit où se trouvaient en moyenne 40 secouristes à toute heure de la journée, et il leur a tout de même fallu trois jours pour la localiser. Vingt-trois des « sauvetages » effectués par des étrangers ne sont pas attribuables à des équipes des secouristes, mais à des soldats chiliens de l'ONU qui se trouvaient déjà à l'hôtel Montana lorsque le séisme a frappé.

Et tout cela a coûté une fortune : un total de 243 millions de dollars américains, soit environ 1,84 million de dollars pour chacun des 137 à 147 sauvetages qui, légitimement ou non, ont été attribués à des équipes de sauvetage étrangères. Si l'on considère que 90 pour cent des équipes sont arrivées après les 72 premières heures (période après laquelle seulement 25 de ces sauvetages ont été effectués), on parle plutôt de 10 millions de dollars par sauvetage. Il convient de noter que 50 000 Haïtiens meurent chaque année de maladies infectieuses ordinaires pouvant être soignées par des antibiotiques à cinq cents.

Mais, encore une fois, nous ne faisons qu'effleurer le problème. En réalité, on assistait à un désastre bien plus grand.

Tandis que les secouristes déballaient leurs 2 600 tonnes de gadgets sophistiqués, installaient des climatiseurs dans leurs tentes et réquisitionnaient les véhicules de l'ambassade pour se déplacer d'un lieu sécurisé à l'autre à la recherche de citoyens des États-Unis, de l'Europe ou de la Chine (dont ils ne trouvèrent que très peu), Port-au-Prince et les autres villes situées près de l'épicentre du séisme étaient aux prises avec une urgence médicale majeure.

L'événement prenait des proportions bibliques. Des membres écrasés, des crânes fracturés, des têtes scalpées par la chute de toits de tôle, des cerveaux mis à nu. Les secouristes passaient littéralement devant des hôpitaux remplis de telles victimes, des dizaines de milliers. Lorsque nous conduisions dans Pétionville avec les secouristes de Fairfax, une femme nous a arrêtés pour nous dire qu'un hôtel non loin était rempli de blessés et de mourants. Le seul médecin sur place, désespéré, avait quitté les lieux parce qu'il n'avait plus d'antiseptiques, d'antibiotiques ni de gaze. Le chef de Fairfax en a pris bonne note. Une autre femme nous a arrêtés pour nous dire qu'il y avait tellement de blessés et de mourants à la morgue qu'on devait les installer dans la rue. « Pouvez-vous nous aider ? » Le chef a griffonné une note.

Comme je l'ai mentionné précédemment, des médecins qui cherchaient à sauver des vies manquaient d'intraveineuses et en étaient réduits à laver leurs mains et à stériliser leurs scalpels avec de la vodka et à amputer des bras et des jambes mutilés avec des scies à métaux, faute de mieux.

Certains cas étaient à briser le cœur, comme cette fille de 11 ans coincée sous les décombres de sa maison. C'était deux jours après le séisme, environ au même moment où Ben et moi nous trouvions à l'École nationale d'infirmières avec les secouristes de Fairfax. Une équipe de CNN a passé plus de quatre heures à filmer le poignant sauvetage. Vers la fin, une équipe d'hommes haïtiens ont coupé la dernière barre d'armature qui la tenait prisonnière. Enfin libre ! Elle est morte quelques heures plus tard à l'hôpital, qui ne disposait pas des ressources pour la sauver. Ses derniers mots : « Maman, ne me laisse pas mourir.[89] »

Le docteur Dario Gonzalez est arrivé avec les 80 membres de l'équipe de sauvetage de New York quelques jours après le séisme et ils ont passé plus d'une semaine à la recherche de survivants. Ils n'en ont trouvé aucun et ont dû se contenter d'aider les pompiers de huit autres pays à extirper cinq survivants des ruines d'un bâtiment. À propos des médecins qui effectuaient des amputations, Dario Gongalez a déclaré à un journaliste du *Times* :

Je sais que ces médecins n'avaient pas le choix. Cela dit, une amputation est une forme d'échec. Une amputation signifie que vous n'êtes pas arrivé à traiter la personne à temps[90].

Bien sûr, le docteur Gonzalez avait raison. Les lésions traumatiques non traitées peuvent s'infecter, ce qui arriva dans bien des cas. Ce qui est mortel. La gangrène gazeuse, par exemple, se déclare après six heures à deux jours. Sans une chirurgie et de puissants antibiotiques, la personne meurt dans les 48 heures. Or, le séisme avait fait environ 300 000 blessés, bon nombre gravement, qui souffraient de membres écrasés et d'entailles sur le point de s'infecter. Si, plutôt que de dévouer leur temps à rechercher des véhicules et à mettre en boîte 2 600 tonnes de matériel pour effectuer des sauvetages, chacun des 1 918 secouristes et médecins qui les accompagnaient avaient simplement traité dix personnes par jour, 134 260 personnes supplémentaires auraient bénéficié de soins dans la première semaine. Au moment où le docteur Gonzalez faisait part de son observation, ils auraient traité environ 210 980 personnes. L'ironie dans tout ça, c'est que Dario Gonzalez, qui semblait juger de haut les médecins pratiquant des amputations, était de son côté occupé à regarder des dizaines de secouristes de huit pays différents tenter de sauver cinq personnes. En d'autres mots, Dario Gonzalez ne faisait absolument rien.

Pourquoi les secouristes, qui possédaient pratiquement tous une formation paramédicale, faisaient-ils aussi peu de cas des blessés ? Qui a approuvé cette conduite ? Pourquoi ne pas apporter du matériel médical plutôt que tous ces chiens, ces appareils d'écoute électronique et ces climatiseurs pour leurs tentes ? Pourquoi la priorité n'était-elle pas donnée aux milliers de blessés et de mourants qui n'avaient pas à être localisés et à être extirpés des décombres ? Ces personnes avaient désespérément besoin d'aide. C'était également les personnes à qui on pouvait le plus facilement sauver la vie.

Nous avons déjà vu l'une des réponses à cette question : les Haïtiens n'étaient pas la priorité. Nous avons également effleuré la deuxième raison : Haïti était devenue une mine d'or médiatique. Au plus fort de la crise, les cotes d'écoute des nouvelles avaient grimpé de 300 pour cent à la télévision américaine. Six Américains sur dix suivaient la situation post-séisme en Haïti de plus près que n'importe quel autre événement médiatique depuis l'ouragan Katrina. Selon soixante-dix pour cent d'entre eux, il s'agissait du sujet de nouvelles le plus chaud. On en parlait dix fois plus que celui en deuxième place, les réformes de la santé. Les sauvetages comptaient pour beaucoup dans tout ça. Au début, on faisait peu de cas des Haïtiens pauvres. Les secouristes étaient venus sauver leurs compatriotes. Cependant, à mesure que les probabilités de trouver un étranger en vie s'estompaient et qu'il devenait de plus en plus évident que la presse internationale accordait de la valeur aux sauvetages d'Haïtiens, on assista à une quête frénétique visant à capter celles-ci sur vidéo. Peu d'images sont plus enthousiasmantes que celles de survivants extirpés d'un tombeau de béton. À côté de ça, les salles d'opération stériles ne font pas le poids. Pour les politiciens américains qui tenaient des conférences de presse et gonflaient les chiffres, la couverture médiatique des sauvetages permettait de rediriger l'attention loin du flot de critiques de la semaine précédente, lorsque les médias du monde décriaient la gestion des opérations de sauvetage et l'envoi de troupes de combat plutôt que de l'aide. Voilà un autre élément qui explique la situation : toute cette attention médiatique politisait grandement les efforts de secours.

SAUVETAGES : LES CONSIDÉRATIONS POLITIQUES

Nous sommes rassemblés en cercle autour d'un homme sérieux et distingué. « Voilà ce qu'il en est », nous dit-il dans un accent européen incisif que je n'arrive pas à identifier. « Vous pouvez rester ici, mais vous devrez suivre à la lettre tout ce qu'on vous dira. »

Le chef de Fairfax, deux des membres de son équipe et moi-même écoutons attentivement. Le chef m'a déjà dit, plein d'admiration, qu'il s'agissait de nul autre que le commissaire des incendies de l'ONU en Haïti.

— Nous avons fouillé ce bâtiment, poursuit le commissaire. Nous avions des chiens islandais. Nous avions vos chiens. Nous avions des chiens chinois. Nous avons effectué une écoute digitale. Nous avons utilisé les détecteurs de chaleur. Nous avons tout fait, à de nombreuses reprises. Il n'y a aucun survivant là-dedans.

Je ne peux m'empêcher de penser : *Si vous avez déjà fait tout ça, qu'est-ce qu'on fout ici ?*

Nous sommes tous silencieux, respectueux, à l'écoute. C'est manifestement le commissaire qui tient les rênes.

— Vous pouvez déployer vos chiens, poursuit-il. Vous pouvez utiliser vos moniteurs numériques. Nous pouvons utiliser votre soutien. Cependant, ce devra être fait sous notre direction.

Pourquoi voudrions-nous faire ça s'il n'y a personne en vie là-dedans ?

Le commissaire marque une pause. On dirait qu'il veut poursuivre, mais qu'il ne sait pas trop comment. Il regarde autour. Il nous regarde un par un. « Venez par ici », dit-il, avant de se retourner pour marcher vers l'extrémité du stationnement. Nous le suivons. Il s'arrête. Nous nous arrêtons. Nous formons de nouveau un cercle bien serré. Le commissaire nous observe. Il est sur le point de nous révéler quelque chose de très important. Il me fixe :

— Qui êtes-vous ?

Je ne sais trop quoi répondre. Je ne veux pas manquer sa révélation, mais je ne peux pas mentir.

— Je suis le traducteur.

— Oh, dit-il, avant de revenir au sujet : une délégation de hauts placés chinois a péri ici.

Nous écoutons tous.

— Nous devons montrer que nous faisons tout notre possible.

Il regarde directement le chef et je n'arrive toujours pas à croire ce qu'il a dit ensuite :

— C'est une question de politique.

Voilà. C'était une question de politique. Ils s'inquiétaient de leur image aux yeux de leurs compatriotes, aux yeux des Chinois, des Européens, des Américains, des Canadiens, de leurs électeurs, de leurs patrons, etc. Et les considérations politiques ne se limitaient pas aux hautes sphères.

Les taupes du Mexique vs. la crème de la crème du comté de Dade

C'est la nuit, cinq jours après le séisme. Les rues de la ville qui, dans le meilleur des cas, empestaient les eaux d'égout et les gaz d'échappement, sont maintenant imprégnées de l'odeur des corps en décomposition. Une équipe de recherche et sauvetage mexicaine fouille les brèches et les fissures des ruines d'une banque. Elle recherche tout signe de survivant. Un membre de l'équipe lance un cri dans un trou, se place l'oreille contre l'ouverture et écoute. Une autre tape sur les vestiges de la façade. Il tape de nouveau. Puis il place son oreille sur le mur et écoute.

Kathie Klarreich observe, en retrait. Kathie est une journaliste et auteure américaine dans la mi-quarantaine qui parle créole. Elle travaille et vit en Haïti par intermittence depuis plus de 20 ans. Une femme haïtienne s'approche de Kathie et lui dit que des survivants se trouvent dans une maison non loin. Elle demande si quelqu'un peut aider. Kathie et les secouristes mexicains la suivent[91].

Ils marchent entre les bâtiments de béton, sur des piles de gravats. Une foule est massée autour de la maison et deux équipes de reporters brésiliennes sont déjà sur les lieux. Un journaliste tient une longue perche avec un microphone. Il pointe le microphone vers un trou au milieu des ruines. L'un des journalistes brésiliens raconte à Kathie qu'ils ont capté la voix d'une fille avec le microphone. Un secouriste mexicain tape sur le mur de béton. De l'autre côté, quelqu'un tape en retour.

Les Mexicains passent à l'action.

Les taupes mexicaines

Il s'appelle Hector « El Chino » Méndez et il est le membre fondateur des célèbres Topos (« taupes » en Espagnol). Les Topos ont connu leurs débuts lors du tremblement de terre de Mexico de 1985. À ce moment, 10 000 personnes avaient péri sous les décombres et des milliers d'autres en étaient retenus prisonniers. L'ampleur de la crise dépassait les capacités des autorités mexicaines. Les habitants des quartiers pauvres, désespérés, ont répondu à la situation avec leurs propres équipes de secours. Un groupe en particulier fut à ce point efficace que le gouvernement reconnut son héroïsme une fois la crise passée. Les Topos étaient nés. Depuis ce jour, ils ont formé des équipes de secouristes israéliennes et françaises et, comme pour l'équipe de Fairfax, ont été dépêchés dans plus de 22 pays en crise. Ils étaient en Iran lors du séisme, en Indonésie à la suite du tsunami et même à New York après le 11 septembre.

Contrairement aux autres équipes internationales de secours et leurs 40 tonnes de matériel sophistiqué et dizaines de chiens, les Topos se présentent normalement avec rien de plus que les outils pouvant être transportés dans leur sac à dos. Ils ne perdent pas non plus leur temps à attendre des véhicules de leur ambassade. Ils débarquent de l'avion et se dirigent immédiatement vers les quartiers. Ils marchent, demandent à des gens de les emmener en voiture et utilisent les transports publics. « Nous avons les couilles pour aller là où personne d'autre ne veut aller », a déclaré Chino, c'est-à-dire qu'ils ont le courage de se rendre dans les quartiers durs et de pénétrer les brèches des décombres.

Une équipe de 15 Topos est arrivée en Haïti le 15 janvier. Le lendemain, ils avaient sauvé neuf personnes. En comparaison, les 42 secouristes de Fairfax qui avaient lancé leurs recherches la veille avaient, au même moment, sauvé huit personnes. Avec un tiers de leur effectif, dépourvus de chien et en deux fois moins de temps, les Topos avaient sauvé plus de gens.

D'héroïques politiciens et journalistes à la rescousse, en direct !

Chino, le Topo, retire les gros morceaux de gravats qui bloquent le trou le plus près de l'endroit où les survivants sont faits prisonniers. Pendant ce temps, Kathie demande à la femme qui avait sollicité leur aide d'aller chercher le reste des Topos. Malheureusement, elle n'arrive pas à les trouver. Pendant ce temps, des journalistes brésiliens se pointent avec 12 secouristes du comté de Miami-Dade, cette même équipe qui a abandonné des survivants faits prisonniers parce qu'elle avait peur de la foule et qui a refusé d'amener une blessée à l'hôpital. Les secouristes de Miami-Dade ont maintenant leur matériel. Ils ont aussi deux chiens avec eux. Le chef de l'équipe demande à Chino de « se retirer ». L'équipe de Miami-Dade prend les rênes de l'opération. On apporte les chiens.

Kathie proteste :

— Nous savons déjà qu'il y a des survivants. Nous avons capté leurs voix avec un microphone et ils ont cogné sur le béton pour signaler leur présence.

— Sans un jappement, explique le maître canin à Kathie, l'équipe ne pénètre pas les décombres. Le problème, c'est que bien des gens cherchent désespérément à retrouver leurs êtres chers et jurent avoir entendu les membres de leur famille pour ne pas perdre espoir.

Ainsi, les chiens se mettent au travail. Chino se plaint. Kathie se mord la lèvre. Les secouristes font courir leurs chiens tout autour du bâtiment. Enfin, l'un des chiens émet un jappement. Les pompiers de Miami-Dade ont eu leur confirmation.

— Les gars de Miami passent à l'action, se rappelle Kathie. Certains sont très haut sur un autre toit, d'autres très bas. Certains sont derrière la maison. Chacun semble avoir une tâche précise. Au final, ils reviennent et font exactement comme Chino : ils retirent les débris de l'ouverture qui semble offrir l'accès le plus immédiat aux survivants prisonniers à l'intérieur.

Pendant ce temps, l'un des journalistes brésiliens a appris d'un voisin que trois enfants seraient piégés sous les décombres : Kevin, Nazer et Fragina. Le journaliste questionne les passants et arrive à obtenir le numéro de téléphone de la mère de Kevin. Elle est à Miami. Le journaliste l'appelle. Elle répond.

— Nous sommes en train de sauver votre enfant.

Tout est parfait : les journalistes vont filmer le sauvetage en direct à la télévision ainsi que la joie de la mère au téléphone. Le journaliste raccroche. La mère attend. Les secouristes font des progrès. Ils sortent leurs outils, allument une génératrice. Ils commencent à forer un trou.

Six heures plus tard, la foule pousse un cri tandis que Nazer, sept ans, est extirpé du trou.

— Je vois alors qu'il n'a plus que la peau sur les os, se rappelle Kathie, comme un squelette. Mais il sourit. Il pointe sa dent : « Elle est cassée ! », comme si c'était la pire chose qui soit arrivée.

Puis vient Fragina, 14 ans. Malheureusement, immédiatement après être sortie du trou, elle apprend que Kevin, le petit garçon de cinq ans qui était sous les décombres avec elle, n'a pas survécu. Fragina croyait lui avoir parlé un instant plus tôt. Maintenant, plutôt que d'être euphorique, Fragina est dévastée.

— Sa douleur m'a transpercée, se souvient Kathie. Elle était si bouleversée qu'il était difficile de se réjouir entièrement de son sauvetage.

La mère de Kevin, l'enfant décédé, attend à Miami l'appel promis. Le journaliste brésilien refuse de rappeler la mère.

— Ce souvenir me trouble profondément, me dit Kathie. Les secouristes de Miami, les journalistes. Cette nuit-là, personne n'était humain. De sales monstres. Elle marque une pause pendant un moment, puis ajoute : Et tu peux me citer textuellement. Je n'en ai rien à foutre[92].

Plus tard, Chino, le secouriste mexicain, racontera ceci :

> On m'a menacé… Un secouriste américain m'a dit de m'en aller, sans quoi on irait chercher la police. On me disait : « Va-t'en, va-t'en ! » Je leur ai dit : « Attendez, m'en aller ? Pourquoi ? » Ils m'ont répondu que c'était un travail de professionnels. Alors je leur ai dit : « Écoutez. J'ai travaillé avec vous à New York dans les tours jumelles le 11 septembre. Pourquoi faites-vous de la discrimination contre moi ? Pourquoi êtes-vous si arrogants ? » Puis ils ont répondu : « Tu ne sais pas ? »

Difficile de dire ce que signifiait la réponse du secouriste de Miami-Dade. Toutefois, ce que Chino n'aurait certainement pas pu savoir, c'est que l'un des secouristes était Kendrick Meek, fils de l'ancienne députée Carrie P. Meek, dont il occupait le siège au Congrès depuis la retraite de cette dernière. À l'époque, il était un candidat du Parti démocrate pour un siège au Sénat de la Floride. Kendrick Meek a raconté à Kathie qu'il avait été « à ce point touché par le travail des équipes de secours qu'il a sauté dans un avion pour être témoin de la situation et apporter toutes les ressources à sa disposition ». Rudolph Moïse – avocat, médecin, vedette de cinéma, colonel de l'armée de l'air des États-Unis et candidat pour le siège de Kendrick Meek au Congrès américain, d'origine haïtienne – se trouvait également sur les lieux. L'équipe était dirigée par Karls Paul-Noël, l'aide-pompier en chef des sapeurs-pompiers de Miami-Dade, le pompier américain d'origine haïtienne le plus haut gradé des États-Unis. Les secouristes avaient déjà capté sur vidéo le sauvetage d'une petite fille, un clip que Kendrick Meek avait publié sur son site Web avec le commentaire suivant :

> Le sauvetage de cette fillette rappelle à mes électeurs de la Floride du Sud, notamment de nombreux Américains d'origine haïtienne qui ont été ébranlés par le séisme, que même dans les heures les plus sombres, l'espoir subsiste. Certains m'ont appelé, rongés par le désespoir [...] Le tremblement de terre a aussi poussé ma communauté à agir comme jamais auparavant en recueillant des dons, en offrant bénévolement son temps et son savoir-faire et en offrant un soutien et des prières aux voisins dans le besoin. Mes électeurs et le peuple haïtien souffrent, mais je veux qu'ils sachent qu'il existe des histoires pleines d'espoir comme celle-ci partout dans leur pays natal[93].

Kendrick Meek et les secouristes de Miami-Dade ont disparu avec les enfants. Ils auraient même refusé de raccompagner Chino, selon le principal intéressé. D'après Kathie Klarreich, ils auraient déposé le jeune Nazer, sept ans, à un hôpital où ce dernier aurait passé la nuit assis dehors, laissé à lui-même.

— Peux-tu croire ça, me demande Kathie, son visage contorsionné par une grimace. Un garçon de sept ans, tout seul.

Oubliant pendant un instant les secouristes et toute cette histoire affreuse, Kathie s'arrête et dit en souriant :

— Il s'est cassé une dent.

LES HÉROS DE L'OMBRE

Je n'aime pas en arriver à cette conclusion, mais il est difficile de ne pas remarquer à quel point la presse et les politiciens ambitieux de l'étranger se fichaient des Haïtiens pauvres. Ce à quoi ils pensaient avant tout, c'était leurs propres électeurs : leurs concitoyens des États-Unis ou d'ailleurs en Europe ou en Asie. Je ne suis pas le seul à en être arrivé à cette conclusion. Comme une odeur irrespirable de mort, elle enveloppait l'ensemble des opérations de secours.

Les efforts de secours en Haïti étaient une machine programmée non pas tant pour sauver des vies que pour nourrir la presse et des ambitions politiques, comme c'est le cas de l'industrie mondiale du secours en général. Des ressources limitées (véhicules, espace aérien et professionnels de la médecine) ont été retenues à des fins inefficaces, une stratégie qui a probablement causé la mort de beaucoup, beaucoup plus de personnes en Haïti qu'elle n'a sauvé de vies.

Quelque chose dans tout ça – les chiffres, les scènes de secouristes étrangers effectuant des sauvetages héroïques d'Haïtiens, le matériel extravagant et l'échec bureaucratique – traduit l'essence même des opérations de secours en Haïti. Un simple coup d'œil au nombre officiel de sauvetages permet de remettre les choses en perspective. La BBC a comparé le nombre de personnes sauvées dans la foulée du séisme en Haïti à ceux de récents tremblements de terre en Chine et en Italie. Le bilan officiel du séisme de 2009 en Chine était de 66 649 personnes sauvées et de 87 476 morts. Cela correspond à environ 0,8 personne sauvée pour chaque victime. Les Italiens ont signalé un bilan semblable pour le tremblement de terre qui a frappé leur pays en 2009 : 150 personnes sauvées et 295 morts, soit environ

0,5 personne sauvée pour chaque victime. En Haïti, le bilan est tout autre. Selon les statistiques officielles, une personne aurait été sauvée pour chaque 1 742 victimes. Si l'on utilise le bilan des victimes du gouvernement, soit 316 000 décès, on en arrive à une personne sauvée pour 2 306 victimes. En Haïti, le rapport entre les personnes sauvées et celles décédées est plus de 1 000 fois supérieur à celui de l'Italie et à celui de la Chine[94].

Pourquoi ?

Partout où nous sommes allés le premier jour, des Haïtiens fouillaient les décombres et nous disaient combien de personnes ils avaient sauvées. Au ministère des Finances, ils en avaient sauvé quatre. Au Caribbean Market, neuf. Varnek-Édouard Bazile, un enseignant du Haitian American Institute, a aidé à sauver vingt survivants avant de retourner à la maison, où ses deux enfants étaient morts et sa femme mourante.

Un ami haïtien m'a raconté ceci : « Mon cousin, il fait partie de la garde présidentielle. Il a formé un groupe et ils ont sauvé 150 personnes en deux jours. Il est à ce point enragé par l'inactivité du gouvernement qu'il veut organiser un coup d'État. » Dans le *Huffington Post*, Beverly Bell a rapporté les propos de Gethro Nelio, un homme de 23 ans dont le père est mort d'une jambe fracturée parce qu'il n'a pas pu obtenir de soins : « Je ne pouvais pas oublier que mon père était mourant, mais tout ce que j'avais en tête, c'était de sauver des personnes qui pouvaient survivre, qui étaient blessées, en particulier des femmes. Dans la maison de mon père, 37 personnes ont péri. C'était un immeuble de trois étages, tous les étages se sont aplatis, comme un sandwich. Il était impossible de sauver les personnes du bas. Nous avons réussi à sortir 28 personnes. »

Un jour, une femme assise à côté de moi dans le bus m'a raconté comment elle et d'autres personnes ont fouillé les décombres à la recherche de sa sœur Nicole. Chaque fois qu'ils criaient « Nicole », une voix émanait des gravats : « Oui ». Ils ont passé des heures à creuser, à briser le ciment, à retirer les déblais pour finalement découvrir que la personne qui répondait n'était pas Nicole. Ils ont poursuivi leurs recherches et la même scène s'est répétée six fois.

Mamoune Chery travaillait dans une pharmacie lorsque le tremblement de terre a frappé. Elle a été plaquée au sol. Un morceau du plafond la tenait là, prisonnière. Quatre heures plus tard, on la sauvait. « Qui vous a sauvé ? », lui ai-je demandé. « Un *kokorat* », m'a-t-elle répondu, c'est-à-dire un enfant de la rue, un jeune sans-abri.

La raison pour laquelle seulement 137 sauvetages ont été enregistrés en Haïti tandis que des dizaines de milliers de personnes ont été sauvées en Chine, c'est qu'en Haïti, les personnes sauvées par la famille, les voisins ou de simples passants à l'affût n'ont pas été comptabilisées. Personne ne prenait note de la contribution des Haïtiens, qui ne comptaient pas. Ils n'étaient pas considérés comme faisant partie des opérations de sauvetage.

La vérité, c'est que quelque 50 pour cent des personnes officiellement sauvées n'étaient même pas haïtiennes. Il s'agissait d'étrangers. Je ne peux pas donner les chiffres exacts parce que, sur la liste des personnes sauvées de l'USAID – obtenue grâce à une demande en vertu de la Loi sur l'accès à l'information, sans quoi l'organisme refusait de me fournir ces chiffres – les nationalités des personnes sauvées ont été biffées. Pourquoi ? Je l'ignore. Peut-être que quelqu'un en avait honte. Par contre, ce qui est encore plus pertinent dans ce cas qui nous concerne, c'est qu'à l'exception du Caribbean Market et de l'hôtel Christopher, où l'ONU était installée, pas un seul secouriste, appareil d'écoute électronique ou chien de l'étranger n'a trouvé un seul survivant. À tous les coups, c'était des Haïtiens qui trouvaient les survivants et qui appelaient les secouristes, lesquels utilisaient la « règle du jappement » pour déterminer s'il y avait effectivement des survivants. Ce rôle des Haïtiens semblait passer inaperçu, ce qui, à ce moment, nous rendait perplexes. Les secouristes de Fairfax ont largué un traducteur que Ben et moi avions engagé pour eux, les rendant incapables de communiquer avec la population locale. Un représentant de l'ambassade des États-Unis a indiqué que de nombreuses équipes de l'étranger ont aussi rejeté l'aide de guides haïtiens. « Ils reviennent sans cesse pour se débarrasser de leurs guides », a-t-il dit. Pourquoi donc ? Les traducteurs haïtiens pouvaient dialoguer avec la population locale : les trois millions de Port-au-Princiens qui savaient où trouver des survivants piégés. Lorsque nous étions avec les secouristes de Fairfax, à trois reprises, une personne distincte nous a dit qu'il y avait des survivants à la cathédrale de la Sainte-Trinité. Je crois que le message n'a jamais été transmis au quartier général de Fairfax.

À l'époque, nous n'arrivions pas à comprendre pourquoi les secouristes se débarrassaient sans cesse de leurs collaborateurs haïtiens. Maintenant, je sais : les Haïtiens voulaient qu'on les aide à sauver leurs compatriotes. Et, en réalité, les secouristes n'étaient pas là pour ça. C'est seulement après les cruciales premières 72 heures, alors qu'il était certain qu'aucun travailleur humanitaire ou diplomate de l'étranger n'était piégé sous les décombres, que les politiciens et les bureaucrates des États-Unis (faisant tout pour protéger leurs arrières et ne pas être accusés d'avoir ignoré les Haïtiens, bloqué l'aide à l'aéroport et envoyé une force d'invasion militaire sur le site d'une catastrophe humanitaire) ont découvert à quel point il était payant de sauver des Haïtiens devant les caméras du monde.

LA FIN DE LA GRANDE OPÉRATION DE SECOURS EN HAÏTI

Le 23 janvier, soit 11 jours après le tremblement de terre, le président haïtien René Préval a annoncé la fin officielle des opérations de secours. Le 28 janvier, cinq jours plus tard, les secouristes ont plié bagage. Le 29 janvier, le *Washington Post* annonçait le retour à la maison des secouristes de Fairfax :

> Après deux semaines de nuits blanches et de longues heures épuisantes à mener des opérations de secours dans la foulée du séisme en Haïti, les 114 membres de l'équipe de RSMU du comté de Fairfax sont rentrés chez eux, où un accueil triomphal les attendait [...]
>
> Selon les autorités, le déploiement en Haïti fut le plus important et le plus long et permit à l'équipe de Fairfax de contribuer au plus grand nombre de sauvetages de

son histoire (bilan de cinq sauvetages et d'une contribution à 11 sauvetages).

Bill Barker, médecin urgentologue à l'hôpital Fauquier de Warrenton et membre de la force d'intervention de Fairfax depuis 1999, a attribué le grand nombre de sauvetages au déploiement rapide de l'équipe.

Par le passé, a-t-il dit, les équipes de secours financées par le gouvernement fédéral étaient forcées d'attendre des jours avant d'obtenir le feu vert leur permettant de partir vers une zone sinistrée[95].

D'autres intervenants ont été accueillis en héros à New York et à Miami et des cérémonies de récompense ont eu lieu à la Maison-Blanche. Le 29 avril, le magazine *Time* a nommé Karls Paul-Noël, le pompier américain d'origine haïtienne à la tête du service des incendies de Miami-Dade, l'une des 100 personnes les plus influentes de 2010. Rudy Giuliani, l'ancien maire de New York, a fait l'éloge de Karls Paul-Noël pour son curriculum vitæ « digne de Superman » et pour s'être rendu en Haïti « moins de 24 heures après le séisme ». En réalité, l'équipe de Karls Paul-Noël était arrivée 42 heures après le séisme pour ensuite perdre une journée supplémentaire à attendre son matériel, qui se trouvait en République dominicaine. C'est l'équipe de Karls Paul-Noël qui s'était rendue en Haïti avec le candidat au Sénat Kendrick Meek et le candidat au Congrès Rudolph Moïse. C'est l'équipe de Karls Paul-Noël qui, tel que relaté par Damien Cave dans le *New York Times*, a abandonné quatre survivants parce qu'elle craignait la foule et qui a plus tard refusé de transporter à l'hôpital une survivante sauvée par les Haïtiens. Enfin, c'est l'équipe de Karls Paul-Noël qui a subséquemment déclaré avoir extirpé 11 survivants des décombres, notamment Fragina et Nazer, le garçon à la dent cassée laissé à lui-même à l'hôpital.

Je ne cherche pas à m'en prendre aux personnes qui sont venues en Haïti pour apporter leur aide ni aux centaines, voire aux milliers de médecins et autres professionnels de la santé qui se sont déplacés bénévolement. Ce sont des héros. Si un de mes proches ou moi-même nous trouvons un jour au cœur d'une catastrophe, je prie pour leur aide. En réalité, c'est là l'essence de mon argument. L'effusion de sympathie et de bonne volonté qui s'est matérialisée dans la foulée du séisme sous la forme de dons d'argent et de dons de soi témoigne du grand nombre de personnes dans le monde qui se sont senties concernées.

Malheureusement, la triste vérité, c'est que la réponse des États-Unis n'était pas le miracle « de rapidité, d'ardeur et de coordination » vanté par Rajiv Shah, l'administrateur d'USAID. Et, encore une fois, les médias sont gravement coupables d'omissions, d'exagérations et de présentation sélective de l'information. Les médias ont parfois critiqué les erreurs qui ont été commises, parfois... Mais dans la très grande majorité des cas, les histoires qui ont retenu l'attention portaient sur des sauvetages sensationnels et sur l'héroïsme occidental[96].

Il sera peut-être difficile aux personnes qui ne furent pas sur les lieux de comprendre à quel point l'intervention fut chaotique et malavisée. Mais elle le fut, et peu de gens qui se trouvaient sur place et étaient au courant de la situation oseront affirmer le contraire. À tout le moins, pas en privé. Et le crime dans tout ça, c'est la dissimulation. Si les hauts placés avaient reconnu leurs échecs et tenté de les corriger, je n'aurais pas eu à écrire ce chapitre. Cependant, personne ne s'est levé pour dire : « Nous sommes arrivés trop tard » ou « Non, nous ne méritons aucune félicitation. Nos priorités n'étaient pas les bonnes. Nous aurions dû prendre soin des blessés. » Personne n'a dit : « Nous aurions pu faire mieux. » Ou plutôt : les rares personnes qui l'ont fait n'ont pas été entendues.

Les efforts de secours ont été caractérisés par le chaos, l'incompétence et l'échec. Selon moi, les dissimulations subséquentes devraient être considérées comme des crimes. Les conséquences de ces crimes, pour nous tous, se feront sentir lorsque frappera la prochaine catastrophe, lorsque ces dissimulations et ces mensonges nous mèneront encore une fois à faire les mêmes erreurs.

Que nous soyons maudits si nous laissons une telle situation se reproduire. Que nous soyons maudits si nous laissons de nouveau la bonne volonté humaine, comme celle qui s'est manifestée à l'heure où Haïti en avait le plus besoin, être gaspillée par un cafouillage bureaucratique, la peur ou une bande de politiciens et de bureaucrates qui veulent masquer les manquements au nom de l'autoglorification et des votes. Malheureusement, les mensonges ne faisaient que commencer.

5

Surenchères catastrophistes et bilan des morts

LA NUIT DU TREMBLEMENT DE TERRE

La nuit du tremblement de terre, Joseph, Ben et moi-même roulons à toute vitesse dans mon camion sur un chemin désert en République dominicaine, en route vers Haïti. Je suis derrière le volant. Les phares découpent un tunnel de lumière dans la nuit noire tandis que défilent à toute vitesse des *pueblos* et des places publiques désertes. Mon cellulaire sonne. C'est une jeune Haïtienne, une connaissance.

— L'hôtel Montana s'est écroulé, s'exclame-t-elle au téléphone. Et le Palais aussi. Elle sanglote doucement.

Il règne une atmosphère de cataclysme. Elle fait référence à des structures éternelles, de monuments indestructibles, comme la Maison-Blanche ou le château de Versailles. Ces bâtiments ne sont pas censés s'effondrer. Ils ont toujours été là et devaient le rester, à jamais.

— Jésus-Christ, dis-je.

— Les gens pleurent et crient dans les rues.

Je ne sais pas quoi dire.

La communication est coupée.

Joseph est à côté de moi, sur le siège passager. Il parle au téléphone avec des représentants du Département d'État à Washington : « J'habite à côté de l'hôtel Caribe… Oui, oui, c'est ça… Oui… Ma femme et ma fille. » Puis sa ligne est aussi coupée.

Nous continuons à défiler sur la route déserte à une seule voie, tous les trois le regard fixé vers le tunnel ténébreux, en route vers ce que nous savions déjà être la plus grande catastrophe qu'il nous serait donné de voir dans notre vie[97].

Nous approchons de la frontière. Aucun camion de blessés ne nous croise en sens inverse. Aucun camion rempli de médecins ou d'aide d'urgence ne cherche à entrer au pays. Nous passons une demi-douzaine de Dominicains à pied. L'un d'eux boite en s'appuyant sur l'épaule d'un autre. Des fonctionnaires dominicains se tiennent debout près de la frontière officielle. Ils examinent nos passeports et notent nos noms. Puis nous voilà en Haïti.

Du côté haïtien, un policier solitaire est assis dans un véhicule et syntonise la radio. Nous passons devant lui, sur l'étroite route d'asphalte décrépite. Il commence à faire jour. Nous longeons les berges d'un lac. Ici, la vieille route d'asphalte a été engloutie il y a deux ans par la crue du lac. La nouvelle route de gravier est pleine de rigoles. Je manœuvre pour éviter d'énormes flaques d'eau et de nombreuses saillies. Quinze minutes plus tard, nous avons fini de contourner le lac. Nous roulons sur l'asphalte truffé de nids-de-poule et la première communauté haïtienne apparaît au loin.

Il n'y a pas la moindre trace de désastre. Je parcours cette route depuis 12 ans et le village est comme il l'a toujours été. Devant nous, un petit camion converti en taxi s'arrête. Plusieurs personnes grimpent dans la caisse. Nous croisons des gens qui sortent de leur maison, à moitié éveillés. À un certain moment, une jeep sort à toute vitesse d'un petit chemin boueux et file devant nous. Si nous ne savions pas déjà pour le séisme, il n'y aurait rien pour nous mettre la puce à l'oreille. Aucune maison effondrée, aucun dommage, rien qui ne laisse suggérer que, pas moins de 30 km plus loin, le Palais national était à moitié écroulé et l'hôtel Montana complètement effondré.

Tandis que nous approchons de la ville, nous sommes tous les trois à l'affût, à la recherche de dommages. Nous n'en voyons aucun. Nous passons des villages et des maisons, des églises et des écoles de béton. Aucun dommage. Encore plus de maisons bien en place, indemnes. Puis un mur à plat sur le sol. C'est tout. Aucun autre signe de tremblement de terre.

Nous sommes maintenant aux abords de la ville. Nous prenons un virage vers l'ambassade. Une maison de trois étages est sortie de ses fondations comme une gigantesque maison de poupée et repose maintenant sur un angle incliné. Elle est toutefois intacte. Joseph me demande d'arrêter. Il sort prendre une photo.

Le reste du quartier est intact. Puis nous voyons un centre commercial aplati comme une crêpe, un étage sur l'autre. L'arrière d'une voiture écrasée dépasse de l'amas de béton. Joseph me demande d'arrêter. Il sort prendre une photo.

Nous passons devant l'ambassade. Aucun dommage. De l'autre côté de la rue, un commerce de deux étages a perdu son toit de tôle. C'est tout.

Nous gravissons la colline vers Pétionville, le quartier de l'élite qui surplombe la ville. Un panneau d'affichage est par terre. Les maisons sont intactes. Des *tap-tap*, de petits camions colorés utilisés pour le transport, sont sur la route. Nous sommes derrière l'un d'eux. Juste au-dessus de la tête d'un homme assis à l'arrière, sur le revêtement de la caisse, on peut lire *Mezi Jezi* (merci Jésus) peint dans un arc-en-ciel.

Nous roulons dans Pétionville. Je songe aux quartiers de squatteurs à proximité. Nous devrions bientôt les apercevoir. Les logements ont été bâtis sur le flanc escarpé d'un morne, au moins 30 000 maisons en blocs de béton, grises et élémentaires, le mortier coagulé qui fait saillie hors des joints comme l'intérieur d'un chou à la crème. Une montagne de maisons, la plupart bâties après le coup d'État de 2004 dans un contexte de chaos politique et d'accaparement massif du territoire. Il y a à peine un mois, j'étais assis sur le toit d'un gym local et, observant le quartier, je me disais que, advenant un tremblement de terre (personne n'ignorait que Port-au-Prince était exposée au risque de séisme), ce flanc de colline ne serait plus qu'une masse de décombres. C'était indéniable.

Nous arrivons au sommet de la montée. Nous conduisons lentement, entourés d'une foule d'Haïtiens hébétés, comme des zombis, qui semblent flâner ici et là, sans véritable destination. Nous passons une rangée de bâtiments intacts, un bâtiment effondré, un hôpital réduit en ruines et puis, la voilà, la colline devant nous, le quartier tant attendu : 30 000 maisons élémentaires de béton brut. Toutes debout. Je n'arrive pas à trouver une seule maison par terre.

PERDRE LE SENS DES PROPORTIONS

— La route était impraticable, couverte de débris. Nous avons dû attendre le déblaiement pendant des jours, déclare Steve McAndrews, le chef des services logistiques de la Croix-Rouge américaine.

Trois semaines se sont maintenant écoulées depuis le séisme et cette nuit où Joseph, Ben et moi-même avons gagné Haïti en camion. Je travaille comme guide et traducteur pour Ken Dilanian, un journaliste du quotidien *USA Today*. La Croix-Rouge internationale a élu comme quartier général les vestiges d'un hôtel Hilton à moitié construit. La charpente du bâtiment est solide, mais les chambres où nous nous trouvons semblent avoir été ravagées par le tremblement de terre : murs de ciment dégarnis, cadres de fenêtre sans châssis ni vitrage. Le sol est jonché de petits cailloux et de morceaux de ciment. Le décor, s'il laisse sans contredit une impression de catastrophe, n'est en rien attribuable au tremblement de terre. La structure est ainsi depuis des années. Ou plutôt, elle se détériore depuis des années. Comme pour le poste-frontière et la route de gravier autour du lac, elle témoigne des conséquences d'une catastrophe politique, économique et administrative. Plutôt que de devenir un hôtel de luxe comme prévu, le futur Hilton est demeuré un chantier de construction. Les vestiges du projet avorté ont résisté aux secousses et la Croix-Rouge les a réquisitionnés pour y établir son quartier général.

Nous interviewons Steve McAndrew, un Américain à la mâchoire carrée et un vétéran aguerri des catastrophes. Il les a toutes vues, aux quatre coins du globe. Ça se voit. Il est cool. Il respire la confiance. Il répond à nos questions tout en portant le regard vers cet espace de béton où devrait se trouver une fenêtre et, sans jamais perdre le fil de la conversation, émet des commentaires pleins de profondeur, du genre : « C'est une tragédie, mais également une occasion à saisir. Haïti peut être rebâtie mieux que jamais auparavant. »

Ken demande à Steve pourquoi l'acheminement de l'aide a tant tardé. Steve nous a déjà dit que dès le lendemain du séisme, il s'est rendu en Haïti via la République dominicaine. C'est à ce moment qu'il parle de la route, expliquant pourquoi il était impossible d'acheminer l'aide :

— La route était dans un état pitoyable, des gravats partout.

Pardon ? J'arrête de prendre des notes. *C'est la route que j'ai empruntée avec Ben et Joseph. Nous l'avons parcourue 12 heures après le tremblement de terre. Nous n'avons pas vu un seul débris. C'est la même route que j'ai parcourue dans un sens comme dans l'autre pendant 12 ans. C'est la même route que des centaines de camionneurs sillonnent chaque jour entre les deux pays. Mis à part la crue du lac, rien n'a changé. Avant d'arriver à Port-au-Prince ou dans les quartiers pauvres de l'ouest de la basse ville, rien ne laissait entendre qu'un séisme avait frappé. On aurait pu conduire jusqu'au bâtiment dans lequel nous nous trouvions sans même réaliser qu'un tremblement de terre avait eu lieu.*

— Nous avons dû attendre des jours avant que tout soit déblayé.

Steve McAndrew n'était pas le seul à verser dans le révisionnisme. Prenons pour exemple Cassandra Nelson, qui à l'époque travaillait pour Mercy Corps, une ONG de Portland. Tout comme Steve McAndrew, elle est une habituée des grandes catastrophes et des séismes dévastateurs, du Pakistan à l'Iran en passant par le tsunami indonésien. Cassandra a gagné Haïti dans l'un des premiers hélicoptères Black

Hawk de l'armée américaine dépêchés à Port-au-Prince. Sa description des lieux à son arrivée a été publiée sur le site Web de Mercy Corps :

> C'est comme ouvrir la fenêtre sur des ruines d'une ampleur sans précédent [...] De loin la pire dévastation que je n'ai jamais vue [...] Les lignes téléphoniques et électriques étaient en panne, des femmes pleuraient leurs enfants prisonniers des décombres, des voisins enjambaient des corps à la recherche de survivants.

Cassandra Nelson a passé 16 jours en Haïti et voici ce qu'elle a raconté aux journalistes à son retour :

> Absolument tout a été détruit [...] Je ne peux que comparer la situation à la scène d'*Autant en emporte le vent*, à la fin de la guerre de Sécession. Des gens sur des brancards à perte de vue. Même les millionnaires n'avaient rien à manger[98].

Hum ! Pas tout à fait.

Quand Cassandra Nelson est arrivée au pays, il était définitivement possible de trouver des scènes de ce genre. Et, partout dans le monde, on pouvait allumer la télévision, naviguer le Web ou ouvrir un journal pour voir des images apocalyptiques de Port-au-Prince. Toutefois, pour trouver de telles scènes, il fallait vraiment les chercher. Il fallait se rendre à la morgue et aux cimetières où les corps étaient déposés, ou à l'hôpital général et à l'hôtel Village Créole, où les blessés s'étaient rassemblés pour attendre de l'aide. Pour voir une destruction cataclysmique, il fallait se rendre dans la Vieille ville, où l'on trouvait des quartiers entiers de bâtiments centenaires effondrés, ou dans le quartier du gouvernement, où 19 des 20 bâtiments ministériels s'étaient effondrés. Pour trouver des prisonniers des décombres, il fallait se rendre dans les quartiers de la classe moyenne inférieure, où les maisons avaient été construites sur des remblais de terre, et demander à la population d'indiquer où trouver de telles personnes. Cependant, il ne s'agissait définitivement pas de la destruction généralisée décrite par les « experts ». Un an plus tard, il sera établi que 93 pour cent des bâtiments *ne s'étaient pas* effondrés. Dans des quartiers comme Pétionville, au moins 98 pour cent des bâtiments *ne s'étaient pas* effondrés. Dans le secteur au-delà de Pétionville, qui fait toujours partie de l'arrondissement de Port-au-Prince, aucune des 10 000 résidences de la classe moyenne et supérieure ne s'était effondrée. Comparer Port-au-Prince à un tableau de la guerre de Sécession « à perte de vue » ne tenait tout simplement pas la route.

Ce n'était pas un enfer terrestre pour Joseph, Ben et moi-même, assis sur le bord de la piscine de Joseph à manger des mangues le lendemain du séisme. Nous nous trouvions exactement au centre de Port-au-Prince. Et nous conduisions chaque jour huit kilomètres pour nous rendre à l'ambassade. C'était bien avant l'arrivée de Cassandra Nelson. Le lendemain du séisme, nous avons parcouru la ville entière avec les secouristes de Fairfax. Nous avons passé le troisième jour à faire des allers-retours à l'aéroport. Ce n'était pas un enfer terrestre non plus pour la plupart des nantis de Port-au-Prince. Les environs du quartier général de Mercy Corps à Pétionville où, en tant que directrice de l'organisation, Cassandra Nelson a sans doute passé le plus clair de son temps, n'avaient certainement pas des airs de champ de bataille. Elle n'avait qu'à tendre le cou dans quelque direction pour voir que 99 pour cent de tous les bâtiments qui l'entouraient étaient toujours debout. Elle a sûrement visité des supermarchés. Bon nombre d'entre eux, malgré la panique internationale et l'aide l'humanitaire, étaient ouverts moins d'une semaine après le tremblement de terre. Peut-être s'est-elle entraînée au Energy Gym de Pétionville, un établissement que je fréquente et qui était ouvert après une semaine. Ou peut-être a-t-elle fait le plein de son véhicule de location à l'une des nombreuses stations-service de Port-au-Prince où les Haïtiens, craignant une pénurie de carburant et habitués aux pénuries qui accompagnent les embargos et l'instabilité politique, faisaient la queue pour acheter de l'essence le lendemain et le surlendemain du séisme et où, dès le septième jour, ils pouvaient acheter de l'essence sans même attendre.

Charles Baker – Blanc, yeux bleus, né en Haïti, élevé en Oklahoma, perpétuel candidat à la présidence haïtienne et propriétaire de l'une des plus grosses usines d'Haïti (K-Mart, Wal-Mark et Sara Lee sont au nombre de ses clients) – a raconté au *Washington Post* qu'après seulement trois jours, la production de ses ouvriers au parc industriel SONAPI était de retour à la normale[99].

Je ne remets pas en question l'existence d'une catastrophe majeure. Ce que j'affirme, c'est que les experts ne racontaient pas la vérité. Pour une raison que j'ignore (une propension à dramatiser ou une absence de scrupules à mentir en vue de peindre un portrait aussi sombre que possible), les experts qui ont été témoins de désastres partout dans le monde se rendaient à Port-au-Prince et exagéraient grandement l'étendue des dommages.

Ils citaient les estimations initiales selon lesquelles 70 à 80 pour cent de la ville avait été « détruite ». Ç'aurait été assez de gravats pour remplir 10 000 piscines olympiques. Et selon Rick Kaiser, colonel du corps d'ingénierie de l'armée américaine, il s'agissait d'estimations « conservatrices ». Mais c'était faux. C'était trois fois supérieur à la quantité maximale possible de gravats, selon l'évaluation effectuée un an plus tard par l'ingénieur sismique Kit Miyamota et le ministère du Travail. Et cette évaluation elle-même était trois fois supérieure au nombre maximum possible de gravats générés par le nombre de maisons détruites. En d'autres mots, l'évaluation « conservatrice » du corps d'ingénierie de l'armée américaine était en fait neuf fois supérieure à la réalité[100, 101].

Le problème était peut-être en partie attribuable au fait que la plupart des journalistes et des secouristes n'avaient jamais mis les pieds à Port-au-Prince avant le séisme. « Des centaines de milliers de personnes toujours sans eau ni électricité », nous disaient des journalistes, sans savoir que des centaines de milliers de personnes vivaient déjà sans eau ni électricité avant le séisme.

Hans Jaap Melissen, un journaliste de *Netherlands Radio* qui avait déjà visité Haïti avant le séisme et avait couvert d'autres catastrophes ailleurs dans le monde, tenait un autre discours. Voici ce qu'il m'a écrit : « Je suis arrivé rapidement après le séisme, dans ce pays où j'étais déjà venu à plusieurs reprises, et j'ai été immédiatement frappé par l'ampleur de la distorsion des faits. »

Il était toutefois impossible de trouver de tels commentaires dans les nouvelles. Interrogés par les médias, des employés d'ONG qui vivaient déjà en Haïti lorsque le séisme a frappé sont également tombés dans l'exagération outrancière. Le jour du tremblement de terre, Sophie Perez, directrice de CARE International en Haïti, a déclaré sur le site Web de l'ONG que « les bidonvilles sur les collines se sont complètement effondrés ». Voilà de quoi faire les manchettes. Des médias comme le *Guardian* de Londres et le *Sydney Morning Herald* ont sauté sur la nouvelle. Pourtant, Sophie Perez faisait référence aux quartiers populaires surplombant Pétionville que j'ai décrits précédemment, ceux toujours debout alors que je m'attendais à les voir transformés en un amas de gravats[102]. Selon Felix Augustin, le consul général d'Haïti à l'ONU, Port-au-Prince avait été « rasée »[103].

Aucune autorité ne s'est levée pour contredire les affirmations. La tendance était de signaler uniquement les événements catastrophiques et d'exagérer la destruction, quitte à tomber dans l'absurde. C'était une forme de plaidoyer par le sensationnalisme, et ce n'était que le début. Éventuellement, les exagérations et la désinformation deviendraient officielles et ne se limiteraient plus aux bâtiments. Elles incluraient aussi les vies humaines. Comme nous le verrons, tout cela s'inscrivait dans une tendance des organismes d'aide humanitaire à nourrir les médias de faussetés de manière à maintenir l'afflux de dons à des niveaux jamais vus. Et malheur à qui cherchera à les contredire.

LA RÉALITÉ ET LES CHIFFRES

— Vous nous avez menti ! Vous nous avez floués !

Nous sommes le 14 janvier 2011, soit 12 mois et deux jours après le tremblement de terre. Je suis assis au bout d'une longue table de conférence en acajou dans une pièce remplie de représentants du gouvernement américain. L'un d'eux me crie après :

— Personne ne vous a autorisé à évaluer le nombre de décès !

Trois mois auparavant, le gouvernement américain, par l'entremise d'USAID, a retenu mes services pour évaluer le nombre de personnes ayant regagné leur domicile après le tremblement de terre. Pour ce faire, j'avais besoin de savoir combien de personnes avaient été tuées. L'homme qui me crie dessus est un représentant d'USAID. Il est furieux parce que je n'ai pas utilisé le bilan officiel du gouvernement haïtien : 316 000 morts, soit une personne sur 10 dans la zone touchée. Ou, plus précisément, il est furieux parce que mon équipe et moi avons déterminé qu'un cinquième de ces personnes avaient péri.

— Vous nous avez dupés, crie-t-il debout en pointant dans ma direction. Ce n'était pas votre tâche !

Nous avons baptisé l'enquête Évaluation des bâtiments et déblaiement (enquête BARR, de l'anglais *Building Assessment and Rubble Removal*). Il s'agissait d'une enquête massive à laquelle participaient 18 enquêteurs de formation universitaire, moi-même et deux autres titulaires de doctorat[104]. Les enquêteurs ont visité un échantillon aléatoire de 3 784 bâtiments, lesquels, à une moyenne de 1,36 résidence par bâtiment, formaient un total de 5 158 résidences familiales. Dans les cas où la maison avait été détruite ou les résidents n'étaient plus là, nous demandions aux voisins quel était le nombre d'anciens résidents de la maison tués lors du tremblement de terre (qu'ils soient morts dans la maison ou ailleurs). Nous avons posé d'autres questions, par exemple : « Où sont allés les occupants après le tremblement de terre ? », « Combien de temps sont-ils partis ? », « Quand sont-ils revenus ? » et, s'ils n'étaient pas présents, « Où sont-ils maintenant ? ». Dans le cas de 1 928 résidences, nous avons posé de plus amples questions sur les opinions par rapport aux rénovations, à la propriété et aux plans d'avenir.

La validité des données de l'enquête BARR a été corroborée par un recensement que nous avons effectué dans un des quartiers les plus durement touchés de Port-au-Prince. Le recensement a révélé un rapport de victimes par maison détruite semblable à celui de la grande enquête. Les résultats étaient presque exactement les mêmes que ceux relevés par l'ONG All Hands Volunteers à la suite d'un recensement des maisons détruites à Léogâne, l'épicentre du séisme. De plus, la validité des données de l'enquête BARR a été corroborée par les sources les plus fiables en matière de mouvement de population immédiatement après le séisme, à savoir les données cellulaires de Digicel, la principale société de téléphonie sans fil d'Haïti. Elle a aussi été corroborée par les données de l'OCHA, le Bureau de la coordination des affaires humanitaires de l'ONU. Ces données ne portaient pas sur le nombre de morts, mais sur l'endroit où se sont rendus les Haïtiens dans la foulée du tremblement de terre. Toutefois, le fait qu'elles soient à ce point semblables aux résultats de l'enquête BARR suggère que les autres conclusions de l'enquête BARR sont tout aussi valides. USAID confirmera la crédibilité des données de l'enquête et publiera éventuellement le rapport, mais seulement après une violente controverse. Le furieux représentant d'USAID n'était que le début de mes soucis[105, 106].

Nous avons évalué, avec un taux de probabilité de 99 pour cent, que le nombre de morts se situait entre 46 190 et 84 961. Statistiquement parlant, c'était comme jouer aux fléchettes en utilisant tout un pan de mur comme cible. La fourchette était très large, et c'était voulu. Nous ne voulions laisser planer aucun doute, tout comme nos superviseurs d'USAID. Avant le lancement de l'enquête, USAID a examiné minutieusement et approuvé la méthode d'enquête, qu'elle nous a fait tester au moins une demi-douzaine de fois en deux mois. Malgré la fureur du représentant d'USAID, nous n'avions pas le choix d'évaluer le nombre de morts. L'enquête avait pour objectif de déterminer combien d'Haïtiens étaient retournés chez eux après le tremblement de terre. Comment aurions-nous pu faire ce calcul sans savoir combien de personnes étaient mortes ? Compte tenu de l'absolue nécessité d'obtenir ces données, la furie du représentant d'USAID et l'avalanche de critiques qui a suivi sont tout à fait absurdes. Je le répète : *les morts ne sont pas retournés chez eux et il fallait donc les soustraire du compte des absents.* Si nous avions combiné le bilan officiel de 316 000 morts aux données de l'enquête sur les personnes retournées chez elles, nous nous serions soudainement retrouvés avec 250 000 personnes de plus sur les bras.

Le problème, c'est que nous sommes arrivés à un nombre de morts cinq fois inférieur au bilan du gouvernement. Et, chose peut-être plus importante, les ONG, les organismes de l'ONU et la presse avaient répété à tort les chiffres du gouvernement pour solliciter des dons. Appréhendant la controverse, nous avons indiqué dans le rapport qu'il y avait de bonnes raisons de croire que le nombre de morts était en réalité beaucoup plus bas que notre estimation. Nous avons indiqué dans le rapport que les « experts » devaient bien savoir que les chiffres étaient radicalement gonflés. J'ai passé en revue les données de toutes les sources auxquelles on puisse penser. Voici ce que j'ai trouvé[107] :

Secteur civil

- Selon le gouvernement haïtien, 30 pour cent de ses 60 000 fonctionnaires auraient péri dans le tremblement de terre. Cheryl Mills, la chef de cabinet du Département d'État des États-Unis (celle-là même qui, du jour au lendemain, doubla inexplicablement le nombre de sauvetages), utilisera cette donnée comme point de référence dans ses conférences de presse, déclarant qu'« au moins de 30 pour cent » des fonctionnaires étaient morts[108]. En réalité, les seules données publiées à ce sujet (et pratiquement jamais citées) oscillent entre 1/15 et 1/30 de ce pourcentage[109]. Les forces de police en particulier ont été durement touchées. Dix-huit casernes et 21 postes de police se sont effondrés. Dans un des commissariats, quarante policiers ont été tués. Le 29 janvier, le chef de police Mario Andresol a déclaré aux journalistes : « Nous avons perdu 70 policiers. Près de 500 manquent toujours à l'appel et 400 ont été blessés. » La déclaration laissait à supposer que les 500 policiers portés disparus étaient morts. Dix-sept jours s'étaient écoulés depuis le séisme. Les choses en sont restées là. Cependant, des mois plus tard, lorsque l'effectif policier a été comptabilisé, il s'est avéré que seulement 77 de 10 544 policiers haïtiens (0,73 pour cent) avaient péri. Enfin, 27 des 28 ministères haïtiens ont été gravement endommagés ou se sont effondrés. Le parlement s'est également effondré. Dans les jours qui ont fait suite au séisme, des nouvelles faisaient état de ministres décédés. Au bout du compte, combien de politiciens sont morts ? Deux[110].

Voilà les seules données que publiera le gouvernement au sujet de ses fonctionnaires. Plus jamais le gouvernement haïtien ne publiera une liste des fonctionnaires décédés, sans parler de chiffres précis ou des noms. Il n'y aura pas non plus de mur ou de site Web commémoratif à la mémoire des disparus. Les données du gouvernement s'arrêtent là, et bien d'autres données permettent également de douter du bilan officiel.

Les employés des Nations Unies, le personnel des ambassades et les expatriés

- Des 9 151 membres du personnel de l'ONU, 104 ont tragiquement perdu la vie lors du séisme. Cela correspond à 1,1 pour cent de l'effectif. Jamais l'ONU ne publiera les chiffres exacts ni ne répondra aux demandes sur la question. Il apparaît toutefois que 101 de ces 104 personnes seraient mortes dans le même bâtiment, l'hôtel Christopher, le siège des forces de sécurité de l'ONU qui s'était aplati sur lui-même.

- L'ambassade des États-Unis a perdu un de ses 172 fonctionnaires américains en Haïti (0,58 pour cent) et six de ses 800 membres du personnel haïtien (0,75 pour cent).

- Des 43 000 citoyens américains et résidents d'Haïti, 104 ont trouvé la mort (0,24 pour cent)[111].

- L'ambassade du Canada a signalé avoir perdu 58 de ses 6 000 ressortissants en Haïti (0,97 pour cent).

- Les Dominicains ont perdu 24 de leurs 2 600 ressortissants au pays (0,92 pour cent) et 22 d'entre eux étaient des travailleuses du sexe tuées dans le même bâtiment.

ONG et missionnaires

- Oxfam a perdu un de ses 100 employés à Port-au-Prince (1 pour cent).

- Catholic Relief Services n'a perdu aucun de ses 100 employés à Port-au-Prince (0 pour cent).

- World Vision n'a perdu aucun de 95 membres de son équipe dans la zone du séisme (0 pour cent).

- MSF a perdu sept des 800 membres de son personnel haïtien qui se trouvaient près de l'épicentre lorsque le séisme a frappé (0,9 pour cent).

- La Croix-Rouge internationale a signalé n'avoir perdu aucun des 69 membres de son personnel et seulement un de ses 1 700 bénévoles nationaux, un taux incroyablement bas (0 pour cent).

- Le Programme alimentaire mondial a perdu un des 102 membres de son personnel se trouvant à Port-au-Prince lorsque le séisme a frappé (1 pour cent).

- Action Aid n'a perdu aucun des 25 membres de son personnel (0 pour cent).

- Save the Children a perdu un des 160 membres de son personnel (0,7 pour cent).

- Haitian Baptist Mission a perdu deux des 100 membres de son personnel (2 pour cent).

- La Fondation contre la faim n'a perdu aucun des 26 membres de son personnel (0 pour cent).

- Compassion International n'a perdu aucun des 74 membres de son personnel (0 pour cent).

- God's Littlest Angels, qui a fait l'objet de reportages sur les chaînes CBC, ABC et CNN, n'a perdu aucun des membres de son personnel ni des enfants à sa charge, 200 personnes en tout (0 pour cent).

- L'organisation internationale pour les migrations n'a perdu aucun des 89 membres de son personnel (0 pour cent).

- Feed the Children n'a perdu aucun des 37 membres de son personnel (0 pour cent).

- SOS Villages d'enfants n'a perdu aucun des 500 membres de son personnel et enfants à sa charge (0 pour cent).

- Plan International n'a perd aucun des 143 membres de son personnel (0 pour cent).

- New Missions, une organisation située à Léogâne, l'épicentre du tremblement de terre, a perdu sept des 5 000 personnes qui forment son personnel et ses enfants parrainés (0,01 pour cent).

- ACDI/VOCA n'a perdu aucun des 580 membres de son personnel (0 pour cent).

Entreprises, toutes situées à Port-au-Prince

- Trilogy, une société de téléphone, a perdu cinq de ses 576 employés (0,9 pour cent).

- Digicel, une société de téléphone, a perdu deux de ses 900 employés (0,2 pour cent).

- CEMEX, une cimenterie, n'a perdu aucun de ses 115 employés (0 pour cent).

- Le Pétionville Club, situé en plein milieu d'une des zones les plus durement frappées de la ville, n'a perd aucun de ses 100 employés (0 pour cent). Pas même un employé n'a perdu sa maison.

Certains pourraient critiquer le fait que ces données ne concernent pratiquement que des Haïtiens de la classe moyenne. En réalité, un biais envers la classe moyenne correspond à un biais envers un bilan plus lourd. C'est la classe moyenne inférieure qui a été le plus durement touchée : ses membres avaient les moyens de se payer des maisons et des toits de ciment. Pourtant, malgré le bilan des victimes au sein de leur propre organisation, pratiquement toutes les ONG et les organismes internationaux ont déclaré qu'entre 8 et 10 pour cent de la population avait été tuée. Oxfam a répété sur son site Web le bilan de 230 000 morts du gouvernement (il y avait 3,4 millions de personnes dans la zone de séisme). Catholic Relief Services a cité le même bilan. Sur le site Web de World Vision, on pouvait lire qu'« au moins » 230 000 personnes étaient mortes à Port-au-Prince. MSF a déclaré que le séisme avait fait « des centaines de milliers de morts ». De son côté, la Croix-Rouge internationale a opté pour 250 000 morts[112, 113].

ILS SAVAIENT

Même s'ils ignoraient ces données, il est évident que la presse et les politiciens savaient que les chiffres étaient manipulés à souhait. Voici l'historique des débuts de la couverture de presse :

1. Le 13 janvier, soit le lendemain du séisme, le président René Préval présente aux journalistes un bilan provisoire sobre : entre 30 000 et 50 000 morts. Il ajoute toutefois une mise en garde : « Il est trop tôt pour donner un bilan précis.[114] »

2. Le 15 janvier, soit trois jours après le séisme, la Croix-Rouge donne une conférence de presse pendant laquelle son porte-parole mentionne un bilan officiel de 45 000 à 50 000 morts. Le même jour, la Fondation panaméricaine de développement publie un communiqué de presse dans lequel elle mentionne un bilan de 50 000 à 100 000 morts[115].

3. Toutefois, dès le lendemain le 16 janvier, le gouvernement haïtien publie un communiqué de presse qui triple inexplicablement le nombre de morts, faisant passer le bilan officiel à 140 000 décès.

4. Le 23 janvier, Claude de Ville de Goyet, un Belge expert des interventions en situation de catastrophe, déclare que « les chiffres ronds sont un signe indéniable que personne ne sait réellement ». Le gouvernement présente ensuite un bilan de 111 481 morts.

5. Le lendemain, le 24 janvier, le gouvernement haïtien fait passer le bilan à 150 000 morts dans un nouveau communiqué de presse, une hausse de 38 000 morts par rapport à la veille.

6. Le même jour, Edmund Mulet, représentant spécial du Secrétaire général et chef de la mission de maintien de la paix de l'ONU en Haïti, donne une conférence de presse dans laquelle il fait état de 112 350 morts et de 194 000 blessés. D'où proviennent ces chiffres ? Il ne le mentionne pas.

7. Une semaine plus tard, le 31 janvier, le gouvernement haïtien publie un communiqué de presse dans lequel il ajoute 100 000 morts au bilan de l'ONU, faisant passer le bilan à 212 000 morts.

8. Trois jours plus tard, le 3 février, le ministère haïtien des Communications fait passer le bilan officiel à 230 000 morts. Le président René Préval ajoute immédiatement 40 000 morts au bilan, affirmant que le gouvernement a mis en terre 270 000 corps[116].

D'où provenaient ces chiffres ? Personne ne le savait. Le 3 février, le jour où René Préval a ajouté 40 000 morts au bilan de façon arbitraire, Michelle Faul, de l'*Associated Press*, a joint le ministère des Communications pour savoir d'où provenaient ces données. L'attaché de presse du ministère a retiré la déclaration, précisant qu'il s'agissait d'une erreur. Quelques minutes plus tard, le communiqué a été publié de nouveau.

Le lendemain, alors qu'on le pressait d'expliquer les écarts, le ministre a de nouveau indiqué qu'il s'agissait d'une coquille et que le nombre aurait dû être 170 000. Toutefois, dans la même conversation, la ministre des Communications Marie-Laurence Jocelyn Lassegue concluait que « pour le moment, le bilan est de 230 000 morts ». C'est 60 000 morts de plus que son bilan de la veille, mais même ce nombre n'était pas définitif. La ministre Lassegue a indiqué aux journalistes qu'il s'agissait d'un « bilan partiel ».

Jacqueline Charles et Alfonso Chardy, du *Miami Herald*, ont cherché à trouver l'origine des chiffres du gouvernement. On leur a dit que le Centre national des équipements (CNE) était responsable du dénombrement. Ils lui ont adressé leurs questions. Les autorités du CNE ont transmis les questions au bureau du premier ministre. Le bureau du premier ministre a transmis les questions au secrétaire général du premier ministre. Le secrétaire général du premier ministre était injoignable. Chemin faisant, quelqu'un a mentionné que ce n'était pas le CNE qui s'occupait du dénombrement, mais la Direction de la protection civile (DPC) d'Haïti. Alta Jean-Baptiste, le directeur de la DPC, a envoyé les questions au ministre de l'Intérieur, Antoine Bien-Aimé, qui a indiqué aux journalistes que, effectivement, c'était la DPC qui était responsable du dénombrement et que « la DPC effectue un dénombrement précis et les chiffres qui sont publiés sont des chiffres qui ont été confirmés ». Lorsque les journalistes ont demandé des détails sur le processus de dénombrement, le ministre Bien-Aimé n'a pas pu répondre.

Michelle Faul, la journaliste de l'*Associated Press*, a cherché de nouveau à trouver la réponse. Elle s'est rendue sur le terrain et a demandé aux chauffeurs et aux employés du CNE comment ils comptaient les morts. Ils lui ont répondu que « personne ne tenait le compte ». Selon un des travailleurs : « Les camions déposent les corps n'importe où et nous venons pour les ensevelir […] C'est impossible de tenir le compte. »

Assad Volcy, un porte-parole du président Préval, a tenté de clarifier la situation. Des « experts », a-t-il déclaré aux journalistes, ont élaboré une formule permettant de calculer combien de victimes du séisme ont été inhumées. Interrogé sur la nature de cette formule, Assad Volcy était incapable de l'expliquer.

Le 15 février, la DPC a présenté un bilan officiel de 217 366 morts.

Après le 15 février, plus personne n'a jamais expliqué d'où venaient les chiffres. Personne. Le gouvernement, les médias, l'ONU, le gouvernement des États-Unis et les ONG : ils se contentaient de les citer[117, 118, 119, 120, 121].

Ce qui est le plus troublant dans tout ça, et ce qui suggère l'existence réelle d'une grande escroquerie de l'aide humanitaire en Haïti autour du bilan des morts (accompagné de données falsifiées aux plus hauts échelons du gouvernement et de dissimulations aux plus hauts échelons de la presse), c'est que la presse savait depuis le début que le gouvernement gonflait les chiffres. Et, par voie de conséquence, les bureaucrates du gouvernement des États-Unis le savaient aussi. Cependant, plutôt que de chercher la vérité, ils ont mystérieusement et soudainement laissé tomber la question[122]. Et, encore une fois, malheur à celui qui ne ferait pas de même.

LE COÛT DE LA VÉRITÉ

« Timothy T. Schwartz est une ordure pleine de fiel. » Voilà les premiers mots qu'avait pour moi Michael Collins, fondateur du populaire site Web Haitian-Truth.Org. Il a ajouté que j'étais un « criminel », alléguant que j'avais « rédigé un rapport inexact et frauduleux » parce qu'USAID m'avait refusé un emploi (étrangement, il a aussi critiqué USAID pour m'avoir donné le contrat). D'autres m'ont accusé d'avoir « causé des décès » et d'avoir produit un « rapport diffamatoire rédigé dans des océans de sang ». J'ai été traité d'« agent de la CIA », de « singe », d'« incompétent » et un Américain d'origine haïtienne m'a qualifié en ligne de « vampire exécrable qui se nourrit du sang haïtien[123]. »

Voici ce qui est arrivé : le 27 mai 2011, après qu'USAID ait approuvé l'enquête BARR, la journaliste Emily Troutman de l'*Agence France-Presse* a sorti une nouvelle au titre suivant : « Séisme en Haïti : un rapport des États-Unis remet en doute le bilan des morts et des sans-abri. » Quatre jours plus tard, l'*Associated Press* emboîtait le pas avec sa propre nouvelle : « Le bilan des morts et des sans-abri remis en doute dans un rapport des États-Unis. » À partir de là, la nouvelle a fait le tour du monde, de Fox à la CBS, en passant par la BBC et le *China Daily.* « Rapport des États-Unis : le bilan des morts du séisme haïtien est exagéré » ; « Rapport : le bilan des morts du séisme en Haïti nettement inférieur au bilan officiel » ; etc. Mon nom était mentionné dans chacun des articles[124].

Remettre en doute le bilan des morts de ce qui pourrait bien être l'une des pires catastrophes naturelles de l'histoire, voilà une chose extrêmement impopulaire à faire. Même des journaux internationaux respectables ont cité les chiffres en suggérant que je ne faisais peut-être pas que mon travail, que je cachais certains desseins. On ne m'a pas présenté comme un docteur en anthropologie export en méthode statistique de terrain qui mène des recherches en Haïti depuis 1990 ; ou comme un ancien étudiant de H. Russell Bernard, l'un des plus grands spécialistes des méthodologies en anthropologie, un pionnier de techniques pour l'estimation de populations inconnues, par exemple dans le cas de victimes de tremblements de terre. Ils m'ont plutôt présenté comme « un anthropologue farouchement opposé à l'aide internationale » et un « détracteur de l'aide en Haïti ».

J'ai été bombardé de cyberattaques. On a infiltré mon ordinateur pour y installer un logiciel malveillant. Mes blogues étaient inaccessibles de manière intermittente. Lorsque j'essayais de m'y connecter, le message « Bloqué » clignotait à l'écran. Mon adresse courriel a été piratée. Les pirates supprimaient certains courriels de ma boîte. Lorsque la Fondation Kellogg a tenté de me joindre pour une offre d'emploi, les courriels ont disparu. Lors d'une entrevue par téléphone avec la direction de la fondation, le signal a été coupé 13 fois, au point où nous avons tout simplement abandonné. Mon ancien supérieur de LTL, la société responsable de mon contrat avec USAID pour l'enquête BARR m'a raconté, « en confidence », que le gouvernement haïtien avait envoyé une lettre de protestation au Département d'État dans laquelle on me désignait personnellement comme responsable de l'évaluation du nombre de morts. Le personnel d'USAID m'a demandé de ne faire aucun commentaire à la presse. Je ne l'ai pas fait, pas publiquement. Mais j'en ai payé le prix malgré tout[125].

USAID-Haïti, qui avait approuvé l'enquête, n'a jamais nié la validité des résultats. La directrice d'USAID-Haïti, Carleene Dei, a déclaré à l'*Associated Press*[126] :

> Tout commentaire sur le bilan des morts du tragique séisme de janvier 2010, lequel a touché un si grand nombre de personnes, dépasse la portée de la commission et ne reflète que les opinions de l'auteur.

Toutefois, Rajiv Shah, le directeur d'USAID International, a enclenché le processus de déni lorsqu'il a déclaré ceci à l'*Associated Press* : « la première version du rapport contenait des contradictions entre ses différentes conclusions » et « nous évaluons ces incohérences [...] pour nous assurer de ne pas publier d'erreurs. » J'ignore complètement de quoi il parlait.

Mark Feierstein, l'administrateur adjoint d'USAID pour l'Amérique latine et les Antilles, a fait la déclaration officielle suivante à l'*Associated Press* : « L'enquête ne comprenait pas de données sur les régions rurales les plus durement touchées ni sur les maisons effondrées qui ont tué des gens[127, 128] »

Cette déclaration était trompeuse. En effet, il s'agissait d'un autre mensonge qui rappelle celui de Tim Callaghan du DART sur le nombre de personnes sauvées. Notre échantillon n'était pas parfaitement représentatif de la population totale de 3,4 millions d'habitants qui, selon l'ONU, vivaient dans « la zone touchée par le tremblement de terre ». Il était toutefois représentatif des 2 millions de personnes qui vivaient dans les zones les plus durement touchées de Port-au-Prince. Lorsque nous avons extrapolé les données de l'enquête BARR au million de personnes restantes, nous étions certains de surestimer l'impact du séisme, et non de le sous-estimer.

USAID était au courant. Le choix de cette population était délibéré, déterminé lors d'une conférence avec les représentants d'USAID précisément parce que nous voulions que les résultats soient aussi faciles à défendre que possible. Par ailleurs, il est bien évident que nous avons inclus les maisons effondrées dans notre enquête.

Autrement, nous aurions contredit le but de l'enquête, qui était de déterminer combien de personnes étaient retournées vivre dans leur résidence. Dans les cas où une maison était complètement détruite et qu'aucun résident ne se trouvait sur les lieux, nous interrogions les voisins.

Je serai éventuellement considéré *persona non grata* par USAID-Washington. Trois semaines après la mention du rapport dans les médias, je me trouvais dans une file du contrôle de sécurité de l'aéroport, en route vers Haïti pour y faire une évaluation des secours alimentaires. Mon cellulaire a sonné. C'était un représentant de la société qui m'avait recruté, FINTRAC, un sous-traitant d'USAID. Après avoir été mis au courant de mon embauche, le gouvernement des États-Unis était intervenu pour me refuser le poste. Ce n'était arrivé qu'une seule fois dans toute l'histoire de FINTRAC. Ça m'arrivera cinq autres fois. Du moins, les cas dont j'ai eu connaissance[129].

Jusqu'à aujourd'hui, en 2016, il m'est interdit de travailler pour mon gouvernement en Haïti, le pays où j'ai étudié et vécu la plupart des 25 dernières années. Je ne me plains pas. Au contraire, on m'offre maintenant encore plus de travail et toute l'affaire m'a donné une certaine notoriété honorable parmi les employés des ONG canadiennes et européennes et, plus que quiconque, des ONG haïtiennes, qui doutent généralement des motifs du gouvernement des États-Unis en Haïti. De nombreux travailleurs humanitaires américains semblent même me considérer et me traiter avec un certain respect. Toutefois, ce que ça révèle de plus important encore, c'est que, assurément, quelque chose clochait.

Pourquoi ce besoin de gonfler le bilan des morts jusqu'à ce qu'il soit de 5 à 10 fois plus important qu'il ne l'était en réalité ? Le séisme n'était-il pas assez grave en lui-même ? Même avec un bilan de 66 000 morts, il s'agirait tout de même de l'un des cinq tremblements de terre les plus meurtriers du dernier siècle. Outre le séisme survenu en 1970 à Ancash, au Pérou, qui aurait fait jusqu'à 100 000 morts, le tremblement de terre fut pire que n'importe quelle autre catastrophe naturelle jamais survenue sur le continent américain. Pourquoi ce besoin de défendre un bilan des morts aussi absurdement élevé lorsque le nombre de morts est d'emblée catastrophique ? Je tenterai de répondre à ces questions dans le prochain chapitre. D'abord, un dernier mot sur les données et l'aspect politique des mensonges.

Aucune évaluation statistique professionnelle n'a jamais été publiée. Dans l'année qui a fait suite au séisme, pas une seule personne au sein de la presse, des ONG, des organismes de l'ONU, des départements du gouvernement américain, des établissements universitaires crédibles ou des ministères du gouvernement haïtien n'a admis publiquement s'être penchée objectivement sur la question ou avoir mandaté des experts en méthodologies d'échantillonnage statistique d'évaluer le bilan réel des morts[130, 131].

Sauf une seule exception, laquelle me permettra de laver ma réputation[132].

Le 11 mars 2013, trois ans après le séisme, Richard Garfield, professeur de l'école de santé publique de l'Université Columbia, racontera ceci à Jennifer Wells du *Toronto Star* : « Le gouvernement haïtien n'avait absolument aucune méthodologie. Il ne faisait qu'inscrire des chiffres sur une page. » Richard Garfield est l'un des grands spécialistes mondiaux pour l'évaluation des taux de mortalité en contexte de catastrophe. Dans les semaines qui ont fait suite au séisme, il a obtenu les données et un soutien financier de Digicel, la plus importante société de téléphonie mobile en Haïti au moment du séisme. « À partir de ces données, a expliqué Richard Garfield, il est possible d'extrapoler le nombre de téléphones à la population pour en arriver à une estimation grossière du nombre de morts. » En collaboration avec le Karolinska Institute de Stockholm, Richard Garfield a évalué que le bilan se situait entre 60 000 et 80 000 morts. Pourquoi les données n'ont-elles jamais été publiées ? Parce que, explique le principal intéressé, « nous avons pensé que cela détournerait l'attention des autres utilités des données cellulaires et transformerait une question humanitaire en une question politique. Pour cette raison, nous avons omis cette partie[133] »

6

Crise de la construction chez les privilégiés : comment évité d'être pointé du doigt

Pendant les sept années qui ont fait suite au séisme, je suis demeuré en Haïti. USAID ne m'a plus jamais engagé. Cependant, j'ai travaillé pour pratiquement toutes les autres grandes ONG et les organismes de l'ONU, de l'UNICEF au Programme alimentaire mondiale en passant par CARE, Catholic relief services et World Vision. Difficile de trouver une seule grande organisation qui n'aurait pas retenu mes services au cours de ces sept années. J'ai été recruté pour 47 contrats de consultant, bien souvent par des consortiums d'organismes onusiens et d'ONG. Pour leur compte, j'ai mené plus de 70 enquêtes et organisé plus de 100 groupes de discussion. Parmi les sujets des enquêtes, on compte le viol et la violence fondée sur le genre, la relocalisation des camps, les détenus et la criminalité, les enfants et leurs collations, les mères et l'allaitement, les agriculteurs et l'alimentation des volailles, la plantation des cultures et la cueillette des fruits, les pêcheurs et leurs méthodes de pêche, ainsi que des dizaines d'autres sujets. J'ai géré des équipes de 40 enquêteurs et mené des entretiens avec des hommes d'affaires, des directeurs d'ONG et des centaines, pour ne pas dire des milliers d'Haïtiens ordinaires. Au fil de mon travail, la vérité (ou les mensonges, selon le point de vue) s'est souvent fait jour. Ce que j'ai vu et entendu pendant ces sept années de recherche m'a aidé à reconstituer certains des cas de dissimulations les plus importants et à comprendre pourquoi pratiquement toute personne ou institution influente – ONG, ONU, gouvernement américain, gouvernement haïtien, médias, etc. – était disposée à gonfler les chiffres. Impossible de tout raconter. Je vais me limiter aux trois sites de catastrophe les plus importants (ou à tout le moins les plus connus), à savoir l'hôtel Montana, l'hôtel Christopher et l'usine Palm Apparel.

PROTÉGER SES ARRIÈRES (ET LES LEURS), C'EST PAYANT

L'hôtel Montana

L'hôtel Montana était un établissement 4 étoiles de 145 chambres disposées sur cinq étages. Situé au sommet d'une colline, il offrait une vue magnifique de la ville en contrebas. Lorsque le tremblement de terre a frappé, 200 personnes séjournaient à l'hôtel. L'immeuble de cinq étages au complet s'est immédiatement effondré sur lui-même. Il fut ensuite dit qu'entre 200 et 300 clients et employés manquaient à l'appel. Ce compte est demeuré le même jusqu'à la commémoration du premier anniversaire de l'événement. À ce moment, l'invité d'honneur a fait état d'un bilan de 80 morts. Cette simple mention constitue le bilan le plus précis du nombre de personnes décédées à l'hôtel Montana. Articles, plaques commémoratives, discussions en ligne : le bilan exact des victimes brille invariablement par son absence et, dans la plupart des cas, le nombre proposé est infiniment supérieur à 80 décès. En ligne, la page commémorative de l'hôtel laisse toujours entendre que des centaines de personnes ont péri : « Des 300 personnes qui se trouvaient à l'intérieur de l'hôtel Montana, nous connaissons l'histoire de certaines emportées par le séisme. » Pourquoi suggérer un total de 300 victimes si le bilan réel n'est pas aussi élevé ? Et pourquoi ne pas simplement fournir un bilan précis ? Il est impossible de ne pas connaître le nombre de victimes d'un bâtiment effondré dont les débris ont été déblayés. Ce nombre ne devrait-il pas être la première mention inscrite sur une plaque commémorative : « X personnes ont péri ici » ?

Rappelons brièvement le contexte : avant le séisme, l'hôtel Montana était le lieu de prédilection et la résidence temporaire des journalistes, diplomates et cadres de l'humanitaire en poste à Port-au-Prince. Des gens comme Angelina Jolie et Brad Pitt y ont dormi, mangé, bu. C'était ici que les têtes pensantes et autres planificateurs de l'humanitaire se rassemblaient lors de rencontres, de séminaires et d'ateliers. Sans quitter le confort des salles de réunion climatisées aux grandes baies vitrées, ils pouvaient observer les quartiers populaires et la misère urbaine en contrebas tout en discutant des solutions aux problèmes accablant Haïti. Dans un « communiqué spécial » publié en 2008, le *London Review of Breakfasts* résume ainsi l'atmosphère de l'hôtel : « Ventilateurs de plafond, palmiers dodelinant paresseusement, murmure d'une fontaine zen… Ici, le sentiment de privilège isolé est à couper au couteau. »

Cependant, le Montana n'était jamais censé devenir un hôtel. À l'origine, il s'agissait d'une résidence des Cardoso, une famille de l'élite haïtienne. En 1949, profitant de l'exposition internationale d'Haïti, Frank Cardoso a transformé la maison en auberge. Une fois l'exposition terminée, le flux de voyageurs et d'argent n'a pas tari et la famille a continué d'ajouter des bâtiments de façon improvisée : aucun plan d'intégration, aucune inspection, aucune norme. L'hôtel a éventuellement fait cinq étages. C'était d'une irresponsabilité monumentale. Deux semaines après le séisme, l'ingénieur sismique et légiste californien Eduardo Fierro qualifiait le design de l'hôtel de « pseudo-ingénirie » et décrivait en ces termes à des journalistes du *Miami Herald* la négligence à l'origine de son effondrement expéditif :

> Dans le cas des plus démunis qui doivent construire leur propre bâtiment, on ne devrait pas s'attendre à mieux. Mais lorsqu'il est question d'un bâtiment de quatre étages (sic), lorsqu'il est question de l'hôtel Montana, un

hôtel de luxe où séjournent tous les visiteurs étrangers,
on devrait s'attendre à mieux[134].

En dépit de ses chambres à 150 $ la nuit, l'hôtel Montana n'était pas plus sûr que les maisons des quartiers populaires en contrebas. Au contraire. En janvier 2010, juste après le séisme, la commission géologique des États-Unis (United States Geological Survey, USGS) a dépêché la sismologue Susan Hugh et une équipe de huit autres géologues pour déterminer pourquoi le Montana et un si grand nombre de bâtiments sur la même colline s'étaient effondrés. Leurs conclusions en ont sans doute soulagé plus d'un : les effondrements seraient attribuables à une « amplification topographique », un phénomène qualifié « d'espèce de hasard » et rejeté par la plupart des géologues. En d'autres mots, c'est un pur hasard contextuel qui a détruit le Montana. Cependant, les géologues n'ont pas manqué de remarquer que sur cette colline, « des maisons et d'autres bâtiments bien construits et bien ancrés ont survécu au séisme pratiquement sans aucun dégât. » En réalité, moins de 25 pour cent des bâtiments s'étaient écroulés[135].

J'ai visité les environs quelques mois plus tard pour une évaluation préliminaire de l'enquête BARR. Tandis que les enquêteurs se promenaient pour interviewer la population, un homme du coin m'a fait visiter le quartier. De sa propre initiative, il tenait particulièrement à me montrer pourquoi certaines maisons s'étaient effondrées et d'autres non. Il m'a mené jusqu'à une maison où on avait creusé un trou d'environ 3 mètres dans le sol. Il a pointé vers le fond du trou, où la fondation était liée au substrat rocheux, et m'a expliqué que la maison avait survécu au séisme pour cette raison. C'était aussi simple que ça, m'a-t-il assuré.

Dans ce cas, pourquoi les sismologues de l'USGS auraient-ils voulu trouver des excuses pour l'effondrement du Montana ? Et pourquoi gonfler les chiffres ? À mon sens, la seule réponse plausible, c'est que si j'avais perdu un membre de ma famille à l'hôtel Montana, je ne serais pas intéressé par les « hasards d'amplification sismique ». Je regarderais plutôt ces bâtiments indemnes, ceux bien construits, aux fondations solides. À ce point, ce que je voudrais certainement qu'on m'explique, c'est pourquoi le Montana n'était pas l'un d'eux. Et si le défunt travaillait pour USAID, l'ONU, la Banque interaméricaine de développement (BID) ou la Banque mondiale, je voudrais savoir pourquoi, sur un territoire traversé par une faille sismique, leurs banquets et leurs séminaires étaient organisés dans un bâtiment à la pseudo-ingénierie détaché de l'assise rocheuse. Si la destruction d'un hôtel comme le Montana était survenue n'importe où ailleurs dans le monde, ou si cette destruction n'avait pas été attribuée à un « hasard sismique », ou s'il n'était pas entendu que la moitié des bâtiments de la ville s'étaient effondrés et que 230 000 personnes avaient péri (ce qui pourrait très bien expliquer pourquoi le Département d'État des États-Unis était si enclin à soutenir un bilan des morts et des débris aussi exagéré), ces institutions pourraient très bien être tenues responsables pour négligence. Aussi, de leur point de vue, plus le bilan des morts et des bâtiments effondrés est lourd (du moins sur papier), mieux c'est. Plus la tragédie est grande et le nombre de décès élevé, moins la culpabilité d'USAID, de l'ONU, des grandes ONG et des institutions de crédits du monde saute aux yeux. En effet, ce dont ces institutions avaient le plus grand besoin à l'époque, c'était de gros chiffres.

Rien de ce que j'affirme ici ne vise particulièrement à accuser les propriétaires du Montana d'être de mauvaises personnes. Nadine Cardozo-Riedl, la copropriétaire, a passé quatre jours prisonnière des décombres de l'hôtel. En 2005, elle a été kidnappée et torturée pendant deux horribles semaines. Ce que je dénonce, c'est à quel point le système est pourri. En raison de privilèges et de dissimulations, de puissantes institutions et de riches propriétaires sont récompensés plutôt que d'être accusés de négligence. Comment nous prémunir contre les catastrophes dans un tel contexte ? Et peu importe votre opinion sur la question, que vous croyiez ou non qu'USAID, la Banque mondiale et l'ONU aient cherché à se décharger de toute culpabilité, il n'en demeure pas moins que les propriétaires de l'hôtel Montana et les institutions dont les employés ont fréquenté l'établissement pendant des décennies n'ont jamais été poursuivis en justice. Au contraire, l'armée des États-Unis a plutôt nettoyé les ruines de l'hôtel aux frais des contribuables. Cette même année, la BID, qui ne fait généralement affaire qu'avec des gouvernements, a octroyé un prêt de 12,5 millions de dollars à Nadine Cardozo-Riedl et sa sœur, les propriétaires du Montana. Le prêt disposait d'une période de grâce de cinq ans à un pour cent d'intérêt annuel. Notons que cela représente 1/23ᵉ des 23 pour cent offerts par n'importe quelle banque en Haïti et environ 1/36ᵉ du taux annuel des 36 pour cent demandés par les ONG aux plus pauvres d'Haïti. La nouvelle est passée inaperçue. Aucun journaliste n'a écrit sur le sujet. Ce qui semble d'autant plus injuste, c'est que le prêt faisait partie d'un projet de 270 chambres d'hôtel de 31,5 millions de dollars. La banque contribuait à hauteur de 40 pour cent. C'est logique. Après tout, on ne peut pâs s'attendre à ce que la BID utilise l'argent des contribuables de la classe moyenne des pays développés pour financer l'hôtel de luxe d'une famille riche dans un pays en développement. Pour obtenir le prêt, les Cardozo et les autres financiers du projet devaient payer les 60 pour cent restants. Apparemment, ils ne l'auraient jamais fait. Cinq ans plus tard, en 2016, l'hôtel Montana n'a toujours que 45 chambres, un cinquième de ce qui devait être construit. Malgré tout, les affaires vont bien. On y trouve une salle de restaurant remodelée, de nouvelles salles de conférences et un centre de congrès d'une capacité de 1 500 personnes. Et il ne manque pas de clients de l'ONU, d'USAID, de la Banque mondiale et de la BID. Contrairement à l'hôtel construit par les Cardozo avec leurs propres moyens, celui-ci respecte toutes les normes internationales. Par ailleurs, tandis qu'elle reconstruisait le Montana, Nadine Cardozo-Riedl a aussi construit un hôtel 5 étoiles dans la chic Zone coloniale de Santo Domingo. Accompagnée de son fils, de sa fille et du ministre du Tourisme de la République dominicaine, elle en a coupé le ruban inaugural le 12 mai 2014. Où a-t-elle a trouvé le financement ? Sans contredit, quelque chose ne tourne pas rond[136].

L'hôtel Christopher

L'hôtel Christopher est le deuxième de nos trois cas, un hôtel 5 étoiles de trois étages où de nombreux soldats de l'ONU ont péri. Combien exactement ? Je ne sais pas. Ces cinq dernières années, j'ai épluché à maintes reprises les sites Internet de l'ONU, les journaux et d'autres sources pour connaître le nombre exact de personnes décédées dans ce bâtiment. Je n'ai jamais pu trouver un bilan précis. Au fil des ans, j'ai écrit plusieurs fois aux attachés de presse de l'ONU pour leur demander. On ne m'a jamais répondu. Le mieux que je puisse dire, c'est que 104 employés de l'ONU sont morts en Haïti le 12 janvier 2010, dont 101 à l'hôtel Christopher, selon toute apparence. Pourquoi l'ONU refuse-t-elle de mettre la situation au clair ? Pourquoi le nombre de morts est-il si secret ? Pourquoi ne pas préciser le nombre de victimes à l'hôtel Christopher ? Autant de questions auxquelles l'ONU refuse de répondre. Si 101 des 104 décès du personnel de l'ONU ont eu lieu à l'hôtel Christopher (ce que j'ai tiré des différents comptes-rendus), nous pouvons toutefois dégager un constat : si ce n'avait été de l'hôtel, l'ONU n'aurait perdu que trois de ses 9 151 employés en Haïti. Et il y a de très bonnes raisons de croire que ces employés n'auraient pas dû se trouver à l'hôtel Christopher.

Commençons par un bref historique de l'hôtel : le propriétaire est un docteur en médecine et ancien citoyen haïtien du nom de Gérard Désir. Dans les années 60, Gérard Désir a profité d'une formation en médecine payée par l'État haïtien. En échange, il était tenu d'occuper pendant deux ans un poste de résident parmi les pauvres d'Haïti une fois son diplôme en poche. C'est ainsi que l'État haïtien arrive à recruter des médecins en campagne, où on compte un médecin pour 100 000 personnes. Cependant, plutôt que de respecter ses engagements, Gérard Désir a quitté le pays pour New York. Là-bas, il a obtenu un poste de résident au Jewish Memorial Hospital. Après avoir éventuellement réussi l'examen médical de l'État de New York et pratiqué aux États-Unis pendant 32 ans, en 2002, il s'est fait prendre pour de fausses réclamations auprès de sociétés d'assurance américaines. Depuis combien de temps les contribuables américains se faisaient-ils escroquer de la sorte ? Nul ne le sait. Gérard Désir s'est toutefois fait prendre et a reconnu avoir déposé six fausses réclamations en 1999. Il n'a pas contesté la décision et a été qualifié de « moralement inapte » à la profession. À titre de sanction, Gérard Désir a été suspendu de ses fonctions pendant trois ans. Après 45 jours, la peine a été commuée. Il a pratiqué pendant trente-quatre mois et 15 jours sous surveillance et payé une amende de 5 000 $.

Toute cette histoire est troublante. Voilà un homme qui, après avoir profité d'une éducation gratuite et fui ses engagements envers l'État haïtien, se rend aux États-Unis pour arnaquer à leur tour les Américains. Et le prix qu'il a payé pour ses crimes est probablement nettement inférieur aux commissions prélevées pour l'une ou l'autre des six fausses déclarations. Cela dit, l'élément pertinent du récit, en ce qui nous concerne, c'est qu'un an avant d'être pris la main dans le sac, Gérard Désir est retourné en Haïti et, les poches sans doute pleines de cet argent escroqué aux sociétés d'assurances, il a acheté l'hôtel Christopher. En 2005, il a commencé à le louer aux forces de sécurité de l'ONU (la MINUSTAH) pour la jolie somme de 1,14 million de dollars par année. Cinq ans plus tard, lorsque l'hôtel s'est effondré et a tué quelque 101 employés de l'ONU, Gérard Désir avait déjà empoché 5,7 millions pour sa location.

À l'instar de l'hôtel Montana, l'hôtel Christopher aurait été impropre à l'habitation. En 2009, soit un an avant le séisme et après quatre ans de location, des inspecteurs de l'ONU ont statué que l'établissement ne respectait pas les normes minimales de sécurité opérationnelle de l'ONU. L'organisation a alors prévu 400 000 $ pour rendre l'hôtel conforme. A-t-elle finalement mis le bâtiment en conformité ? J'ai écrit à l'organisation pour lui demander, sans jamais recevoir de réponse. Qu'est-il advenu des 400 000 $? Me croirez-vous, je n'ai jamais reçu de réponse à cette question non plus[137].

L'ONU hébergeait donc ses cadres supérieurs dans un hôtel qui appartenait à un criminel notoire, était situé une faille sismique très active et ne respectait pas les normes de sécurité de l'organisation. Joli tableau.

Encore une fois, même si l'ONU n'a jamais délibérément exagéré le nombre de morts, plus le bilan des bâtiments détruits et des victimes était élevé, moins elle risquait d'être accusée de négligence pour avoir hébergé son personnel dans un bâtiment dangereux.

Gérard Désir a-t-il lui aussi obtenu un prêt de la BID ? USAID ou l'ONU ont-ils nettoyé les débris et reconstruit son hôtel ? Pour tout vous dire, je ne veux même pas le savoir.

L'usine Palm Apparel

L'usine Palm Appareil est le bâtiment où le séisme a fait le plus grand nombre de victimes. À tout le moins, c'est ce qu'affirme l'entreprise. Plus précisément, Deborah Sontag rapportera dans le *New York Times* qu'au moins « 500 ouvriers, et peut-être même 1 000, ont péri sous les décombres vers la fin de leur journée de travail ». J'ai cherché à confirmer cette information. J'ai posé la même question par écrit au propriétaire, Alain Villard, ainsi qu'à trois des directeurs de Palm Apparel : « Combien de personnes sont mortes à l'usine ? » Ils n'ont jamais répondu.

Au fil des ans, les bilans qu'on peut trouver en ligne citant les données de l'usine se sont fixés à 300 morts. Ça demeure beaucoup de monde, sans doute le bâtiment ayant fait le plus grand nombre de victimes. Cependant, quatre ans après le séisme, j'ai pris connaissance d'une version bien différente lorsque j'ai visité l'usine pour d'autres raisons professionnelles.

Alors que je visite l'établissement à la recherche de partenaires au programme d'artisans d'un Centre international du commerce, j'ai l'occasion de discuter avec Alexandre Pétion-Télémaque, le chef d'exploitation. Je ne suis pas là pour parler du séisme, mais c'est un événement majeur et la discussion bifurque naturellement sur ce sujet.

— L'usine ne s'est-elle pas effondrée lors du tremblement de terre ?

Oui, me répond-il : il se trouvait dans le bâtiment à ce moment et a aidé à orchestrer les opérations de secours et à récupérer les corps.

— Vous étiez donc là ?

— Oui, j'étais dans le bâtiment. Nous avons aidé les gens à s'extirper des décombres. Beaucoup sont morts.

— Combien ?

— Soixante-sept.

— Pardon ?

— Soixante-sept.

C'est 233 personnes de moins que ce qu'on prétend partout ailleurs. Pourquoi donc mentir ?

L'usine Palm Apparel s'est effondrée alors que d'autres bâtiments du quartier ont tenu bon, ce qui laisse supposer des problèmes de construction, comme dans le cas des hôtels Montana et Christopher. Si l'événement était survenu aux États-Unis ou dans un autre pays développé, la population aurait demandé à savoir si le bâtiment était bien construit. Les propriétaires parquaient-ils leurs employés dans un environnement dangereux en toute connaissance de cause ? S'il avait été prouvé que le bâtiment était mal construit, des enquêtes et des poursuites se seraient ensuivies. Comme les conditions des ouvriers de l'industrie du vêtement constituent l'un des sujets les plus explosifs en Haïti, le risque de polémique serait encore plus grand pour Palm Apparel, un sous-traitant de la société montréalaise Gildan Activewear Inc.[138, 139].

Le gouvernement américain cherche à développer la lucrative industrie du vêtement en Haïti depuis 1971. À l'époque, en échange de l'appui des États-Unis envers la passation du pouvoir entre Duvalier père et fils, le gouvernement haïtien a accepté de créer un environnement favorable aux investisseurs américains intéressés par le montage outre-mer. Résultat : droits de douane éliminés, faiblesse du salaire minimum garantie, syndicats supprimés et sociétés américaines autorisées à rapatrier leurs profits. Dès 1980, on comptait quelque deux cents usines de montage au pays, la plupart américaines. Pour veiller à la réussite de l'alliance industrielle américano-haïtienne, les États-Unis appuient invariablement les leaders haïtiens qui protègent cette industrie et les grandes multinationales américaines qu'elle approvisionne : Hanes, Fruit of the Loom, Levi's, Gap, etc. Bien sûr, les propriétaires haïtiens de ces usines, les partenaires des multinationales, comptent parmi les plus riches d'Haïti. Ces industriels ont été amèrement déçus lorsque des politiciens populaires et réfractaires ont cherché à augmenter le salaire minimum et les impôts de l'industrie. Ils ont été d'autant plus déçus lorsque la lutte a donné lieu à des violences et à des troubles politiques, sonnant pratiquement le glas du secteur dans son ensemble. Le nombre d'ouvriers du textile en Haïti est passé de 100 000 en 1990 à moins de 20 000 en 1994. Notons que je ne prends pas parti. Ce n'est pas à moi de déterminer qui avait raison et qui avait tort, et ça m'est égal. Le fait est que l'instabilité politique en Haïti a causé la perte de pratiquement toute l'industrie. Dans la décennie précédant le séisme, un effort concerté était toutefois en branle pour relancer l'industrie. Le gouvernement américain a notamment lancé le programme « Haiti Hope », qui dispensait de droits de douane les produits des usines haïtiennes.

À l'époque du séisme, l'industrie du vêtement était, encore une fois, au centre d'un nouveau plan américain pour Haïti. Le nombre d'ouvriers était passé à 26 600 et continuait d'augmenter. Cependant, compte tenu des salaires effroyablement bas et d'une conformité pathétique aux normes internationales du travail, l'industrie demeurait le talon d'Achille politique d'USAID et de l'élite haïtienne. Il s'agissait de la cible la plus évidente des Haïtiens de gauche mécontents et des militants étrangers. Lorsque le séisme a frappé, les employés de Palm Apparel – et, par extension, ceux de Gildan Activewear au Canada – gagnaient 125 gourdes par journée de 10 heures, soit 3,13 $, un salaire classé parmi les trois salaires mensuels les plus bas au monde dans l'industrie du vêtement. Cette somme correspond à un tiers du salaire de l'industrie du vêtement au Guatemala, le deuxième plus bas de l'hémisphère ouest. Les usines de vêtement haïtiennes avaient également l'un des pires taux de conformité au monde en ce qui concerne les heures supplémentaires[140, 141].

Alors, qu'est-ce que tout ça a à voir avec le bilan des morts et l'effondrement de l'usine ? Palm Apparel est la seule des 22 usines de vêtement de Port-au-Prince à s'être effondrée. USAID a grandement aidé Alain Villard, pratiquement au point de payer le loyer de son usine.

Dans les quatre années précédant le séisme, USAID a financé CHF, un sous-traitant américain à but lucratif, à hauteur de 26 millions de dollars par année, soit 104 millions entre 2006 et fin 2009[142]. La priorité du programme CHF était l'amélioration des infrastructures de l'industrie du vêtement. C'est dans ce contexte que CHF a reconstruit près de deux kilomètres de route et de système d'évacuation des eaux et remis en état la route devant l'usine pour permettre aux camions de s'y rendre. Alain Villard a ensuite rénové le bâtiment de trois étages et, en novembre 2009, y a installé 1 500 ouvriers haïtiens. Deux mois plus tard, le tremblement de terre a frappé et tout le bâtiment s'est effondré.

Avant d'en arriver au point principal, précisons que je n'insinue pas qu'USAID, Alain Villard ou toute autre personne espérait la mort des ouvriers. Et, comme je l'ai déjà mentionné, ceci n'est pas non plus un plaidoyer contre l'industrie du vêtement en Haïti. Personnellement, je suis en faveur de cette industrie, ne serait-ce qu'en raison du nombre d'Haïtiens désespérément pauvres qui aimeraient travailler dans une usine de vêtements, même pour ce qui a toute l'apparence d'un salaire de crève-faim. Ce à quoi je m'oppose, ce sont les bâtiments qui s'effondrent sur la tête des ouvriers. De toute façon, au final, la raison pour laquelle j'écris sur Palm Apparel n'a rien à voir avec l'industrie du vêtement. Ce que j'essaie simplement de comprendre, c'est pourquoi des directeurs d'ONG et des bureaucrates de l'ONU, d'USAID et du Département d'État des États-Unis semblent tenir mordicus à présenter un bilan des morts aussi élevé que possible. Ce que j'aimerais également savoir, c'est pourquoi Alain Villard et le reste de la direction de Palm Apparel ont signalé un nombre de morts cinq fois plus élevé qu'il ne l'était en réalité. Pour répondre à ces questions, on doit d'abord se demander : que peuvent-ils en tirer ? En quoi le mensonge leur profite-t-il ?

En ce qui concerne Gildan Activewear, il n'y a aucun avantage. En termes de sinistre et d'impact sur les affaires, la réputation et les ventes, moins il y a de morts, mieux c'est. En fait, en réponse à mes questions, la direction de Gildan s'est plainte du bilan des morts exagéré. Pour sa part, USAID m'a donné une réponse empreinte de sérieux. Comme autant d'ONG et de ministères d'État joints dans le cadre de mes recherches pour ce livre, on a promis de me répondre dans les cinq jours, puis je n'ai plus jamais eu de nouvelles. Le mieux que je puisse dire, c'est qu'USAID avait probablement les mêmes intérêts envers un bilan élevé que les États-Unis et l'ONU : comme nous l'avons vu, plus le bilan est lourd, moins ces institutions risquent d'être accusées de négligence pour avoir hébergé leur personnel et leurs consultants et organisé des rencontres et des séminaires dans les hôtels Montana et Christopher[143, 144, 145, 146].

Mais qu'en est-il d'Alain Villard ? Pourquoi ne pas chercher à minimiser le bilan des victimes autant que possible ?

À première vue, comme pour Gildan, on pourrait croire qu'il aurait effectivement intérêt à ne pas gonfler les chiffres. Il serait accusé de négligence s'il était prouvé que l'intégrité structurelle du bâtiment était compromise ou si, au moment où des rénovations d'une valeur de 30 000 $ avaient été apportées au bâtiment deux mois avant son effondrement, quelqu'un avait relevé de tels problèmes structurels. Tout ça est vrai si l'on omet un détail : nous sommes en Haïti. Aucun code du bâtiment n'est appliqué. Tout le monde le savait déjà. S'il existait un État fonctionnel, ce serait l'État, et non le CHF, qui s'occuperait des programmes de soutien aux infrastructures. De plus, le système de justice civile est tout aussi déficient que le code du bâtiment. Pouvait-on vraiment s'attendre à ce qu'Alain Villard soit en conformité ? D'un côté, l'intérêt de Gildan, comme nous l'avons souligné précédemment, reposait dans un bilan aussi petit que possible. Le contrecoup aurait pu être très dommageable. On aurait pu poursuivre la direction, comme on a poursuivi Sohel Rana à la suite de l'effondrement de l'usine Rana Plaza au Bangladesh. Entre 500 et 1 000 morts parmi les employés de Gildan, l'un des plus grands noms de l'industrie du sous-vêtement, alors que toutes les autres usines tiennent toujours debout. Les actions de la société (NYSE:GIL) auraient pu s'effondrer.

Gildan a donc réagi comme on devrait s'y attendre. La société a expédié en vitesse 26 000 cartons de rations d'urgence et a immédiatement fait un don de 50 000 $ à la Croix-Rouge canadienne. Enfin, elle a créé un fonds pour aider les familles des ouvriers décédés. Et voilà la seule raison qui selon moi pourrait expliquer pourquoi Alain Villard, ou quiconque à l'usine, voudrait signaler un bilan des morts cinq fois plus élevé qu'il ne l'est en réalité. Le 22 mars, le fonds s'élevait déjà à 570 000 $.

J'ignore si Alain Villard ou une autre personne a empoché l'argent destiné aux 233 victimes du séisme qui n'ont jamais existé. Je ne prétends pas qu'il l'a fait. A-t-il divisé l'argent entre les familles des ouvriers décédés ? L'a-t-il distribué aux enfants dans le besoin devant l'usine ? Difficile de vérifier : comme nous l'avons vu, Alain Villard n'a répondu à aucune de mes demandes. Quoi qu'il en soit, même si ce dernier ne le savait probablement pas au moment où son bâtiment s'est effondré, le séisme s'avérera être une mine d'or pour Alain Villard. Plutôt que d'être la cible de méfiance et d'une enquête, le millionnaire est devenu un bénéficiaire d'aide humanitaire.

Moins de deux semaines après la tragédie, les ouvriers survivants étaient de nouveau devant leur machine à coudre. En effet, les affaires ne se sont pratiquement pas arrêtées. Le 18 janvier, soit seulement six jours après la terrible tragédie, Alain Villard, pointant une section du bâtiment qui ne s'était pas écroulé, déclarait à des journalistes du *Wall Street Journal* : « Je peux m'arranger pour que 500 à 600 employés retournent au travail ici en moins d'une semaine. » Et il l'a fait[147].

Quatre mois après le séisme, Alain Villard, son usine de nouveau fonctionnelle, s'envolait pour Las Vegas aux frais d'USAID. Il était invité au MAGIC Show, une foire rassemblant pas moins de 100 000 personnes où, ironise l'auteur et blogueur Paul Jakson, « on fait disparaître les ouvriers ». Là-bas, Alain Villard, un survivant du tremblement de terre en Haïti, a dû être au centre de l'attention. Avec l'aide de son principal client, Gildan, il est arrivé à obtenir 8,5 millions de dollars d'investissements pour une nouvelle usine. Au moment de ma visite en 2014, Palm Apparel était un établissement flambant neuf de 15 000 m² abritant 3 500 employés, soit 2 000 de plus qu'au moment du séisme. Aujourd'hui, Palm Apparel n'est pas reconnu comme le Rana Plaza haïtien. Au contraire, Alain Villard est plutôt vu comme un héros de l'entrepreneuriat. La Fondation Le Flambeau Inc. a fait l'éloge de sa résilience :

> L'histoire d'Alain Villard est tout aussi impressionnante. Ce dernier aurait très bien pu fermer boutique lorsque le séisme de 2010 a emporté 300 de ses employés. Il a plutôt relancé la production 15 jours plus tard et lancé des initiatives communautaires. Il a notamment soutenu les autorités municipales pour la collecte de fonds et contribué à la coordination des efforts de secours et de reconstruction. Aujourd'hui, Alain Villard emploie 4 000 Haïtiens.

En ce qui concerne Gildan, en juin 2010, la Croix-Rouge canadienne a décerné une plaque commémorative à la société.

Pourquoi les cadres d'USAID à Washington D.C. et les représentants de l'ONU semblaient-ils préférer un bilan des morts aussi élevé que possible ? La réponse aurait dû me sauter aux yeux, mais il m'a fallu cinq ans pour la découvrir. En ce qui concerne les cadres d'organismes humanitaires, par exemple Steve McAndrew de la Croix-Rouge ou Sophie Perez de CARE International, l'avantage d'un lourd bilan est évidemment lié aux dons. Plus le bilan est élevé, plus les âmes charitables de ce monde voudront donner. Cela va de soi. Pour ce qui est de la presse, la raison est tout aussi évidente. Plus la catastrophe est tragique, plus les scènes sont horribles et plus les histoires sont atroces, plus les lecteurs achèteront de journaux, consulteront des sites Web ou allumeront la télévision pour regarder les nouvelles. Cependant, lorsque l'on se penche sur les forces de sécurité de l'ONU, sur USAID, sur la communauté d'affaires haïtienne et sur les propriétaires de bâtiments comme les sœurs Cardoso (hôtel Montana), Gérard Désir (hôtel Chritopher) et Alain Villard (usine Palm Apparel), c'est une tout autre histoire. Nous pouvons conclure que, pour ces personnes, les exagérations servaient surtout à éviter de devoir rendre des comptes, à attirer la sympathie et à obtenir de généreux dons et des prêts à faible taux d'intérêt. Le fait est que, si le séisme en Haïti était effectivement une crise aux proportions bibliques, c'était surtout, comme me l'a résumé un adolescent haïtien de 17 ans lors d'une conversation, une « crise de la construction ». Le tremblement de terre en soi n'avait rien d'exceptionnel. À l'épicentre, le séisme qui a frappé au Chili sept semaines plus tard était 500 fois plus puissant. La destructon fut toutefois comparable : environ 300 000 résidences (9 pour cent des maisons) se sont effondrées ou ont été qualifiées trop dangereuses pour être habitées. Cependant, là-bas, le séisme n'a fait que 576 morts et 12 000 blessés. Ce qui explique en grande partie l'extrême disparité des bilans, c'est que le Chili est un pays développé où les codes du bâtiment sont appliqués. La plupart des bâtiments et des maisons endommagés ne se sont pas aplatis comme des crêpes, tuant, estropiant ou rendant prisonnières les personnes à l'intérieur. En Haïti, c'est tout le contraire. Aucun code du bâtiment n'est appliqué. Ce qui est excusable pour les pauvres, qui n'ont pas les moyens nécessaires pour respecter volontairement des normes de construction élevées, ne l'est pas pour les clients d'USAID et de l'ONU qui hébergent des employés, des soldats et des ouvriers. Ces bâtiments auraient dû être inspectés, ne serait-ce qu'à la demande de l'ONU, d'USAID, de la Banque mondiale et des cadres d'entreprise qui les louaient. À quoi pouvaient-ils bien penser ?

Voilà pourquoi l'idée d'une destruction massive et d'un nombre disproportionné de morts, de six à dix fois ce qu'il était en réalité, était une « bonne chose ». Un tel portrait détourne l'attention du véritable problème : des bâtiments mal construits alors que les personnes concernées ne peuvent plaider l'ignorance ou la pauvreté. Plutôt que d'être tenus responsables, ceux qui auraient dû faire quelque chose avant le séisme – en particulier l'ONU et USAID qui logeaient leurs employés aux hôtels Christopher et Montana et la société canadienne Gildan Activewear, le principal client d'Alain Villard – ont été traités en héros. D'autant plus troublant est le fait que, grâce à cette tragédie, des entrepreneurs qui auraient pu finir en prison si leur usine se trouvait dans un pays développé ont plutôt attiré des investisseurs et des prêts massifs à faible taux d'intérêt. Et malheur à quiconque cherchera à changer les choses.

7

Gros mensonges sur les tout petits : l'UNICEF, Save the Children et les orphelinats

De toutes les exagérations, semi-vérités et fabrications pures et simples entendues dans la foulée du séisme, très peu rivalisent avec ce que nous ont servi les organismes de protection de l'enfant et les orphelinats. Avec l'UNICEF et Save the Children menant la charge, les orphelinats ajoutant de l'eau au moulin et la presse répétant pratiquement tout ce qui se disait sans l'ombre d'une preuve, le branle-bas de combat pour sauver la vie des enfants haïtiens a atteint des proportions apocalyptiques. On a rapporté que plus d'un million d'enfants étaient perdus, séparés de leur famille ou abandonnés, comme si les ruines de Port-au-Prince étaient peuplées de bambins désemparés errant sans but. Éventuellement, les experts ont ajouté au tableau l'image de prédateurs sexuels et de trafiquants d'esclaves arpentant les décombres à la recherche de jeunes proies. Des enfants étaient en vente pour 50 $, disait-on. Bientôt, autour du globe, on parlerait d'une « crise des orphelins haïtiens ».

Pratiquement rien de tout ça n'était vrai.

Comme nous le verrons, le véritable nombre d'enfants orphelins, perdus ou séparés de leur famille était des centaines, voire des milliers de fois inférieur aux chiffres avancés. L'existence de même un seul réseau de trafiquants d'esclaves ou de prédateurs sexuels n'a jamais été confirmée, pas plus qu'un seul cas de vente d'enfant. Peu importe. Pour ces organisations qui approvisionnaient la presse en mensonges et en exagérations, et pour la presse elle-même, la crise des orphelins haïtiens représentait une véritable mine d'or.

LE GRAND MENSONGE

Trois jours après le séisme, le *London Evening Standard* titrait :

« On craint que jusqu'à deux millions d'enfants soient orphelins ou séparés de leurs parents en Haïti[148] »
15 janvier 2010

Cette information provenait de Gareth Owen, directeur des urgences de l'organisation Save the Children, un vétéran des catastrophes naturelles de partout dans le monde depuis déjà sept ans. « C'est dangereux ici, a-t-il déclaré à l'*Agence France-Presse*. La prison s'est effondrée et les enfants seuls sont vulnérables. »

Sept jours après le séisme, le reste de la presse avait sauté sur cette histoire de péril auquel 25 pour cent des enfants haïtiens faisaient soudainement face :

« Crise d'un million d'enfants orphelins haïtiens : l'UNICEF met en garde contre "l'ampleur maintenant insoutenable" du désastre »
Daily Mail, 19 janvier 2010

« Un million d'orphelins en Haïti »
The Daily Beast, 19 janvier 2010

« L'horreur en Haïti fait un million d'enfants orphelins »
The Express, 20 janvier 2010

Il était bien loin d'avoir un million d'enfants orphelins ou séparés de leur famille en Haïti. Il y en avait probablement moins de mille, pour ne pas dire moins d'une centaine. Et il est difficile de croire que les « experts » de l'UNICEF et de Save the Children n'en savaient rien. Le 9 mars, soit huit semaines après le séisme, l'UNICEF signalait qu'il n'avait enregistré que 300 enfants perdus ou séparés. Et pour ces enfants qui étaient réellement perdus ou séparés, l'organisme ne faisait pas grand-chose. Dix semaines après le séisme, l'UNICEF n'avait permis qu'à 20 enfants de retrouver leur famille. Vingt. À la lumière de ces chiffres, on peut comprendre que le million d'enfants perdus, orphelins ou séparés de leur famille signalé par l'UNICEF et Save the Children n'était rien d'autre qu'un mensonge pur et simple[149, 150].

Au moins un expert de la protection de l'enfant a refusé de jouer le jeu. Le 19 janvier, soit une semaine après le séisme, Andrew Cates de Villages d'enfants SOS Royaume-Uni publiait un article de blogue dans lequel il écrivait ceci : « L'idée selon laquelle le séisme aurait fait un million d'orphelins est absolument fausse et ceux qui avancent de tels chiffres font preuve d'irresponsabilité [...]. La mémoire semble courte dans la presse. Nous avons déjà des histoires de 200 000 morts et d'un million d'orphelins. » Andrew Cates a rappelé que les estimations finales du nombre d'enfants orphelins dans la foulée du tsunami qui a fait 230 000 morts en Asie se situaient entre cinq et six mille enfants, soit environ 3 pour cent du nombre de morts. Et, dans ce qui relevait alors d'une prémonition presque parfaite, Andrew Cates expliquait ceci :

> La raison pour laquelle j'évoque le tsunami en Asie est pour vous rappeler que dix jours plus tard, on parlait dans les médias de 1,5 million d'enfants touchés, « la plupart orphelins » [...]. Cette nouvelle, et celle de bateaux de ravisseurs d'enfants envahissant les plages, se sont avérées faire partie d'un mythe qui s'est évanoui. De basses manœuvres pour émouvoir le public, diront peut-être les cyniques parmi nous.

L'histoire était sur le point de se répéter.

LES ORGANISMES DE PROTECTION DE L'ENFANT

Le 22 janvier, soit dix jours après le séisme, Ropert Colville, le Haut-Commissaire des Nations Unies aux droits de l'homme, se levait lors d'une conférence de presse pour annoncer que « l'esclavage et la traite des enfants existent et pourraient facilement devenir de graves problèmes au cours des semaines et des mois à venir ». Jean-Luc Legrand, de l'UNICEF, se trouvait juste à côté. Il se présenta à son tour devant la tribune pour annoncer que des ravisseurs d'enfants sévissaient déjà. « Nous avons répertorié 15 cas d'enfants disparus des hôpitaux qui ne se trouvent pas avec leur famille à l'heure actuelle », a-t-il déclaré.

Les déclarations de Ropert Colville et de Jean-Luc Legrand semblaient confirmer les peurs d'Andrew Cates : nous avions droit aux mêmes mensonges et exagérations véhiculés lors du tsunami en Asie et, encore une fois, l'UNICEF en était à l'origine[151].

À l'époque, en 2005, on avait également semé la panique à partir d'exagérations, de ouï-dire et de témoignages de deuxième main provenant de l'UNICEF. Un an après la catastrophe du tsunami, l'UNICEF démontrera dans ses propres rapports que les chiffres initialement évoqués étaient des centaines et des milliers de fois supérieurs à la réalité – ce qui se répétera en Haïti, comme nous le verrons. Jamais l'UNICEF ne présentera de preuves attestant l'existence de trafiquants d'esclaves. Et, comme dans le cas d'Haïti, aucune erreur ne sera reconnue et aucune excuse ne sera présentée aux donateurs.

Au contraire, à la suite du séisme en Haïti, l'UNICEF a fait référence à ses précédents mensonges et exagérations sur le tsunami comme s'ils n'avaient jamais été démentis. Lorsque Jean-Luc Legrand compara la situation en Haïti au contexte post-tsunami, ce fut pour parler d'enlèvements et de réseaux d'esclaves passant à l'action immédiatement après la catastrophe et tirant avantage de la faiblesse des autorités locales et de la coordination de l'aide « pour enlever des enfants et les emmener hors du pays ». C'était maintenant la situation en Haïti, insistait-il. « Voilà ce qui se passe en ce moment, a-t-il déclaré à des journalistes de l'*Agence France-Presse*. Les premières preuves commencent à s'accumuler. C'est indéniable. »

Cependant, si l'on examine plus attentivement les propos de Jean-Luc Legrand, il apparaît que lui-même n'était pas trop certain de ce qu'il avançait. « *Disons environ* 15 cas d'enfants disparus », a-t-il déclaré lors de son annonce. Les journalistes de l'*Agence France-Presse* ont noté que les représentants de l'UNICEF « ont été incapables de fournir des détails sur les enfants disparus ni sur leur état et incapables de lier leurs observations anecdotiques post-séisme à la traite d'enfants. » L'UNICEF et la presse n'allaient toutefois pas abandonner l'affaire pour une simple absence de preuves. Au contraire, la presse a sonné l'alarme. Le lendemain, la nouvelle faisait les manchettes du monde[152] :

« Des organismes craignent que des trafiquants ciblent les enfants déplacés d'Haïti »
Fox News, 23 janvier 2010

« Enfants haïtiens disparus : on craint les trafiquants »
ABC News, 23 janvier 2010

« Des orphelins vendus à l'étranger, craint l'UNICEF »
Herald News Services, 23 janvier 2010[153]

« Les organismes d'aide en Haïti s'activent à sauver les "orphelins" des trafiquants d'enfants »
The Times of London, 26 janvier 2010

LES ORPHELINS ET LES ORPHELINATS

Ces exagérations de l'UNICEF et de Save the Children étaient sans aucun doute le sous-produit d'une soif maladive de dons. Cependant, pour comprendre comment des travailleurs humanitaires en arrivent à tisser une toile de mensonges aussi alambiquée, il faut d'abord savoir que la lutte pour les dons destinés aux enfants des pays en développement et pour le contrôle de la vie de ces enfants date de bien avant le séisme. Les organismes de protection de l'enfant et les orphelinats (normalement religieux) se disputent ces dons depuis bien longtemps. Pour comprendre cette lutte, on doit d'abord comprendre l'« appel contagieux à l'adoption » des évangélistes, selon les termes de l'auteure Kathryn Joyce[154].

Le mouvement de l'adoption est profondément ancré dans le christianisme des États-Unis. Tout a commencé durant la première moitié du 20ᵉ siècle et a pris une ampleur considérable ces 30 dernières années. « Toutes les conditions étaient réunies pour faire de l'adoption la grande cause de bon nombre de chrétiens », explique Kathryn Joyce. L'adoption justifiait la ferveur contre l'avortement, prouvait que les chrétiens se souciaient des enfants au-delà de la naissance, permettait de propager la foi et d'accomplir un des actes les plus sacrés, soit d'accueillir en sa maison un autre être humain comme Dieu accueille dans sa famille les véritables croyants.

Dans les années précédant le séisme, le mouvement était à son paroxysme et des évangélistes américains organisaient des marches à Washington D.C. de type « Un pas vers l'avant pour les orphelins ». Des organisations évangéliques comme Focus on the Family ont lancé une campagne intitulée « Le cri de l'orphelin » visant à sauver les 143 millions d'orphelins du monde, tandis que l'Alliance chrétienne pour les orphelins parrainait des journées « Dimanche pour les orphelins » dans le but de promouvoir l'adoption.

Le mouvement fut accompagné d'une explosion de livres chrétiens aux titres comme *L'appel à l'adoption : un guide chrétien pour répondre à l'appel* et *Adopté pour la vie : la priorité de l'adoption pour les familles et les églises chrétiennes*. Aux États-Unis, l'élan spirituel était également alimenté par des crédits d'impôt, des subventions de l'État, des prêts non garantis ou sans intérêts, des cartes de crédit sans intérêt, des régimes d'épargne à impôt différé et des indemnités aux employés qui adoptent.

Les chrétiens en sont éventuellement venus à se tourner vers l'étranger et des pays comme Haïti en raison de la disponibilité d'enfants à adopter. Les détracteurs de l'adoption aux États-Unis qualifient le milieu du 20ᵉ siècle de période d'exode des berceaux (*Baby Scoop Era*). À l'époque, l'avortement était illégal, les contraceptifs se faisaient rares et les femmes qui devenaient mères monoparentales étaient taxées d'immorales et de non chrétiennes par la population conservatrice. Les jeunes femmes de bonne famille qui faisaient l'erreur de tomber enceinte se trouvaient souvent envoyées discrètement dans des maisons pour mères célibataires, où on les poussait à renoncer légalement à la garde de leur nouveau-né pour leur permettre de retrouver une « vie normale ».

Pour les familles chrétiennes stériles des classes moyenne ou supérieure, les maisons pour mères célibataires devinrent une source permanente de bébés à adopter. C'était également une activité lucrative pour les intermédiaires. Les frais d'adoption atteignaient les milliers de dollars. Les adoptions « fermées » venaient sceller la transaction : les parents biologiques et leurs enfants ne savaient rien l'un de l'autre et les enregistrements étaient déclarés secrets ou détruits. De nombreux enfants n'ont même jamais su qu'ils avaient été adoptés.

À son apogée, le mouvement a dégénéré. Aux États-Unis, le scandale de la Children's Home Society du Tennessee constitue probablement l'exemple le plus célèbre. Dans les années 20, l'établissement fut à l'origine de milliers d'adoptions privées. Parmi les parents adoptifs, on compte des célébrités comme Joan Crawford, dont le règne de mère tyrannique sera éventuellement dépeint dans le film *Maman très chère* (*Mommie Deariest*, 1981). Parmi les enfants adoptés ignorant complètement leur passé, on compte le célèbre lutteur Dusty Rhodes et, quoique moins célèbre, mon propre grand-père adopté par une riche famille baptiste du sud du pays. Dans les années 50, soit après 30 ans d'activité, des enquêteurs ont toutefois révélé que bon nombre des bébés provenaient de patients d'hôpitaux psychiatriques ou de mères célibataires, dont certaines à qui on avait fait croire que leur enfant était mort. Des documents avaient été falsifiés, détruits.

Ce type d'institution très lucrative, on en trouvait partout aux États-Unis. Et n'oublions pas les enfants amérindiens, 16 fois plus susceptibles d'être arrachés à leur foyer que les autres enfants américains, une source abondante de bébés. Et, malgré tout le racisme des États-Unis à l'époque, même des enfants noirs de familles défavorisées étaient adoptés. En 1971, 2 574 enfants noirs ont été adoptés par des familles blanches américaines[155].

Ce phénomène n'était pas limité aux États-Unis. Le Royaume-Uni, l'Espagne, le Canada, la France, l'Australie et l'Argentine ont tous eu droit à leur propre version de l'exode des berceaux. Le phénomène sévit toujours en Corée du Sud, une société conservatrice. Dans la plupart des pays développés, on assiste toutefois à une certaine rupture dans les années 70.

À ce moment, les contraceptifs sont de plus en plus accessibles, les niveaux de fécondité sont en baisse et, bien sûr, l'arrêt Roe v. Wade de 1973 aux États-Unis et des lois semblables dans d'autres pays développés ont décriminalisé l'avortement. L'opinion publique sur l'avortement n'allait pas tarder à changer elle aussi. Des mères qui avaient renoncé à la garde de leur enfant ont commencé à témoigner de leur angoisse. Des milliers d'enfants à la recherche de leurs parents biologiques ont également fait part de leur frustration et de leur sentiment d'identité perdue. On a rapidement commencé à considérer l'adoption fermée, à savoir la dissimulation de l'origine d'un enfant adopté, comme un crime humanitaire à l'endroit des enfants, des parents biologiques, et même un crime contre les communautés d'origine, par exemple les Amérindiens ou les Noirs. L'adoption ouverte devint la norme.

En conséquence, les bébés offerts en adoption se faisaient de plus en plus rares aux États-Unis. Dans les années 70, le taux d'abandon chez les mères célibataires se situait à un cinquième de ce qu'il avait été la décennie précédente. Dans les années 90, il est passé à un dixième du taux des années 60. Dans les années 70, une levée de boucliers au sein des communautés amérindiennes a grandement réduit le nombre d'enfants amérindiens disponibles pour l'adoption. De même, le nombre d'enfants noirs adoptés par des Blancs est passé pratiquement à zéro grâce au travail de militants noirs.

C'est à cette époque que la classe moyenne chrétienne des pays développés a découvert l'existence de millions d'orphelins dans le besoin dans les pays en développement. L'adoption internationale aux États-Unis est passée de 3 100 enfants en 1972 à 5 800 en 1982 et a depuis progressé jusqu'à un sommet de 22 991 enfants en 2004. Des orphelinats ont commencé à apparaître partout dans les pays en développement. Par exemple, selon les données de l'UNICEF de 2014, seulement 10 pour cent des 723 orphelinats d'Haïti auraient été fondés avant 1970. Population démunie, pays en crise et État faible : plus ces aspects sont marqués, plus l'industrie de l'adoption internationale semble susceptible de fleurir. Le Paraguay, le Brésil, le Guatemala, le Népal, la Colombie, le Vietnam, le Cambodge, le Liberia, l'Éthiopie et Haïti sont tous des exemples de ce phénomène.

Bien sûr, les orphelinats soutiennent protéger les enfants abandonnés contre la guerre, la pauvreté et les maladies. Cependant, comme pour la période d'exode des berceaux dans les pays développés, les profits substantiels liés aux services d'adoption ont contribué à l'apparition de pratiques commerciales peu scrupuleuses. Une panoplie de scandales ont fait les manchettes : persuasion, duperie, tromperie, achat et mensonges purs et simples aux parents en vue d'obtenir la garde de leurs enfants (voir le site Web de l'Institut Schuster pour une longue liste de témoignages de partout dans le monde). Au Guatemala, selon des informations crédibles, des bébés auraient été volés et des soldats ont même été soupçonnés d'avoir tué des parents et vendu leurs bébés.

Avant le séisme de 2010 en Haïti, l'UNICEF s'affairait déjà depuis au moins dix ans à enrayer les pires cas de corruption aux quatre coins du globe. Certains diront qu'ils tentaient carrément de mettre fin à l'adoption internationale.

Et l'organisation faisait du bon travail. À titre d'organisme onusien, l'UNICEF a exhorté les États où l'on adoptait des orphelins étrangers à mettre en place des moratoires sur l'adoption internationale. L'organisme a aussi exercé des pressions sur les États d'où provenaient les orphelins pour qu'ils signent la Convention de La Haye sur la protection des enfants et la coopération en matière d'adoption internationale, une convention qui impose une série de vérifications de base des enfants et des parents en processus d'adoption. De plus en plus de pays d'où proviennent les enfants ont signé la Convention de La Haye et le nombre d'adoptions internationales aux États-Unis a chuté, passant de 23 991 en 2004 à 8 668 en 2012. À l'échelle mondiale, le nombre total d'adoptions internationales est passé de 45 000 en 2004 à environ 25 000 en 2012, ce qui suggère qu'un grand nombre d'adoptions douteuses avaient effectivement lieu[156, 157, 158, 159].

Revenons maintenant aux adoptions en Haïti. Lorsque le tremblement de terre a frappé, Haïti n'avait pas signé la Convention de La Haye. Ainsi, pour le meilleur ou pour le pire, le séisme, comme le tsunami avant lui, représentait une manne pour les propriétaires d'orphelinats et un espoir pour de potentiels parents adoptifs à la recherche d'un enfant. Images catastrophiques, « niveau de violence inouïe » et « un million d'orphelins » : selon les mots d'un chrétien désirant adopter, si l'adoption d'un Haïtien constituait auparavant un « échange équitable », il s'agissait maintenant d'une « mission de secours ».

Le séisme donna lieu à une cavalcade humanitaire vers les bureaux d'adoption. L'organisme Bethany Christian Adoption Services recevra plus de 20 000 demandes d'adoption pour Haïti. Dans un pays où on trouvait déjà 500 orphelinats, 223 autres ouvrirent leurs portes dans les mois qui firent suite au séisme. L'Église catholique commença à préparer une opération « Pierre Pan », d'après l'opération « Pedro Pan » qui avait donné lieu à l'émigration de 14 000 orphelins cubains en 1960. Et voilà exactement ce qui était en jeu dans les semaines qui ont fait suite au séisme : l'UNICEF et les organismes de protection de l'enfant étaient en guerre contre les orphelinats.

Lorsque Jean-Luc Legrand de l'UNICEF parlait d'un « problème actuel » et de réseaux mis en place pour « enlever les enfants et les emmener hors du pays », il ne visait rien de moins que les orphelinats. « L'UNICEF, a-t-il déclaré, œuvre en Haïti depuis de nombreuses années et nous savons que le problème de la traite des enfants en Haïti existait déjà avant le séisme. Malheureusement, bon nombre de ces réseaux de traite ont des liens avec le marché international de l'adoption. »

Le problème pour l'UNICEF, c'est que les orphelinats avaient inversé les rôles et volé la vedette. Face à un million d'orphelins, la fièvre de l'adoption battait son plein, au point de noyer le message de l'UNICEF. Sans contredit, les exagérations de l'UNICEF s'étaient retournées contre l'organisation. Elles n'avaient pas suscité d'intérêt envers la campagne internationale de l'UNICEF contre les orphelinats et le marché de l'adoption, bien au contraire : les feux étaient maintenant braqués sur les orphelinats eux-mêmes et les interventions héroïques de personnes comme le gouverneur Ed Rendell et les sœurs McMutrie[160, 161, 162, 163, 164].

LE GOUVERNEUR HÉROÏQUE ET LES SŒURS MCMUTRIE

Le 18 janvier, soit six jours après le séisme, le département d'État américain a accordé un « passe-droit humanitaire » à tous les enfants haïtiens visés par un processus d'adoption, à savoir un allègement des contraintes d'adoption accompagné de la délivrance immédiate de visas. Partout en Haïti, les orphelinats ont lancé des cris de détresse, dont l'orphelinat des Brebis de Saint-Michel de l'Attalaye (BRESMA). Depuis au moins le surlendemain du séisme, Jamie et Ali McMutrie, deux soeurs de Pittsburgh, en Pennsylvanie, ne cessaient de solliciter l'aide des politiciens de leur État. La plupart des médias les ont présentées comme les propriétaires de l'orphelinat et des journaux ont publié leur histoire : l'orphelinat était détruit et les 54 enfants dormaient dans la rue, sans eau ni nourriture. Mary Beth Buchanan, une ancienne procureure des États-Unis et candidate républicaine au Congrès, a répondu à l'appel. La politicienne a commencé à mettre sur pied une mission de secours. La tension montait, tout comme la publicité entourant l'événement. Le 19 janvier, soit deux jours après l'annonce du Département d'État, le compte Twitter de BRESMA publiait un appel de détresse : « Presque plus d'eau ». C'est à ce moment que les rivaux politiques de la républicaine, Jason Altmire et Ed Rendell, respectivement représentant et gouverneur de la Pennsylvanie, ont sauté dans l'arène[165, 166].

Les démocrates Jason Altmire et Ed Rendell ont coupé l'herbe sous le pied de la républicaine Mary Beth Buchanan. Grâce à leurs contacts au sein de la Maison-Blanche, du ministère de la Sécurité intérieure et de l'armée des États-Unis, Ed Rendell et sa femme, une juge fédérale, ont affrété un avion à réaction et ont trouvé le moyen d'atterrir à l'aéroport bondé d'Haïti à un moment où l'armée américaine déroutait des avions remplis de fournitures médicales d'urgence[167]. Dans la sphère politique, la mission d'Ed Rendell et la détresse des enfants haïtiens sont devenues virales. Le lendemain, au même moment où Ed Rendell, sa femme, les sœurs McMutrie et 54 orphelins haïtiens se trouvaient au centre d'un « bras de fer tendu » avec les autorités haïtiennes (selon les dires d'Ed Rendell), sa collègue politique et amie, la secrétaire d'État Hillary Clinton, annonçait à Washington D.C. : « La détresse des enfants haïtiens est l'une des questions sur lesquelles nous nous penchons d'urgence, et nous ne laisserons pas les formalités administratives nous empêcher d'aider ceux dans le besoin. »

Cette histoire avait de quoi laisser perplexes ceux qui connaissaient l'orphelinat BRESMA. L'établissement était intact. On ne comptait pas de morts parmi les enfants, pas même un blessé. Et si les sœurs McMutrie avaient besoin de nourriture ou d'eau, elles pouvaient faire comme tout le monde et sortir en acheter. On en trouvait partout : sur la rue, auprès des grossistes de Pétionville ou dans l'un ou l'autre des supermarchés de nouveau ouverts en moins d'une semaine. Par ailleurs, on découvrira plus tard que tous les orphelins avaient au moins un parent, dont certains ne savaient même pas qu'on emmenait leur enfant à l'extérieur du pays. On ignore combien d'argent est passé d'une main à l'autre, mais compte tenu des frais globaux pouvant dépasser les 10 000 $ par enfant, il ne fait aucun doute qu'il s'agissait d'une manne considérable pour les sœurs McMutrie, qui prétendaient posséder l'orphelinat, ou du moins pour l'Haïtienne Margarette Saint-Fleur, la véritable propriétaire[168].

Sans contredit, il y avait quelque chose de pourri dans le royaume des orphelins, et personne n'était mieux placé pour le savoir que l'UNICEF et les organismes de protection de l'enfant, ceux-là mêmes qui ont initialement gonflé les chiffres et semé la panique avec des histoires d'enfants disparus. Au moment où Ed Rendell atterrissait sain et sauf en Pennsylvanie le 19 janvier, des politiciens avaient déjà emboîté le pas, du président américain Barrack Obama à son homologue français Nicolas Sarkozy. La secrétaire d'État Hillary Clinton défendait elle aussi la cause de l'adoption. Le gouvernement haïtien s'est avoué vaincu : les restrictions sur les adoptions ont été levées et les orphelinats haïtiens se sont vidés. Au moins 1 223 enfants ont été envoyés dans les bras de parents adoptifs à l'étranger, pratiquement tous aux États-Unis, faisant d'Haïti, un État minuscule, le troisième pays ayant envoyé le plus grand nombre d'enfants en adoption aux États-Unis en 2010, après la Chine et l'Éthiopie.

Au sein de l'UNICEF, on était furieux. C'est à ce moment que Jean-Luc Legrand et Rupert Colville, le Haut-Commissaire des Nations Unies aux droits de l'homme, ont fait monter les enjeux.

PRÉDATEURS SEXUELS ET TRAFIQUANTS D'ESCLAVES

Le 26 janvier, Kent Page, porte-parole de l'UNICEF, déclarait au *New York Times* : « Nous craignons que des gens sans scrupules exploitent la situation des enfants non accompagnés pour la traite aux fins d'adoption, de prostitution ou d'esclavage domestique[169]. » Dès le lendemain, le 27 janvier, le magazine *Time* publiait un article intitulé : « Des prédateurs traquent les enfants vulnérables d'Haïti. » Dans cet article, un porte-parole de l'UNICEF dont le nom n'est pas mentionné n'y va pas par quatre chemins : « Les trafiquants profitent des situations de vulnérabilité pour chercher des proies, et la gravité de la situation actuelle pourrait bien être sans précédent. » L'article du *Time* poursuivait ensuite avec un témoignage qui, parmi tout ce qui sera éventuellement rapporté par les médias dans la foulée du séisme, se rapprochera sans doute le plus d'un récit de première main sur un prédateur :

Le cœur de Mia Pean défaillit la semaine dernière lorsqu'elle aperçut un camion Toyota roulant dans les rues encombrées de débris de Léogâne, l'épicentre du séisme qui a ravagé Haïti. Le conducteur, chaque fois qu'il apercevait un enfant, et en particulier de jeunes adolescents, sortait sa tête par la fenêtre et criait « manger, manger »[170, 171].

Encore une fois, après les reportages sur les pillages violents et les attaques de gangs (voir le chapitre 3), la presse se lançait dans le journalisme irresponsable et sensationnaliste. L'article du *Time* repose sur de informations de seconde main tirées de Mia Pean, une Américano-haïtienne qui ne vit pas en Haïti, mais qui s'y trouvait à titre de consultante pour la Fondation Andrew Young. L'article du *Time* nous raconte même comment Mia Pean aurait rencontré le « prédateur » une deuxième fois et lui aurait demandé : « Que faites-vous avec tous ces enfants ? » L'homme aurait répondu : « Ne vous inquiétez pas, nous allons les déposer dans des endroits sûrs », avant de redémarrer. C'est tout. Fin de l'histoire. Aucune victime échappée, aucune maison des horreurs, aucun réseau international d'enfants esclaves. Malgré tout, le magazine *Time*, ce gardien de la vérité aux États-Unis, a souscrit aux propos de Mia Pean, qui « doutait des bonnes intentions du conducteur ». L'article poussait ensuite la conjecture jusqu'à l'extrême, terminant avec une citation de Mia Pean : « Je crains vraiment que la plupart des enfants qu'on voit ramassés dans les rues d'Haïti à l'heure actuelle ne deviennent des *restaveks* ou des victimes de la traite à des fins sexuelles. » Les grands journaux et réseaux de télévision se sont empressés de rapporter la nouvelle :

« Les orphelins haïtiens "extrêmement vulnérables" : des groupes d'aide craignent que pas moins d'un million d'enfants sans soins adéquats soient à la merci des maladies et des prédateurs sexuels »
CBS News, 27 janvier 2010

« Des trafiquants ciblent la multitude d'orphelins victimes du séisme en Haïti »
The Sun (Royaume-Uni), 27 janvier 2010

Pour les médias, peu importe si c'était l'UNICEF ou les orphelinats qui faisaient les manchettes : les lecteurs étaient au rendez-vous. Comme l'a judicieusement résumé Jessica Ravitz de CNN :

> Pour susciter un désir sincère d'aider son prochain, rien
> ne vaut des images de bébés et d'enfants en détresse.
> Voilà pourquoi l'histoire actuelle des orphelins haïtiens,
> les victimes les plus impuissantes du séisme, captive
> autant.

Pour l'UNICEF, peut-être s'agissait-il de la première étape d'une campagne médiatique savamment orchestrée contre les orphelinats confessionnels. La prochaine étape consisterait à révéler que c'était en fait les orphelinats confessionnels qui tourmentaient les enfants. L'ironie dans tout ça, c'est que la situation avant le séisme suggère plutôt que les pervers et les ravisseurs d'enfants, s'il s'en trouvait vraiment, étaient tout aussi susceptibles de travailler pour l'ONU ou l'Église catholique.

LES PERVERS DEVANT LA JUSTICE

L'année avant le séisme, des soldats de l'ONU ont été accusés de viol systématique et de relations sexuelles avec de jeunes adolescentes. Pour sa part, l'Église catholique – celle-là même dont le projet « Pierre Pan » visait à évacuer par avion des milliers d'enfants haïtiens vers un diocèse de Miami – était également visée par une série d'histoires embarrassantes. En 2007, des agents de la Gendarmerie royale canadienne ont arrêté Denis Rochefort et Armand Huard. Ce dernier, qualifié de « véritable Père Teresa » par certains, était plutôt connu sous le nom de « Papi » par les orphelins haïtiens qu'il agressait sexuellement. En 2009, John Duarte, un prêtre catholique, a été accusé d'avoir agressé sexuellement neuf garçons haïtiens qu'il « aidait ». Le père Duarte plaidera coupable à trois des chefs d'accusation. La même année, le frère Douglas Perlitz, un jésuite américain, a été arrêté pour avoir agressé 23 garçons alors qu'il était à la tête d'une organisation catholique pour les « enfants de la rue ». Le frère Perlitz plaidera également coupable.

Voilà un troublant héritage : les pervers épinglés avant le séisme travaillaient précisément pour ces institutions qui criaient au loup et collectaient des millions de dollars en retour. Comprenez bien : cela ne signifie pas que les orphelinats étaient tous blancs comme neige. Je pourrais vous raconter de nombreuses histoires d'orphelins agressés par les propriétaires d'orphelinats étrangers ou haïtiens. Comme pour les organismes de protection de l'enfant et l'Église catholique, quoi de mieux pour les loups que de garder la bergerie. Tout ça est extrêmement troublant. Cependant, pour comprendre la raison d'être des orphelinats et l'origine des fonds assurant leur survie, nous devons nous pencher sur ces organisations censées nous donner l'heure juste sur la situation : l'UNICEF et les organismes de protection de l'enfant comme Save the Children. Déjà avant le séisme, ils avaient en grande partie créé une fantasmagorie d'orphelins laissés à eux-mêmes, d'enfants esclaves et de marchés d'esclaves, exactement ce qui justifiait maintenant la panique et l'empressement à secourir les enfants haïtiens.

LES ORPHELINS (PAS SI ORPHELINS) DE L'UNICEF

Bien avant le séisme, dans les années 90, l'UNICEF a modifié sa définition d'un orphelin pour que celle-ci inclue également les enfants ayant perdu un seul parent. L'UNICEF a même comptabilisé les enfants dont le père n'était pas reconnu légalement, que ce soit parce que ce dernier contestait la paternité ou parce que la mère ne pouvait pas ou ne voulait pas l'identifier. C'est cette définition qui a donné aux chrétiens du monde la fièvre de l'adoption et ce cri de ralliement autour des « 143 millions » d'orphelins, le nombre d'orphelins dans le monde selon l'UNICEF. Avant le séisme, en vertu de cette définition très large, il se trouvait 380 000 orphelins en Haïti, toujours selon l'UNICEF. Ce nombre, qui correspond à 10 pour cent de tous les enfants de moins de 16 ans, a alimenté la fièvre de l'adoption et justifié la prolifération des orphelinats. Dès le début des années 2000, on trouvait 500 orphelinats en Haïti pour une population de 10 millions, soit un peu plus du tiers du nombre d'orphelinats en Russie (1 344 établissements pour 134 millions d'habitants).

Il ne fait aucun doute que la redéfinition du terme « orphelin » a grandement contribué aux collectes de fonds. La nouvelle définition est toutefois trompeuse. Pour la plupart des gens de pays développés, un orphelin signifie un enfant dont les parents sont décédés. Le terme évoque l'image d'un jeune impuissant et sans défense, comme Oliver Twist de Charles Dickens ou Cosette de Victor Hugo. Ces enfants sont non seulement pauvres, ils sont seuls face au monde, sans l'amour et l'affection de leurs parents. Personne n'est là pour les protéger contre la dure réalité de la pauvreté et les salauds de ce monde qui s'en prennent aux plus vulnérables. En incluant les enfants ayant perdu un seul parent dans la définition, on a dénaturé le sens original du terme dans le but manifeste d'attirer la sympathie des donateurs. On donne aux orphelins précisément parce qu'ils n'ont ni parents ni famille. L'UNICEF et les organismes de protection de l'enfant réaliseront éventuellement que les orphelinats, en raison des avantages matériels qu'ils procurent, encouragent la séparation des enfants et de leurs familles. Lorsque la définition d'un orphelin est celle de l'UNICEF, il n'est plus nécessaire d'obtenir la signature des deux parents pour faire adopter un enfant. Une mère ou un père haïtien pourrait très bien envoyer son enfant vivre avec dans une famille d'étrangers aux États-Unis sans le consentement de l'autre parent. Il suffit d'une seule signature pour faire de l'enfant un orphelin. Imaginez la même situation aux États-Unis. La photo de l'enfant disparu ferait les manchettes et le responsable, la mère ou le père, se retrouverait sur la liste des ravisseurs d'enfants internationaux de l'INTERPOL.

La nouvelle définition d'un orphelin de l'UNICEF a permis aux orphelinats de prétendre abriter des légions d'orphelins pour faciliter leur adoption à l'étranger. Cette redéfinition, selon laquelle un enfant sur dix serait orphelin en Haïti, n'était qu'une des subtilités de langage employées par l'UNICEF. Ce que l'organisation qualifiait « d'antécédents en matière d'esclavage des enfants » n'était pas du tout de l'esclavage. Il s'agissait tout simplement des *restaveks* présentés dans le chapitre 3. Selon certains, le statut de *restavek* constitue le plus important facteur de mobilité sociale des enfants haïtiens de classe inférieure cherchant à obtenir une instruction et à briser le cycle de la pauvreté[172, 173, 174].

Les mensonges et les exagérations des experts de l'aide humanitaire ne dataient donc pas d'hier. Pour en revenir au tremblement de terre, le 27 janvier, malgré toutes les allégations de traite d'esclaves et d'abus sexuels, il n'y avait toujours aucun cas confirmé. Ni les soldats de l'ONU ni la police haïtienne n'avaient appréhendé un seul suspect. Aucun des 1 918 secouristes de l'étranger (des policiers et des pompiers) qui parcouraient le pays à la recherche de survivants n'avait été témoin d'un seul enlèvement d'enfant. Malgré tout, l'UNICEF et Save the Children ne voulaient pas en démordre et la presse continuait de publier leurs allégations : le danger était réel.

Puis c'est arrivé. Ils ont enfin attrapé des « prédateurs »[175, 176, 177].

LES MISSIONNAIRES ET TRAFIQUANTS D'ENFANTS DE L'IDAHO

Le 28 janvier, soit 16 jours après le séisme, alors qu'il devenait on ne peut plus clair que l'UNICEF et ses alliés « usaient de basses manœuvres pour émouvoir le public », comme l'avait suggéré Andrew Cates de Villages d'enfants SOS, les organismes de protection de l'enfant ont enfin trouvé ce qu'ils cherchaient. La police nationale haïtienne a arrêté 10 Américains qui tentaient de faire entrer clandestinement en République dominicaine un bus de 33 orphelins. Pour les journalistes et les travailleurs humanitaires qui criaient à la traite d'enfants, l'arrestation n'aurait pas pu arriver à un moment plus opportun. L'histoire fera les manchettes partout dans le monde :

« Des Américains arrêtés alors qu'ils tentaient de quitter Haïti avec des enfants »
Reuters, 30 janvier 2010[178]

« Arrestation d'Américains en Haïti pour "enlèvement" d'enfants »
BBC, 31 janvier 2010[179]

« Dix Américains accusés d'avoir fait sortir clandestinement des enfants d'Haïti »
The People's Daily, 1er février 2010[180]

Voilà la preuve qu'attendaient les organismes de protection de l'enfant. Des organisations comme Stop Child Sex Slavery et Godlike Productions ont renouvelé leurs appels aux dons avec des articles de blogue intitulés : « Des pédophiles s'emparent d'enfants haïtiens. » Même SOS Villages d'enfants (l'organisation d'Andrew Cates, celui-là même qui, pas moins de neuf jours plus tôt, avait mis en garde contre les histoires fabriquées de voleurs d'enfants) s'est laissé gagner par la fièvre. « L'événement a retenu l'attention du monde entier parce qu'il s'agit de la première preuve venant confirmer nos craintes », a déclaré au *New York Times* Patricia Vargas, la coordinatrice régionale de SOS Villages d'enfants[181, 182, 183, 184].

Un examen plus minutieux de ces « trafiquants » n'avait pas de quoi enhardir ceux qui espéraient avoir trouvé les prédateurs sexuels et les trafiquants d'esclaves dont ils parlaient sans cesse. Les coupables étaient tous d'authentiques membres de l'Église baptiste de Central Valley à Meridian, en Idaho. Laura Silsby, à la tête du groupe, se trouvait sur place pour construire un orphelinat destiné aux enfants haïtiens en République dominicaine, un projet de deux ans parrainé par l'église. Parmi son équipe, on comptait deux adolescents et un duo mère-fille. Aucun membre du groupe n'a jamais été reconnu coupable de pornographie infantile ni de sévices sexuels infligés à des enfants, ou même lié à de telles affaires. En fait, aucun d'entre eux n'avait jamais été accusé de quoi que ce soit. Par ailleurs, Laura Silsby n'avait pas agi secrètement : elle avait maintenu des contacts avec la police haïtienne avant l'incident. La veille de son arrestation, elle implorait l'ONU de l'aider à obtenir des documents juridiques auprès du gouvernement haïtien dysfonctionnel : « Nous avons été envoyés par le Seigneur pour sauver ces enfants, et si cela fait partie de ses plans, nous y arriverons. » Loin de moi l'idée de défendre Laura Silsby, qui me semble tout aussi dangereuse que l'UNICEF, mais à une échelle beaucoup plus réduite. Cependant, face aux allégations d'« un million d'enfants orphelins, abandonnés ou séparés de leurs parents » à la merci de « trafiquants d'esclaves », certains en sont sans doute venus à la conclusion qu'aider des enfants à quitter Haïti relevait tout simplement du devoir moral. Et si le séisme avait tué 30 pour cent des fonctionnaires haïtiens, comme le prétendait le Département d'État des États-Unis, on était aussi en droit de se demander comment Laura Silsby était censée remplir les formalités pour sauver les enfants[185].

Rien ne laissait suggérer un cas d'exploitation sexuelle ou d'esclavage. Au contraire, selon toute vraisemblance, Laura Silsby et ses collègues avaient la ferme intention de plonger les orphelins dans le plus grand luxe. Elle avait loué un hôtel en entier à Cabarete, une ville de République dominicaine reconnue pour ses plages et son côté chic. En quelques semaines, même les plus fervents détracteurs se sont rendus à l'évidence : il ne s'agissait que de missionnaires un peu naïfs. Toutefois, à ce moment, le débat et les accusations avaient déjà pris une tout autre tournure. En ligne, on assistait à une nouvelle tempête d'insultes dénonçant « l'arrogance théocratique américaine » et les « missionnaires moralisateurs ». La plupart des commentateurs semblaient avoir complètement oublié les accusations initiales d'esclavage et de traite d'enfants à des fins d'exploitation sexuelle. Ils semblaient aussi avoir oublié, comme c'est bien trop souvent le cas, les enfants eux-mêmes. Mais nous ne devrions pas. Nous ne devrions pas oublier la dimension humaine de l'histoire et le sort pénible des enfants qui étaient réellement vulnérables et avaient besoin de notre aide. Parmi ces enfants, on compte un jeune garçon nommé Sonson[186].

Sonson, partie 1

Le premier article sur Sonson fut publié par l'*Associated Press* le 19 juin 2010 :

> Trois semaines avaient déjà passé depuis le séisme avant qu'on ne remarque le garçon de trois ans. Deux femmes l'ont aperçu qui jouait seul sur les débris d'une maison et ont présumé que ses parents n'étaient pas loin. Cependant, après quatre jours et quatre nuits, elles se sont rendu compte qu'il passait chaque jour seul sur le tas de débris. Elles ont ensuite remarqué son ventre qui grossissait, un signe de malnutrition. Il fouillait les décombres à la recherche de quelque chose à manger[187, 188].

La prochaine mention de Sonson dans les médias fut sur un blogue de Mohammad Al-Kassim, le producteur adjoint de Worldfocus, qui a visité Sonson quelques semaines après qu'on l'ait trouvé[189].

> Sonson est un petit Haïtien trouvé dans une décharge deux semaines après le séisme qui a dévasté Port-au-Prince, la ville où il habite. Des employés de l'Armée du salut ont trouvé Sonson et l'ont amené à l'hôpital de campagne de l'Université de Miami, situé près de l'aéroport dans la capitale haïtienne. Là-bas, les médecins ont traité Sonson pour des vers, des bactéries et des coupures superficielles sur un pied. Malgré les conditions affreuses dans lesquelles il a été trouvé, Sonson était relativement en bonne santé physique, selon le personnel médical.

Le petit garçon de trois ans était alors sur le point d'entreprendre un long voyage au cœur du cafouillage post-séisme des orphelins. Il sera accompagné en partie par Tamara Palinka, une Américaine « blonde athlétique », selon la description de l'*Associated Press*. Lorsque le séisme a frappé, Tamara travaillait comme administratrice dans une raffinerie du Texas. Elle a pris congé pour aider les survivants et s'est ainsi retrouvée bénévole à l'hôpital de campagne de l'Université de Miami, où les employés de l'Armée du salut ont plus tard emmené Sonson.

Tamara Palinka était là lorsque les préposés ont emmené Sonson dehors. Elle l'a vu se mettre une poignée de terre dans la bouche. Elle l'a vu se bourrer dans la cafétéria jusqu'à ce qu'il ne puisse plus rien avaler. Elle l'a vu cacher une boîte de nourriture sous une table. Elle l'observait et ne pouvait s'empêcher de compatir à son désespoir et à sa solitude. Tamara Palinka racontera aux journalistes de l'*Associated Press* que tous les autres enfants du service de pédiatrie avaient des parents avec eux. Le soir, les mères se glissaient dans le lit de leur enfant. Sonson restait seul. Après un temps, Tamara n'en pouvait plus. Un soir, « sur un coup de tête », elle s'est glissée dans le lit et s'est blottie contre Sonson. Le lendemain, elle l'a changé. Elle lui a donné un bain dans une petite bassine de plastique. Elle a fouillé la pile de dons provenant de Miami et lui a trouvé des vêtements propres et un petit parc.

Au départ, Sonson était récalcitrant. Ses yeux restaient rivés sur ses pieds lorsque Tamara lui parlait. Lorsqu'elle a tenté de couper ses ongles d'orteils, « il a ramené ses pieds vers lui et les a mis en petites boules ». Cependant, Sonson n'a pas tardé à réagir. Au début, il lui jetait des regards furtifs. Puis il a commencé à jouer avec elle. Elle soufflait sur son ventre, imitant le son d'un moteur de bateau. Dès la deuxième semaine, « Sonson était transformé ». Il jouait de la batterie avec un bâton et une boîte en polystyrène. Il chantait et dansait. Enfin, un matin, Tamara l'a déposé dans son parc et, tandis qu'elle se retournait pour s'en aller, Sonson a jeté les bras dans les airs et crié : « Maman ! »

Une semaine plus tard, elle écrivait sur sa page Facebook : « Tamara Palinka veut ramener Sonson à la maison ! J'engage le processus demain. »

Il y aurait au moins un véritable orphelin dont l'odyssée post-séisme trouverait une fin heureuse, semblait-il à l'époque.

Malheureusement, des forces étaient à l'œuvre pour briser le rêve naissant de Sonson et de Tamara.

LE FLÉAU DES ORPHELINATS HAÏTIENS

Tandis que les missionnaires de l'Idaho en étaient à leur deuxième semaine dans une prison haïtienne, leurs familles en Amérique se faisaient du mauvais sang et priaient sans relâche avec Clint Henry, le pasteur de la paroisse. Des sympathisants de partout aux États-Unis ont commencé à faire pression sur les autorités. De quoi étaient-ils accusés exactement ? Quels étaient les éléments de preuve ? L'affaire s'enlisait. C'est à ce moment que Frantz Thermilus, le chef de la Direction centrale de la police judiciaire à l'époque, a convoqué une conférence de presse et a donné aux organismes de protection de l'enfant et aux médias exactement ce dont ils avaient besoin pour veiller à ce que le sujet demeure d'actualité :

> Bon nombre des soi-disant orphelinats qui ont ouvert leurs portes ces dernières années ne sont pas du tout des orphelinats. Il s'agit de façades pour des organisations criminelles qui exploitent les sans-abri et les affamés. Pour eux, le séisme représente une occasion de faire un gros coup.

Le chef n'a donné aucun exemple d'activité du crime organisé. Ni la police ni les journalistes n'avaient confirmé l'existence d'un quelconque réseau de trafiquants. À vrai dire, les journalistes étrangers n'ont pas du tout compris que, lorsqu'il était question d'orphelinats et de missionnaires emprisonnés, la plupart des Haïtiens ne craignent pas les agressions sexuelles ou l'esclavage, ni même la traite de personnes. Ce qu'ils craignent, c'était le trafic d'organes.

Il convient de noter que le « marché des organes d'orphelins » est un mythe qui semble resurgir dans tous les pays en développement où l'adoption internationale devient une pratique courante. La plupart des services de renseignements internationaux ont enquêté sur la question et n'ont jamais trouvé de preuve d'un prélèvement organisé et illicite d'organes d'enfants. L'hypothèse n'est pas plus crédible sur le plan médical. Malgré tout, il s'agit de la principale peur des Haïtiens à l'égard des orphelinats, qu'ils considèrent autrement comme une occasion à saisir plutôt qu'un fléau.

Maintenant, face à la panique semée en partie par l'UNICEF et Save the Children, la population haïtienne a tiré ses propres conclusions. Lorsque le journaliste Ken Dilanian d'*USA Today* et moi-même avons demandé à une foule dans la rue quel devrait être le sort des trafiquants emprisonnés s'ils étaient reconnus coupables, ils ont répondu en criant : « La mort ! S'ils sont reconnus coupables, donnez-leur la peine de mort ! » Et ce n'est pas seulement monsieur et madame tout le monde qui pensaient ainsi. La veille de l'arrestation des missionnaires, Jean-Max Bellerive, le premier ministre haïtien, avait déclaré ceci à Christiane Amanpour de CNN : « Il y a du trafic d'organes pour les enfants et d'autres personnes ; ils ont besoin de tous types d'organes ». Relativement confuse, la journaliste a précisé que le premier ministre « n'a pas donné plus de détails »[190, 191, 192]. Les missionnaires de l'Idaho eux-mêmes ont eu connaissance de cette peur du trafic d'organes lorsque, peu de temps après leur arrestation, des représentants haïtiens de l'UNICEF et de l'Institut du Bien-être social et des Recherches (IBESR, l'organisme haïtien responsable de la protection de l'enfant) se sont présentés au tribunal. Plus tard, Laura Silsby racontera ceci au père d'un de ses camarades de cellule :

> Pendant de nombreuses heures, les enfants n'étaient pas autorisés à sortir. Puis quelqu'un est arrivé et leur a dit en créole qu'on avait l'intention de les vendre pour leurs organes. Ils se sont mis à pleurer, puis des représentants des services sociaux sont venus filmer leur détresse.

Pour en revenir au séisme : après avoir déclaré que des « soi-disant orphelinats » n'étaient en réalité que des « organisations criminelles », Frantz Thermilus, le chef de police, n'a donné aucun exemple. Les journalistes qui rapporteront ses propos n'offriront pas une once de preuve non plus. Peu importe. Voici les manchettes au lendemain de la conférence[193] :

« Les orphelinats haïtiens, souvent des façades d'organisations criminelles »
New York Times, 7 février 2010

« L'exploitation des enfants haïtiens en hausse »
U.S. News, 7 février 2010

« Séisme en Haïti : on craint que les orphelins ne soient encore plus en danger »
Boston Globe, 7 février 2010

« Les orphelinats en Haïti, un tableau peu réjouissant[194] »
The Hindu, 7 février 2010

Ni les journalistes ni la police nationale haïtienne n'a jamais trouvé de piste pointant vers des trafiquants. Jamais. Mais à ce moment, aiguillés par le chef de la police, les journalistes internationaux ont envahi les orphelinats haïtiens. Ont-ils levé le voile sur des réseaux de trafiquants et de violeurs d'enfants ? Non. Ils ont découvert l'industrie de l'orphelinat en Haïti, tout simplement.

L'INDUSTRIE DE L'ORPHELINAT EN HAÏTI

Dans les meilleurs cas, un orphelinat en Haïti est un endroit où des missionnaires de la classe moyenne prennent sous leur aile des enfants haïtiens négligés ou abandonnés et leur prodiguent des soins attentifs et une bonne éducation jusqu'à l'âge adulte. Certains de ces enfants, une petite minorité, rejoindront une famille adoptive de classe moyenne ou supérieure dans un pays développé. Dans les pires cas, les enfants sont recrutés auprès de familles pauvres et, plutôt que d'être exploités comme des esclaves ou violés, ils restent assis dans des vêtements sales sans rien faire, amorphes, malades et sous-alimentés, tandis qu'un pasteur haïtien qui « s'occupe » d'eux fait la tournée des congrégations des États-Unis et d'Europe pour solliciter les dons de croyants ingénus. Le *New York Times* a publié un article sur ces établissements :

> Bon nombre de ces orphelinats sont à peine habitables et dépourvus de licence. Ils n'ont pas les moyens de fournir une véritable instruction ni des soins médicaux de base. La plupart des enfants passent leurs journées à errer sans but et un grand nombre meurent de maladies traitables[195].

À un orphelinat du nom de Foyer de la patience, les journalistes du *New York Times* ont trouvé « 50 enfants entassés dans deux chambres à coucher [...] Certains gambadaient dans des vêtements trop grands ou trop petits pour eux, tandis que d'autres ne portaient rien du tout. » Enoch Anequaire, le propriétaire de l'orphelinat, a déclaré aux journalistes que l'orphelinat avait ouvert ses portes cinq ans plus tôt, mais qu'il n'avait pas eu le temps d'obtenir une licence. Il a aussi affirmé fournir une instruction aux enfants, « mais il n'y avait pas un seul livre, morceau de papier ou crayon dans la maison », selon le *New York Times*. Enoch Anequaire a aussi affirmé fournir trois repas par jours aux enfants. Cependant, plusieurs d'entre eux ont déclaré aux journalistes ne rien avoir mangé. Et il ne faisait pratiquement aucun doute que les enfants avaient été recrutés :

> M. Anequaire, vêtements repassés et chaussures cirées, a déclaré être débordé par l'arrivée de nouveaux enfants depuis le séisme. Pointant cinq garçons arrivés mercredi dernier, il a raconté comment une tante les avait emmenés ici parce que leurs maisons s'étaient effondrées et que leurs mères n'arrivaient pas à les nourrir.

> Certains des enfants ont toutefois indiqué que c'était M. Anequaire qui était venu à leur recherche.

« Il est venu à ma maison et a dit à ma mère qu'il avait besoin de 10 autres enfants », a déclaré l'un des garçons, dont nous préservons l'anonymat pour les protéger des représailles[196].

Lorsque les journalistes du *Wall Street Journal* ont visité Mme Samedy, la directrice du Foyer de la nouvelle vie, ils ont cherché à comprendre pourquoi les orphelinats recrutaient des enfants. Mme Samedy leur a expliqué que, pour chaque enfant à sa charge, elle recevait 200 $ par mois de parents en demande d'adoption. Elle pouvait aussi percevoir jusqu'à 25 000 $ pour d'autres bizarreries comme des analyses de sang ou des certificats de naissance. Et tout cela excluait les frais d'avocat d'environ 10 000 $ par enfant. Les journalistes du *Wall Street Journal* ont alors noté quelque peu ironiquement que la plupart des Haïtiens vivent avec moins d'un dollar par jour. Mme Samedy a convenu que les frais représentaient « toute une somme », pour ensuite préciser : « C'est parce que le coût de la vie est très élevé en Haïti. Nous pouvons justifier chaque centime. »

Quoi que l'on pense des orphelinats, il ne fait aucun doute qu'ils comportent une dimension économique. Tel que mentionné précédemment, selon l'UNICEF, il se trouvait 500 orphelinats en Haïti avant le tremblement de terre. Six mois plus tard, ce nombre avait augmenté de 50 pour cent. Les entrepreneurs du marché de l'orphelin répondaient à une hausse de la demande. Laura Silsby, la tête dirigeante des missionnaires de l'Idaho, en était un exemple manifeste. Cependant, c'est tout ce dont on pouvait l'accuser. Dès la fin février, il ne faisait plus aucun doute que Laura Silsby n'était ni une dépravée ni une trafiquante d'enfants esclaves. Elle était, toutefois, une entrepreneure invétérée. Propriétaire d'une entreprise de commerce en ligne moribonde qui l'a criblée de dettes, elle a ensuite été victime de la bulle de l'immobilier aux États-Unis et a fait défaut sur son prêt hypothécaire. Laura Silsby, toujours endettée, sans maison, son projet entrepreneurial un échec, aurait alors été appelée par Dieu à venir en aide aux enfants haïtiens.

Où est le mal dans tout ça ?

LES ORPHELINATS, DU POINT DE VUE DES ENFANTS

Du point de vue d'un jeune Haïtien défavorisé, on peut facilement se représenter les avantages, sur le plan matériel, d'intégrer une famille américaine de classe moyenne. D'une vie parmi les rangs des plus pauvres de l'hémisphère occidental (une vie courte, pénible et brutale, au dire d'organisations comme l'UNICEF et Save the Children), ces enfants sont catapultés dans une société offrant les privilèges les plus immenses et les perspectives d'avenir les plus vastes depuis l'origine de l'espèce humaine. Et ce n'est pas seulement une question d'adoption. Même pour les enfants qui n'accèdent qu'à un orphelinat de qualité moyenne (ce qui arrive à la majorité d'entre eux), c'est tout de même une nette amélioration par rapport aux conditions de vie dans la plupart des maisons haïtiennes. Une enquête menée en 2014 par moi-même et 20 autres enquêteurs pour le compte de l'UNICEF et de l'IBESR a révélé que les enfants dans un orphelinat moyen, par rapport à ceux dans une maison moyenne en ville, étaient quatre fois plus susceptibles de dormir dans leur propre lit, douze fois plus susceptibles d'avoir accès à des toilettes à chasse d'eau, deux fois plus susceptibles d'avoir accès à des toilettes tout court, quatorze fois plus susceptibles d'avoir accès à une source d'eau sur place, deux fois plus susceptibles d'avoir de l'électricité, trois fois plus susceptibles d'avoir une télévision et 23 pour cent plus susceptibles de fréquenter l'école. Et il s'agit d'une comparaison entre les orphelinats et les maisons en ville. Quarante-cinq pour cent des enfants dans les orphelinats étaient originaires des régions rurales, où les différences étaient encore plus marquées.

Oui, la plupart des enfants adorent leurs proches et veulent vivre avec eux. Cela vaut également pour les enfants haïtiens. Cependant, les enfants ne sont pas stupides – à tout le moins, la plupart d'entre eux. Ils savent reconnaître le confort matériel et les possibilités qui s'offrent à eux. Lorsque nous avons demandé à un échantillon de 155 enfants de

30 orphelinats sélectionnés au hasard s'ils désiraient retourner à la maison, 70 pour cent ont répondu « non ». Lorsque nous avons demandé la raison, seulement 6 pour cent ont répondu qu'ils avaient des parents violents ; 2 pour cent ont répondu que leurs parents souhaitent qu'ils restent à l'orphelinat ; et 8 pour cent ont répondu qu'ils ne savaient pas pourquoi. Les 84 pour cent restants ont répondu par des commentaires du genre « je vis bien ici » et ont mentionné les vêtements, les repas, l'école, les récréations et la télévision. Lorsque nous avons demandé quelle situation était préférable entre deux options hypothétiques, à savoir un enfant vivant dans l'orphelinat ou un enfant vivant dans une famille d'accueil (la solution actuellement mise en avant par l'UNICEF pour les enfants haïtiens), 100 pour cent ont répondu l'orphelinat.

Pour tout dire, les enfants haïtiens ont généralement la vie difficile. Ils doivent puiser l'eau, faire le ménage et cuisiner. Pour les 20 pour cent les plus pauvres, l'avenir s'annonce peu radieux : du travail plus difficile et en plus grande quantité, des maladies, une mauvaise nutrition et de mauvais soins. Par ailleurs, comme je le disais, la plupart des enfants haïtiens ne sont pas stupides. Ils sont proactifs, ils veulent s'en sortir. Ils veulent se libérer du cycle de la pauvreté et je le sais très bien, non seulement en raison de mes recherches et analyses, mais de par mon expérience personnelle : j'en ai adopté quatre. Mes propres recherches sur la migration transfrontalière des enfants remontent à 1998. À l'époque, j'étais abasourdi d'entendre des enfants haïtiens, certains n'ayant pas plus de sept ans, raconter comment ils comptaient traverser la frontière de leur propre gré et offrir leurs services à des familles dominicaines en échange d'un hébergement et d'une éducation. En ce qui concerne l'enquête mentionnée précédemment, celle pour laquelle mon équipe de 20 enquêteurs haïtiens a visité 120 orphelinats pour y interviewer le personnel et les enfants et établir le profil des institutions : cette enquête témoigne de la volonté de l'UNICEF de sortir coûte que coûte les enfants des orphelinats. En effet, elle n'a jamais été publiée et l'UNICEF n'a jamais acquitté le solde dû. Les résultats de l'enquête ont plutôt été accueillis avec fureur.

Orphelinat moyen vs maison moyenne en Haïti

Comparaison des conditions matérielles

Variables	Centres (n = 51)	Maisons EMMUS-V 2012 (n = 13181)
Dort dans un lit	95 %	58 %*
Dort seul dans son propre lit	89 %	20 %*
Toilettes à chasse d'eau	96 %	8 %
Toilettes à chasse d'eau ou latrines	100 %	56 %
Eau courante	100 %	7 %
Eau achetée ou traitée sur place	96 %	68 %
Électricité	100 %	38 %
Télévision à la maison	92 %	29 %
Radio à la maison	87 %	55 %
Voiture ou camion	79 %	5 %
Fréquente l'école primaire	100 %	77 %
Fréquente l'école secondaire	100 %	25 %

*Fafo 2002

Désir ou non des enfants de retourner vivre avec leur famille

Catégorie	Réponse	Nombre	Pourcentage
Désir de retourner ou non à la maison (n = 155)	Désire retourner vivre à la maison	46	30 %
	Ne veut pas retourner vivre à la maison	109	70 %
	Enfants qui ont déjà tenté de retourner à la maison	6	4 %
Raisons pour ne pas vouloir retourner à la maison (n = 109)	Je vis bien ici (lit, vêtements, confort)	79	72 %
	Uniquement pour l'école	32	29 %
	Uniquement pour les repas	7	6 %

Pour en revenir au séisme : les médias sonnaient l'alarme au sujet de prédateurs sexuels et de ravisseurs d'enfants. La missionnaire Laura Silsby et sept autres évangélistes s'étaient fait arrêter alors qu'ils cherchaient à traverser la frontière avec des enfants sans papiers. Les organismes de protection de l'enfant avaient réussi à capter l'attention du monde. Ils en ont profité pour passer à l'attaque.

Marie de la Soudière, de l'UNICEF, a déclaré au *Time* : « Notre réponse est "non aux orphelinats". » L'UNICEF, assurait-elle aux journalistes, œuvrait à mettre en place des processus qui « permettraient aux directeurs d'orphelinats et aux missionnaires qui n'y connaissent rien d'y songer deux fois plutôt qu'une avant de soumettre illégalement à leur tutelle des enfants perdus ou abandonnés ». Le gouvernement haïtien était maintenant de leur côté. « Nous avons peut-être été victimes d'un désastre ici, mais nous avons toujours des lois », a déclaré le premier ministre haïtien Jean-Max Bellerive, celui-là même qui avait suggéré que le trafic d'organes était monnaie courante dans les orphelinats corrompus. « Nous n'accepterons pas que la catastrophe soit exploitée pour la traite des enfants. » Le gouvernement haïtien faisait volte-face et fermait la porte à l'adoption internationale. Et, encore une fois, des événements dans les hautes sphères du pouvoir avaient des conséquences réelles et tragiques sur les orphelins véritables et sur ceux qui cherchaient à en prendre soin. La demande d'adoption de Sonson a été rejetée[197].

Sonson, partie 2

Tel que raconté par l'*Associated Press* :

L'ordre est venu de Miami. La saison des pluies commençait, il faillait réduire le nombre de patients à l'hôpital. Aucun orphelin n'avait de problème de santé nécessitant son hospitalisation. Tamara Palinka fut chargée de contacter le gouvernement pour le transfert des enfants vers les orphelinats. Après quelques jours, les orphelins, dont Sonson, étaient enregistrés auprès des services de protection de l'enfant. Les derniers moments entre Palinka et Sonson ont été captés par le téléphone BlackBerry d'une collègue dans une vidéo de six minutes. Sonson est assis sur les cuisses de Palinka, sur le siège arrière d'un véhicule utilitaire. Il lui pince les lèvres, comme un poisson. Puis il se penche et l'embrasse, encore et encore. Lorsque le véhicule démarre avec les enfants, Palinka envoie la main jusqu'à ce qu'il soit hors de vue. Puis elle sanglote dans le stationnement de l'hôpital, au point d'avoir des haut-le-cœur[198].

En raison d'un nouveau décret appuyé par l'UNICEF, les enfants comme Sonson, plutôt que de rejoindre une famille à l'étranger, étaient destinés à une vie froide et solitaire dans les corridors d'une institution. Les journalistes de l'*Associated Press* ont ainsi résumé la situation : « Sonson est devenu orphelin une deuxième fois. » Mais tous les espoirs n'étaient pas perdus[199].

LES CHRÉTIENS CONTRE-ATTAQUENT

Les orphelinats et leurs alliés chrétiens ont répliqué. Le 26 février, le blogueur évangélique Doug Phillips, de l'organisation Rescue Haiti's Children, a publié un article intitulé : « Les enfants haïtiens retenus en otage par l'UNICEF ». Dans cet article, il accusait les représentants de l'UNICEF de persécuter les orphelinats chrétiens, de faire des visites officielles sans l'autorisation du gouvernement haïtien et de s'être associés à des acteurs d'Hollywood pour mener une campagne de publicité mondiale visant à mettre fin à l'adoption internationale. Plus que tout, Doug Phillips accusait l'UNICEF de prétendre que l'adoption mène à la traite des enfants à des fins d'exploitation sexuelle, une pensée, ajoute-t-il, « si répugnante que sa seule mention est parfois suffisante pour clore le débat [...]. Pourtant, jusqu'à maintenant, il n'existe aucun cas attesté de traite d'enfant à des fins d'exploitation sexuelle liée à des adoptions aux États-Unis ».

Dans leur contre-attaque, les orphelinats soutenaient également que l'UNICEF et les autres organismes de protection de l'enfant, parce qu'ils avaient réclamé avec succès un moratoire sur la délivrance de visas aux enfants haïtiens, étaient responsables de la mort d'enfants blessés. Elizabeth Greig, l'administratrice de l'hôpital de l'University de Miami, a déclaré ceci au *New York Times* : « Au moins 10 autres enfants sont morts ou leur condition s'est aggravée tandis qu'ils attendaient d'être évacués par avion vers l'étranger. » Le *New York Times* ajouta que « des dizaines d'enfants ont un besoin urgent de soins et il ne manque pas d'hôpitaux ou de pilotes américains prêts à les aider »[200].

L'inaction de l'UNICEF fut pointée du doigt. Doug Phillips souligna que si le plan de l'UNICEF était d'enregistrer et de prendre en charge les orphelins haïtiens, l'organisme avait, selon son propre porte-parole, enregistré seulement 130 des 350 000 orphelins du pays. « Un bilan peu flatteur », ajouta-t-il, qui selon lui prouvait que l'UNICEF n'œuvrait pas dans l'intérêt des enfants. L'exemple fut repris par les orphelinats et les missions chrétiennes. Dixie Bickel, la directrice du très médiatisé orphelinat God's Littlest Angels (lequel avait hébergé des équipes de journalistes de CNN, CBC et ABC dans la foulée du séisme) déclara à l'émission *Larry King Live* que l'UNICEF était « la seule organisation qui ne travaille pas pour le bien des enfants ».

Si vous croyez qu'il ne s'agissait que d'une poignée de missionnaires mécontents sans aucun pouvoir, détrompez-vous. Lorsque l'UNICEF et ses partenaires se sont attaqués aux orphelinats, ils se sont heurtés à des organisations sans doute aussi puissantes que l'UNICEF lui-même. Par exemple, la Convention des baptistes du Sud (Southern Baptist Convention), un ordre religieux américain de 16 millions de membres, le deuxième plus important aux États-Unis après l'Église catholique. Ses revenus annuels s'élèvent à 1,4 milliard de dollars et ses avoirs immobiliers à 40 milliards. Quelques mois avant le séisme, les baptistes avaient adopté une résolution appelant ses membres à « examiner dans leurs prières si Dieu les appelle ou non à adopter »[201]. Il y avait également l'Alliance chrétienne pour les orphelins (Christian Alliance for Orphans), une coalition de 80 ministères chrétiens des États-Unis en faveur de l'adoption. L'Alliance possédait 6 300 stations de radio dans 164 pays et ses programmes étaient écoutés quotidiennement dans 15 langues par 220 millions de personnes. En 2010, l'Alliance avait même assez de capital pour se permettre la diffusion d'une publicité de 30 secondes durant le Super Bowl.

Il n'y a pas que la presse qui commençait à tendre l'oreille. Les chrétiens ont retenu l'attention de politiciens comme Mary Landrieu, sénatrice de la Louisiane, qui a présenté la question au Sénat en déclarant à ses collègues que « l'UNICEF devra changer, sans quoi l'organisme aura beaucoup de difficulté à obtenir le soutien du Congrès américain »[202].

Cependant, à Port-au-Prince, ces enfants aux besoins réels déjà pris en charge par le système se retrouvaient coincés dans les limbes.

Sonson, partie 3

Sonson s'est retrouvé à l'orphelinat Fondation Enfant Jésus. Des journalistes de l'*Associated Press* sont allés le voir :

> Sonson est assis en retrait, loin des autres enfants. Il fixe le plancher. Lorsqu'un employé de l'orphelinat lui demanda qui est sa maman, Sonson murmure : « Mara ». « Elle te manque ? » Sonson fait oui de la tête.

> Deux semaines plus tard, après avoir enfin obtenu des droits de visite, Tamara est conduite dans les couloirs de l'institution par une travailleuse sociale.

> Les autres enfants se jettent sur elle en criant.

> — Où est-il ? », demande Tamara ?
> — Vous ne le reconnaissez pas ? Il est là, répond la femme, pointant un enfant assis tout seul sur le plancher.
> Tamara ne l'avait pas reconnu. On lui avait rasé la tête. Elle s'agenouille.
> — Sonson ?
> Il regarde vers le haut, puis au loin. Elle le prend dans ses bras. Sonson se maintient fermement contre elle. Il ne fait aucun bruit, jusqu'au moment où on tente de les

séparer. À ce moment, il se met à crier. La travailleuse sociale vient le retirer des bras de Tamara. Sonson tourne son visage et plante ses mains dans ses vêtements. Ses jambes battent l'air. Il continue de crier tandis qu'on l'emmène au loin. Tamara se couvre la bouche pour retenir ses sanglots[203].

Même le plus endurci des employés de l'UNICEF conviendra sûrement que les choses avaient très mal tourné. Sonson venait d'intégrer le « labyrinthe bureaucratique de l'adoption en Haïti », selon la description de l'*Associated Press*. Au cours des deux mois suivants, Tamara fut seulement autorisée deux visites de 20 minutes chacune. On lui annonça qu'elle devait attendre au moins six mois avant que Sonson ne soit déclaré orphelin, après quoi elle devrait prendre en charge ses dépenses pendant le processus d'adoption, qui dure normalement trois ans. C'était l'âge de Sonson. Il quitterait l'orphelinat à six ans.

La crise des orphelins sema la confusion au sein de la presse, du grand public et des parents adoptifs. Les médias et les organismes de protection de l'enfant nous racontaient qu'entre un et deux millions d'enfants haïtiens étaient perdus, séparés de leurs parents ou orphelins. Pire encore, ces enfants étaient à la merci de trafiquants d'esclaves et de prédateurs sexuels. On nous avait ensuite raconté que les orphelinats étaient mal gérés, ne prenaient pas soin des enfants et étaient à l'origine de la traite des enfants. Les orphelinats ont ensuite contre-attaqué : c'est l'UNICEF et les organismes de protection de l'enfant qui œuvraient contre l'intérêt des enfants. Puis des enfants séparés de leurs parents comme Sonson étaient jetés dans les orphelinats au nom de la réunification des familles. Sans contredit, quelque chose clochait. Puis un autre rebondissement est venu semer la confusion totale : la plupart des orphelins haïtiens avaient des parents.

LES ORPHELINS ET LEURS PARENTS

Les 33 enfants que Laura Silsby et les autres missionnaires de l'Idaho tentaient d'emmener en République dominicaine avaient tous des parents. L'UNICEF a ajouté de l'huile sur le feu : elle a profité de chaque occasion pour souligner à la presse que, avant le séisme, 80 pour cent de tous les enfants des orphelinats haïtiens avaient au moins un parent, comme si ce n'était pas l'UNICEF lui-même qui était à l'origine de la situation avec sa nouvelle définition d'un orphelin.

De plus amples recherches ont permis de révéler que les 53 « orphelins » évacués aux États-Unis par Ed Rendell, le gouverneur de la Pennsylvanie, avaient tous au moins un parent. Les 53 enfants au grand complet. Plusieurs d'entre eux avaient été emmenés à l'insu de leurs parents. Les célèbres sœurs McMutrie, qui avaient convaincu Ed Rendell de venir en Haïti pour sauver les enfants, ces mêmes sœurs qui figuraient au palmarès des citoyens de Pittsburgh de l'année du *Pittsburgh Magazine*, refuseraient bientôt toute entrevue avec les médias. Elles rompront ensuite les liens avec l'orphelinat BRESMA[204, 205].

À l'étranger, on était dégoûté. Lorsqu'un lui demanda si la France comptait accueillir des orphelins haïtiens, le président Nicolas Sarkozy, qui quelques semaines plus tôt menait la charge à la défense des orphelins haïtiens, répondit : « Pourvu qu'il s'agisse de véritables orphelins et non pas d'enfants séparés de leur famille. » Puis, pour tenter de démêler toute la confusion, Nicolas Sarkozy dépêcha à Port-au-Prince Arno Klarsfeld, fils des célèbres chasseurs de nazis Serge et Beate Klarsfeld, pour formuler des recommandations sur la façon de réglementer convenablement les adoptions. Malheureusement, Arno Klarsfeld est revenu aussi embrouillé que tout le monde. De retour à Paris, il déclara aux journalistes : « Il y a quelque chose qui cloche sur le plan moral. C'est un cercle vicieux. Plus d'orphelinats ouvrent leurs portes, plus de parents sont tentés d'y placer leurs enfants.[206] »

On se rendra éventuellement compte que de nombreuses familles haïtiennes démunies ou de la classe moyenne utilisent l'adoption internationale pour obtenir une instruction gratuite et des visas pour leurs enfants, et même pour eux-mêmes. Bon nombre de parents d'« orphelins » s'attendent à ce que les familles adoptives aident la famille au complet en lui envoyant des biens et de l'argent. Et, en effet, la plupart des familles adoptives donnent un coup de main. Voici un exemple rapporté dans le *Wall Street Journal* :

> Lorsque David Aitken, un cyberentrepreneur de Provo, dans l'Utah, s'est rendu en Haïti l'année dernière pour rencontrer la fille qu'il était en voie d'adopter, il fut stupéfait d'apprendre que sa mère travaillait à l'orphelinat. « Lorsque nous avons appris que la mère était là, nous avons pensé : "Nous ne pouvons pas l'adopter." Je ne pouvais pas m'imaginer prendre une enfant des bras de sa mère », s'est-il rappelé.

La mère a toutefois insisté et, au final, David Aitken était heureux de retourner à la maison avec sa fille. Lorsqu'ils sont partis pour l'aéroport, la mère leur faisait au revoir de la main, souriante, a-t-il raconté aux journalistes. « C'était irréel.[207, 208, 209, 210] »

LES AVANTAGES DES ORPHELINATS

Je n'ai jamais trouvé un seul article résumant de façon concise l'enchevêtrement d'exploitation, de conflits et de confusion qui caractérisait la crise des orphelins. Nous étions témoins d'un mélange très précis d'intérêts et d'exploitation. D'un côté de l'équation, on trouve ceux qui veulent adopter. Ces derniers ont peut-être droit à des allégements fiscaux et autres avantages matériels, mais ce qui les motive avant tout, c'est de devenir parent. J'en ai rencontré des dizaines et j'ai écouté leurs histoires. Ils font le va-et-vient vers Haïti pendant des années durant le processus d'adoption. Ils visitent ces enfants qu'ils ne connaissent pratiquement pas et paient des frais exorbitants pour séjourner dans des hôtels « approuvés ». Ils envoient de l'argent chaque mois et paient des prix gonflés pour l'éducation et les services médicaux. L'Internet regorge d'histoires de ce genre. Les parents adoptifs décrivent comment ils ont choisi l'enfant et comment l'enfant les a choisis, des récits sur le destin. L'histoire de John Seabrook, qui a rédigé un article à ce sujet pour le *New Yorker*, est typique. Voici comment il décrit le moment où il a vu la photo de sa « fille » haïtienne pour la première fois :

> — Quel est son nom ?
> — Rose, a répondu Noah.
> J'ai figé sur place. Rosalie était le nom de la mère de Lisa, et c'était le nom que nous avions l'intention de donner à cette fille que nous n'avons jamais eue. Après avoir raccroché, je savais, le regard fixé sur cette photo que Noah m'avait envoyée par courriel, que je regardais notre fille. Lisa ressentait la même chose. C'était le destin[211].

Au cours des trois longues années que dure normalement le processus d'adoption, les familles et les amis commencent à parler de l'enfant comme s'il s'agissait du leur. Ils vont le « ramener à la maison ». Et, tandis que des milliers de dollars sont lentement dépensés, l'attente se fait de plus en plus fébrile.

De l'autre côté de l'équation, on trouve les enfants défavorisés eux-mêmes et, pour la majorité des orphelins haïtiens, leurs parents. Certains parents souhaitent ardemment envoyer leurs enfants aux bons soins de chrétiens de la classe moyenne ou supérieure disposant de moyens suffisants pour payer les frais d'adoption, des parents adoptifs qui veilleront au développement de l'enfant jusqu'à ce que ce dernier puisse prendre soin de lui-même et aider la famille.

C'est ici que viennent s'interposer les propriétaires d'orphelinats. Certains sont honnêtes et, bien qu'ils puissent percevoir des frais, désirent réellement faire adopter les enfants aussi vite que possible. Pour un enfant dans le besoin, ses parents biologiques et ses parents adoptifs, un tel orphelinat représente un don du ciel. Il y a toutefois des propriétaires d'orphelinats et des parents biologiques qui préféreraient que les parents adoptifs continuent de payer des frais et de soutenir l'enfant sans jamais l'adopter. Puis il y a les fonctionnaires corrompus, on ne peut plus heureux de laisser traîner les choses le plus longtemps possible et de percevoir autant de frais qu'ils le peuvent.

Enfin, il y a les organismes de protection de l'enfant. Ceux-ci sont confrontés au pire : les orphelinats qui encouragent les parents à donner leurs enfants ; les parents adoptifs qui encouragent l'existence des orphelinats ; l'argent ; les frais ; la cupidité ; et ils veulent que ça cesse.

À la base de tout ça, il y a une certaine logique. Il y a le désir de veiller sur un enfant et d'en prendre soin, l'une des émotions humaines les plus puissantes. Il y a un besoin, celui de survivre et d'échapper à un contexte de faim, de maladie et de privation parmi les plus difficiles au monde. Et puis il y a des individus et des institutions qui en profitent énormément. Au moment où le séisme a frappé en 2010, l'adoption était devenue une réelle industrie. Selon certains, les orphelinats, les hôtels qui hébergeaient les parents et les fonctionnaires haïtiens récoltaient en moyenne 30 000 $ par enfant. Le gouvernement haïtien faisait des millions de dollars en formalités administratives. Difficile de ne pas donner raison à l'UNICEF sur ce point : il y avait quelque chose de pourri au royaume des orphelinats.

Cependant, l'UNICEF et les organismes de protection de l'enfant étaient tout sauf innocents. Au-delà de leurs différences, l'UNICEF et les orphelinats avaient de grands points en commun. C'était bel et bien l'UNICEF qui, dans sa quête éperdue de dons, avait marqué le coup d'envoi en modifiant sa définition du terme « orphelin ». L'organisme a sans doute ainsi créé les conditions propices à l'essor de l'industrie internationale de l'adoption – et à la collecte de millions de dollars en dons. En réalité, aucun organisme n'en a fait moins pour les enfants haïtiens que l'UNICEF. En effet, l'UNICEF, après 60 ans de travail en Haïti, était tout aussi impuissant et confus que la grande majorité des orphelinats en ce qui concerne la situation des enfants haïtiens.

Retour sur le péché originel de l'UNICEF

Comme nous l'avons vu, bien avant le séisme, l'UNICEF avait redéfini le terme « orphelin » pour qu'il comprenne les enfants ayant perdu un plutôt que deux parents. Depuis ce jour, est orphelin tout enfant dont l'identité du père n'est pas reconnue légalement ou dont l'un des parents prétend que l'autre n'existait pas. L'UNICEF a également assimilé les *restaveks*, ces enfants confiés à d'autres familles où ils participent aux tâches ménagères, à l'esclavage des enfants. Nous avons vu tout ça. Mais ce que l'organisme a fait ensuite est totalement déraisonnable, ce que même un non-chrétien comme moi assimile à de la persécution religieuse. L'UNICEF a pris pour exemple les pires cas d'abus pour établir des généralisations sur l'ensemble des orphelinats religieux. Ce faisant, l'organisme a attaqué ceux qui étaient là pour aider, ce qui fit sans doute plus de mal que de bien aux enfants. Si je suis de cet avis, c'est que l'endroit où un véritable enfant abandonné est le plus susceptible de se retrouver, c'est un orphelinat chrétien.

Le fait est que les orphelinats ont acquis une réelle importance : ils sont devenus des mécanismes de mobilité sociale et d'aide pour les familles pauvres, et même pour les familles de classe moyenne. Cependant, dans la foulée du séisme, l'UNICEF se démenait corps et âme pour régler ce problème qu'il avait lui-même créé. Oublions le fait que de nombreux enfants et leur famille avaient trouvé un mécanisme leur permettant d'échapper à la pauvreté extrême. Oublions le fait que l'UNICEF était en Haïti depuis 1949 (Save the Children depuis 1976, World Vision depuis 1978 et Compassion International depuis 1952) et que, durant toutes ces années, pas un seul organisme de protection de l'enfant n'a mis en évidence ne serait-ce qu'un cas d'orphelinat responsable de traite ou d'esclavage d'enfant. Oublions tous ces arguments en faveur des orphelinats. Au final, le fait est que l'UNICEF a toujours été, et demeure, entièrement incapable de mettre en place un programme de réunification des familles fonctionnel. Et il le savait. Tandis que l'organisme continuait de pester contre les orphelinats et d'amasser une montagne de dons, il le savait. « D'après mon expérience, 95 pour cent des familles peuvent être retrouvées », a déclaré Marie de la Soudière, la directrice du programme d'enregistrement des enfants haïtiens, lors d'une entrevue à l'émission *60 Minutes* de la chaîne CBS. Mais 10 semaines après le séisme, combien d'enfants avaient retrouvé leurs parents grâce à l'UNICEF, qui avait alors récolté plus de 100 millions de dollars en dons ? Nous avons vu la réponse plus tôt. Vingt. Oui, vingt. S'il existait un problème de réunification des familles, il est clair que ce n'est pas l'UNICEF qui allait le régler.

Néanmoins, enhardis par un afflux de dons qui atteindrait bientôt 291 millions de dollars rien que pour l'UNICEF, les organismes de protection de l'enfant étaient déterminés à éliminer les orphelinats. Ils parlaient de réunifications massives, ce qu'ils n'avaient jamais réussi à faire pendant toutes ces décennies et qui était complètement incompatible avec les intérêts des Haïtiens démunis, dont beaucoup considéraient les orphelinats et l'adoption internationale comme un outil de mobilité sociale. Ce tissu de mensonges (redéfinition du terme « orphelin » 20 ans plus tôt, invention de l'enfant esclave, allégations d'un million ou plus d'enfants « perdus, orphelins ou abandonnés » dans la foulée du séisme) était la fondation d'une guerre de mots visant à déterminer qui allait protéger tous ces orphelins inexistants. Pour comprendre à quel point toute l'affaire avait pris des proportions sordides, revenons à Sonson.

Sonson, partie 4

Il s'avéra que Sonson n'était pas orphelin. Ce n'était pas non plus le séisme qui l'avait séparé de sa famille. C'était plutôt les travailleurs humanitaires de l'Armée du salut. Ils l'avaient trouvé sur un amas de débris sans jamais vérifier s'il s'agissait effectivement des ruines de sa maison. À ce moment, Sonson était sous la charge de sa tante. La « montagne de déchets » où il se serait nourri jouxtait la maison de cette dernière. Sa mère, bien en vie, était à la campagne, où elle aidait sa famille de cultivateurs à faire les récoltes.

Qui découvrit que la famille de Sonson était en vie et à sa recherche ? Pas l'UNICEF ni Save the Children. Pas l'orphelinat

Fondation Enfant Jésus, qui ne demandait pas mieux que de continuer à percevoir différents frais auprès de Tamara pour la garde de Sonson. La personne qui a retrouvé la famille de Sonson, c'est Tamara Palinka. On lui avait pris Sonson. Après près d'un an à attendre en vain un signe d'avancement du processus d'adoption, elle avait perdu espoir. De sa propre initiative, elle est retournée là où on avait trouvé Sonson. C'est là qu'elle a rencontré sa famille.

L'histoire de Sonson démontre à quel point le phénomène tragique des orphelins repose sur les présomptions et l'ignorance profonde des étrangers. Des travailleurs humanitaires et de nombreux journalistes n'ont jamais fait preuve d'aucun scepticisme. Ils ont ignoré les avertissements comme ceux d'Andrew Cates, le directeur général de SOS Villages d'enfants au Royaume-Uni, qui avait précisément mis en garde contre la rhétorique de violeurs et de ravisseurs d'enfants utilisée à la suite du tsunami en Indonésie pour solliciter des dons. Ils ont fait très peu de recherches sur les catastrophes passées et citaient des bilans d'orphelins des centaines et des milliers de fois plus lourds qu'ils ne l'étaient en réalité. Des experts en catastrophes et des travailleurs humanitaires, dont la plupart mettaient le pied en Haïti pour la première fois de leur vie, en étaient venus à croire leurs propres fabulations d'un vaste réseau de traite de personnes en Haïti. Les journalistes qui les interviewaient propageaient ce mythe à l'étranger et Haïti était inondée d'aspirants-héros comme le gouverneur Ed Rendell et Laura Silsby. L'ironie dans tout ça, c'est que les familles haïtiennes, comme celle de Sonson, n'avaient pas à craindre que des trafiquants s'emparent de leurs enfants. En réalité, rien ne laissait supposer l'existence de tels trafiquants. Ce qu'elles auraient dû craindre par-dessus tout, c'est qu'un humanitaire étranger ne s'empare de leur enfant qui jouait dans la rue ou le jardin. Lorsque la famille de Sonson a appris qu'il se trouvait dans un orphelinat, il lui a tout de même fallu des mois pour l'en sortir.

LA DÉTENTE

La poudrière n'a pas explosé. Personne, hormis les orphelinats, n'a osé attaquer les organismes de protection de l'enfant. Cependant, on en était rendu au point où l'ampleur de la confusion nuisait grandement à l'image de l'UNICEF et des organismes semblables. Ils avaient déclaré au monde que le tremblement de terre avait fait plus d'un million d'enfants orphelins, perdus, séparés ou abandonnés. Ils avaient récolté des centaines de millions de dollars en dons pour les sauver. Ils s'en étaient pris aux orphelinats, ce qui a avait provoqué la réplique des chrétiens, qui braquaient les feux sur les ratées de l'UNICEF. L'hostilité des ONG laïques envers l'adoption et les orphelinats religieux outrait les chrétiens. Et pourquoi ne seraient-ils pas outrés ? C'était l'UNICEF et les organismes de protection de l'enfant qui avaient déclaré que l'esclavage des enfants était endémique en Haïti et que le séisme était à l'origine d'une crise des orphelins aux proportions apocalyptiques. Et que faisait l'organisation pour résoudre le problème ? Plutôt que d'aider, tout ce que l'UNICEF semblait faire, c'était pester contre les gens comme Laura Silsby et les missionnaires de l'Idaho qui étaient venus apporter leur aide. Malgré tout, après des mois d'enquêtes journalistiques et policières infructueuses, tout portait à croire que Laura Silsby et son équipe de missionnaires n'étaient rien d'autre que des chrétiens de bonne foi, quoique naïfs et opportunistes. Même Bill Clinton est intervenu en leur faveur.

En effet, la réalité sur la crise des orphelins commençait à percer au grand jour et semblait sur le point d'exploser à la vue du grand public. Et si les donateurs commençaient à s'enquérir du sort de tous ces enfants orphelins, abandonnés ou perdus ? Et s'ils commençaient à demander ce qui avait été fait de tout cet argent pour les sauver ? Quelque chose devait se passer[212, 213].

Effectivement, quelque chose s'est passé. L'UNICEF a changé son fusil d'épaule. Fin mars, l'UNICEF ne parlait plus de « directeurs d'orphelinats et de missionnaires qui n'y connaissent rien », mais de ses 430 « partenaires », la plupart des orphelinats[214].

Ainsi, l'affaire fut lentement oubliée. Ni l'UNICEF, ni Save the Children, ni aucun autre organisme de protection de l'enfant ne reconnaîtra jamais avoir dupé le monde avec leurs histoires d'un million d'enfants orphelins, perdus ou séparés de leur famille, abandonnés à la merci de prédateurs sexuels et d'esclavagistes. Le monde n'a donc jamais su quelle était la situation réelle des orphelinats en Haïti[215].

L'UNICEF EST-IL COUPABLE ?

L'UNICEF est-il coupable d'avoir menti et trompé les donateurs ? Était-ce intentionnel ? Il se pourrait que l'UNICEF n'ait jamais déclaré qu'il se trouvait plus d'un million d'enfants dans le besoin. Bien que la presse ait répété ce nombre à maintes reprises, je n'ai trouvé aucun exemple où un porte-parole ou un employé de l'UNICEF prononce ces mots. C'est Save the Children et la presse qui attribuaient ces données à l'UNICEF, qui n'a jamais rien fait pour les arrêter. L'organisme n'a jamais publiquement démenti les propos qui lui étaient attribués[216].

Dix semaines après le séisme, il était clair qu'Andrew Cates de SOS Villages d'enfants avait vu juste et que les experts comme Garth Owen avaient démesurément exagéré la situation en Haïti. C'est à ce moment que Marie de la Soudière, la directrice du programme d'enregistrement des enfants haïtiens de l'UNICEF, a été interviewée à l'émission *60 Minutes* sur la chaîne CBS :

— Combien y a-t-il réellement d'enfants laissés à eux-mêmes ?

— La réponse, dit Mme Soudière, c'est que nous ne le savons pas. Nous croyons que c'est au moins 50 000.

Un compte de 50 000 enfants était considérablement moins exagéré que le bilan d'un million d'enfants séparés de leurs parents, perdus ou abandonnés, un bilan que des agents de la protection de l'enfant comme Kate Conrad de Save the Children continuaient de signaler. Cependant, c'était également une évaluation de la situation carrément irresponsable. Ce qu'il y a de pire dans cette affirmation, c'est qu'à ce moment, 70 jours après le séisme, l'UNICEF avait une bien meilleure compréhension de la situation. L'organisme n'avait enregistré que 600 enfants, soit environ un centième du nombre d'enfants qui, selon Soudière, étaient toujours sans défense. Et, comme nous l'avons vu, l'UNICEF n'avait rendu que 20 enfants à leur famille, malgré le fait que, encore selon Soudière, 95 pour cent des familles pouvaient être retrouvées.

Un an plus tard, alors que la presse ne s'intéressait plus à la question, l'UNICEF publiera en douce l'information confirmant sa tromperie. Plus précisément, dans le rapport annuel 2011 de l'UNICEF, on soutient que l'organisation et ses « 430 partenaires » (essentiellement chaque orphelinat et organisme de protection de l'enfant en Haïti affirmant avoir pris sous son aile un enfant séparé de sa famille) avaient enregistré 4 948 enfants « orphelins ou séparés de leurs parents ». Seulement 1 265 d'entre eux ont été rendus à leur famille. Le nombre d'enfants orphelins ou séparés de leurs familles était donc un dixième de ce que prétendait Marie de la Soudière un an plus tôt, et le taux de réunification des enfants enregistrés atteignait un pitoyable 25 pour cent. Malheureusement, même ces chiffres sont trompeurs.

Des 1 265 enfants rendus à leur famille, 506 n'avaient absolument rien à voir avec le séisme. Ils avaient été séparés de leurs parents *avant* le 12 janvier 2010, une précision qui n'apparaissait que dans les notes en fin de document. Par ailleurs, sans toutefois révéler les chiffres précis, l'UNICEF a admis que la plupart des autres enfants rendus à leur famille n'étaient ni perdus ni orphelins. Il s'agissait de *restaveks*, ces enfants domestiques laissés à la charge d'autrui par leurs parents, ces « enfants esclaves » que nous avons vus précédemment, un autre terme exagéré et absurde utilisé par l'UNICEF pour solliciter des dons.

L'ARGENT

Alors, pourquoi toutes ces exagérations ? On invoquait un nombre d'enfants orphelins, perdus ou séparés de leur famille plusieurs milliers de fois supérieur à la réalité. L'existence de même un seul réseau de trafiquants d'esclaves ou de prédateurs sexuels n'a jamais été confirmée. Aucun cas de vente d'enfant n'a jamais été confirmé non plus. Cependant, pour ces organisations qui approvisionnaient la presse en mensonges et en exagérations, la crise des orphelins haïtiens constituait une véritable mine d'or. Save the Children, la première organisation à faire état d'un bilan d'un million d'orphelins, avait initialement lancé un appel aux dons à haute de 9,8 millions de dollars. Grâce à la soi-disant crise des orphelins, Save the Children avait atteint ce montant en quelques semaines, après quoi ses « besoins » sont passés à 20 millions ; puis à 36,6 millions ; puis à 65 millions ; en date du 1er août 2011, Save the Children avait récolté 87 millions, près de dix fois sa requête initiale. World Vision, un autre important organisme de protection de l'enfant, a d'abord demandé 3,8 millions ; tandis que l'argent coulait à flots, ce montant est passé à 8,1 millions ; puis 12,5 millions ; puis 100 millions ; sept mois après le séisme, Vison mondiale avait récolté 191 millions, soit 50 fois le montant demandé au départ. L'UNICEF, roi de la protection de l'enfant et roi des fausses déclarations sur les enfants haïtiens, avant et après le séisme, avait initialement lancé un appel pour 120 millions de dollars. Après avoir récolté 229 millions en six mois, soit pratiquement le double de la demande initiale, l'UNICEF a déterminé qu'il lui manquait 127 millions de dollars. À la fin de l'année, l'UNICEF avait récolté 291 millions, soit 17 fois son plafond budgétaire de 2009 pour Haïti.

Avaient-ils besoin de cet argent ? Savaient-ils même comment le dépenser ?

L'UNICEF et les organismes de protection de l'enfant ont-ils aidé les enfants haïtiens ?

Collectivement, ils ont récolté plus d'un demi-milliard de dollars. Ont-ils utilisé ces dons pour améliorer la vie des enfants de quelque façon ?

RÉALISATIONS DE L'UNICEF

Initialement, j'avais l'intention de consacrer cette section aux bons coups de l'UNICEF. L'organisation devait bien avoir accompli quelque chose de positif. J'ai trouvé sur Internet un rapport de l'UNICEF publié deux ans après le séisme : *Haiti earthquake: How UNICEF has helped* (*Séisme en Haïti : la contribution de l'UNICEF*). Je n'ai pas pu trouver une seule réalisation que j'étais prêt à défendre[217].

Voici ce que l'UNICEF prétend avoir fait durant les deux années qui ont fait suite au séisme[218] :

> « Plus de 120 000 enfants dans neuf départements ont bénéficié d'activités organisées et de réseaux d'orientation dans 520 espaces adaptés aux enfants gérés par 92 organisations communautaires appuyées par l'UNICEF. »

On parle ici de tentes dans une zone délimitée où, quelques heures par jour, les enfants pouvaient venir jouer sous la supervision d'un membre du personnel local de l'UNICEF.

> « Les dix départements ont été pourvus de services de réhabilitation psychosociale spécialisés dans les interventions d'urgence. »

Un terme bien grandiloquent, « services de réhabilitation psychosociale. » D'après mon expérience d'enquêteur pour le compte de l'UNICEF, on fait probablement référence ici aux agents de l'IBESR. Nous avons travaillé avec eux dans le cadre de l'enquête mentionnée précédemment. Ou, plutôt, nous avons essayé de travailler avec eux. Ils n'ont jamais été payés, ni par l'UNICEF, ni pas l'IBESR. Ce sont des bénévoles, une approche qui ne fonctionne pas très bien dans un pays pauvre comme Haïti. Je suppose que leur capacité à fournir des « services » signifie qu'ils ont déjà assisté à un séminaire.

> « 13 440 enfants vivant dans 336 des quelque 650 centres de soins résidentiels ont été enregistrés aux fins de conservation des dossiers, de réunification des familles (lorsque la réunification est possible) et d'amélioration de la gestion de cas. Les

centres de soins ont fait l'objet d'une évaluation à l'aide d'outils standards et un répertoire de tous les centres de soins résidentiels a été créé par l'IBESR, avec l'appui de l'UNICEF. »

Je le répète, moi et mon équipe avons travaillé pour l'UNICEF en 2014. On m'a engagé pour diriger une première évaluation en profondeur des orphelinats en vue de créer un profil statistique des institutions. L'UNICEF m'a donné une liste de 723 centres de soins. Trente pour cent des institutions sur cette liste n'existaient pas. Et en quoi constituaient ces évaluations ? De l'aveu même de l'UNICEF et de l'IBESR, personne ne le sait.

« 18 000 enfants contrôlés aux frontières. »

Dans les deux années qui ont fait suite au séisme, j'ai traversé la frontière au moins une fois par mois. Je l'ai souvent fait dans des groupes qui comprenaient des enfants et je n'ai jamais aperçu l'ombre d'un agent de l'UNICEF. La plupart des agents douaniers ignorent les enfants. Bien souvent, la mère de deux de mes propres enfants, une Dominicaine d'origine haïtienne, ne prenait même pas la peine de faire estamper leurs passeports. L'absurdité de cette affirmation sautera aux yeux de quiconque connaît la frontière haïtienne, où on peut observer à tout moment des enfants transportant de la marchandise d'un côté à l'autre.

Deux ans après le séisme, voici la liste des contributions matérielles de l'UNICEF :

« 80 000 enfants dans des écoles temporaires. »
C'est-à-dire, des tentes.

« 750 000 enfants et 15 000 enseignants ont reçu du matériel d'apprentissage et d'enseignement »
C'est-à-dire, des crayons, des stylos et des ardoises.

« 1 487 900 enfants ont reçu du matériel d'hygiène, notamment du savon. »
C'est-à-dire, des pains de savon.

Ainsi, les 291 millions de dollars que nous avons donnés à l'UNICEF n'ont pas servi à grand-chose. Les choses se gâtent toutefois davantage lorsqu'il est question de réunification des familles.

L'UNICEF prétend avoir mis en place un « centre d'appel pour les enfants séparés de leurs parents » immédiatement après le séisme. Si c'est vrai, l'organisme ne l'a dit à personne. Ni à la presse, ni aux donateurs, ni à quiconque d'autre en Haïti. La première référence à un tel centre date du 16 juin, soit six mois après le séisme, et ne provient même pas du site Web de l'UNICEF[219].

Plus préoccupant encore est le fait que l'impact de l'UNICEF s'est surtout fait ressentir chez les enfants les plus pauvres d'Haïti. Quoique j'essaie de demeurer objectif, je suis convaincu que les enfants haïtiens dans le besoin et leurs parents vous diront que cet impact fut négatif, principalement parce que c'est l'UNICEF qui a forcé l'IBESR (dont les agents accusaient les missionnaires de l'Idaho d'avoir enlevé les enfants pour leurs organes, comme nous l'avons vu précédemment) à limiter l'adoption internationale d'enfants haïtiens aux adoptions fermées.

Une « adoption fermée » signifie que les enfants haïtiens adoptés ayant des parents vivants, ou même un seul membre de leur famille biologique en vie, perdraient maintenant tout contact avec leur famille naturelle. Ils ne seraient plus autorités à connaître leurs racines, l'identité de leurs parents biologiques, ni à prendre contact avec ces derniers. Ils ne pourraient plus leur envoyer de l'argent pour les aider à survivre ni faire une demande de visa pour permettre à leurs parents biologiques d'émigrer aux États-Unis. Ils ne pourraient pas non plus connaître leurs frères et sœurs et les aider à sortir de la pauvreté. En bref, cela signifie (et c'était assurément là le but de l'UNICEF) que les parents biologiques ne retireraient aucun avantage de l'adoption. Très peu d'entre eux accepteraient alors de donner leurs enfants en adoption. Tadam ! L'UNICEF venait de régler le casse-tête de la réunification des familles à l'aide d'une simple disposition légale.

Viendra ensuite une loi visant à criminaliser ce qui était appelé « l'abandon » des enfants. Un Haïtien défavorisé qui laisserait son enfant aux soins d'une autre personne sans respecter les directives de l'UNICEF commettrait un crime. La loi avait pour but de mettre fin aux « enfants esclaves », le plus important mécanisme de mobilité sociale des enfants défavorisés et, pour bon nombre d'entre eux, le seul moyen de fréquenter l'école secondaire, qui se trouve en ville.

Comment l'UNICEF est-il arrivé à imposer ainsi sa volonté sur l'IBESR, une institution haïtienne censée agir dans l'intérêt des enfants haïtiens ? La réponse, c'est un appui de 800 000 $ par année. Même si cela ne représente que 1/363ᵉ des 291 millions de dollars de dons que l'UNICEF a récoltés dans la foulée du séisme, c'est tout de même une sacrée somme. Il s'agit d'un montant particulièrement important pour l'IBESR, dont le budget aurait été de moins de 100 000 $ avant le séisme. L'IBESR, lui, n'a reçu aucun don dans la foulée du tremblement de terre.

L'ESCROQUERIE

Quelque aient été les intentions des principaux protagonistes, il n'en demeure pas moins que l'escroquerie était de taille. Les plus grands organismes de protection de l'enfant (l'UNICEF, Save the Children, World Vision, Compassion International et autres), les orphelinats et les trois plus importants services de presse du monde (l'*Agence France-Presse*, *Reuters* et l'*Associated Press*) avaient exploité de fausses déclarations et des exagérations sur les enfants. La frénésie médiatique qui s'est ensuivie leur a permis de collecter une avalanche de dons auprès de citoyens préoccupés des quatre coins du globe. Non seulement la combine a permis de rapporter des millions, mais plus de 90 pour cent de cet argent a servi à payer pour des dépenses internes : régimes de retraite, salaires, frais de scolarisation des enfants du personnel de l'UNICEF et salaires du personnel des organisations à qui l'UNICEF a distribué cet argent. Et ce qu'il y a de plus incroyable dans cette escroquerie, c'est qu'une fois l'histoire terminée, sans jamais s'être excusés ni avoir reconnu publiquement l'imposture, les représentants de l'UNICEF continuaient de se tourner vers les caméras pour demander, débordants d'une sincérité venant du fond du cœur, plus d'argent pour aider les enfants haïtiens.

Et ils en ont reçu. Le séisme en Haïti a aidé l'UNICEF à se tailler une nouvelle place au sein du marché des donateurs. La collecte va maintenant beaucoup plus loin que le porte-à-porte annuel des enfants le jour de l'Halloween. À titre d'exemple, six ans après le séisme, les vols d'American Airlines vers Haïti se terminaient toujours par une demande de dons des pilotes au nom de l'UNICEF. Un membre de l'équipage défile ensuite ostensiblement dans le corridor et, comme pour la quête à l'église, se tourne un à un vers les passagers en leur tendant un sac destiné aux dons. Ceux qui ne donnent rien n'aiment sans doute pas les enfants.

Et qu'en est-il des véritables orphelins haïtiens, ces enfants oubliés et négligés qui n'ont aucune famille pour s'occuper d'eux ? La plupart des étrangers qui travaillent pour des organismes de protection de l'enfant seraient incapables de les reconnaître même s'ils venaient leur mordre le cul. Qu'en est-il de ces enfants que les donateurs veulent aider, mais qui, en raison de leur impuissance et de leur vulnérabilité, n'arrivent pas à se tailler une place à la grande table de l'aide humanitaire ? Plusieurs mois après le séisme, la journaliste Katie Paul du magazine *Newsweek* posa cette question non pas à un travailleur humanitaire affecté à un poste administratif de trois ans en Haïti, mais à un véritable expert, l'anthropologue Gerald F. Murray, qui parle couramment le créole haïtien, l'espagnol et 11 autres langues et qui a passé la majeure partie des 40 dernières années en Haïti et en République dominicaine voisine à étudier ces deux cultures. Sa réponse : « Tout comme ce sont les Haïtiens qui durent sauver les leurs sous les décombres, ce seront les Haïtiens ordinaires, et non leur gouvernement, qui prendront soin des orphelins du tremblement de terre. »

8

L'épidémie de viols

UN NOMBRE APOCALYPTIQUE DE VIOLS

Fin janvier 2010 : dans les ruines de Port-au-Prince, un million d'enfants perdus et apeurés sont à la merci de prédateurs sexuels et d'esclavagistes. On vient de passer les menottes à dix missionnaires baptistes de l'Idaho accusés d'avoir tenté de faire sortir clandestinement du pays des enfants qu'ils avaient enlevés, manifestement pour les vendre sur le marché international des esclaves sexuels. Haïti retient l'attention du monde entier. Puis une autre horrible menace vient s'ajouter au sombre tableau : des gangs d'hommes armés parcourent les camps de déplacés à la recherche de veuves et d'orphelins affamés et vulnérables pour les violer. Aucune femme n'est à l'abri du danger. Les femmes enceintes, les vieilles dames et même les bébés sont ciblés, et personne ne fait quoi que ce soit pour les protéger. Ni l'ONU, ni la police haïtienne, ni les Haïtiens eux-mêmes. « L'épidémie de viols », comme on appellera bientôt cette nouvelle tragédie, constituait le plus récent délire fantasmagorique de la presse et des organismes humanitaires cherchant à vendre de la copie et à collecter des dons, une nouvelle phase lucrative de la Grande escroquerie de l'aide humanitaire en Haïti.

DES ORIGINES DOUTEUSES

La mention d'une épidémie de viol dans la presse est imputable à une source unique, une déclaration officielle de Mario Andresol, le chef de la police haïtienne. Le 28 janvier, jour de l'arrestation des missionnaires de l'Idaho, Mario Andresol a fait la déclaration suivante aux médias : « Des bandits tirent avantage de la panne d'électricité qui touche la capitale haïtienne pour agresser et violer des femmes et des jeunes filles sous les tentes. »

Comme nous l'avons vu dans le précédent chapitre, Frantz Thermilus, le chef de la Direction centrale de la police judiciaire, avait déjà parlé d'« orphelinats servant de façades aux organisations criminelles » lors d'une conférence de presse, sans ajouter aucune précision. Le chef Andresol fit de même : aucune mention du nombre de viols signalés ni des taux avant et après le séisme. Pas même un seul exemple de viol. En réalité, Gary Desrosiers, le porte-parole de la police nationale haïtienne, annoncera sept semaines plus tard lors d'une conférence de presse que dans les deux mois et demi qui firent suite au séisme, seulement 24 cas de viols avaient été signalés à la police, un plancher record[220]. Toutefois, comme pour la crise des orphelins, tout ça n'avait aucune importance. À tout le moins, pas aux yeux des journalistes chargés d'exposer les faits, ni aux yeux des rédacteurs en chef chargés de veiller à la véracité des faits rapportés, ni aux yeux des ONG et des organismes de l'ONU qui utiliseraient l'information pour solliciter des dons. Les journalistes s'en sont donné à cœur joie. Voici les manchettes du lendemain :

« Criminels en Haïti : viol des survivants du séisme et traite des

enfants »

The Times of London, 29 janvier 2010

« En Haïti, des criminels violent les survivants du séisme, affirme la police »
Fox News, 29 janvier 2010

« Haïti : des criminels "violent les femmes et les filles dans les camps" »
The Telegraph, 29 janvier 2010

« Les survivants du séisme en Haïti à la merci de violeurs »
IslamOnline, 29 janvier 2010

« Les survivants du séisme en Haïti violés par des bandits »
The Sydney Morning Herald, 29 janvier 2010

« Chaos : les femmes violées dans les camps en Haïti »
The New York Post, 29 janvier 2010

La seule anecdote jamais citée par les journalistes provenait de Rachelle Dolce, l'une des quelque 40 000 personnes vivant dans les tentes sur le terrain de golf de Pétionville, le camp géré par J/P HRO, l'ONG de Sean Penn. Rachelle Dolce a raconté à des journalistes qu'elle « croyait » qu'un viol avait eu lieu près de sa tente la nuit précédente. « J'ai entendu des bruits de lutte et j'ai vu une culotte par terre, après quoi j'ai crié et ils sont partis[221] », a-t-elle déclaré.

Aussi invraisemblable que cela puisse paraître, les présomptions de Rachelle Dolce ont servi de fondement à l'épidémie de viols : un compte rendu d'un événement dont elle n'a pas été témoin, une victime et un violeur qui se sont tous les deux enfuis au moment où Rachelle Dolce s'est mise à crier et une culotte trouvée sur le sol le lendemain matin. Aucune victime, aucun assaillant, aucun témoin et de maigres preuves par présomption. Autrement dit, pas de quoi lancer une enquête[222].

CONFIRMATION DE JOURNALISTES SÉRIEUX

Enfin, le 16 mars, soit deux mois et quatre jours après le tremblement de terre, une journaliste de l'*Associated Press* a signalé une multitude de cas de viols. Il s'agissait de Michelle Faul, cette journaliste qui avait parlé des gangs et cherché à élucider le mystère du nombre de morts, comme nous l'avons vu précédemment. Voilà une source des plus crédibles : principale correspondante de l'*Associated Press*, ancienne cheffe de bureau de l'*Associated Press* dans les Antilles, cinq ans d'expérience à vivre et à couvrir les nouvelles en Haïti pour la plus importante agence de presse du monde. L'*Associated Press* avait de nouveau dépêché Michelle Faul à Port-au-Prince avec une équipe d'une dizaine d'autres correspondants précisément pour rapporter les faits exacts au reste du monde. Michelle Faul, qui avait déjà contribué à semer la panique dans les semaines ayant fait suite au séisme – on se souviendra de ses reportages sur des « jeunes hommes aux visages masqués par des cagoules arpentant les rues, machette à la main » rapportés dans le chapitre 3 – était maintenant sur le point de déclencher une nouvelle frénésie médiatique. Son article s'intitulait « Le viol en Haïti : des femmes et des filles font état d'attaques violentes dans la foulée du séisme.[223, 224] »

L'article débutait avec l'histoire d'une femme de 21 ans, mère d'un bébé de trois mois, violée par trois hommes dans les toilettes d'un camp, et la honte, les infections et les douleurs psychologiques subies en conséquence. Puis Michelle Faul a largué une bombe :

> Des femmes et des enfants de pas moins de 2 ans, déjà traumatisés par la perte de leur maison et de leurs êtres chers, sont maintenant à la merci de violeurs dans les grandes cités de tentes qui abritent des centaines de milliers de personnes.
>
> Sans éclairage ni aucune sécurité, ces endroits sont menaçants dès le coucher de soleil. Dans les plus grands camps, les agressions sexuelles sont le lot du quotidien.

Les autres médias, ne voulant pas être en reste, ont emboîté le pas avec des diffusions spéciales et des manchettes comme celles-ci :

« Des victimes du séisme en Haïti doivent maintenant composer avec
les traumatismes du viol »
MSNBC, 16 mars 2010

« Des filles de pas moins de deux ans victimes de viol dans les cités de
tentes : les patrouilles de l'ONU incapables de protéger les femmes dans
la foulée du séisme en Haïti »
MailOnline, David Gardner, 17 mars 2010

« Les viols sont endémiques dans les camps post-séisme d'Haïti »
CBS News, 17 mars 2010

Les articles de la presse étaient toutefois dépourvus de détails et de statistiques. Une semaine plus tard, le 24 mars, Beverly Bell a cherché à corriger cette lacune dans un article publié par le *Huffington Post*. Encore une fois, on aurait difficilement pu trouver un expert plus crédible. Beverly Bell avait travaillé pendant trente ans en Haïti, était journaliste, parlait créole et avait même écrit un livre sur les femmes haïtiennes intitulé *Walking on Fire* (Cornell University Press, 2001). Le titre de son article était un jeu de mots faisait référence aux violentes secousses du séisme : « Nos corps toujours secoués : les viols font suite au séisme en Haïti. »

Dès le début de son article, Beverly Bell admet qu'« il n'y a aucune statistique sur les viols au cours des 10 semaines ayant fait suite au séisme ». Malgré tout, elle poursuit avec sept témoignages de viols et assure ses lecteurs que « de telles histoires sont légion ».

Son premier « témoignage » est celui de Timafi, une petite fille de quatre ans qu'un jeune homme a pris par la main et emmenée au cimetière pour la violer. Une histoire horrible, on en conviendra. La petite Timafi a souffert de saignements vaginaux et a été mise sous antibiotiques. Ce récit pose toutefois problème s'il est censé témoigner des dangers propres au contexte post-séisme et de l'insécurité dans les camps. L'incident n'est pas survenu dans un camp de réfugiés. Il n'est même pas survenu à Port-au-Prince, pas même dans la zone du séisme. L'incident est survenu à 240 km de la capitale, dans une petite ville du nom de Jérémie. Par ailleurs, il est difficile d'y voir un exemple de violents membres de gangs exploitant le chaos post-séisme pour violer sans impunité. La petite Timafi a été violée par son voisin de 17 ans. Le viol a été interrompu par l'intervention d'une vieille dame. Plutôt que de s'en prendre à la vieille dame, l'adolescent s'est enfui.

La deuxième histoire de Beverly Bell porte sur une fille de 12 ans. Cette fois-ci du moins, le viol a eu lieu dans un camp de Port-au-Prince. On nous dit que les deux parents de la fille ont été emportés par le séisme. Il s'agit donc d'une réelle victime du tremblement de terre. Enfin, il n'y a aucune raison de douter de la crédibilité des accusations. Sans contredit, les voisins de la victime y ont cru. Ils ont lapidé l'agresseur. Pour ce qui est de l'impunité des violeurs en Haïti dans la foulée du séisme, on repassera.

Dans pratiquement tous les autres cas rapportés par Beverly Bell, quelque chose ne tourne pas rond. Ces récits prouvaient l'existence d'une épidémie de viols ? Dans le troisième exemple, une enfant de deux ans est violée. Les voisins et les autorités du camp appréhendent le violeur et le livrent aux autorités. Encore une fois, nous étions loin d'un exemple d'impunité. Dans un autre cas, un bébé de 18 mois est violé. Le violeur était le copain de la mère. Dans ce cas aussi, les voisins ont attrapé le violeur et l'ont livré aux autorités.

Dans l'un des deux autres cas où les violeurs n'ont pas été arrêtés, un bébé de deux ans aurait été victime d'un « viol collectif » puis « abandonné par ses agresseurs ». Cependant, Beverly Bell n'a pas obtenu ces informations auprès de la famille de la victime. Ni des voisins, ni de la police, ni même de membres du personnel médical. Beverly Bell convient qu'il s'agissait d'un « récit de seconde main ». De quelle source ? Elle ne le dit pas.

Des sept récits, un seul est conforme à l'image de gangs d'hommes armés qui violent les filles et les femmes avec impunité. Il s'agit du cas d'une femme de 18 ans violée par quatre hommes « si violemment que, le lendemain, elle ne pouvait plus marcher ». Cela représente toutefois un cas sur sept. Dans quatre cas, la victime n'était pas une femme, mais un bambin. Cette seule information devrait être matière à réflexion. En effet, à l'exception de deux cas, les exemples rapportés par le *Huffington Post* et l'*Associated Press* pour témoigner d'une grande épidémie de viols dans la foulée du séisme (notons que les deux articles de journaux donnaient exactement les mêmes cas en exemple) se limitaient à des viols de nourrissons sans défense, des agressions se soldant par l'arrestation ou la lapidation du violeur et un viol ayant eu lieu à 240 km de Port-au-Prince. C'est tout ce qu'ils ont pu trouver en 10 semaines, parmi 3,4 millions de personnes dans une période de chaos total et de grands bouleversements, alors qu'on soutient que la moitié de la population vit dans des camps et que plus de 10 pour cent des Haïtiens ont péri.

Il y avait donc une inconséquence logique entre les exemples et la conclusion. Il existe toutefois un dernier cas rapporté à la fois par Beverly Bell et Michelle Faul, le plus dramatique et le plus révélateur – notamment parce qu'il met en cause les filles de nul autre que les directrices et cofondatrices d'un organisme du nom de KOFAVIV. En réalité, c'est KOFAVIV qui avait fait part de toutes les histoires de viols aux deux journalistes.

Dans l'article de Beverly Bell, on mentionne que 300 des 3 000 membres de KOFAVIV ont péri lors du séisme. L'organisation et ses membres survivantes ont tout perdu. Le bureau s'est effondré. Tous les dossiers ont été détruits. Toutes les membres ont perdu leur maison. Permettez-moi de répéter pour éviter tout malentendu : l'ensemble des 2 700 survivantes de KOFAVIV ont perdu leur maison respective et ont été forcées de vivre dans les camps. Les 2 700 au grand complet. Et c'est dans ces camps qu'un nouveau fléau à combattre s'est abattu sur elles : les viols. La bravoure dont ont fait preuve les femmes de KOFAVIV pour se défendre et défendre d'autres victimes est tout à fait héroïque. Ce qui nous amène au dernier cas rapporté par Beverly Bell et Michelle Faul pour témoigner d'une épidémie de viols.

Voici ce que Marie Eramithe Delva, la codirectrice de KOFAVIV, a raconté à Michelle Faul : « un violeur s'est emparé de ma fille et l'a traînée dans une ruelle [...]. Cependant, l'assaillant n'a pas vu les trois sœurs de l'adolescente, qui marchaient derrière elle. Les quatre filles sont parvenues à le rouer de coups jusqu'à ce qu'il se sauve. » Voilà le récit de Michelle Faul.

Dans le *Huffington Post*, la version du même incident racontée par Beverly Bell est très différente et considérablement pire – ou meilleure, selon l'optique. Dans la version de Beverly Bell, la fille de Marie Eramithe Delva n'est pas ciblée. On raconte plutôt que trois de ses filles ont vu un homme battre une femme qu'elles ne connaissaient pas. Elles sont intervenues et l'homme les a menacées d'un révolver. Les filles « l'ont fait fuir ».

Si l'histoire s'arrêtait là, elle aurait pu être considérée comme vaguement comparable à la version de Michelle Faul. Mais ce n'est pas le cas. Dans la version de Beverly Bell, l'homme revient pour se venger et « la fille de Marie Eramithe Delva passe à un cheveu de devenir une statistique de plus dans les dossiers de KOFAVIV ».

> Le 2 mars à 8 h, un homme s'est introduit sous la bâche où vivent Delva, Malya Villard-Appolon (l'autre coordinatrice de KOFAVIV), leurs 13 enfants et petits-enfants conjugués ainsi que d'autres membres de la famille. L'homme a plaqué au sol Merline, 17 ans, la fille de Marie Eramithe Delva, avant de la traîner dehors dans le but de la violer. Merline est arrivée à le repousser. Environ une heure plus tard, l'homme est revenu à la charge avec trois autres hommes et un pistolet. Ils ont battu quatre des filles de Marie Eramithe Delva et de Malya Villard-Appolon.

Selon le compte rendu de Beverly Bell, les filles et leurs mères ont tenté d'obtenir l'aide de la police, mais n'ont reçu que des insultes : « Allez porter plainte au président », leur aurait-on répondu.

Même en faisant fi du fait que deux grands journaux ont publié deux versions extrêmement différentes d'un même incident et que les filles seraient arrivées à repousser le violeur non pas une fois, mais deux fois, même lorsque celui-ci était armé d'un pistolet, on doit admettre que quelque chose ne tourne pas rond. D'abord, l'idée selon laquelle un homme aurait tenté de battre une femme là où elle habitait avec sa mère et 12 autres membres de la famille, puis aurait traîné cette dernière dehors dans un camp où vivaient 25 000 autres personnes pour tenter de la violer à la vue de tous, tout ça à quelques centaines de mètres du principal poste de police. C'est difficile à croire, et la proximité de la police n'y est pour rien. J'ai vécu et travaillé en Haïti et en République dominicaine pendant 26 ans et un tel comportement me semble être la meilleure façon de mourir lapidé en quelques secondes, comme cela est arrivé à certains agresseurs mentionnés précédemment.

Encore une fois, on était en droit de se demander d'où venaient toutes ces chimères[225, 226, 227].

CONFORTER SES PRÉJUGÉS (ENCORE UNE FOIS)

« J'ai vécu à Brooklyn, à Norfolk, à Jacksonville. Je le répète tout le temps, je ne suis jamais témoin de violence en Haïti. » C'est ce que me raconte Gilbert, un Haïtiano-américain. Je viens de lui demander s'il y a plus de violence aux États-Unis ou en Haïti. Juste à côté de moi se trouve un journaliste allemand, Philipp Lichterbeck. Il porte une casquette et nous écoute attentivement.

Phillip fait partie de la légion de journalistes et de militants débarqués en Haïti pour l'épidémie de viols. Il m'a demandé de l'accompagner pour son enquête. À ce moment, j'essaie de montrer à Philipp que la violence en Haïti n'est pas aussi endémique que se l'imaginent la plupart des étrangers. Bien évidemment, il y a de la violence en Haïti. Toutefois, selon mon expérience, les Haïtiens sont beaucoup moins susceptibles que mes compatriotes américains, ou les compatriotes allemands de Philipp, de tabasser des étrangers, des ennemis, des amis, des voisins ou des amants. Par exemple, je n'ai jamais rencontré un jeune Haïtien qui sortirait un samedi soir pour chercher la bagarre, comme sont portés à le faire certains de mes jeunes compatriotes ou ceux de Philipp.

Philipp ne parle pas créole, mais maîtrise parfaitement l'anglais. Il peut donc écouter directement les réponses de Gilbert. Qui plus est, en tant qu'ancien voyou déporté des États-Unis pour vente de crack, Gilbert est bien renseigné. Il a quelques dents en or et une gueule qui laisse penser qu'on a affaire à un vrai dur. Cependant, quelque chose de bizarre survient : Philipp remet en question les propos de Gilbert :

— Qu'en est-il des viols ? J'ai parlé avec des médecins, des médecins haïtiens respectés qui font état de nombreux viols.

Gilbert fait la grimace, comme s'il n'y croyait pas une seconde, puis poursuit d'un ton plus diplomatique :

— C'est parce qu'ils en tirent profit, ils font partie d'organisations…

Philipp ne lui laisse toutefois pas le temps de finir. Il l'interrompt et répète, cette fois avec encore plus d'insistance :

— J'ai parlé à des médecins, des médecins dignes de confiance !

À ma surprise, Philipp, un homme au visage crayeux et couvert de taches de rousseur, vire au rouge.

— Oui, par contre…

Gilbert tente de finir ce qu'il avait à dire, mais Philipp ne veut rien entendre. Il enlève sa casquette puis, face à Gilbert, comme s'il était prêt à sortir les poings, il déclare presque en criant, la tête rouge écarlate :

— Non, non. Écoutez-moi. Ce sont des médecins, des médecins haïtiens dignes de confiance. Ils sont payés par l'État. Ils ne font pas partie de l'État. Mais ils sont payés par l'État. Leur salaire ne provient pas des ONG !

J'essaie de me mêler à la conversation pour que Philipp laisse Gilbert terminer. Après tout, nous sommes censés être des enquêteurs, pas des militants. Philipp est un journaliste. Je suis un anthropologue. Nous ne sommes pas censés dire aux Haïtiens ce qui se passe dans leur quartier, c'est eux qui le savent. Malheureusement, Philipp est intraitable. Il a déjà son sujet de reportage et, à ma grande surprise, il ne laissera personne le faire changer d'idée.

— Que pouvez-vous me dire sur les viols ?

Je me trouve au terrain de golf de Pétionville, là où est survenu le premier cas de viol mentionné dans la presse, la dispute entendue dehors et la culotte trouvée par terre le lendemain. L'entêtement de Philipp à croire en l'épidémie de viols sans l'ombre d'une preuve m'a poussé à mener ma propre enquête. C'est ainsi que je me suis retrouvé à discuter avec Marc, un autre Haïtien déporté des États-Unis qui parle l'argot américain encore mieux que moi. Marc est né en Haïti et a grandi à Miami. Dix ans avant le tremblement de terre, à l'âge de 27 ans, il a été arrêté pour vente de drogue puis déporté en Haïti. La vie en Haïti est difficile et il est évident que Marc en sait quelque chose. « Vous savez, si vous faites quelque chose ici, la police ne vous poursuit pas comme aux États-Unis », répond-il lorsque je lui parle de la criminalité en Haïti. Compte tenu de la sincérité de son commentaire, je ne doute guère que Marc a poursuivi sa vie criminelle une fois de retour en Haïti. J'ai peur d'imaginer quels genres de crime, mais lorsque le taux de chômage officiel est de 80 pour cent et le salaire minimum de 2 $ par jour, je sais que je ne devrais pas être surpris. Par contre, ça, c'est une autre histoire. Le séisme s'est avéré une circonstance opportune pour Marc. Lui et quelque 250 autres déportés travaillent maintenant pour J/P HRO, l'ONG fondée par Sean Penn. Marc et Sean s'appellent par leurs prénoms. Marc travaille comme gardien de sécurité à la porte entre le parcours de golf et les tentes qui servent de quartier général à Sean Pean, à côté du pavillon de golf. Qui pourrait être mieux renseigné ? Marc est littéralement au centre de tout et il est ici depuis le 30 janvier, trois semaines après le séisme.

— Nous n'avons pas eu de problème récemment, me répond Marc dans son parfait accent mafioso de Miami, mais lorsque nous avons ouvert nos portes au début, environ 10 femmes sont venues signaler des viols.

— Est-ce qu'elles ont été violées par les mêmes personnes, un gang ou quelque chose du genre ?

— Non, c'était différentes personnes. Par exemple, une fille de 16 ans a été violée par son beau-père. Puis il y a eu un autre cas, juste ici, dit-il, pointant vers un terrain vide. Il y avait des tentes ici auparavant. La fille nous donnait sa version de l'histoire lorsque l'agresseur est entré pour nous dire que ce n'est pas comme ça que c'est arrivé, qu'ils étaient fiancés. C'était donc différent de ce qu'on aurait pu penser à première vue.

CHAMPS-DE-MARS, UN PARC À HAUT RISQUE

Je marche sous la pluie au Champ-de-Mars, un parc transformé en camp de déplacés. Michelle Faul de l'*Associated Press* et Beverly Bell du *Huffington Post* ont toutes deux mentionné à quel point le risque de viol y était particulièrement élevé. Me voilà donc sous la bruine au Champ-de-Mars, cherchant à faire la lumière sur toute cette affaire.

Avant qu'il ne devienne un immense camp de déplacés, le Champ-de-Mars était un immense parc au centre de Port-au-Prince, l'équivalent haïtien de son homonyme parisien. Je passe devant le *Nèg Mawon*, la statue de la Liberté des Haïtiens : elle représente un esclave s'étant échappé avant la révolution et vivant librement, caché dans les montagnes. L'homme est accroupi de tout son long, le torse nu et lumineux, la tête rejetée vers l'arrière. Il souffle ainsi dans une conque, un appel aux armes et à la liberté. Ce parc, lieu de nombreuses manifestations, occupations, émeutes, est maintenant une colonie de squatteurs. On y trouve des huttes dilapidées entourées de passages étroits. La rue est bordée d'une rangée de toilettes portables laissées à l'abandon. Personne n'y entre, n'y sort ou n'attend pour les utiliser. Je passe devant une femme qui récure une casserole dans l'embrasure d'une porte. Non loin, deux petites filles prennent leur bain. Elles sont nues et couvertes de savon. « *Blan* », crie l'une des filles tandis que je passe mon chemin.

Ici et là, je m'arrête et je pose des questions sur la violence et les viols.

— Vous avez des problèmes de sécurité ici ?

Je me suis présenté à Chéri Rafaël et Vilboint Doris, deux hommes détendus et attentionnés dans la début soixantaine qui affichent une tranquille assurance. Ils jouent aux dominos sous l'auvent d'une tente pour éviter d'être mouillés par la pluie fine.

— Oui, c'est un grave problème, répond Vil. Regardez juste ici.

Il pointe vers une tente dont les toiles ont été roulées. On peut voir l'intérieur. C'est le salon, il y a un sofa, un lit, une table et deux lampes. « Ils ont coupé la bâche l'autre nuit, dit Vil en grimaçant et en remuant la tête, volé son sac à main alors qu'elle dormait.

C'est terrible, je suis d'accord…

— Mais qu'en est-il de la violence ?

Vil remue de nouveau la tête :

— Pas facile de trouver de la violence par ici, dit-il. Si vous allez là-bas, dit-il en pointant le centre-ville, vous en trouverez peut-être un peu. Mais ici, c'est relax.

La remarque me laisse perplexe.

— Qu'en est-il des viols ? J'ai entendu dire que c'était un grave problème.

— Oui, nous avons aussi entendu ça, dit Vil. Certains professionnels sont venus nous en parler. Nous avons formé un comité et nous avons dit aux filles de ne pas se baigner toutes nues.

Je poursuis mon chemin dans le camp, seul sous la pluie fine. Je passe à côté de deux chiens qui fouillent les poubelles et d'une autre rangée de toilettes portables tout aussi abandonnées.

Je passe devant une fille assise sous une bâche bleue. Devant elle sont arrangés avec soin des petits sacs de charbon de bois à vendre. « Bonsoir *Blan* », me dit-elle.

Un vieux camion-citerne bosselé grince juste à côté. Je rencontre très peu de gens. Je ne vois aucun autre *Blan*, aucun travailleur humanitaire, aucun bureau d'ONG.

La pluie s'est arrêtée au moment où je rencontre huit jeunes hommes, des durs à cuire. Certains discutent en groupe, d'autres flânent. L'un d'eux s'est avachi contre un petit mur de pierre. Un autre est appuyé contre un arbre. Je ne veux pas vraiment m'arrêter, mais je le fais quand même. Les hommes m'encerclent. Cheveux nattés, casquettes de travers. L'un d'eux a deux gros faux diamants en guise de boucles d'oreilles. Celui qui se tient le plus près de moi et me fixe a des yeux injectés de sang et les paupières qui tombent. Je suis nerveux. Ce sont des durs à cuire, sans doute ces jeunes armés violeurs de femmes dont on parle dans la presse. Celui avec les boucles d'oreilles présente le groupe, les « chefs du camp ». Ce n'est probablement pas ce que pensent les autres résidents du camp, me dis-je. Ils me montrent une petite maison qui date d'avant le séisme. C'est une espèce de petit bureau administratif construit pour le Carnaval. Ils affirment que maintenant, ça leur appartient.

Enfin, je dois leur poser les questions importantes, la raison de ma présence ici :

— Pensez-vous qu'il y a un problème de sécurité dans le camp ?

Celui aux les yeux injectés de sang s'agite soudainement.

— Oh, oui, oui, oui ! C'est un gros problème. La police vient constamment nous harceler.

— On ne peut même pas dormir ici, lance un autre malfrat. Pas plus tard que tout à l'heure, ils ont réveillé Jonny.

Il jette le regard vers Jonny, avachi contre le mur.

— Vous savez comment c'est, non ?, me demande de façon rhétorique le jeune aux yeux rouges. Un voleur fend une tente au couteau et on vient nous accuser.

Maintenant ils sont tous debout à l'exception de Jonny avec cet air de « pouvez-vous y croire », comme si j'étais là pour régler leurs démêlées avec la police haïtienne. J'arrive donc à la question à un million de dollars :

— Les viols ? Y a-t-il un problème de viols ?

— Oui.

Le gars avec deux boucles d'oreilles est posé et sérieux.

— Ça aussi, c'est un problème.

Le gars aux yeux rouges l'interrompt :

— Vous savez ce que c'est.

Son attitude a changé, il ne fait plus vraiment peur.

— Depuis le tremblement de terre, poursuit-il en remuant la tête, beaucoup de filles se sont laissées aller.

Celui avec les cheveux nattés semble vouloir défendre les filles :

— Vous savez, la vie est difficile. Elles doivent gagner de l'argent, elles ont faim.

Je me retrouve à errer de nouveau. Je m'arrête au poste de police. C'est le commissariat central de la basse-ville, un vaste et crasseux bâtiment bleu et blanc situé juste à l'extrémité du camp. Je m'y étais déjà rendu la semaine après le séisme, à la demande d'un contact du bureau de l'envoyé spécial des Nations Unies à New York. Je devais trouver des travailleurs humanitaires déjà sur le terrain en train d'aider la population. Je n'en ai trouvé aucun. Aujourd'hui, toutefois, l'enceinte murée derrière le commissariat regorge de tentes pleines d'approvisionnement. Des travailleurs humanitaires s'affairent ici et là. Je demande à un policier si les niveaux de criminalité sont pires depuis le séisme. Il s'esclaffe et me répond : « Ils sont beaucoup plus faciles à contrôler maintenant qu'ils sont dans des tentes. » Il me dit ensuite qu'il ne peut pas me parler. Pour un entretien, je dois passer par les voies officielles. Me voilà donc encore à flâner dehors. Je longe le grand boulevard qui délimite le parc transformé en camp de déplacés puis bifurque sur le boulevard suivant. Je passe devant une série de tentes avant d'arriver à une grande tente rectangulaire de l'armée sur laquelle on a inscrit UNICEF en grosses lettres noires.

Je pointe le nez à l'intérieur. Il y a une table sur laquelle repose un ordinateur et deux chaises de chaque côté de la table. Une vieille marchande est assise sur l'une des chaises. Elle porte une jupe, une blouse délavée et un fichu sur la tête. Elle est avachie sur la chaise, une main sur le front. Elle semble maigre et fatiguée. De l'autre côté du bureau se trouve une femme bien habillée et bien en chair, manifestement une « professionnelle ». Sa jupe est repassée, son chemisier impeccable, ses cheveux bien droits. Elle s'appelle Stéphanie Beaubrun. Elle m'invite à entrer et m'explique que je me trouve dans la tente du PESDEV.

— L'UNICEF a fait don de la tente au PESDEV, une organisation qui œuvre auprès des victimes de viol et de violence basée sur le genre, me dit-elle. Nous avons des tentes dans huit des autres grands camps : Akra, Stad, Jean-Marie Vincent…

Je l'interromps et vais droit au but :

— Pourriez-vous m'indiquer combien de personnes viennent vous voir parce qu'elles ont été violées par des inconnus ?

Je pose cette question parce que je suis certain qu'il doit y avoir d'autres types de problèmes. D'après mes entretiens au club de golf et au camp du Champ-de-Mars, et selon ma propre expérience toutes ces années en Haïti, je ne doute pas qu'il existe des conflits entre personnes qui se connaissent, en particulier entre un homme et une femme qui ont des enfants ou qui sont des amants. Des femmes sont maltraitées. Des enfants sont maltraités. Parfois, des hommes aussi. Toutefois, ce que je n'arrive pas à croire, c'est que des groupes d'hommes arpentent les camps et violent les femmes en toute impunité. Voici ce que je cherche à savoir : le contexte des viols. Je conteste la véracité de ce qui est rapporté dans la presse internationale.

Stéphanie est hésitante et je me sens mal à l'aise. Peut-être me suis-je mal exprimé.

— Ce que j'aimerais savoir, c'est si des femmes sont violées par des hommes qu'elles ne connaissent pas.

Stéphanie me regarde comme si elle ne comprenait pas.

— Comment dire ? De toutes les victimes de viol, d'attaque ou de sévices, combien signalent ne pas connaître leur assaillant ?

Stéphanie ne répond pas.

— Diriez-vous neuf sur dix, cinq sur dix, une sur dix ?

J'ai mon calepin et mon stylo en main, je suis prêt à prendre des notes.

— Plutôt le dernier.

— Une personne sur dix ?

Stéphanie fait oui de la tête.

— D'accord. Pouvez-vous me donner un exemple d'un tel cas ?

— Que voulez-vous dire ?

— Pouvez-vous me donner un exemple de personne violée par un inconnu ? Par exemple, par un homme ou un gang qui amène la victime de force dans une tente.

Stéphanie secoue maintenant la tête.

— Je n'ai jamais eu de cas comme ça.

— Vous n'avez jamais eu de tel cas ?

— Non.

— D'accord. Alors ce n'est pas une personne sur dix.

Je rature mes notes dans mon calepin.

— Depuis combien de temps travaillez-vous ici ?

— Un peu plus de deux semaines.

— Et combien de personnes se sont présentées pour déposer une plainte ?

J'ai mon stylo en main, encore une fois prêt à prendre des notes.

— Une, répond Stéphanie.

— Une par jour ?

— Non. Une personne tout court.

— Pardon ? Une seule plainte en deux semaines ?

— C'est cela.

Puis elle pointe la marchande d'un mouvement de tête.

Je regarde la femme. Elle est avachie sur la chaise, une main sur le front. Elle ne ressemble pas à ce que je m'imagine être une victime de viol type. Elle est dans la mi-cinquantaine, surmenée.

— Quel est son problème ?

— Son gendre a battu sa fille.

LES MILITANTS À LA RESCOUSSE

— Vous affirmez donc qu'il n'y a pas de viols en Haïti ?

Je fais face à plus d'une demi-douzaine de journalistes internationaux et quelques-uns des militants étrangers les plus actifs en Haïti depuis le séisme. Ils m'encerclent littéralement et me fusillent du regard. L'hostilité est palpable, j'en ai presque peur. Je suis aussi un peu en colère.

— Non, bien évidemment, ce n'est pas ce que j'ai dit. Ce que j'ai dit, c'est que, selon mes recherches, les viols dans les camps signalés par la presse n'ont rien à voir avec la réalité.

Sans le savoir, je venais d'entrer dans une auberge de Port-au-Prince relativement populaire auprès des journalistes et des militants. J'étais venu rencontrer Ansel Herz, un jeune journaliste dont j'ai déjà parlé dans le chapitre 3. Les amis d'Ansel, alors qu'il me les présentait, ont commencé à me bombarder avec des histoires d'expulsions de camps et d'exploitation d'Haïtiens défavorisés. L'un d'eux, un dénommé Mark Snyder, a fait mention de l'épidémie de viols, racontant comment les gangs étaient complètement hors de contrôle. « Maintenant, criait-il avec indignation, ils vont même jusqu'à fixer des lames de rasoir sur leur pénis pour mutiler les femmes. » Lorsque je lui ai demandé de citer un exemple de femme mutilée d'une telle façon, il n'a pas pu me répondre. J'ai donc fait part de ma propre expérience, décrit mes visites dans les camps sans arriver à obtenir un seul témoignage suggérant l'existence d'une épidémie de viols. À tout le moins, pas d'Haïtiens dans les camps. Avant même de terminer, je me retrouve encerclé par tous ces gens qui me foudroient du regard. Pire encore, je suis assis alors qu'ils sont tous debout et me regardent en plongée.

— Alors, dit l'un d'entre eux, pourquoi ces organisations de femmes disent-elles le contraire ?

— Je ne sais pas.

Et là, je dis ce que je soupçonnais sans doute depuis le début, un propos qui a dû sembler insensible et sexiste :

— J'ignore ce que ça leur rapporte.

— Vous êtes complètement tordu, déclare une femme avec dégoût avant de quitter la pièce.

Plusieurs hommes la suivent. Ansel tente de me défendre.

— Je ne pense pas que c'est exactement ce que Tim voulait dire.

Cependant, il est manifestement déçu. L'instant d'après, il a disparu lui aussi.

Il ne reste plus que trois autres personnes dans cette grande pièce aux airs de véranda, toutes de l'autre côté d'une longue table de cafétéria. Je me sens plutôt abattu et je me prépare mentalement à ramasser ma sacoche et mon casque de moto pour quitter la scène aussi gracieusement que possible. L'une des personnes toujours à la table est un homme blanc de mon âge, mi-quarantaine et tresses rastas. Un peu plus tôt, avant que je ne devienne un paria, il avait dit être un militant ayant passé des dizaines d'années à défendre les plus vulnérables et les sans-voix de partout dans le monde. Il m'explique maintenant la situation :

— Les gens ne te font pas confiance.

Il semble à moitié me faire la morale pour mon insensibilité et à moitié me consoler pour ma stupidité manifeste.

— Ils ne vont pas te dire la vérité. Tu te rends là avec un traducteur, tu ne connais pas la langue, tu ne connais pas la culture, tu ne connais personne. Et tu crois qu'ils vont tout simplement se confier à toi au sujet de viols ?

Je ne lui dis pas que je parle créole, que je mène des recherches en Haïti depuis 23 ans, que j'ai passé quatre ans à vivre et à étudier la sexualité dans des régions rurales, que j'ai rédigé une thèse de doctorat et publié un livre sur le genre en Haïti, que j'ai vécu dans des villages et des quartiers défavorisés d'Haïti pendant cinq ans, que j'ai vécu dans un camp de squatteurs haïtiens en République dominicaine pendant une autre année, que j'ai passé quatre mois avec des Haïtiens et des Dominicains dans une prison pour détenus communs, que j'ai eu plus de relations intimes avec des femmes haïtiennes défavorisées que je ne devrais l'admettre dans un débat sur le genre (ou dans un livre), que j'ai deux jeunes enfants haïtiano-dominicains, que j'ai deux autres enfants haïtiens et que j'ai à tout moment entre cinq et trente enquêteurs qui travaillent pour moi, tous originaires de quartiers populaires – dont certains m'accompagnent depuis 15 ans. Oui, s'il existait vraiment une épidémie de viols, ils m'en parleraient certainement. Je ne prends même pas la peine de répondre. Je ne me suis pas encore remis de la condamnation. Il continue de me faire la morale et de me donner d'autres conseils d'expert, puis je l'entends dire :

— Vous devriez vérifier auprès des organisations spécialisées dans ce genre de choses. Vous devriez écouter ce que les femmes de KOFAVIV ont à dire.

LES FÉMINISTES

— J'ai quelque chose à te dire sur KOFAVIV, me dit Nadège.

Depuis cet épisode où on m'a traité de tordu pour ensuite me faire la leçon, je me fais discret sur la question des viols. Cela signifie en partie que j'évite autant que possible le milieu des militantes féministes, haïtiennes ou autres. Des mois plus tard, je me trouve un soir à ce qui était alors l'unique gym de Pétionville. Il y avait une panne d'électricité et, guidé par la faible lueur rouge d'un éclairage de secours, je me suis replié vers la zone d'aérobie pour étirer mes membres, seul dans l'obscurité. C'est à ce moment que j'entends « Tim ». Je me retourne pour découvrir Nadège Pierre (nom fictif), l'une des plus importantes militantes contre la violence envers les femmes en Haïti. Je ne l'avais pas vue. *Merde*, me dis-je, *je suis coincé.*

Nadège est juste à côté de moi. Comment aie-je bien pu ne pas la voir ? Nous faisons nos étirements tous les deux à moins de trois mètres. Je ne sais plus où me mettre. Nous commençons à discuter et, l'instant d'après, elle me parle de KOFAVIV.

— Je n'ai jamais vu ces personnes faire quelque travail avant le tremblement de terre, me dit-elle. Elles disent que 60 viols surviennent chaque jour dans les camps. Mais elles n'ont aucun dossier. Lorsqu'une femme vient me voir parce qu'elle a été violée ou agressée, j'enregistre son témoignage, je l'emmène voir un docteur. KOFAVIV n'a aucun dossier.

— Elles signalent 60 viols chaque jour ?

— Au minimum ! Elles ont des contacts avec MADRE (une importante organisation féministe des États-Unis). C'est MADRE qui les a fait connaître. Et Amnesty International croit tout ce que dit KOFAVIV, dit-elle dans un soupir. Je le répète, KOFAVIV ne faisait absolument rien avant le tremblement de terre.

Nadège secoue la tête avec dépit.

— Tu veux en savoir plus sur KOFAVIV ? Va discuter avec les organisations féministes SOFA et Kay Fanm. Ce sont les organisations les plus dignes de confiance en Haïti. Elles te diront toute la vérité sur KOFAVIV.

C'est donc ce que j'ai fait.

L'organisation féministe SOFA et Olga Benoit

Olga Benoit, une femme de la classe moyenne au teint café au lait, est la directrice de la SOFA. Avec 21 centres dans sept des 10 départements haïtiens et un total de 8 000 membres, la SOFA est l'organisation féministe la plus importante et la plus respectée en Haïti.

— À l'origine, la SOFA était un groupe d'action politique créé après la chute de la dictature des Duvalier, m'explique madame Benoit tandis qu'elle me fait visiter le siège de l'organisation, une maison de bois couleur pain d'épice. L'organisation a été créée pour veiller à ce que, dans le chaos qui s'ensuivit, les intérêts des femmes soient représentés. Nous ne sommes *pas* une organisation créée pour travailler avec les femmes, mais une organisation de femmes créée pour veiller à la représentation des intérêts des femmes sur la scène politique.

Nous traversons un bureau où s'affairent de nombreuses administratrices avant d'arriver à une petite salle de conférence, où nous nous assoyons. Je vais droit au but : les données publiées par KOFAVIV sur les viols dans les camps m'inquiètent.

— J'ai du mal à croire de tels chiffres.

Olga accueille mon commentaire d'un mouvement de tête et je détecte une légère expression d'acquiescement, un soupçon de sourire narquois, mais contrôlé, sans trop d'émotion.

— Lorsque le tremblement de terre a frappé, dit-elle, nous nous attendions à des problèmes. Toutes ces personnes expulsées de chez elles. Nous nous sommes donc préparées.

Elle dit cela avec un ton de regret, comme si elle avait raté une occasion.

— Ensuite, ce fut comme une invasion d'ONG. Elles se sont rendues directement dans les camps. Ce camp était pour Christian Relief Services, cet autre camp pour World Vision, celui-là pour Concern… Beaucoup moins d'aide nous était allouée.

— Pardon ? Je m'arrête d'écrire. Vous avez perdu du soutien ?

— Bien sûr, beaucoup.

Elle m'explique que, après le tremblement de terre, les ONG ont arrêté de fournir un soutien direct à la SOFA et ont redirigé l'aide directement aux camps.

— Non seulement les organisations se sont rendues directement dans les camps, mais, explique Olga, après le 12 janvier, elles ont concentré toute leur aide sur les camps. C'était comme si les problèmes dans les quartiers et le reste d'Haïti n'existaient plus.

— Et qu'en est-il de KOFAVIV et des viols ?

— Oui, KOFAVIV et les viols.

Elle réfléchit un instant.

— D'abord, dit-elle, on ne peut pas affirmer que le nombre de viols a augmenté si on ignore le nombre de viols avant le séisme. KOFAVIV ne possède pas de telles données.

Toujours prudente, elle poursuit :

— Je ne dis *pas* que le nombre de viols *n'a pas* augmenté… Mais nous avons des réserves. Nous avons beaucoup, *beauuuucouuuup* – elle chante le « beaucoup » pour marquer l'emphase, comme le font les locuteurs créoles, *annnpiillllll* – de réserves.

— Par exemple ?

— Écoutez…

Elle est de nouveau sur la défensive.

— Bien sûr, la situation rend les gens vulnérables. Tout ce monde entassé dans de petits espaces, sans police, sans éclairage, loin de la maison… On peut s'attendre à une augmentation du nombre d'incidents. Ça donne lieu à une exacerbation du désespoir économique, à de la prostitution. Et la surveillance est affaiblie : les familles se divisent entre différentes tentes dans différents camps pour obtenir plus d'aide.

Puis les barrières tombent :

— Écoutez, dit-elle, se penchant vers l'avant, nous sommes allés dans les camps. Nous avons mené une étude. Nous y avons consacré cinq mois, de février à juillet, après le tremblement de terre. Nous sommes allés dans 89 camps et nous n'avons enregistré que 29 cas de viol. KOFAVIV signale 30 cas de viol par jour dans un seul et unique camp !

— Trente viols en une seule journée ?

— Et aucun agresseur n'est jamais arrêté. C'est impossible !

Elle marque une autre pause, comme pour me laisser le temps de bien digérer l'information. En effet, même en tenant compte de mes doutes préalables, je suis abasourdi. La directrice de la plus grande organisation féministe haïtienne est tout aussi choquée que moi. Je note tout ça aussi rapidement que je le peux.

— Ensuite, elles ont poursuivi avec cette idée d'épidémie, ajoute madame Benoit avec sarcasme. Je ne sais pas comment elles en arrivent à ces chiffres, dit-elle, comme si elle cherchait à trouver une excuse pour KOFAVIV. Peut-être un double comptage.

Puis elle répète sa déclaration précédente :

— Nous avons *beauuuucouuuup* de réserves, 30 viols par jour dans un seul camp et on n'attrape jamais personne, dit-elle avant de claquer la langue.

— Pourquoi les journalistes ne viennent-ils pas à la SOFA pour obtenir des données ?

— Hmm, répond Olga, et je sais à ce moment que j'ai touché une corde sensible. Malgré tout le respect que je porte aux journalistes, la raison, c'est le sensationnalisme.

— Sont-ils venus vous voir après le tremblement de terre ?

— Après le tremblement de terre, *beauuuucouuuup* de journalistes sont venus ici.

Elle balaie la pièce du regard, comme s'il y avait des journalistes partout, assis autour de la table, dans le hall, discutant en groupes dehors.

— Mais ils préfèrent les données de KOFAVIV. KOFAVIV a de nombreux donateurs étrangers maintenant. Notamment MADRE. Et plus vous avez de donateurs, plus vous attirez de journalistes.

— Vous connaissez Beverly Bell ?

Il s'agit de la journaliste qui a publié un article sur les viols dans le *Huffington Post* le 24 mars.

— Nous connaissons très bien Bev, dit-elle dans un ton respectueux, depuis très longtemps. Elle est revenue après le séisme et nous lui avons fait part de nos réserves.

Olga pousse un soupir. Maintenant, dans un ton mi-résigné, mi-exaspéré, elle dit :

— Et puis Bev a rédigé cet article.

Elle secoue la tête.

— Après cela, nous n'avons plus jamais entendu parler d'elle.

Puis les barrières tombent de nouveau :

— C'est bizarre à quel point les victimes de viol sont toujours les mêmes membres de KOFAVIV.

Faisant allusion à l'article de Beverly Bell et à la tentative de viol contre les filles de la codirectrice, elle ajoute :

— Et il s'agissait de ses propres filles…

Ensuite, faisant référence à une poursuite lancée par KOFAVIV contre le gouvernement haïtien :

— Et maintenant, elles appellent le gouvernement haïtien à comparaître devant la Commission interaméricaine.

Elle secoue la tête de nouveau.

— Trente viols par jour dans un seul camp. C'est de la très mauvaise presse pour Haïti.

Voilà donc ce dont il en retournait. Je n'avais rien découvert du tout. Finalement, il ne s'agissait pas de féministes refusant d'admettre que la situation n'était pas aussi catastrophique qu'on le prétendait. Encore une fois, les journalistes étrangers et les travailleurs humanitaires s'étaient manifestement associés aux organisations les plus disposées à fournir des exagérations outrancières tout en ignorant pour l'essentiel ce que les organisations de femmes les plus respectées et les plus anciennes en Haïti avaient à dire. Et je ne parle pas seulement de la SOFA.

L'organisation féministe Kay Fanm et Marie Yolette Andrée Jeanty

— Non !

Marie Yolette Andrée Jeanty se tient debout bien droite et me regarde droit dans les yeux. « Non ! » répète-t-elle, et là il me semble clair que « non, c'est non ».

Marie Yolette est la directrice de Kay Fanm, la « Maison des femmes », l'autre organisation féministe la plus respectée en Haïti. Marie Yolette a le physique de l'emploi : elle est d'âge moyen, imposante, splendide. Ses tresses rastas lui donnent un air progressiste, tandis que son tailleur bleu laisse entendre qu'elle n'est pas là pour rigoler.

— Juste deux secondes.

— Non.

Je suis arrivé en retard. Je me trouve maintenant à l'intérieur après avoir passé un flot de femmes quittant l'établissement. La pièce est remplie de chaises vides. Yolette se trouve à l'extrémité d'une table de conférence qui occupe plus du deux tiers de la pièce. À côté d'elle se trouve Maile Alphonse, la filleule de Michaëlle Jean, la gouverneure générale du Canada. Maile est une jeune version de Yolette : look sérieux, yeux intelligents, tresses rastas et tailleur ajusté.

« Non », répète Yolette pour la quatrième fois. Il semble que je devrai vraiment partir.

— Je le jure, seulement deux questions. Vous pourrez y répondre là où vous êtes. Laissez-moi vous expliquer.

Un instant plus tard, on me laisse poser mes deux questions. Je vais droit au but.

— Les chiffres de KOFAVIV ne tiennent pas la route.

— Nous savons cela, répond Yolette.

L'atmosphère se détend quelque peu. Maile commence à parler, mais Yolette l'interrompt puis se tourne vers moi :

— Quelle est la deuxième question ?

— Je veux seulement une réaction. Je veux savoir si vous êtes d'accord.

Les femmes me fixent. Je sens mes deux secondes qui s'égrènent.

— Pourquoi les médias écoutent-ils KOFAVIV ?

— Ils veulent tourner les enjeux homme-femme en une sorte d'épice, dit Yolette tandis qu'elle se frotte les doigts ensemble, la main en l'air. Quelque chose de sexy qui se vend bien et rapporte de l'argent.

Soudainement, avec le même professionnalisme d'Olga Benoit, les barrières s'effondrent et cette femme forte et séduisante dit ceci :

— Ce qui me met particulièrement en colère, c'est leur façon de représenter l'homme haïtien, comme s'il ne faisait rien d'autre qu'attendre au coin de la rue pour se jeter sur moi dès que je passerai devant. C'est très troublant.

— Nous sommes allées dans les camps après le séisme, lance Maile. Nous avons passé six mois dans les camps. Nous n'avons pas pu confirmer les viols signalés par KOFAVIV.

— Nous collectons des données depuis 1984, ajoute Yolette. Chaque viol signalé aux autorités nous est aussi signalé. Nous tenons un registre. Nous avons des données de 1984 à aujourd'hui.

Elle fait le tour de la table et se dirige vers moi.

— Il y a eu plus de viols en 2009 qu'en 2010.

Elle est maintenant devant moi.

— Je ne prétends pas qu'il n'y a pas de viols, dit-elle avec le même réflexe défensif que je me retrouve à utiliser lorsque j'essaie d'expliquer aux gens la problématique des viols. Vous voulez savoir quel est le gros problème ? Les problèmes conjugaux.

— La violence conjugale, répète Maile, qui est maintenant derrière Yolette. Mari et femme. La jalousie.

— De l'acide dans le visage !, dit Yolette avec force. Des coups de machette !

— Vous savez quel problème nous avons dans les camps ?, demande Maile. La prostitution. Beaucoup de prostitution.

Yolette se détend un peu, pensive.

— Les gens sont dans le besoin. Les filles veulent s'épanouir, mais ce sont leurs familles qui les forcent.

Je prends des notes.

— La prostitution, répète Maile, comme pour ajouter l'emphase sur ce point.

— Vous avez quel autre problème nous avons ?, demande Yolette. Des problèmes juridiques. Il n'y a pas de justice. Ce ne sont pas des personnes rencontrées par hasard qui violent les filles. Ce sont les gros bonnets, les juges ou les hommes puissants bien entourés. Ils sont au-dessus des lois. Ils ne se feront pas poursuivre. Ils peuvent faire ce qu'ils veulent avec une fille et il n'y a rien qu'elle ou sa famille ne puisse y faire.

Je continue de prendre des notes. Voilà l'Haïti que je connais.

— Si une fille dépose des accusations, ajoute Maile, ça n'aboutira jamais, il demeurera en liberté puis elle sera persécutée pour avoir parlé.

— Vous savez quoi d'autre ? Nous avons des femmes dont la fille a été séduite ou violée par le mari ou le gendre. La mère veut faire quelque chose à ce sujet. Elle vient nous voir, puis elle se rend compte qu'elle ne peut rien faire. Elle a besoin du soutien de l'homme. Elle ne peut pas s'en tirer sans son salaire. Il ne lui reste plus qu'à oublier l'affaire. Voilà le genre de problèmes auxquels nous faisons face.

Très bien. J'ai obtenu les réponses que je cherchais. Je range mon calepin, je ferme mon sac. Yolette est de retour devant l'ordinateur, elle appelle Maile, qui se retourne juste avant de la rejoindre :

— Vous savez quoi d'autre pose un grave problème ?

J'ouvre de nouveau mon sac et je ressors mon calepin.

— Ces étrangers, ils viennent ici et veulent aller dans les camps et offrir des thérapies. Ils ne parlent pas la langue et ne connaissent rien de la culture, ajoute-t-elle, le visage impassible. Ils se présentent avec un traducteur. On ne peut pas offrir une thérapie avec un traducteur. Ils offrent même leur propre zoothérapie. Et ils ne veulent pas travailler avec et les gens et les organisations comme la nôtre qui font déjà ce genre de travail.

Elle secoue la tête.

— Ils veulent des chiffres pour justifier les dons qu'ils reçoivent. Voilà pourquoi ils vont voir KOFAVIV.

Voilà de quoi il en retournait. Sans contredit, la situation était « tordue ». Ce n'était pas moi le problème. Les organisations féministes les plus crédibles qui soient pouvaient en témoigner[228].

HISTORIQUE DE L'ÉPIDÉMIE DE VIOLS

Les viols de nature politique : la junte militaire de 1991 à 1994, le FRAPH et la droite

Comme dans le cas des orphelins, si l'on veut comprendre « l'épidémie de viols » dans la foulée du séisme, il est nécessaire de retourner plusieurs années en arrière – ce que pratiquement aucun journaliste n'a fait.

Le monde a d'abord été informé de niveaux « épidémiques » de viols en Haïti au début des années 90 lorsque l'UNICEF, Amenesty International et des intellectuelles féministes comme Beverly Bell ont commencé à signaler des niveaux alarmants de violence à l'égard des femmes haïtiennes. À l'époque, Haïti était effectivement en proie à une réelle escalade de la violence, quoique pas nécessairement contre les femmes.

En 1991, la droite haïtienne s'est emparée du pouvoir à la suite d'un coup d'État militaire sanglant. Jean-Bertrand Aristide, un ancien prêtre catholique élu démocratiquement à la présidence, a été renversé et contraint à l'exil pour la première fois. Le prêtre était populaire auprès des défavorisés, qui représentent 80 pour cent de la population haïtienne. Les habitants des quartiers sont descendus dans les rues. En réponse, l'armée a ouvert le feu sur n'importe quelle foule se trouvant sur son chemin. Selon des défenseurs des droits de la personne, pas moins de 3 000 personnes auraient été tuées. Trois années de junte militaire et d'embargo international se sont ensuivies. Pendant cette période, l'élite a créé une organisation paramilitaire, le Front pour l'avancement et le progrès haïtien (FRAPH).

Il ne fait aucun doute que la création du FRAPH s'inscrivait dans une volonté réelle d'instaurer un climat de sécurité et de paix propice au développement économique et à la prospérité d'Haïti. Ceci dit, il est tout aussi clair que cette paix et cette sécurité étaient destinées à l'élite et non aux pauvres et à la classe moyenne inférieure. Aux yeux des pauvres et de l'opposition politique, le FRAPH n'était rien d'autre d'un escadron de la mort paramilitaire. Mireille Durocher Bertin, l'une des trois membres de la direction du FRAPH, était aussi porte-parole et cheffe de cabinet du président civil de la junte. Elle aurait été la plus intègre du groupe. Elle fut assassinée deux ans plus tard et, selon des éléments de preuve qu'on dit convaincants, les coupables auraient fait partie d'une faction violente de l'administration d'Aristide. Cependant, le curriculum des deux autres directeurs du FRAPH en dit plus sur les préoccupations de l'organisation : 1) Louis-Jodel Chamblain, un ancien officier des forces spéciales et présumé assassin. Déjà connu en tant que chef d'un escadron de la mort sous la dictature de Jean-Claude Duvalier de 1971 à 1986, au cours des cinq années suivantes, il sera impliqué dans au moins cinq assassinats et massacres hautement médiatisés en Haïti ; et 2) Emmanuel « Toto » Constant, un autre assassin présumé qui sera plus tard reconnu coupable par contumace d'un massacre en Haïti et qui, sous l'égide de la CIA et grâce à l'intervention de Bill Clinton, obtiendra l'asile politique aux États-Unis. Il sera ensuite reconnu coupable d'avoir orchestré le viol de trois Haïtiennes par un tribunal civil de New York. Toto purge actuellement une peine de 12 à 37 ans dans une prison à sécurité maximale de New York pour fraude hypothécaire. Il fut plus récemment l'objet d'une enquête dans l'ouvrage à succès de Jon Ronson, *The Psychopath Test* (*Êtes-vous psychopathe ?*), publié en 2012.

Le FRAPH aurait pour origine l'Agence centrale de renseignement (CIA) et de l'Agence de renseignement de défense (DIA) des États-Unis. Au moment où Aristide a repris le pouvoir en 1994 avec l'appui de la communauté internationale, ces deux agences ont fourni de l'aide, du financement et même une protection aux membres du FRAPH. Selon Larry Rohter du *New York Times* et des correspondances d'ambassade rendues publiques, dès 1991, moment de la création du FRAPH, les services de renseignements américains regrettaient leur soutien envers les membres du groupe, qualifiés de gang de « dérangés armés » prêt à « faire usage de la violence contre quiconque s'oppose à eux ». L'attaché militaire des États-Unis à Port-au-Prince a lancé la mise en garde suivante[229] :

> Partout au pays, le FRAPH est en train de devenir une sorte de mafia ayant recours à la force pour intimider et contraindre la population. L'armée locale, qui tire des avantages politiques, et plus particulièrement matériels, de sa relation avec le FRAPH, lève les yeux sur les agissements du groupe[230].

Le FRAPH a tué des gens. Ses chefs ont été impliqués dans le meurtre du ministre de la Justice Guy Malary, du prête-militant Jean-Marie Vincent et du militant pro-Aristide Antoine Izmery. Le FRAPH aurait aussi eu recours au viol comme moyen de répression. Une recrue présumée du FRAPH cherchant à obtenir l'asile politique aux États-Unis a déclaré aux services d'immigration : « Lorsqu'ils tuent et violent des gens, nous (les nouveaux membres) sont forcés de s'asseoir et de regarder. Plus tard dans le processus d'initiation, nous sommes forcés de participer. »

En effet, la militante féministe Anne Fuller signale que dans les cinq premiers mois de 1994, lorsque la junte était toujours au pouvoir, la Mission civile internationale en Haïti (MICIVIH) avait signalé 66 viols « de nature politique ». Environ au même moment, la Commission interaméricaine des droits de l'homme faisait état de 21 cas de viol confirmés « de première main » (sic)[231]. De plus, Human Rights Watch et la Coalition nationale pour les réfugiés haïtiens concluaient dans un rapport intitulé *Le viol en Haïti : une arme de terreur* (*Rape in Haïti : A Weapon of Terror*) qu'il existait « une campagne de violation systématique des droits de la personne incluant manifestement le viol »[232].

Accusations de viols de nature politique : Clinton, Aristide et la gauche

En 1994, le président des États-Unis, Bill Clinton, a donné une importance prioritaire aux accusations de viols à motivation politique lorsque, à la veille de l'invasion américaine d'Haïti, il a décrit la junte militaire haïtienne comme étant « le régime le plus violent de notre hémisphère » et fait référence à la « campagne de viols, de torture et de mutilation » du FRAPH. Il a aussi mentionné « l'exécution d'enfants, le viol de femmes et l'assassinat de prêtres » et « le meurtre d'orphelins haïtiens » pour aucune autre raison que ceux-ci avaient « nourri de la sympathie envers le président Aristide » et parce qu'Aristide « était propriétaire d'un orphelinat à l'époque où il était prêtre ». Enfin, Clinton a dit ceci à propos des soldats et des policiers :

> [Ils] violent les femmes et les filles de dissidents politiques présumés, de jeunes filles de 13, 16 ans ; ils massacrent, mutilent, et laissent là des membres pour avertir et terrifier le reste de la population ; des enfants sont forcés de regarder tandis que le visage de leur mère est tailladé à coups de machette[233]…

C'était un portrait très sombre et on ignore dans quelle mesure Bill Clinton y croyait réellement. En 1993, il a gelé les avoirs de gens d'affaires de l'élite haïtienne finançant la terreur. Notons toutefois que 15 ans plus tard, en 2009, ces mêmes personnes deviendront ses partenaires d'affaires au moment de lancer l'Initiative mondiale Clinton en Haïti. Par ailleurs, sous la présidence de Clinton, les services de renseignement des États-Unis aideront éventuellement les membres du FRAPH à sortir de prison, saisiront leurs dossiers pour ensuite refuser de les remettre aux tribunaux haïtiens qui cherchaient à poursuivre des membres du groupe et, selon certaines sources, continueront de les financer.

L'ONU et l'OEA, ironiquement les deux organisations internationales qui accordaient de la crédibilité aux allégations, sont également à l'origine d'un rapport qui suggère que la violence de nature politique n'était pas aussi généralisée qu'on le prétendait. En octobre 1993, la mission des droits de la personne de l'ONU et de l'OEA en Haïti, la MICIVIH, a engagé 230 spécialistes des droits de la personne de 45 pays. Ils ont travaillé à temps plein à partir de 13 bureaux situés dans les neuf départements haïtiens de l'époque (Haïti compte maintenant 10 départements) pour passer le pays au peigne fin à la recherche de victimes et de témoins de violence et de viols de nature politique.

En août 1995, soit deux ans plus tard et un an après le retour d'Aristide et le rétablissement de son gouvernement, la mission avait toujours 193 spécialistes répartis dans 11 bureaux d'un bout à l'autre du pays consignant les abus et cherchant à mener des recours judiciaires pour les crimes politiques commis à l'époque de la junte. Malgré la durée et l'ampleur de ces enquêtes, les preuves n'étaient suffisantes que pour porter 142 affaires devant les tribunaux. Après avoir examiné les éléments de preuve, les tribunaux ont accepté 73 cas. On ignore combien concernaient des accusations de viol. Histoire de mettre les choses en perspective, notons que, même s'il s'agissait entièrement de cas de viols, le nombre serait tout de même inférieur aux 120 cas rapportés à Daytona Beach, en Floride, durant les trois semaines de vacances scolaires printanières (*Spring Break*) en 2010. Je ne prétends pas ici qu'un petit nombre d'atrocités est acceptable. Cependant, on était loin d'une vague de criminalité aux proportions épidémiques[234, 235, 236].

Une autre initiative est venue faire planer des doutes quant à la possibilité d'un nombre abominable de viols : la « Commission nationale de vérité et de justice », créée par l'administration d'Aristide quelques mois après le retour du président. Son objectif était de « faire la lumière sur ce qui est arrivé durant la période du coup d'État ». En d'autres mots, vérifier s'il y a effectivement eu des agressions, des viols et des exécutions systématiques. Quatre commissaires haïtiens y siégeaient, ainsi que trois dignitaires étrangers, conférant une certaine crédibilité internationale à la Commission. Six analystes de données ont été engagés à temps plein et huit autres à temps partiel, ainsi que 44 enquêteurs à temps plein, tous disposant de brillants états de service dans le domaine des droits de la personne à l'international. La Commission a passé en revue tous les rapports des organisations des droits de la personne, dont les 142 cas de l'ONU et de l'OEA, et plus de 800 cas de l'avocat et militant haïtien Camille Leblanc. Elle a enregistré les cas de quiconque était prêt à porter plainte. Au final, ils en sont arrivés à 8 677 victimes de 18 629 délits. C'était là une entreprise très sérieuse.

Cependant, la véracité de bon nombre de ces cas a été grandement remise en cause trois ans plus tard lorsque le rapport final a été « gardé caché dans les dossiers du ministre de la Justice », selon *Le Monde diplomatique*. Le rapport demeurait à l'abri des regards exactement là où les représentants du gouvernement Aristide prétendaient que leurs sympathisants avaient été maltraités. Le rapport n'a jamais été rendu public. Seules les recommandations ont été publiées[237].

Les dirigeants d'un gouvernement dont les membres ont été systématiquement victimes de viols et d'assassinat sont de nouveau aux commandes de l'État, sous la protection des forces de l'ONU. Il leur tarde de discréditer les putschistes de droite qui les ont évincés du pouvoir et ont assassiné leurs membres les plus influents. Pourquoi refuser de publier les résultats d'une enquête approfondie sur les atrocités commises contre leurs sympathisants ? La réponse la plus plausible (et aucune autre raison n'a été donnée), c'est que bon nombre des allégations étaient sans fondement. Aussi, on est en droit de se poser la question suivante : pourquoi des citoyens se seraient-ils donné la peine de prétendre avoir été torturés et violés ? Voici la réponse.

Les visas à l'étranger pour les victimes de viol

Le coup d'État de 1991 a suscité une période de désespoir généralisé. Les 70 pour cent de la population qui avaient voté pour Aristide et nourrissaient l'espoir de réels changements ont vu cet espoir disparaître sous une rafale de balles. Leur prêtre-sauveur a été contraint à l'exil et il ne fait aucun doute que les plus importants sympathisants d'Aristide ont ensuite été ciblés et persécutés. Certains ont été victimes de viols, d'assassinats. D'un autre côté, le contexte politique revêtait un avantage très différent pour les masses de déshérités : la possibilité d'émigrer.

À l'époque, et aujourd'hui encore, pratiquement chacun des Haïtiens parmi les 80 pour cent les plus démunis veut émigrer aux États-Unis. Et pour de bonnes raisons. À Miami, un homme ou une femme physiquement apte au travail pouvait gagner entre 50 et 100 $ par jour. En Haïti, un enseignant avait de la chance s'il pouvait gagner 100 $ par mois, voire s'il pouvait travailler tout court. Dans le secteur structuré, il se trouve environ trois emplois pour 100 adultes haïtiens. Tout ça sans compter l'absence de soins médicaux, de services sociaux et d'enseignement de qualité pour les enfants. Une enquête menée avant le coup d'État révélait que 100 pour cent des personnes interrogées aimeraient obtenir un visa pour les États-Unis, bien qu'un tel visa soit hors de portée pour la plupart d'entre eux. De plus, dans les dix années précédant le coup d'État, quelque 30 000 Haïtiens risquant leur vie en mer pour atteindre le continent américain ont été arrêtés, emprisonnés pendant des années ou renvoyés en Haïti. Dans ce pays, il était soudainement possible non seulement d'obtenir un visa, mais d'obtenir un permis de résidence accompagné d'une aide financière. L'asile politique était maintenant accessible. Les Haïtiens se sont rués vers la mer.

Dans les six mois qui ont fait suite au coup d'État, 30 000 Haïtiens sont embarqués sur des bateaux, soit autant que dans les dix années précédentes. La grande majorité de ces migrants savaient pertinemment qu'ils seraient interceptés par les garde-côtes américains sur leur embarcation flottant tout bonnement dans le passage du Vent entre Cuba et Haïti. C'était voulu. Ils seraient ensuite emmenés à la base militaire américaine de Guantanamo qui, à l'époque, servait de camp de détention pour les réfugiés haïtiens. C'est là qu'ils seraient internés jusqu'à ce qu'on détermine s'ils remplissaient les conditions requises pour l'octroi de l'asile politique. Voilà le nœud de l'histoire : « les conditions requises ».

En 1992, alors étudiant à la maîtrise, je suis demeuré assis pendant trois semaines sur une plage haïtienne pour interroger ceux qui embarquaient sur ces bateaux. J'ai essayé moi-même de faire le voyage, mais un sergent de l'armée haïtienne m'en a empêché. Ensuite, au Centre des réfugiés de Miami, j'ai passé quatre jours dans une pièce remplie de ces Haïtiens qui venaient d'arriver. Ils s'étaient rendus à Guantanamo puis avaient été transférés à Miami pour un entretien sur leur demande d'asile. Assis à une table, je traduisais pour un professeur de droit de l'Université Notre-Dame et ses trois étudiants. Les demandeurs d'asile haïtien entraient tour à tour, s'assoyaient à la table et nous racontaient leur histoire. Le processus n'était pas simple. Un demandeur d'asile devait prouver ceci : 1) il craignait d'être persécuté ; 2) il risquait d'être persécuté en raison de sa race, de sa religion, de sa nationalité, de ses opinions politiques ou de son groupe social ; et 3) le gouvernement était soit complice de la persécution, soit incapable de contrôler la persécution d'acteurs privés.

Dans chaque cas dont j'ai été témoin, l'histoire était alambiquée. Je traduisais, puis l'avocat de l'Université Notre-Dame hochait la tête. Je disais au demandeur d'asile qu'il devait faire mieux que ça, puis l'histoire changeait. Ceux qui avaient une bonne histoire voyaient leur demande approuvée. Les autres, la majorité, étaient déportés en Haïti[238, 239].

Des 64 000 Haïtiens interceptés en mer par la garde côtière américaine entre 1991 et 1994, environ 17 000 ont obtenu l'asile politique. On ignore combien d'Haïtiens ont obtenu des visas sous de faux prétextes, mais une chose est certaine : la violence, qu'elle ait été réelle ou non, était la clé du succès. Dans le cas des femmes, il était plus particulièrement difficile de prouver avoir été victime de persécution. La sphère politique haïtienne est dominée par les hommes. Aussi, il était difficile pour une femme cherchant à obtenir l'asile politique de démontrer qu'elle participait à la vie politique. Pour certaines, la réponse était un mari militant politique en cavale. Si la femme avait été victime de viol, c'était encore plus convaincant. Imaginez : un juge des États-Unis qui refuse l'asile à une femme haïtienne prétendant avoir été violée en guise de représailles contre les activités politiques de son époux. Pour certaines, une telle histoire a servi de laissez-passer aux États-Unis. Selon le coordonnateur de l'ambassade des États-Unis de l'époque, Luis Moreno, 25 pour cent des demandeurs d'asile étaient des femmes dont 5 pour cent ont affirmé avoir été violées. Ce n'est pas beaucoup. Cependant, ce nombre a augmenté considérablement au fil du règne de la junte[240, 241, 242].

À ceux qui se disent : « C'est complètement tordu, comment peut-il suggérer une telle chose ? », je vous prie de m'écouter jusqu'au bout. Les Haïtiens désirant obtenir un visa n'étaient pas les seuls à utiliser la rhétorique des viols à motivation politique en leur faveur. Les sympathisants d'Aristide et de la gauche politique persécutée en faisaient tout autant. Des militants et des journalistes des États-Unis et de la France, ainsi que des politiciens haïtiens (alors accusés et calomniés de toutes parts par les putschistes de droite qui les avaient chassés du pouvoir) invoquaient le viol des sympathisants d'Aristide dans ce qui deviendra une guerre de propagande pour attirer la sympathie des politiciens américains et discréditer l'opposition. Comme nous l'avons vu, même Bill Clinton, la veille de l'invasion d'Haïti, déclara que la junte militaire violait systématiquement « les femmes et les filles de dissidents politiques présumés »[243].

Et pourquoi Clinton n'aurait-il pas invoqué les accusations de viol ? Il devait justifier la mobilisation de l'armée américaine. Aristide et ses partisans, en plus d'avoir été chassés du pouvoir, persécutés et même assassinés dans bien des cas, ont été victimes d'un assaut de propagande de la part de l'élite haïtienne et de ses alliés au sein des services de renseignement des États-Unis. Sous l'administration Bush, la CIA a dépeint à tort Aristide comme un déséquilibré accro aux médicaments psychothérapeutiques ayant déjà été interné dans un hôpital psychiatrique. Lors d'une séance à portes closes du Congrès, la CIA offrira une synthèse de cette analyse en qualifiant Aristide de « marxiste cinglé ». Il a plus tard été démontré que toutes ces accusations étaient fausses.

Par ailleurs, Aristide et les hautes instances de son parti devaient très certainement croire à la véracité du viol systématique de leurs sympathisants. De leur point de vue, c'était tout à fait crédible. Ils avaient vu de leurs propres yeux la brutalité des forces paramilitaires. Et, en effet, des viols et des assassinats avaient été confirmés. Aristide et son administration ont possiblement été les premiers surpris de découvrir qu'il n'y avait pas eu autant de viols qu'on le suggérait, que les preuves pointant vers des motifs politiques étaient insuffisantes pour bon nombre des accusations ou que bien des viols n'avaient tout simplement pas eu lieu.

Pas même les représentants du gouvernement américain sur le terrain en Haïti ne semblaient y croire. Dans un communiqué du 12 avril 1994 envoyé au secrétaire d'État Warren Christopher ayant éventuellement filtré, Ellen Cosgrove, spécialiste des droits de la personne à l'ambassade des États-Unis, écrivait ceci :

> La gauche haïtienne, y compris le président Aristide et ses sympathisants à Washington et ici, manipulent, voire inventent des violations des droits de la personne comme outil de propagande. La vérité est pour eux un outil malléable permettant d'atteindre un objectif politique louable. On peut citer pour exemple la soudaine épidémie de viols signalée par les militants de défense des droits de la personne pro-Aristide et la MICIVI. Pour une variété de raisons culturelles (guère plaisantes à imaginer[vii]), le viol n'a jamais été considéré ni signalé comme un crime répandu. Les sympathisants purs et durs et intransigeants d'Aristide comparent régulièrement la situation des droits de la personne en Haïti au carnage en Bosnie. Pour tout dire, nous accueillons avec un certain scepticisme cette soudaine montée du nombre de viols qui survient au même moment où les militants d'Aristide cherchent à établir un lien entre Haïti et la Bosnie, en particulier lorsque l'on tient compte du contexte culturel[244].

Les services d'immigration et de naturalisation des États-Unis n'y croyaient pas vraiment non plus. Auparavant, les Haïtiens recueillis en mer avaient droit à un entretien à titre de demandeurs d'asile, mais la politique a changé dans les débuts de l'administration Bush et ils étaient maintenant déportés directement en Haïti. Lorsque Bill Clinton a été

[vii] N.D.A. une référence à la justice populaire, par exemple la lapidation d'un agresseur mentionnée dans l'article de Beverly Bell.

élu président, une nouvelle vague d'espoir a déferlé sur le pays. Pendant la campagne présidentielle, Clinton a qualifié de « cruelle » et « inhumaine » la politique de Bush consistant à renvoyer les réfugiés haïtiens. Il a alors promis de mettre fin à leur rapatriement forcé. Cette promesse a donné beaucoup d'espoir aux Haïtiens désirant émigrer aux États-Unis, ce qui correspond à pratiquement toute la population haïtienne. Clinton s'en est vite rendu compte lorsqu'il est entré en fonction. Après un an au pouvoir, 25 302 Haïtiens avaient été recueillis en mer. Clinton devait remédier à la situation. D'ici peu, il était clair qu'il devait réinstaller Aristide au pouvoir en Haïti. Aussi, comme nous l'avons déjà vu, pour justifier ce retour et l'invasion d'Haïti, lui aussi a invoqué les viols, les meurtres et les présumées persécutions du FRAPH[245].

Le retour d'Aristide au pouvoir ruinait tout espoir de devenir un réfugié politique. Cependant, pour les femmes haïtiennes des classes inférieures, une nouvelle opportunité est vite apparue. Clinton, qui n'était pas intervenu assez rapidement pour arrêter « le viol systématique des femmes et des filles de dissidents politiques présumés », devait racheter sa faute. C'est à ce moment que les germes de l'épidémie de viols post-séisme ont été semés.

Compensations pour les victimes de viol

Une fois l'administration d'Aristide de retour au pouvoir en Haïti, le gouvernement des États-Unis a lancé des programmes d'aide aux victimes de répression violente sous le règne de la junte : allocations mensuelles, soins médicaux gratuits, formations gratuites, thérapies et indemnités de voyage. Les femmes avaient besoin de deux témoins pour « prouver » avoir été victimes de violence. Au total, 14 000 femmes rempliront ces conditions. Les victimes de viol constituaient la plus grande catégorie de victimes. L'effort a abouti à un grand projet : le Fonds des droits de la personne (Human Rights Fund, HRF). C'est ici, à la création du HRF, qu'on peut commencer à comprendre comment deux femmes semi-analphabètes des quartiers populaires – Marie Eramithe Delva et Mayla Villard-Appolon, les fondatrices de

KOFAVIV – sont arrivées, dix ans plus tard, à orchestrer une campagne massive contre le viol fondée principalement sur des allégations (qui ont toute l'apparence de mensonges) et à convaincre des militants, des journalistes et des bailleurs de fonds de leur véracité.

En 1994, Erica James, une doctorante en anthropologie de l'Université d'Harvard, s'est rendue en Haïti après le retour d'Aristide pour y effectuer des recherches. Ses observations donnent un bon aperçu de l'évolution, des coulisses et des origines corrompues de l'épidémie de viols en Haïti. Erica James a collaboré avec le HRF, le fonds créé par l'administration Clinton dont la tâche était de superviser l'aide destinée aux victimes de viol en Haïti. Ses recherches portaient sur les violations des droits de la personne, les viols, les agressions physiques, la torture et l'aide fournie aux victimes de traumatismes. Elle a collaboré avec le HRF pour un total de 27 mois entre 1995 et 2000.

Au début, elle était tout aussi crédule que Beverly Bell eu égard aux victimes[246]. Toutefois, tandis qu'elle perfectionnait son créole et commençait à mieux comprendre la culture haïtienne et les gens avec qui elle travaillait, Erica James a constaté certains faits inquiétants. Elle a mis en lumière les rouages de l'aide, décelé des schémas de corruption et de manipulation et décrit ce qu'elle qualifie de « performance de la victime ». Erica James propose une analyse pénétrante, concilie habilement témoignages et réflexions et tire des conclusions logiquement étayées avec une telle adresse que l'on comprend facilement pourquoi elle est maintenant professeure au célèbre Massachusetts Institute of Technology. Toutefois, par souci de simplicité (et la simplicité avec laquelle Erica James expose ses découvertes constitue l'un des plus beaux aspects de son travail), voici en substance ce que la chercheuse a découvert : bien des femmes avaient fait une profession du statut de « victime ».

En vue de maximiser les avantages perçus, les victimes affiliées aux programmes du HRF se sont jointes à de nombreux groupes de victimes de différents quartiers. Elles ont falsifié des prescriptions. Elles ont reçu des médicaments, qu'elles ont revendus. Elles ont falsifié des rapports de voyage. Et, dans l'une de ces tournures ironiques typiques du domaine de l'aide, comme le grand méchant loup déguisé en grand-mère, les victimes s'avéraient bien souvent être des prédateurs. L'une des deux victimes dont Erica James était la plus près s'est révélée être une violente criminelle dont les fils, dotés d'armes automatiques, taxaient les victimes désirant bénéficier des programmes de bourse et d'alimentation pour les enfants. Une autre victime proche d'Erica James était une présumée prostituée qui prenait de la drogue avec ses fils. Lorsque Erica James la renvoya de son poste, la femme explosa dans un excès de colère suivi de menaces de mort à ce point crédibles que le chef de projet suspendit temporairement la chercheuse jusqu'à ce que la femme ait quitté la région.

Malgré ces révélations, Erica James avait de la sympathie pour ces femmes et leur situation difficile et avoua « avoir de plus en plus de difficulté à faire la différence entre les victimes et les agresseurs ». Elle a aussi commencé à mettre en lumière quelques contradictions. Certaines des femmes qui relataient des histoires de viols et d'agressions horrifiques n'avaient jamais été violées ni battues. Elles avaient inventé ces histoires. Erica James raconte comment, dans l'un des cas, une femme, confrontée à la possibilité de perdre son soutien, a inventé une deuxième histoire d'agression. Dans d'autres cas, des femmes battues par la police ou des voisins pour des actes criminels ont mis en avant cette expérience pour intégrer un programme destiné aux victimes.

Selon moi, que des femmes désespérément pauvres mentent pour obtenir de l'aide ne fait pas d'elles de mauvaises personnes. C'est la réalité de la pauvreté. Imaginez tendre une bouée de sauvetage à quelqu'un qui se noie et lui dire : « Avant toute chose, veuillez démontrer que vous êtes une victime selon nos critères. » Ceci dit, ayant moi-même vécu des expériences semblables à celles d'Erica James, je peux confirmer qu'il n'est pas facile de composer avec le côté sombre de la pauvreté et les conséquences tordues de nombreux programmes d'aide. Il n'est pas facile d'apprendre que des bénéficiaires potentiels supplient, manigancent, mentent, falsifient, menacent et même volent pour obtenir de l'aide, ni que les esprits les plus criminels tenteront d'accaparer toute l'aide pour eux seuls. Et il n'est définitivement pas facile d'admettre s'être fait berner et exploiter. Cependant, refuser de le reconnaître revient à se cacher la tête dans le sable. C'était là le dilemme d'Erica James.

Au bout du compte, on ne sait jamais exactement si elle reconnaît avoir été bernée ou si elle refuse de l'admettre. Malgré le génie et l'honnêteté avec lesquels Erica James fait part de ses expériences et de ses découvertes, l'un des aspects les plus surprenants de son analyse est l'acharnement manifestement déployé pour ne pas admettre que bien des femmes mentent, pour éviter de faire face au côté sombre de la pauvreté. Dans ses écrits, Erica James cherche obstinément à excuser les femmes en tentant d'expliquer ce qu'une personne un tantinet plus pessimiste qualifierait tout simplement de mensonges. Malgré les nombreuses incongruités relevées vers la fin du programme eu égard aux viols signalés – certaines victimes allant jusqu'à modifier complètement leur histoire –, Erica James continua de défendre bec et ongles la crédibilité de ces femmes.

Par exemple, lorsqu'USAID a commencé à dégraisser le programme du HRF et que le personnel du HRF s'est vu contrait de supprimer l'aide de certains bénéficiaires, une vieille dame qui percevait une allocation pour sa fille victime de viol est sombrée dans le désespoir. Elle a modifié son histoire, soutenant que c'était elle, et non sa fille, qui était la réelle victime du viol. Erica James et les autres membres du personnel furent d'abord incrédules. Cependant, plutôt que considérer cette volte-face comme une tentative désespérée de conserver des indemnités de déplacement, des soins gratuits et des compléments alimentaires, Erica James l'a plutôt attribuée à « la honte qui s'est dissipée à mesure que la femme s'est sentie de plus en plus à l'aise avec le programme. »

Il n'y a pas que les femmes démunies qui exploitaient le programme. Aux échelons supérieurs, des directeurs haïtiens et des victimes employées par le HRF commettaient de méticuleux détournements de fonds. Certains des médecins haïtiens qui traitaient les maladies des victimes avaient aussi leurs combines. Un médecin a facturé 168 visites pour un seul patient. Un autre a été pris en flagrant délit de facturations multiples d'un même patient à un tarif dix fois plus élevé que le tarif normal de la clinique. Les étrangers et les bureaucrates responsables du programme étaient aussi aux prises avec leurs propres intrigues, occupés à mener de basses manœuvres politiques et à répandre des calomnies les uns sur les autres en vue d'assurer la pérennité du financement public dont ils tiraient leurs salaires. Des politiciens, toutes obédiences politiques confondues, utilisaient les récits des victimes et les données sur le nombre de viols et d'agressions (dont la véracité de bon nombre était, comme nous l'avons vu, suspecte) en vue d'accroître leur légitimité et de discréditer leurs adversaires.

En effet, les récompenses étaient bien réelles pour les bureaucrates. Camille Leblanc, l'avocat spécialisé dans la défense des droits de la personne qui avait enregistré 800 cas de victimes (cinq fois le nombre de l'ONU, dont très peu se sont rendus devant les tribunaux) deviendra ministre de la Justice au sein de l'administration Aristide. Encore une fois, il ne s'agissait pas seulement des Haïtiens. USAID-Haïti (dont le personnel devait gérer tout ce bordel) qualifiait le programme de désastre, tandis qu'USAID-Washington (qui devait apaiser les politiciens américains culpabilisant de ne pas être intervenus plus tôt contre la junte militaire) présentait le programme au Congrès comme un exemple de réussite pouvant racheter les souffrances et la répression vécues sous le règne de la junte.

En résumé, il s'agissait d'une espèce de frénésie de distribution massive d'aide aux victimes, un autre épisode de la Grande escroquerie de l'aide humanitaire en Haïti, dont les gens profitaient à tous les niveaux. Ce sont toutefois les victimes et la lutte pour l'argent des bailleurs de fonds qui ont catapulté le mouvement vers l'avant. En 1997, une fois l'intérêt pour la Commission nationale de vérité et de justice dissipée, Oxfam Canada et d'autres ONG canadiennes ont fondé le Tribunal international contre la violence à l'égard des femmes. Il s'agissait d'un autre procès du type Nuremberg, cette fois organisé par les ONG et modelé sur les tribunaux de génocide et de nettoyage ethnique au Rwanda et en Yougoslavie. Les féministes haïtiennes et américaines qui avaient le dernier mot concernant l'organisation du Tribunal avaient pour devise : « Fini les muselières. »

Lors du procès, les femmes ont raconté leurs histoires dissimulées derrière des écrans noirs. L'affaire comportait des rebondissements non sans rappeler les messes des églises pentecôtistes américaines en Haïti, où les sermons sont régulièrement interrompus par des « prophètes » qui se lèvent debout et annoncent avoir des « visions » de personnes commettant des péchés. Le procès, lui, était périodiquement interrompu non pas par des prophètes, mais par l'annonce des plus récents cas de femmes violées ou hospitalisées. Erica James, bien que favorable à la cause, s'est dite troublée par les performances. Cependant, elle n'a pas su articuler précisément pourquoi.

Victimes et travailleurs humanitaires : la lutte pour le butin

Retournons au siège du HRF, où travaillait Erica James. On vient de réinjecter 4 millions de dollars dans le programme. Une concurrence farouche fait rage entre les directeurs du programme et les victimes. Les victimes sont conscientes de la corruption parmi les hautes instances du HRF. Elles connaissent le montant élevé des salaires de la direction et l'importance encore plus grande des sommes détournées avant que l'aide n'arrive jusqu'à elles. C'est aux victimes que ces fonds sont destinés. Elles en sont les bénéficiaires légitimes et sont prêtes à se battre pour obtenir ce qui leur revient de droit. Le fonds se tarit et les victimes s'unissent : elles créent un forum où elles accusent officiellement les directeurs de chercher à les tuer avec de mauvais médicaments. Des menaces de mort sont proférées. Des vols qualifiés d'un synchronisme inexplicablement parfait ont lieu, ainsi que des meurtres non élucidés, même dans les plus hautes sphères : le consultant italien d'USAID, coresponsable de la mise en place du programme, a été assassiné[247]. Quelques jours plus tard, on assiste à l'épisode final : un attroupement de victimes envahissent le siège du HRF à la recherche des deux administrateurs. Elles ont des armes et des menottes. Les administrateurs, heureusement pour eux, avaient pressenti le risque de violence et quitté les lieux.

Pour éviter que la situation décrite par Erica James au sein du HRF ne soit interprétée comme un fait isolé, il convient de noter que le même phénomène se répétait dans un large éventail de programmes pour victimes financés par USAID. Les victimes avaient créé un véritablement mouvement social. Révoltés par l'interruption de leurs prestations d'aide, des membres de 14 programmes ont créé une espèce de congrès. Ils ont commencé à manifester devant les bureaux du gouvernement et à occuper certains lieux pour faire valoir leur droit à de l'aide. En mai 1999, soit plus de cinq ans après la fin du règne de la junte, le mouvement des victimes a atteint son point culminant avec une grande marche vers le Palais national, une occupation des lieux et une déclaration publiée dans les journaux et sur des pamphlets distribués à Port-au-Prince qui se terminait avec les mots suivants : « Vive les bonnes conditions de vie pour les victimes ! Vive la justice et les réparations pour les victimes ! »

Compte tenu de son importance critique, je réitère ce point : si certains Haïtiens, pour ne pas dire beaucoup, ont obtenu de l'aide de façon malhonnête, et s'il est effectivement déconcertant de voir un mouvement fondé sur des exagérations, des contrevérités et des mensonges éhontés, la situation en elle-même est tout à fait logique et compréhensible. Qu'il soit question de personnes prétendant avoir été torturées ou violées pour obtenir un visa ou de parents qualifiant leurs enfants d'orphelins ou d'esclaves, il y a, à cette époque comme aujourd'hui, une logique qui sous-tend les tromperies et les mensonges qu'on retrouve partout dans la sphère de l'aide humanitaire en Haïti. Les politiques néolibérales américaines (qui seront étudiées plus en détail dans le chapitre 10) avaient sonné le glas de bon nombre des sources de revenus traditionnelles des Haïtiens pauvres, notamment la production agricole aux fins d'exportation. Face à une économie en perte de vitesse, à une baisse du niveau de vie et à des quantités massives d'aide internationale transmises par l'intermédiaire d'ONG disposant de critères de « victimes » précis (orphelin, *restavek* ou victime de viol), ces femmes démunies qui mentaient et exagéraient ne faisaient rien d'autre que de tenter de survivre et de s'adapter à cette économie de l'aide émergente. Et la seule façon d'y arriver, c'était de répondre aux critères de sélection des bénéficiaires établis par les ONG. Il ne suffisait pas d'être pauvre. Il ne suffisait pas de vivre sous un gouvernement forcé à l'impuissance et d'avoir perdu ses moyens de subsistance. Vous voulez votre part du gâteau ? Vous devez être une quelconque « victime ».

Cependant, certains avaient une vision et un appétit plus grands que les autres, et c'est précisément dans le mouvement des victimes décrit précédemment que Marie Eramithe Delva et Malya Villard-Appolon, les cofondatrices de KOFAVIV, ont fait leurs débuts. Les deux femmes sont originaires de Martissant, où Erica James a travaillé, le pilier géographique et social du mouvement. Toutes deux soutiennent que leur mari a été battu à mort pour son militantisme politique. Toutes deux soutiennent avoir été violées pour la même raison. Plus tard, toutes deux se joindront à une organisation du nom de *Fanm Vayan de Martissant*, où elles travailleront comme organisatrices dans le cadre des campagnes pour les victimes et recevront de l'aide destinée aux victimes. Enfin, toutes deux mettront bientôt leurs compétences au profit de leur nouvelle organisation, KOFAVIV.

La genèse de KOFAVIV

Après le deuxième coup d'État contre Aristide en 2004, la guerre d'accusations et de mensonges entre la droite et la gauche a pris une tournure ironique. C'était maintenant la droite qui accusait la gauche de répression extrême.

Le G184 constitue l'exemple par excellence d'anciens sympathisants du FRAPH reconvertis en militants humanitaires. Le G184 était une autoproclamée « union de la société civile haïtienne » dirigée par Réginald Boulos, André « Andy » Apaid, Charles Baker et Olivier Nadal. Ces quatre magnats de l'industrie de la fabrication, tous détenteurs de passeports étrangers, avaient passé la majeure partie de leur vie en dehors du pays. À l'époque du premier coup d'État, tous avaient soutenu la junte militaire, tous avaient été qualifiés d'élite moralement répugnante par le président américain de l'époque Bill Clinton et tous avaient vu leurs avoirs gelés à l'étranger. Dix ans plus tard, les têtes pensantes du G184 sont arrivées à convaincre des associations de défense des droits comme *Alternatives* et *Rights & Democracy* qu'ils faisaient partie d'une « coalition d'organisations communautaires et d'un mouvement prometteur de la société civile ».

Se présentant comme des défenseurs de la liberté persécutés et réprimés, ces hommes, les plus riches du pays (à vrai dire, des hommes se comptant parmi les plus riches du monde), se plaignirent amèrement des violations des droits de la personne du gouvernement Aristide. Des stations de radio et quelques journaux haïtiens, la plupart détenues par l'élite, diffusèrent et publièrent un article. L'article fut cité dans le *New York Times* et le *Washington Post*. Ces mêmes journaux haïtiens à l'origine de l'article reprendront la citation pour prétendre qu'Aristide était qualifié de dictateur et accusé d'actes crapuleux dans les médias américains. Règle générale, le G184 faisait état de manifestations beaucoup plus importantes qu'elles ne l'étaient en réalité pour donner à la presse étrangère l'impression d'une opposition massive. Parfois, la lutte prenait une tournure absurde. À un moment, des entrepreneurs parmi les plus riches du pays se sont rassemblés dans le ghetto le plus pauvre et le plus pro-Aristide pour discuter de sa destitution. C'est comme si les clans Rockfeller, Bush et Kennedy se rendaient à Harlem pour discuter d'une procédure de destitution à l'encontre de Barrack Obama. Après avoir quitté le quartier sous une pluie de pierres, ils ont publié sur *We the Haitians*, un site Web de la « société civile », un article intitulé :

« Haïti : Jean-Bertrand Aristide, un tyran d'une malveillance inouïe,
utilise ses armes de destruction massive contre des défenseurs de la
démocratie et des droits de la personne »
www.wehaitians.com, 12 juillet 2003

L'objectif ultime de toute cette mascarade : gagner la sympathie des peuples et des gouvernements étrangers. Et l'outil de propagande le plus efficace s'avéra être le même qu'avait utilisé l'état-major d'Aristide 10 ans plus tôt : le viol. À la fois le G184 et la Coalition nationale pour les droits haïtiens, l'organisation de défense des droits la mieux financée du pays, attribuaient « sans ambages les viols au parti Fanmi Lavalas, le parti d'Aristide ». Voici un extrait d'un article publié le 16 mai 2014 dans le *Miami Herald* :

> Selon des observateurs des droits fondamentaux et des refuges pour femmes locaux, des centaines de femmes et de filles, certaines n'ayant même pas six ans, sont violées sans impunité, bien souvent par la police et des bandits armés pro-Aristide appelés « chimères ».
>
> Toujours selon eux, la situation des deux dernières années rivalise déjà avec la terreur infligée aux femmes par les régimes militaires et les escadrons de la mort au début des années 90[248].

En d'autres mots, les sympathisants d'Aristide qui accusaient de viol l'armée et les escadrons de la mort avaient été remplacés par la droite conservatrice ultra-riche qui accusait maintenant Aristide et ses partisans du même crime.

Du point de vue des victimes, l'identité du violeur – ou, devrais-je plutôt dire, l'identité de l'accusé – n'avait pas vraiment d'importance. Pour elles, l'objectif n'était pas politique, mais économique. Les victimes exigeaient des réparations. En septembre 2006, des centaines de victimes envahirent de nouveau les rues à l'occasion de la marche « Debout pour défendre nos droits ». Cette fois-ci, on trouvait à la tête du mouvement Marie Eramithe Delva et Malya Villard-Appolon, laquelle affirmait alors avoir été violée une deuxième fois en 2003. Voici la déclaration des dirigeantes de KOFAVIV[249] :

> Nous, les femmes victimes, dont bon nombre sont issues des classes les plus pauvres de la population, avons décidé aujourd'hui de dire non à toutes les formes de violence et de discrimination auxquelles nous avons été soumises ces 200 dernières années. Nous sommes des victimes de viol. Des groupes armés ont fait irruption dans nos maisons, ont volé tous nos biens, nous ont violées ainsi que nos filles, ont incendié nos maisons, nous ont menacées. Beaucoup d'entre nous ont été forcées de quitter leur domicile et de dormir à flanc de montagne. Nous avons perdu nos marchandises commerciales et nous n'avons pas les moyens d'envoyer nos enfants à l'école. Lorsque nous ouvrons la bouche pour parler, nous risquons d'être menacées ou tuées[250].

Des données qui racontent une autre histoire

Était-ce vrai ? Forcément, il y avait une part de vérité. Mais quelle était l'étendue des exagérations et de la propagande lors de cette deuxième vague de viols ?

Ce qui clochait notamment lors des précédentes « épidémies » de viols en Haïti, c'était le nombre de cas signalés et même les chiffres cités par les organisations de défense des droits et les journalistes. Ces chiffres étaient loin de soutenir la thèse d'une épidémie.

Dans les années 90, Haïti avait l'un des taux de viol les plus bas au monde, selon les chiffres de l'ONU, incluant toutes les accusations de viol politique. En effet, les organisations de défense des droits avaient de la difficulté à mettre de l'avant des chiffres justifiant leur indignation. En 1999, deux ans après le Tribunal sur les viols, Radhika Coomaraswamy, rapporteuse spéciale sur la violence contre les femmes de l'ONU, s'est rendue en Haïti pour étudier la question des viols. Dans son rapport, elle indique qu'entre novembre 1994 et juin 1999, le ministère de la Condition féminine et des Droits des femmes a enregistré 1 500 cas de sévices ou d'agressions sexuelles contre des filles âgées de 6 à 15 ans. La population d'Haïti étant d'environ 8,5 millions à l'époque, ce qui correspond à 650 000 filles dans ce groupe d'âge. Une fille sur 433 aurait été victime d'agressions sexuelle, soit environ 0,23 pour cent. Si l'on porte foi à la crédibilité de ces chiffres (précisément ce que faisaient les journalistes écrivant sur les viols en Haïti), on doit conclure que les filles haïtiennes étaient beaucoup, beaucoup plus en sécurité que leurs homologues aux États-Unis, où une fille sur 14 entre la cinquième et la huitième année scolaire signale avoir été victime d'agression sexuelle. C'est 17,5 fois le taux haïtien. Le risque de viol était même beaucoup plus grand chez les garçons américains que chez les filles haïtiennes. Un garçon sur 33 affirme avoir été victime de sévices aux États-Unis, soit 7,5 fois le taux des filles haïtiennes.

De 2004 à 2006, l'époque de la deuxième grande épidémie de viols en Haïti, on observe les mêmes résultats. Cette période était considérée comme la plus violente depuis le règne de la junte militaire de 1991 à 1994. En effet, elle était encore pire. Des troupes paramilitaires d'élite venaient de renverser le gouvernement. Elles avaient décimé et démoralisé les forces de police, dont certains membres s'adonnaient maintenant à l'enlèvement et aux vols. Les troupes paramilitaires de droite, ne recevant pas les récompenses et la reconnaissance auxquelles elles s'attendaient, se retrouvaient maintenant armées, les dents longues et tout aussi mécontentes que les anciens policiers. Les membres de groupes paramilitaires du camp opposé, ceux qui s'étaient ralliés au gouvernement déchu, étaient amers, exigeaient le retour de leur président élu démocratiquement et s'attendaient à être la cible d'attaques à tout instant. Le gouvernement de droite et l'opposition de gauche avaient distribué des armes et un soutien financier aux gangs – ou, selon les points de vue, aux « rebelles » et aux « brigades de défense communautaires ». C'était un vaste foutoir. Aujourd'hui comme à l'époque, la plupart des habitants de Port-au-Prince considèrent que la société s'est alors pratiquement effondrée. La criminalité et les conflits violents organisés ont atteint des sommets. Les chars d'assaut des Nations Unies n'osaient pas entrer dans certains quartiers défavorisés de la ville. Le nombre d'enlèvements, de meurtres et de viols aurait explosé[251].

Quelle était donc l'ampleur de la situation ?

Vers la fin de cette période, en 2006, Athena Kolbe, une étudiante de la Wayne State University, et son professeur Royce Hutson réalisèrent ce qu'on appellera par la suite « l'étude du *Lancet* » : une enquête sur la violence à Port-au-Prince menée auprès de 1 260 ménages. Les résultats furent publiés par la prestigieuse revue médicale *The Lancet*. Il s'agissait de l'unique étude publiée visant à évaluer l'ampleur des viols et de la violence en Haïti dans la foulée du coup d'État à l'aide d'un échantillonnage statistique. Quels furent les résultats ?

Selon Kolbe et Hutson, il y aurait eu 35 000 agressions sexuelles dans les deux années ayant fait suite au coup d'État. Des données effroyables.

Au cours des deux années ayant précédé l'enquête, 3,1 pour cent de toutes les Haïtiennes avaient été victimes d'agression sexuelle, dont la moitié avant l'âge de dix-huit ans. Ce sont là des statistiques horribles. Plus précisément, 35 000 viols au cours d'une période de 22 mois à Port-au-Prince, une ville d'un million et demi d'habitants, correspondent à 1 073 viols par 100 000 personnes par année[252]. Pour mettre ces chiffres en perspective, notons que c'est 80 fois plus élevé que la moyenne de 12,5 viols par 100 000 personnes par année enregistrée par l'ONU en 2002 pour 50 pays et neuf fois plus élevé que le taux le plus élevé au monde, celui de l'Afrique du Sud, à 115 cas par 100 000 personnes[253].

Il y avait toutefois quelques problèmes.

D'abord, il s'avéra que Kolbe était une sympathisante d'Aristide et journaliste-militante de gauche qui, un an avant de publier l'étude, avait changé son nom, Lyn Duff, pour Athena Kolbe, tout en continuant de publier des nouvelles pro-Aristide sous son ancien nom. Et les résultats de sa recherche étaient profondément biaisés en faveur d'Aristide : on y suggérait que le nouveau gouvernement de droite utilisait le viol comme arme politique, une affirmation qui contredisait les allégations de la presse et même de KOFAVIV.

Il ne fait aucun doute que Kolbe/Duff était encline à exagérer et à manipuler ses données, et même prête à mentir à ce sujet. Cela deviendra tout à fait clair dans ses études et ses projets d'affaires académiques subséquents. Je consacre une attention particulière aux extraordinaires combines (ou activités criminelles, selon le point de vue) de Kolbe dans le chapitre suivant. Elles illustrent de manière exemplaire le peu d'importance qu'accordent les organisations humanitaires à la qualité des données et de la recherche et avec quel empressement ces mêmes organisations cautionnent toute information leur permettant d'amasser des dons, peu importe la source ou la méthodologie de recherche.

Mais pour le moment, tenons-nous-en à l'essentiel : des données d'autres sources suggéraient des taux de viols nettement inférieurs à ceux signalés par Kolbe et Hutson. En 2006, 155 victimes de viols, dont 77 étaient des filles de moins de 18 ans, ont demandé de l'aide dans l'un ou l'autre des 21 centres d'aide de la SOFA, cette même organisation dont la directrice Olga Benoit m'avait d'abord expliqué avoir *beauuuucouuuup* de réserves à l'égard des données de KOFAVIV. Les données de la SOFA pour 2007 et 2008 sont semblables. Si des journalistes avaient pris connaissance de ces données (et pourquoi ne l'auraient-ils pas fait ?), ils en seraient venus à la conclusion qu'Haïti avait l'un des taux de viols les plus bas au monde. Nous parlons ici d'une population de neuf millions d'habitants et d'un nombre de viols annuels qui correspond à la moitié du nombre de viols généralement signalés pendant les trois semaines de vacances scolaires printanières, le *Spring Break*, à Daytona Beach en Floride[254, 255].

De plus, subsistait une question fondamentale sur les données de Kolbe et de Hutson, une question que tout le monde, y compris les chercheurs eux-mêmes, semblait ignorer : l'étude étant menée dans un contexte particulier (après 10 ans de campagnes et de politiques des victimes où ces dernières se sont vues offertes une éducation gratuite, des soins médicaux gratuits, des allocations et des indemnités de voyage) et dans des endroits particuliers (précisément dans ces quartiers où l'on trouvait des programmes pour les victimes), combien de personnes interrogées étaient prêtes à mentir sur la question des viols dans l'espoir d'en retirer des avantages ? On ignore la réponse. Il est intéressant de noter que dans une étude subséquente de Kolbe et de Hutson (l'étude de l'Université du Michigan), 20 pour cent des personnes affirmant avoir été victimes de viol après le séisme avaient aussi déclaré avoir été victimes de viol en 2004. Et il est aussi intéressant de noter que, si la majeure partie des agressions sexuelles sont généralement perpétrées par des personnes connues de la victime, plus de 75 pour cent des personnes interrogées par Kolbe et Hutson ont affirmé avoir été attaquées par des criminels qu'elles ne connaissaient pas. Au final, on ignore combien de personnes ont menti à Kolbe et Hutson dans l'espoir d'obtenir de l'aide destinée aux victimes. Dans les quartiers les plus démunis du « pays le plus pauvre de l'hémisphère occidental », où USAID a mené pendant six ans un programme de dédommagement aux victimes de plusieurs millions de dollars, on peut supposer que certains des répondants ont eu la présence d'esprit de répondre « oui » aux enquêteurs débarqués de nulle part pour savoir s'il y avait des victimes dans la maison[256, 257].

On était bien en droit de se demander quel était le réel fond de l'histoire. Haïti était dépeint comme l'un des pires endroits au monde pour les femmes. Les seules données faisant état d'une épidémie de viols étaient extrêmement contestables : elles provenaient d'une journaliste et militante pro-Aristide qui avait changé son nom et participait à la vie politique locale. Parallèlement, selon les données des organisations féministes haïtiennes crédibles et de la police haïtienne, la situation aux États-Unis était, dans le meilleur des cas, semblable à celle d'Haïti, mais en réalité probablement bien pire.

Quel était le fond de l'histoire ? La réponse était la même que pour les orphelins et les enfants esclaves : le statut de victime permettait d'obtenir de l'aide, et pas seulement pour les présumées victimes de viol.

KOFAVIV : les victimes prennent le contrôle

En 2003, dans un contexte de nouvelle vague d'accusations de viol, Marie Villard-Appolon, la codirectrice de KOFAVIV, maintenant âgée de 46 ans, a de nouveau été victime de viol. C'est à ce moment que, en collaboration avec Marie Eramithe Delva, elle a fondé sa propre organisation dans le but d'éliminer les ONG, les étrangers et autres intermédiaires de la chaîne de l'aide. Elles lui ont donné le nom de KOFAVIV, l'acronyme de *Komisyon Fanm Viktim pou Viktim* (Commission des femmes victimes en faveur des victimes). En bref, ce sont les victimes – et non les médecins, le gouvernement ou les ONG – qui aident les victimes ; et, par voie de conséquence, qui contrôlent les dons destinés aux victimes. KOFAVIV était d'abord et avant tout une organisation de victimes de viol. Ne prenant aucun risque, les codirectrices ont aussi décrit l'organisation comme étant « formée d'anciens enfants esclaves »[258, 259].

De la création de KOFAVIV aux années précédant le séisme, des ONG, des groupes internationaux de défense des droits de la personne et des organisations de l'ONU ont commencé à évoquer des taux de viols plus exagérés que jamais. Comme dans le cas des *restaveks*, les journalistes toujours avides d'histoires sur la pauvreté, la misère et la violence en Haïti étaient on ne peut plus heureux de rapporter leurs propos. En décembre 2007, Alex Renton et Caroline Irby du quotidien britannique *The Guardian* se trouvaient à la tête du peloton, écrivant que « selon l'ONU, 50 pour cent des jeunes femmes des violents bidonvilles d'Haïti ont été victimes de viol ou d'agression sexuelle ». À ce moment, cela faisait déjà trois ans que l'ONU n'avait pas même pénétré Cité Soleil, le plus grand quartier populaire d'Haïti. L'article faisait ensuite état de roulements à billes implantés dans le pénis des hommes (une pratique répandue dans les prisons du monde, probablement originaire de l'Australie), de gangs dévoués exclusivement au viol et même de gangs de lesbiennes également dévoués exclusivement au viol. Il est aussi intéressant de noter qu'Alex Renton et Caroline Irby furent « les hôtes » de l'ONG britannique Oxfam pendant leur séjour en Haïti et que, à la fin de l'article, les lecteurs « désirant en apprendre davantage sur le travail de l'organisation en Haïti et ses programmes contre la violence à l'égard des femmes dans le monde » étaient invités à visiter le site Web d'Oxfam où, bien sûr, il leur était possible de faire un don pour combattre tous ces viols.

Puis vint le tremblement de terre[260, 261, 262].

L'ÉPIDÉMIE DE VIOLS : L'APRÈS-SÉISME

L'épidémie de viols après-séisme s'est « déclarée » une fois l'enthousiasme envers les secouristes estompé, exactement au moment où les bilans d'orphelins complètement exagérés ont perdu leur crédibilité. C'est alors que l'épidémie et les articles vus précédemment ont envahi la scène. Les crises se succédaient l'une après l'autre : après avoir épuisé jusqu'à la dernière goutte un thème horriblement sensationnaliste, la presse passait au suivant. Et quiconque désirait constater sur place l'existence de l'épidémie de viols pouvait compter sur KOFAVIV.

En mars, Jayne Fleming, une avocate de San Francisco, s'est rendue en Haïti pour s'entretenir avec des victimes de viol. KOFAVIV lui en a présenté « un grand nombre », a déclaré l'avocate à la presse. « Je suis ici depuis cinq jours et j'ai discuté avec 30 survivantes (de viol), y compris une dizaine de mineures. Leurs histoires sont horribles, de quoi tomber en état de choc catatonique. » Et pourquoi Jayne Fleming interrogeait-elle des victimes de viol ? En compagnie d'une équipe d'avocats bénévoles des États-Unis, elle s'était rendue au pays pour « trouver des Haïtiens ayant potentiellement droit à un visa humanitaire pour aller vivre aux États-Unis ». Encore une fois, on faisait miroiter la possibilité de visas à une population désespérée.

Permettez-moi ici de faire une mise au point. Encore une fois, notons que je n'ai rien contre les personnes démunies qui obtiennent des visas ni même qui mentent pour les obtenir. Si j'étais pauvre et coincé en Haïti et qu'à tout moment mes enfants pouvaient très bien contracter la fièvre typhoïde, le paludisme ou le choléra, je mentirais comme un arracheur de dents pour leur permettre de partir pour un ciel plus clément. J'essaie tout simplement de comprendre et d'expliquer pourquoi les ONG et la presse ont créé l'épidémie de viols et pourquoi autant d'Haïtiennes démunies étaient prêtes à mentir à ce sujet. Je ne prétends pas non plus que les hautes instances des ONG ont comploté pour inventer de toute pièce une épidémie de viols. Selon moi, il s'agit tout simplement d'un autre exemple où les mensonges et les exagérations sont dans l'intérêt supérieur de toutes les parties désirant attirer la sympathie et des dons. Et il est fascinant de voir comment ces intérêts peuvent converger avec une précision quasi scientifique sans même s'appuyer sur l'ombre d'une preuve. Vers la fin de 2013, avec l'aide d'avocats internationaux comme Jayne Flemming, des organisations communautaires haïtiennes (principalement KOFAVIV) et des ONG comme CARE qui faisaient des pieds et des mains pour s'associer à KOFAVIV ont obtenu gain de cause devant le Haut-Commissariat des Nations Unies pour les réfugiés (UNHCR) : 40 victimes se sont vues délivrer un visa humanitaire pour les États-Unis et le Canada. C'était un nombre peu impressionnant, particulièrement à la lumière des milliers de victimes existantes selon les estimations de Kolbe et de Hutson et les données de KOFAVIV de l'époque. Cependant, lorsque l'on considère l'impact sur la vie de celles qui ont obtenu un visa (et, plus important encore, sur l'espoir de celles qui n'en ont pas obtenu), ce devait être comme gagner le million à la loterie nationale. Celles qui ont obtenu un visa étaient autorisées à emmener leur famille avec elles. Cent cinq fils, filles, mères, pères, frères et sœurs ont accompagné les 40 victimes, pour un total de 145 visas. Une fois à destination, ils obtiendraient de l'argent, un logement, des allocations et une instruction gratuite.

Je le répète, je n'ai rien contre l'aide aux victimes de viol. Par ailleurs, je ne remets certainement pas en doute les motifs ni la sincérité d'avocats comme Jayne Flemming. Mon objectif est de comprendre ce qui poussait toutes ces personnes à se déclarer victimes. Dans ce cas-ci, la réponse me semble relativement claire : la nouvelle des visas accordés aux collaboratrices de KOFAVIV a dû se répandre dans les camps comme une traînée de poudre. Visas gratuits pour toute la famille ! Billets d'avion gratuits ! Logements gratuits sur place ! Des allocations ! Une éducation gratuite ! Les dames de KOFAVIV ont probablement été traitées comme de véritables héroïnes. Et bon nombre de familles coincées dans les camps ont dû se demander : « L'un d'entre nous devrait-il se dire victime et tenter sa chance ?[263] »

La confirmation des experts et chercheurs

Comme nous l'avons vu dans les chapitres précédents, l'UNICEF et Save the Children ont récolté une montagne de dons en surfant sur la menace de l'esclavage et de la traite des enfants. De la même manière, des articles de journaux et des rapports d'ONG rédigés par des journalistes et des travailleurs humanitaires ingénus à peine sortis de l'avion ont donné lieu à un afflux de dons pour les victimes de viol. La principale source de désinformation ? KOFAVIV. En gage de crédibilité, l'organisation avait l'appui de la prestigieuse organisation féministe MADRE, de l'Institut pour la justice et la démocratie en Haïti (IJDH), du Bureau des avocats internationaux (BAI) et des facultés de droit de l'Université de Virginie et de l'Université du Minnesota.

Le 12 juillet, KOFAVIV a fait suite à l'article bientôt célèbre de Beverly Bell publié le 25 mars (*Nos corps toujours secoués : les viols font suite au séisme en Haïti*) avec un article intitulé *Nos corps toujours secoués : le combat des femmes haïtiennes contre le viol.*

Athena Kolbe était également de retour sur scène. Cette fois-ci, elle était accompagnée de Robert Muggah, un chercheur de l'organisme Small Arms Survey, et de six autres professeurs universitaires. Aucun d'entre eux n'avait jamais fait d'études ni de recherches en Haïti. En fait, Kolbe elle-même, après avoir travaillé et vécu avec des orphelins en Haïti pendant 12 ans, ne parlait ni créole ni français. Cependant, forts d'un appui financier des Nations Unies et de l'Université du Michigan, Kolbe et ses disciples se sont penchés eux aussi sur le sujet de l'heure, les viols. Kolbe et ses collègues ont conclu que dans les six semaines ayant fait suite au séisme, des femmes, des filles, des bambins et des bébés de Port-au-Prince avaient été violés dans des proportions qui, sur une base annuelle, correspondraient à sept pour cent de toutes les femmes du pays. Les résultats dépassaient de loin ceux de la précédente étude de Kolbe. La République démocratique du Congo, où Muggah a aussi travaillé et où 12 pour cent des femmes sont victimes d'au moins un viol au cours de leur vie, n'est rien en comparaison de ces statistiques. Pour quiconque connaissait Haïti et s'intéressait à la question, l'absurdité des résultats de la recherche n'avait d'égal que la prétention de Kolbe et des professeurs d'avoir réellement effectué leur enquête.

Deux mois avant le séisme, Kolbe et Muggah ont mené une enquête auprès de 1 800 ménages de Port-au-Prince. Maintenant, ils affirmaient avoir revisité exactement les mêmes ménages puis localisé et interrogé les locataires. Soyons clairs : six semaines après le tremblement de terre, ils ont envoyé les mêmes enquêteurs interroger les mêmes personnes en vue d'évaluer la situation et l'incidence des crimes post-séisme et ont retrouvé 93 pour cent d'entre elles, tout ça en l'espace de deux semaines. Nous parlons d'une période où 30 à 40 pour cent de la population de Port-au-Prince vivait dans des camps, 25 pour cent avait fui la capitale pour la campagne et 10 pour cent s'était réfugié à Miami ou en République dominicaine. Leurs affirmations n'ont jamais été remises en question par quiconque. Je reviendrai à Kolbe et cie et les constatations suspectes de leurs enquêtes dans le prochain chapitre. Avant tout, finissons-en avec l'épidémie de viols[264, 265, 266, 267, 268, 269].

Les travailleurs humanitaires et les journalistes touchent le gros lot

L'épidémie de viols s'est avérée être une mine d'or tout aussi payante que la crise des orphelins. Absolument toutes les grandes ONG et plusieurs agences des Nations Unies ont collecté de l'argent pour combattre la violence envers les femmes. Par contre, à l'été et à l'automne 2010, Haïti s'effaçait progressivement des nouvelles. Le sujet des viols dans les camps n'était bon que pour les journalistes retardataires n'ayant pas les moyens de se rendre en Irak. La machine a toutefois redémarré en 2011, tandis qu'approchait l'anniversaire du séisme et que les médias renouvelaient leur intérêt envers Haïti. Avec pour guides et sources d'information les codirectrices de KOFAVIV, des enquêteurs d'Amnesty International ont rédigé un rapport accablant qui s'ouvrait sur une citation brutale d'une victime de viol :

> Dans notre camp, on ne peut pas vivre en paix. La nuit, nous ne pouvons pas sortir. Il y a tout le temps des coups de feu, des incendies… Là où je vis, j'ai peur. Nous avons peur. Nous pouvons être violées à tout moment. Nous sommes forcées de vivre dans la misère.

Selon Amnesty International, la plupart des agresseurs étaient des « hommes armés et des gangs de jeunes arpentant les camps après la tombée de la nuit ». Le rapport faisait état de femmes ayant été violées à deux ou trois reprises, de familles dont la grand-mère, la fille et la petite-fille avaient toutes été violées. Les journalistes avaient de nouveau touché le gros lot.

« Rapport : les cas de viols en hausse dans les camps post-séisme d'Haïti »

FoxNews.com, 6 janvier 2011

« Les femmes sont victimes de viols systématiques dans les camps de réfugiés sordides d'Haïti »

Yahoo News, 6 janvier 2011

« Les viols atteignent des niveaux dignes d'une "crise" dans les camps post-séisme haïtiens »
BBC, 13 janvier 2011

« Les viols sont très répandus dans la foulée du séisme de 2010 qui a ravagé Haïti, selon un rapport »
New York Daily News, 23 janvier 2011

« Les viols prolifèrent dans les gravats du séisme haïtien »
Los Angeles Times, 4 février 2011

Changement de discours et prix journalistiques

En 2012, les codirectrices de KOFAVIV ne se plaignaient plus aux journalistes que la fille de Marie Eramithe Delva avait été « presque violée » après le tremblement de terre. On venait de faire la lumière sur une nouvelle horreur : dans les mois qui ont fait suite au séisme, la fille de Malya Villard-Appolon, l'autre codirectrice de KOFAVIV, *avait* été violée. Ce fut un coup terrible pour la mère, qui manifestement n'a pris connaissance de l'événement que deux ans plus tard. Elle-même avait été deux fois victime de viol et son mari, le père de sa fille, avait succombé aux blessures infligées par un violeur tandis qu'il tentait de la défendre (une autre histoire qui avait connu des modifications). Plutôt que d'avoir été violée en 1993 en raison des allégeances politiques de son mari, le viol était maintenant l'unique motif. Selon la version des journaux, les agresseurs avaient tué le mari *pour pouvoir violer Malya Villard-Appolon*. Confrontée à la révélation tardive que, deux ans plus tôt, sa fille avait été violée, Malya Villard-Appolon s'est lamentée auprès des journalistes de CNN : « Je n'arrive pas à vous décrire comment je me suis sentie quand j'ai appris la nouvelle. Moi aussi, j'ai été une victime. J'ai commencé à me demander, quelle est cette génération à laquelle j'appartiens ? Suis-je maudite ? » Lorsque Malya Villard-Appolon amena sa fille au poste de police, l'un des policiers chargés de l'affaire aurait déclaré : « Les filles ont vraiment les mœurs faciles », ce qui n'est pas sans rappeler le « Allez porter plainte au président » lancé par la police à Marie Eramithe Delva lorsque cette dernière déposa une plainte pour le viol de sa fille[270].

Le courage et la résilience de Malya Villard-Appolon en dépit de tous ces abus ont été célébrés avec tambour et trompettes sur la scène internationale. Déjà nommée parmi les « Héros de 2010 » de RH Reality Check (une organisation créée pour fournir « des nouvelles basées sur des faits »), elle figurait maintenant parmi les 10 héros de 2012 de CNN, un titre accompagné d'un prix de 50 000 $. Tout au long de l'année, CNN a fait l'éloge de Malya Villard-Appolon et de KOFAVIV dans des reportages de type « Portrait d'une héroïne ». Parallèlement, avec des reportages aux titres comme « La culture du viol en Haïti », la chaîne dépeignait le pays comme les journalistes ont toujours voulu le dépeindre : l'enfer sur terre.

D'autres histoires personnelles avaient aussi changé. Deux ans après le séisme, l'histoire de Timafi, la fillette de quatre ans victime de viol, avait aussi connu des modifications. Dans la version originale de Beverly Bell (qui parle couramment le créole et travaille en Haïti depuis 30 ans) publiée dans le *Huffington Post*, il n'y avait aucune place pour l'ambiguïté : on y déclarait précisément que, « cette histoire a été racontée par Helia Lajeunesse, une formatrice en droits de l'enfance de KOFAVIV », suivi du commentaire suivant de Beverly Bell :

> La petite-fille de Helia Lajeunesse, Timafi Youyoute (nom d'emprunt), quatre ans, vit en dehors de la ville de Jérémie avec sa mère, le copain de sa mère et sa petite sœur tout juste née. Le 14 mars, la mère envoya Timafi à la maison du voisin pour acheter un pot de riz. Alors qu'elle sortait de la maison du voisin, Dekatrel Jacqué, 17 ans, a offert de la ramener chez elle. Il l'a plutôt amenée au cimetière, où il a couvert la bouche de la petite fille avec sa main avant de la violer.

Beverly Bell elle-même est catégorique quant à l'exactitude de l'histoire. Elle m'a écrit un courriel dans lequel elle m'assure très bien connaître l'enfant et la famille, raison pour laquelle elle a suivi de près l'agression et la suite de l'affaire. Il n'y aurait donc pas de raison de croire qu'elle se serait trompée. Cependant, un an et demi plus tard, le 21 novembre 2011, la grand-mère Helia Lajeunesse offrait une nouvelle version de l'histoire. Dans un entretien avec Angela Robson par le journal britannique *The Guardian*, on pouvait lire ceci :

> — La situation était déplorable. Nous buvions dans des flaques d'eau et dormions dehors. La nuit, des gangs armés venaient dans la cour et terrorisaient tout le monde.
>
> Helia était à ce point inquiète qu'elle a envoyé sa petite-fille vivre avec un parent dans un camp de déplacés en périphérie de Port-au-Prince. Cette semaine-là, l'impensable s'est produit. La petite-fille de cinq ans a été violée.
>
> — J'ai tourné la page en ce qui concerne ma propre expérience, s'est exclamée Helia. Mais comment peut-on jamais tourner la page sur une telle atrocité ? Il a déchiré son petit corps.

Personne ne peut boire dans une flaque d'eau en Haïti et espérer survive (et aucun Haïtien sain d'esprit n'oserait essayer), ce qui suggère que Helia pourrait être encline à l'exagération. Mais oublions cet aspect. Et oublions également le fait que dans le deuxième témoignage, Timafi a été rétrospectivement transportée de Jérémie à un camp de déplacés de Port-au-Prince 250 km plus loin, où le viol aurait eu lieu. Une chose demeure : c'est une histoire horrible, encore plus horrible dans cette nouvelle version, où l'on apprend que Timafi elle-même est le fruit d'un viol. En 2004, la grand-mère Helia Lajeunesse et sa fille, qui avait 17 ans à l'époque, ont été victimes de viol. Tout comme Malya Villard-Appolon, le mari de Helia Lajeunesse a été tué au moment du viol. Timafi serait née de cet événement, le viol de la fille de 17 ans. La journaliste, Angela Robson, remportera éventuellement un prix pour son article. Pour KOFAVIV, il s'agissait d'une autre histoire d'une cruauté dépassant l'imagination qui l'aidera à maintenir ce qui était maintenant un afflux massif de don.

L'aspect financier de l'épidémie de viols

Personne ne saura jamais combien d'argent a été amassé pour combattre l'épidémie de viols. J'ai demandé à KOFAVIV, qui ne m'a pas répondu. Nous savons toutefois qu'en 2011, KOFAVIV était devenue une véritable machine à collecter des dons. Des gens comme Terry Lundgren, le directeur général de Macy's, la designer Rachel Roy et Martha Stewart ont visité les bureaux de l'organisation[271]. Hillary Clinton lui a rendu hommage dans un discours[272]. Parmi les organisations et personnes qui ont collaboré avec KOFAVIV, lui ont offert une vitrine sur leur site Web et ont sollicité des dons en son nom, on compte l'organisation USA for UNHCR[273], le Robert F. Kennedy Center for Justice and Human Rights[274], l'International Rescue Committee[275], Michael Moore[276], Global Giving[277], le Fonds mondial pour les femmes[278], Partner's in Health[279], Digital Democracy[280], Frontline[281], et l'Unitarian Universalist Service Committee[282].

Les revenus de leur partenaire américain MADRE sont passés de 795 674 $ en 2009 à 2,9 millions de dollars en 2010. En 2011, la Fondation Avon a accordé 286 613 $ à KOFAVIV et à MADRE. La Banque mondiale leur a donné 500 000 $ par l'entremise de son programme d'intervention sociale rapide, un fonds d'affectation spéciale multidonateurs[283]. Jamais on ne saura comment cet argent a été dépensé. L'United States Institutes for Peace leur accordera 150 000 $[284]. USAID, un montant non précisé[285]. Enfin, comme nous l'avons vu, en 2012, Mayla Villard-Appolon recevra personnellement 50 000 $ à titre d'héroïne de CNN.

Et, en effet, du point de vue des ONG et des journalistes, Marie Eramithe Delva et Malya Villard-Appolon étaient des héroïnes. KOFAVIV avait fait plus que toute autre organisation pour maintenir un flot de mensonges et veiller à ce que les organisations humanitaires puissent continuer de surfer sur cette vague de dons des bonnes âmes horrifiées désirant aider les victimes de viol en Haïti. La contribution de

KOFAVIV à la Grande escroquerie de l'aide humanitaire en Haïti fut exceptionnelle[286].

Suis-je un salaud pour suggérer que certaines personnes sont prêtes à prétendre avoir été violées pour obtenir de l'aide ? Peut-être. Mais je ne suis pas le seul à soulever des incohérences. En réalité, j'étudie cette question depuis assez longtemps pour ne pas *penser* que c'est possible : je le *sais*, tout simplement. Et, au fil des années qui passent, de plus en plus de gens m'ont donné des raisons de le croire.

En 2012, je soupais un soir avec une journaliste très connue d'un grand journal canadien. Je lui ai fait part de mes observations concernant l'épidémie de viols, de mes découvertes sur KOFAVIV, sentant le malaise croître au fur et à mesure. Lorsque j'ai terminé, elle a répondu qu'elle n'était pas d'accord avec moi. Cependant, elle a reconnu avoir décidé de ne plus utiliser KOFAVIV comme source parce qu'il était clair que la femme qui lui servait d'informatrice lui mentait à propos de ce qui lui était arrivé. Lorsque je lui ai demandé si je pouvais utiliser l'histoire et son nom, elle a refusé[287].

À tout le moins, comme dans le cas du bilan des victimes, j'ai pu laver quelque peu ma réputation. Le journaliste Ansel Herz, qui avait eu honte pour moi lors de ma remise en cause de l'épidémie de viols devant ses collègues journalistes-militants, et pour qui j'ai énormément de respect en raison de sa couverture intrépide de la situation à Port-au-Prince dans la semaine qui a fait suite au séisme, m'a écrit ceci le 8 janvier 2013 :

> Il y a quelques jours, j'ai eu une conversation enrichissante qui devrait t'intéresser. Un de mes amis haïtiens travaille avec une petite et sérieuse ONG qui offre des refuges et un soutien aux victimes de violence sexuelle à Port-au-Prince. De vraies victimes. Selon lui, voici l'un des principaux problèmes auxquels l'ONG fait face : KOFAVIV et, dans une moindre mesure,

FAVILEK, n'arrêtent pas de lui envoyer des gens avec des histoires inventées – des femmes et des filles à qui on a dit de prétendre avoir été violées pour obtenir de l'aide humanitaire. Il collabore avec ces groupes depuis longtemps et fut autrefois très solidaire, mais maintenant, il est de plus en plus sceptique et doute même que les fondatrices de KOFAVIV aient été victimes de viol, comme elles le soutiennent[288].

Vrai ou faux ? Qu'est-ce que ça change ?

Devrions-nous garder le silence à propos de tels mensonges ? Il est délicat et difficile d'élever des doutes concernant des allégations de viol. Selon les chercheurs des pays développés, entre 2 et 8 pour cent des accusations de viol seraient fausses. Cependant, dénoncer ces mensonges peut être lourd de conséquences politiques. Si l'on persécute les femmes ayant porté de fausses accusations de viol, on ouvre la porte à des abus dans les cas de viols réels. Il devient plus aisé pour les agresseurs de persécuter les femmes qui ont vraiment été violées. Ces dernières, déjà apeurées et traumatisées, sont d'autant plus effrayées. Mais qu'en est-il si de 80 à 90 pour cent des accusations de viol sont fausses, voire plus ?

Je peux imaginer comment je me sentirais si ma femme ou l'une de mes filles était violée et que la police n'en avait rien à faire parce ma plainte se perdait dans le brouhaha de centaines de femmes avec dix enfants chacune venues crier qu'elles et leurs filles ont toutes été violées.

Et qu'en est-il de celles qui exploitent les femmes à l'origine des accusations ?

En mars 2012, je me suis retrouvé au Kenya à titre de consultant pour l'ONU. Nous visitions des fabricants de perles massaïs. Assis dans une fausse hutte massaïe, les flammes de chandelles vacillant tandis que nous attendons un souper exquis et pas très massaï, j'ai commencé à expliquer en profondeur à quel point KOFAVIV me semblait corrompue. Oubliant la personne à qui je parlais (une célèbre designer et féministe, elle-même une victime de viol, qui préfère conserver l'anonymat), j'ai poursuivi mon discours, mentionnant même explicitement le nom de KOFAVIV. À un certain moment, j'ai réalisé qu'il se pourrait très bien que la célèbre féministe collabore avec KOFAVIV. Et en effet, une fois terminé, à mon plus grand désarroi, elle commença à parler. Elle est sur le point de me remettre à ma place, me suis-je dit. Mais voici ce qu'elle a plutôt répondu :

— Je crois que tu as probablement raison à propos de KOFAVIV. Nous lui avons donné du travail de confection de perles pour les victimes de viol. Les victimes n'ont jamais été payées.

Lorsqu'elle a demandé à Malya Villard-Appolon et à Marie Eramithe Delva de rendre des comptes, elles ont répondu que le travail en soi était une « thérapie ».

Les journalistes sont tombés sur la tête : la thérapie par le viol

Le 29 juin 2011, comme à un certain moment pour le bilan des morts élevé et la crise des orphelins, tout l'édifice de l'épidémie de viols semblait sur le point de s'écrouler. La journaliste Mac McClelland, son esprit hanté par des images tragiques de la violence sexuelle qu'elle s'imaginait partout autour d'elle en Haïti, a été prise de panique. Elle a ensuite écrit sur le sujet. Ses souvenirs d'un environnement où partout des femmes étaient violées et des hommes lascifs vous déshabillaient du regard constituaient un cauchemar digne du scénario d'un horrible film de zombis. Une fois de retour chez elle, Mac McClelland demeura à ce point hantée par ses souvenirs qu'elle se résigna à les occulter par l'entremise d'une violente relation sexuelle avec un ami. Elle a demandé à son ami de la violer. Elle a ensuite décrit et publié l'histoire dans le magazine en ligne *GOOD*[289]. La réaction fut rapide et explosive. Après 18 mois de journalisme débridé digne des pires tabloïds, soudainement, trente-six femmes journalistes ayant travaillé en Haïti (une liste où Michelle Faul et Beverly Bell brillaient par leur absence) semblent s'être rendu compte que quelque chose ne tournait pas rond. Elles ont écrit une lettre aux rédacteurs en chef de *GOOD* :

À l'intention des rédacteurs en chef :

En tant que femmes journalistes et chercheuses ayant vécu et travaillé en Haïti, nous vous écrivons aujourd'hui pour vous exprimer nos inquiétudes quant au portrait d'Haïti dépeint par Mme McClelland [...] Nous croyons que la façon dont elle utilise Haïti comme toile de fond de son récit est sensationnaliste et irresponsable.

À nous 36, nous avons habité et travaillé en Haïti pendant de nombreuses années, effectuant des reportages et des études sur le pays bien avant et bien après le séisme. Nous avons toutes passé d'innombrables heures dans les camps et les quartiers à parler avec des Haïtiens ordinaires de leur adaptation à la catastrophe et à ses conséquences. Nous nous estimons tenues d'intervenir conjointement dans le cas présent [...]. En décrivant un pays où abondent les armes, un « chaos répugnant » et des « gangs de violeurs monstrueux qui rôdent dans les camps en papier pelure », [Mac McClelland] peint un portrait dystopique d'Haïti digne d'un roman conradien qui ne sert qu'à souligner sa propre bravoure d'avoir osé s'y rendre. Elle déploie des stéréotypes sur Haïti qui auraient mieux fait de demeurer dans un autre siècle : des hommes sauvages en proie à toutes sortes de perversions, un climat de violence et de chaos permanent, le danger imprégné dans l'ADN de la République noire[290].

Malheureusement, ces stéréotypes dégradants sur le pays sont chose courante [...].

L'Haïti que décrit Mme McClelland n'est pas l'Haïti que nous connaissons. En effet, nous avons tous vécu dans une paix et une sécurité relatives là-bas [...]. En tant que femmes qui connaissent et adorent Haïti, nous sommes profondément troublées par l'approche de Mme McClelland [...].

Bien que nous soyons heureuses d'apprendre que Mme McClelland a trouvé un semblant de paix intérieure, la prochaine fois, nous aimerions l'inviter à ne pas faire d'Haïti une victime collatérale[291, 292, 293].

Voilà la métaphore parfaite du traitement médiatique d'Haïti, et même du monde de l'aide humanitaire. Toutes les femmes journalistes dignes de ce nom en Haïti se sont rassemblées pour se plaindre de la dénaturation de la réalité attribuable à « l'épidémie de viols ». Malheureusement, aucune n'a mentionné ou remarqué le point essentiel : ce sont les journalistes et les organismes humanitaires eux-mêmes qui ont fabriqué cette épidémie[294].

Puiser à la source : la visite des bureaux de KOFAVIV

Dix-neuf mois après le tremblement de terre, je suis assis dans le bureau plutôt confortable de Marie Eramithe Delva, la codirectrice de KOFAVIV. J'accompagne une délégation de représentants syndicaux du Canada dirigée par Roger Annis, le fondateur et président du Réseau de solidarité Canada-Haïti. On m'a retiré de la liste des consultants de Food for Peace, le programme d'USAID. Depuis le fiasco du bilan des victimes, je suis une figure beaucoup trop controversée sur le plan politique. À l'époque, je n'arrive pas à trouver de boulot. C'est ainsi que, à court de travail, j'offre des services de guide-interprète. Marie Eramithe Delva nous parle, assise derrière un grand bureau en acajou.

— KOFAVIV a très bien réussi. Il n'y a plus de viols.

— Les taux de viols ont diminué ?, demandai-je, oubliant mon rôle.

— Non, ils ont augmenté.

— Ils ont augmenté ?

— Je parlais des données là où nous travaillons. Ça n'inclut pas les données des autres organisations dans les autres camps.

Ce qu'elle affirme, semble-t-il, c'est que KOFAVIV a éliminé les viols où ou elle travaille, mais que la situation s'exacerbe ailleurs. Ça me semble difficile à avaler.

— Avez-vous des données ?

— Non, mais les taux de viol ont assurément augmenté, affirme-t-elle avant de passer à un autre sujet.

Tandis qu'elle parle, je songe à l'article de Beverly Bell. On y lisait que des 3 000 membres de KOFAVIV, 300 avaient péri le jour du séisme et que pratiquement toutes les autres avaient perdu leur maison. Ça aussi, ça me semblait difficile à avaler : 300 membres, soit 10 pour cent, et pratiquement toutes les 2 700 survivantes qui perdent leur maison. Le séisme avait fait entre 0 et 1,5 pour cent de morts parmi l'effectif des ONG en Haïti. Il avait détruit, ou abîmé au point d'être trop dangereuses pour y habiter, 20 pour cent des maisons de Port-au-Prince. Les chiffres de KOFAVIV semblaient suspects. Par curiosité (et la récente controverse du bilan des morts planant toujours sur moi), je me demande si KOFAVIV affirme toujours que 300 de ses 2 700 membres ont été tuées. C'est ainsi que j'interromps poliment les gens pour qui je traduis et demande à Marie Eramithe Delva combien de membres de son organisation ont été tuées par le séisme.

— Selon une enquête auprès de nos 3 000 membres, répond-elle, 1 950 sont décédées[295, 296].

À la sortie de notre rencontre avec Marie Eramithe Delva, une femme se trouve derrière la porte. Elle mène la délégation vers une dame assise dans la salle de réception avec son bébé. Je sors dans le vestibule, à la recherche d'une cigarette. Tandis que je scrute la rue devant moi pour y trouver un vendeur ambulant, l'une des femmes de notre « délégation » m'approche et, très près, me demande à voix basse si j'ai de l'argent sur moi.

— Pour quoi faire ?

— Pour la mère et le bébé.

— Quel est leur problème ?

— Le bébé a été violé la nuit dernière.

— Le bébé ? Quel âge a-t-il ?

— Je l'ignore, un an ?

— Je ne veux pas paraître méchant ou méfiant, mais qu'est-ce qu'un bébé victime de viol fait ici dans un bureau ? Ce n'est pas une clinique.

— Ça semble bizarre, n'est-ce pas ?

— Écoutez, je ne sais pas comment contredire quelqu'un qui prétend avoir dans les bras un bébé victime de viol, mais si c'était mon bébé, je ne serais pas là assis dans le vestibule d'une ONG. Je serais à la clinique.

— C'est louche n'est-ce pas ? Comme si on nous attendait.

— Effectivement.

J'ai ensuite sorti mon portefeuille et je lui ai donné un billet de 100 $. Puis elle a donné le billet à la mère. Comment peut-on refuser d'aider un bébé qui vient d'être violé ?

L'inimaginable

Le soir du 22 août 2013, tandis que l'épidémie de viols semblait s'effacer de la mémoire des journalistes et des donateurs, l'inimaginable s'est produit. Les chiens de Mayla Villard-Appolon ont été empoisonnés. Des hommes armés ont attaqué sa maison. Des hommes se sont présentés au bureau de KOFAVIV, brandissant leurs armes. Les deux codirectrices ont reçu des dizaines de menaces par téléphone et par message texte. Des hommes traquaient leurs filles, visiblement pour se venger du militantisme de leurs mères et pour leur faire payer leur propre courage d'avoir osé revendiquer leurs droits en tant que victimes, un scénario qui n'était pas sans rappeler 2010. Il était temps de partir. Au milieu de 2014, les fondatrices et leurs familles ont obtenu des visas humanitaires pour les États-Unis. Elles sont allées vivre à Jenkintown, en Pennsylvanie. Un militant qui travaillait à l'époque avec Villard-Appollon et Delva me raconta plus tard que les menaces, l'intimidation et la violence provenaient non pas d'hommes mystérieux qui défendaient leur droit de violer les femmes, mais de partenaires furieux de ne pas avoir reçu leur part du gâteau[297].

Épilogue : une enquête discrète

En novembre 2012, soit près de trois ans après le séisme, j'ai enfin eu la chance d'élaborer une enquête visant à évaluer les taux de viol en Haïti. CARE International m'a engagé pour mener une étude sur l'impact de leurs programmes d'égalité homme-femme à Léogâne, l'épicentre du séisme, et près de Carrefour, un quartier populaire du Grand Port-au-Prince fortement urbanisé de 500 000 habitants, reconnu comme l'un des quartiers les plus violents de la ville.

Pour éviter de donner l'impression aux personnes interrogées qu'elles pourraient obtenir de l'aide et pour préserver leur intimité, nous avons eu recours à une technique différente de celle utilisée pour l'enquête de l'Université du Michigan et l'organisme Small Arms Survey mentionnée précédemment. Plutôt que de demander précisément si la personne interrogée ou d'autres membres du ménage avaient été violées, nous avons demandé : « Connaissez-vous des gens qui ont été victimes de viol depuis le séisme ? » Nous avons opérationnalisé la définition de « connaître » de manière à obtenir une inférence statistique plus élaborée du « réseau » de la personne (le nombre de personnes qu'elle connaît). Plus précisément, nous avons expliqué aux personnes interrogées que « connaître quelqu'un » signifie que :

- Vous reconnaissez la personne et celle-ci vous reconnaît également.
- Vous connaissez son nom et elle connaît le vôtre.
- Vous avez parlé avec cette personne au moins une fois depuis le séisme.
- Vous pourriez prendre contact avec elle si vous le désiriez.

L'enquête a révélé que des 1 643 personnes interrogées, seulement six pour cent connaissaient une personne ayant été victime de viol depuis le séisme, à savoir sur une période de trois ans. En d'autres mots, le nombre d'hommes et de femmes connaissant une personne ayant été victime de viol dans les trois années après le séisme correspondait au tiers du nombre de personnes que Kolbe et al. se seraient attendues à *avoir été* violées, selon les taux observés dans les six semaines ayant fait suite au séisme. D'après nos calculs issus de l'analyse des réseaux (en supposant que les réponses obtenues sont représentatives des taux de viol réels), dans les trois années qui ont fait suite au séisme, les taux de viol à Carrefour et à Léogâne, deux des zones les plus durement touchées (Carrefour étant par ailleurs l'une des zones les plus urbanisées et où les taux de criminalité sont les plus élevés dans le Grand Port-au-Prince), les taux de viols étaient de 6,32 victimes par 100 000 personnes. En comparaison, les taux de viols aux États-Unis en 2010 étaient de 27,3 victimes par 100 000 personnes, soit quatre fois nos estimations pour Léogâne et Carrefour[298].

9

Données et capital politique : les imposteurs

LA FLEUR DE L'ÂGE

En 1994, une jeune femme nommée Lyn Duff se rend en Haïti. Elle n'a que 18 ans, mais sait exactement ce qu'elle veut faire dans la vie. Elle a déjà été journaliste pour *Flashpoints*, un programme de la *Pacifica Radio KPFA*, une station d'extrême gauche de San Francisco. Elle arrive maintenant en Haïti pour y fonder ce qui deviendra plus tard l'une des principales stations du pays, *Radio Timoun* (*Radio Enfants*). À l'époque, le président Jean-Bertrand Aristide est revenu d'exil. Duff, tout en œuvrant à la création de la radio, habite dans un orphelinat du président à Port-au-Prince et donne un coup de main avec les enfants. Elle y vivra pendant trois ans et demi. Pendant cette période, elle s'éprend d'admiration pour le président. Voici, par exemple, ce que Lyn Duff a écrit dix ans plus tard lorsque Jean-Bertrand Aristide a été chassé du pouvoir pour une deuxième fois en 2004, manifestement avec le soutien de la Delta Force des États-Unis :

> Un quart de million d'enfants haïtiens n'ont pas de toit (sic]. Pendant trois ans et demi, j'ai travaillé et souvent vécu avec les enfants de *Lafanmi Selavi*, un refuge qui abrite certains de ces jeunes sans-abri. C'est là que j'ai fait la connaissance de Jean-Bertrand Aristide, non pas seulement à titre de président du pays le plus pauvre de l'hémisphère occidental, mais en tant que père, enseignant, ami et figure parentale pour des centaines d'orphelins de la rue[299].

Lyn Duff a quitté Haïti en 1997. Dans les deux années qui ont suivi, elle a couvert des conflits en Israël, en Croatie, en Irak, au Vietnam et dans plusieurs pays d'Afrique. Lorsque les États-Unis ont envahi l'Afghanistan en 2001, elle se trouvait sur le front pour couvrir l'événement. Puis, quand Aristide a de nouveau été chassé du pouvoir en 2004, elle est revenue en Haïti. Selon Duff, maintenant une correspondante expérimentée de 28 ans, Jean-Bertrand Aristide était infiniment différent du portrait qu'on en faisait dans la presse. Elle était de retour au pays pour remettre les pendules à l'heure. Duff entreprit de défendre le gouvernement Aristide et de mettre en lumière les violations du régime au pouvoir soutenu par l'ONU et les États-Unis. De nouveau employée par *Radio KPFA*, Duff effectuait des reportages cinglants[300, 301, 302] :

> « Un reportage de Lyn Duff sur un membre de Lavalas fuyant les escadrons de la mort »
> *Radio KPFA*, lundi 29 mars 2004

> « En Haïti, Lyn Duff rend compte de la violence à l'encontre des militants prodémocratie et de l'arrestation de hauts responsables du gouvernement Aristide »
> *Radio KPFA*, 26 avril 2004

« En Haïti, Lyn Duff nous parle des enfants qui sont la cible d'escadrons de la mort appuyés par les États-Unis en raison de leur travail dans une station de radio jeunesse »
Radio KPFA, 1er juin 2004[303]

RÉORIENTATION DE CARRIÈRE

Les reportages de Duff avaient peu d'effet, voire aucun. Aristide était toujours en exil et l'ONU cherchait à mettre en place un gouvernement très favorable aux ennemis de droite d'Aristide. C'est à ce moment, en 2004, tandis qu'elle continuait de rédiger les articles mentionnés précédemment, que Lyn Duff s'est rendue au Michigan pour s'inscrire à la faculté de Travail social de la Wayne State University. Elle s'est inscrite non pas sous le nom de Lyn Duff, mais d'Athena Kolbe[304]. L'étudiante Athena Kolbe a toutefois continué de publier sous son nom d'origine des articles sur le sujet qui s'est révélé très efficace d'un point de vue politique pour chasser du pouvoir la junte de 1991-1994 : les accusations de viols de nature politique. Voici des exemples :

« Le viol comme arme de guerre : le monde a poussé les hauts cris pour la Bosnie, pourquoi pas pour Haïti ? »
par Wilma Eugene, tel que raconté à Lyn Duff
San Francisco Bayview, 29 mars 2006

« Le viol en Haïti »
Lyn Duff, *ZNET*, 24 février 2005

« Lyn Duff, envoyée spéciale de *Flashpoints*, interroge une survivante haïtienne des viols de masse de nature politique tandis que la communauté internationale reste passive »
KPFA, mars 2006

Puis Athena Kolbe a largué une bombe.

L'ENQUÊTE DU *LANCET*

Comme nous l'avons vu dans le chapitre précédent, en 2006, Kolbe et Roy Hutson, son professeur de la Wayne State University, ont publié les résultats d'une enquête dans laquelle ils affirmaient que dans les 22 mois ayant fait suite au renversement du gouvernement Aristide, période pendant laquelle les Nations Unies ont mis en place et appuyé un gouvernement de transition, 35 000 femmes ont été violées et 8 000 personnes assassinées à Port-au-Prince. L'enquête sera bientôt connue sous le nom d'« enquête du *Lancet* », le nom de la prestigieuse revue médicale dans laquelle les résultats furent publiés[305].

Histoire de mettre ces chiffres en perspective, notons qu'ils correspondent à 291 homicides par 100 000 personnes par année[viii] (la population du Grand Port-au-Prince étant évaluée à 1,5 million de personnes cette année-là). Cela correspond à 38 fois le taux d'homicide mondial à l'époque, et à six fois le taux de morts violentes en Irak de 2003 à 2013 (52,7 morts par 100 000 personnes). Ce taux était quatre fois plus élevé que les estimations de l'ONU pour Port-au-Prince à l'époque et trois fois plus élevé que le taux de 90,4 homicides par 100 000 habitants par année du Honduras, le plus élevé au monde[306]. En ce qui concerne les viols, comme nous l'avons vu dans le chapitre précédent, 35 000 viols sur une période de 22 mois pour une population d'un million et demi de personnes correspond à 1 073 viols par 100 000 personnes par année, soit 80 fois la moyenne de 12,5 viols par 100 000 personnes par année enregistrée par l'ONU en 2002 dans 50 pays et neuf fois le taux le plus élevé du monde, celui de l'Afrique du Sud, à 115 viols par 100 000 habitants[307].

C'était là des données consternantes. Cependant, ce qui les rendait encore plus terribles, c'est que 46 pour cent des homicides et 28 pour cent des agressions sexuelles étaient attribués aux autorités, aux gangs et aux forces paramilitaires qui soutenaient le gouvernement.

[viii] Mesure standard utilisée par les démographes.

Tout le reste était attribué à des criminels apolitiques. En d'autres mots, aucun viol ni homicide n'était attribué au gouvernement déchu d'Aristide, ce dirigeant que Duff aimait tant. Aucun, qu'il soit question de membres ou de sympathisants du gouvernement. C'est donc dire que la situation était la même que lors du règne de la junte militaire de 1991 à 1994. En réalité, cette fois-ci c'était plus grave, beaucoup plus grave. Selon ces statistiques, l'élite de droite au pouvoir était engagée dans une campagne terrible de viol et de meurtres d'une ampleur jamais vue sur terre[308].

Mythe ou réalité ?

Les sympathisants d'Aristide ont applaudi les résultats de Kolbe et de Hutson. Dans un texte d'opinion publié dans le *Miami Herald*, Ira Kurzban, l'avocat d'Aristide, a proclamé que le *Lancet*, cette « revue médicale respectée du Royaume-Uni », a « analysé scientifiquement la brutalité du régime [...] et confirmé les pires craintes de tout le monde[309] ».

Aux yeux de la plupart des observateurs, même en ignorant l'ampleur des chiffres évoqués, les conclusions n'avaient aucun sens. En effet, elles contredisaient les informations de la presse et des organisations féministes haïtiennes. Même KOFAVIV soutenait que les forces paramilitaires d'Aristide étaient responsables de la nouvelle vague de viols. Par ailleurs, l'équilibre des pouvoirs avait connu des transformations profondes depuis le règne de la junte militaire dix ans plus tôt. Si le gouvernement par intérim opprimait effectivement l'opposition, c'était sans le soutien de l'armée. Avec l'aide de l'ONU, Aristide avait dissous l'armée à son retour en 1994. Et il ne s'agissait plus des mêmes classes populaires dociles de la période 1991-1994. Certains des éléments plus radicaux étaient maintenant armés. Dans les deux années ayant fait suite au coup d'État, Port-au-Prince fut le théâtre d'une guerre civile larvée. D'un côté se trouvaient le nouveau gouvernement et l'élite traditionnelle. De l'autre côté, les sympathisants d'Aristide, armés et mécontents d'avoir été chassés du pouvoir. Et il n'y a pas que la presse et les organisations féministes qui accusaient ces derniers de recourir à la violence. À l'époque, la grande majorité des habitants de Port-au-Prince attribuaient aussi la violence aux sympathisants d'Aristide. Les plus grands quartiers populaires étaient des bastions pro-Aristide où régnaient des groupes paramilitaires. Les quartiers étaient déchirés par des guerres de territoire. Ni l'ONU ni la police haïtienne ne pouvaient même pénétrer Cité Soleil, le quartier qu'ils qualifiaient à l'époque d'« endroit le plus dangereux au monde »[310]. Il s'agissait du principal bastion de sympathisants d'Aristide. On y trouvait 350 000 personnes et 30 groupes paramilitaires armés. Les preuves ne manquaient pas : des cadavres, des enlèvements contre rançon… À partir de ces quartiers-refuges, les organisations paramilitaires lançaient des attaques, notamment des braquages à domicile, des enlèvements et des meurtres. La violence et la prédation étaient à ce point extrêmes que des anthropologues militants et des consultants que je connais personnellement en ont été victimes. La professeure Mary Catherine Maternowska, jadis une ardente sympathisante d'Aristide, s'est fait braquer sa voiture sa tandis qu'elle passait devant Cité Soleil. Elle croyait qu'on allait la tuer et, comme on peut se l'imaginer, fut à ce point terrifiée par l'incident qu'elle quitta Haïti. Ira Lowenthal et Alexis Gardella, deux anthropologues qui ont aidé des dizaines de membres du cercle rapproché d'Aristide à échapper la persécution en 1991, ont tous deux quitté Haïti lorsque leur meilleur ami et collègue, un autre consultant, a reçu une balle dans la tête lors d'un vol qualifié. Le tueur s'est révélé être un adepte d'Aristide de 16 ans qui, selon Ira Lowenthal, aurait été armé par d'autres miliciens pro-Aristide. Même les collègues journalistes-militants de Kolbe avaient de la difficulté à accepter les résultats de Kolbe et de Hutson. Amy Wilentz, une journaliste qui s'est liée d'amitié avec Aristide dans les années 80 et a écrit un livre très populaire sur ce dernier et son mouvement politique, avait changé radicalement d'opinion en 2003[311, 312, 313, 314, 315, 316] :

> À maintes reprises, son gouvernement n'est pas parvenu à appréhender les auteurs des plus graves violations des droits de la personne, notamment l'assassinat d'anciens

alliés, d'amis et de journalistes de tous les horizons politiques. Fait encore plus répugnant, cet homme qui incarnait le mouvement contre les Duvalier et leurs Tontons Macoutes (la police secrète) dispose maintenant de nombreuses milices armées secrètes travaillant à son compte et répandant la terreur au sein de l'opposition [...] Aristide s'est révélé être une déception amère[317].

« J'avais lu ces articles et les conclusions de l'étude me laissaient perplexe », se souvient Charles Arthur, un citoyen britannique, en référence à l'enquête du *Lancet* et à l'idée selon laquelle la violence était à sens unique. « J'ai donc effectué quelques recherches sur Internet. » Charles Arthur a découvert qu'Athena Kolbe et la journaliste Lyn Duff, sympathisante et associée d'Aristide, étaient une seule et même personne[318].

Dans le meilleur des cas, l'utilisation de deux noms suggère que Duff craignait qu'on ne remette en cause les constatations de son étude sur la base de ses allégeances politiques. Dans le pire des cas, sous le couvert du statut de chercheuse, elle aurait faussé les données de l'étude dans le but de susciter la sympathie envers Aristide. Craignant le pire des deux scénarios, Charles Arthur a écrit une lettre au *Lancet* dans laquelle il révèle la réelle identité d'Athena Kolbe. Le *Lancet* a lancé une enquête interne. Entre temps, les commentaires ont commencé à fuser.

La condamnation de Duff et du *Lancet* fut sans appel. Selon l'auteur Michael Deibert, ces données allaient à l'encontre de ce qu'observaient les journalistes sur le terrain en Haïti depuis deux ans. Selon Gérard Latortue, le président par intérim de l'époque, l'étude et l'article du *Lancet* faisaient partie « d'une campagne pro-Aristide bien financée visant à déformer la réalité et à racheter la réputation d'Aristide[319] ». C'est exactement à ce moment que Kolbe a déclaré être victime de harcèlement[320].

« Tu es une chienne [...] Tu devrais crever. On va te passer la corde au cou », chuchotait une voix au téléphone. Kolbe a signalé les menaces à Jeb Sprague et à Joe Emesberger, deux journalistes militants qui, tout comme Duff, ont longtemps défendu Aristide et son gouvernement populiste deux fois renversé. Sprague et Emesberger ont publié le témoignage de Kolbe sur *CounterPunch*, un journal en ligne, dans un article intitulé « Une chercheuse du *Lancet* qui a enquêté sur les droits de la personne en Haïti visée par des menaces de mort ».

Il était soudainement tout à fait logique que Kolbe ait dissimulé sa véritable identité. Sa vie était en danger. Les gens qui la menaçaient étaient précisément ceux qui cherchaient sa perte. C'était on ne peut plus clair : le *Lancet* était une revue britannique. Le groupe de soutien envers Haïti auquel appartenait Charles Arthur était britannique. Charles Arthur était un Britannique. Et voilà qu'une voix à l'accent britannique lui proférait des menaces de mort au téléphone. Inutile d'être un génie pour conclure que Charles Arthur pourrait faire partie d'un complot. Les menaces de mort du Royaume-Uni ont continué. Selon Kolbe, une grande enquête s'est ensuivie. Scotland Yard serait intervenu et aurait retracé l'origine des appels : un ancien détenu britannique que « quelqu'un » avait engagé pour proférer les menaces à l'aide de téléphones jetables. Charles Arthur, maintenant sur la défensive, a nié avoir quelque rôle dans le harcèlement de Kolbe. « Ces accusations sont totalement, catégoriquement et absolument fausses », a-t-il déclaré[321].

Au final, il était impossible de distinguer le vrai du faux. Pour une raison inconnue, Scotland Yard aurait laissé tomber l'enquête, a fait savoir Kolbe – si enquête il y a réellement eu. Selon les conclusions de l'enquête interne du *Lancet*, Kolbe n'aurait pas dû cacher sa double identité. Cependant, aucune irrégularité n'a été relevée en ce qui concerne les données. Des critiques ont fait remarquer que la personne responsable de l'évaluation des données n'était nulle autre qu'Eileen Trzcinski, une collègue de Kolbe et Hutson à la Wayne State University. Elle se joindrait bientôt à eux pour la collecte de données en Haïti et la publication d'articles universitaires, une étape essentielle à l'obtention du titre de professeur titulaire. La direction de la Wayne State University, elle, ne s'est pas montrée aussi clémente. Elle a mis un terme au programme de doctorat de Kolbe, qui fut renvoyée avec seulement son diplôme de maîtrise en poche.

En tant qu'analyste et enquêteur, je suis avant tout stupéfait par un aspect de cette histoire que personne d'autre ne semble avoir remarqué à l'époque et qui aurait dû pousser les défendeurs de Kolbe à reconsidérer leur position : Kolbe et Hutson – deux universitaires blancs, des étrangers, ont envoyé des chercheurs dans les quartiers pauvres de Port-au-Prince, en pleine vague de criminalité, pour frapper aux portes et demander à de parfaits étrangers si quelqu'un dans la maison s'était fait violer. Si on répondait par l'affirmative, l'enquêteur devait demander qu'on précise ce qu'avait utilisé l'agresseur pour perpétrer le crime : son pénis ou un objet ? Il devait ensuite demander où le violeur avait inséré le pénis ou l'objet : dans la bouche, l'anus ou le vagin de la victime ? L'étude de Kolbe et de Hutson était très claire à ce propos :

> Dans la majorité des cas d'agression sexuelle, le violeur a inséré ses organes génitaux ou un autre objet dans la bouche, l'anus ou le vagin de la victime (92·1 % ; 95 % CI 86·6–97·6). Dans les autres cas, il y a eu attouchements sexuels sans pénétration ou on a forcé la victime à regarder des actes sexuels.

Il est stupéfiant qu'une revue prestigieuse comme le *Lancet* n'ait pas été prise à partie sur ce point ou que personne ne semble l'avoir remarqué. D'abord, il s'agit d'un sujet extrêmement délicat : des victimes traumatisées vivant toujours dans la crainte de leurs bourreaux. En effet, selon Kolbe et Hutson, le gouvernement était responsable des viols et toujours au pouvoir au moment de la publication de l'étude. Dans chaque quartier, on aurait su qui avait été interrogé. Ce n'aurait pas été un secret. Toutefois, même si au moment de la publication le gouvernement intérimaire et ses sbires avaient été retirés du pouvoir et ne représentaient plus une menace (ce qui n'était pas le cas), l'étude demeurait très problématique sur le plan de la déontologie. Si Kolbe et Hutson avaient suivi les directives en matière d'éthique de l'Organisation mondiale de la Santé, ils auraient été contraints de mener des entretiens en plusieurs étapes. Ils auraient fait signer des formulaires de consentement et mené des entretiens dans des endroits sûrs, loin du domicile des victimes. Ces règles auraient été encore plus contraignantes, la moitié des « victimes » interrogées étant des enfants de moins de 17 ans. Rien de tout ça n'a même été mentionné dans l'article du *Lancet*[322].

En effet, Kolbe et Hutson semblent avoir interrogé les victimes sans solliciter l'approbation ni les conseils de quiconque. Dans leurs remerciements, ils ne font aucune mention d'un institut de recherche ou d'un établissement d'enseignement haïtien. Nulle par le *Lancet* ne mentionne une évaluation de son comité d'examen éthique, considérée comme obligatoire pour les enquêtes en recherche sociale – d'autant plus pour les enquêtes sur des sujets délicats comme le viol et le meurtre, et d'autant plus si des enfants sont interrogés.

Cependant, si toute cette histoire vous inquiète, n'ayez crainte. Il est très peu probable que ces questions aient été posées et, dans le cas contraire, il est encore moins probable que des Haïtiens victimes de viols pour des motifs politiques aient raconté leurs tourments à de parfaits étrangers. En Haïti, aux États-Unis comme n'importe où ailleurs, Kolbe se serait vite fait rembarrée. Mais c'est bien là le fond de la question : la dissimulation de l'identité de Kolbe était loin d'être le seul problème de l'étude[323].

LE MANQUE DE CRÉDIBILITÉ

Une histoire suspecte

Comme nous le verrons, bien d'autres aspects problématiques des recherches et des enquêtes de Kolbe feront éventuellement surface. Ce qui est le plus intéressant dans tout ça, ce n'est pas tant les possibles fraudes académiques de Kolbe, mais ce qu'on peut déduire de la recherche dans le secteur humanitaire en Haïti. Kolbe, après avoir publié des études dans des ouvrages universitaires prestigieux, a commencé à attirer d'autres chercheurs. Très vite, des doctorants et des professeurs ont collaboré à ses recherches. Aucun d'entre eux n'avait jamais fait d'étude sur Haïti. Pas un seul ne parlait créole. Peu importe : leurs titres universitaires conféraient de la crédibilité à Kolbe qui, en retour, leur fournissait des données originales qui donneraient de l'élan à leurs carrières. Je reviendrai bientôt sur ce point. Pour l'instant, penchons-nous plutôt sur Kolbe/Duff. Si elle a fabriqué de toute pièce les données de l'enquête du *Lancet,* ses activités avant et après le séisme suggèrent qu'elle avait déjà de l'expérience en la matière.

Selon Wikipédia, Lyn Duff est devenue une figure publique en huitième année au lycée South Pasadena, qui l'a expulsée pour avoir fondé un journal clandestin, le *Tiger Club.* Le syndicat des libertés civiles américaines est venu à sa rescousse en intentant un procès contre l'école, qu'il a remporté. Cependant, plutôt que de retourner au lycée, Lyn Duff est entrée directement à l'Université de l'État de la Californie à Los Angeles (CSULA). Peu de temps après, lorsqu'elle a assumé au grand jour son homosexualité, sa mère l'a fait interner dans un hôpital psychiatrique de l'Utah, où elle fut l'une des dernières personnes à recevoir une thérapie par électrochocs en raison de son orientation sexuelle. Après six mois dans cet établissement, elle s'est échappée et est retournée en Californie, où elle connut la vie de sans-abri pendant un moment. Elle a ensuite été adoptée par un couple gai, s'est divorcée légalement de ses parents et est devenue une héroïne de la communauté gaie. Son histoire s'est même rendue jusque dans les pages d'un livre intitulé *Uncommon Heroes* (*Héros hors du commun*), publié en 1994 par Fletcher Press. Puis, en 1994, comme nous l'avons vu, à seulement 18 ans, elle a entamé sa carrière de journaliste pour la station de radio *KPFA.* Elle s'est d'abord rendue en Haïti pour fonder la station *Radio Timoun,* après quoi elle a publié des articles dans le *San Francisco Chronicle,* le *San Francisco Examiner, Salon online,* l'*Utne Reader,* le *Sassy Magazine,* le *Washington Post, Seventeen,* le *Miami Herald* et le *National Catholic Reporter*[324].

C'est toute une histoire. Selon sa page Wikipédia, Lyn Duff, née en 1976, aurait réalisé entre l'âge de 18 et de 24 ans ce que bien des journalistes rêveraient d'accomplir dans leur carrière :

> À la fin des années 90, Duff était une journaliste internationale bien connue ayant travaillé en Haïti, en Israël, en Croatie, dans plusieurs pays d'Afrique et au Vietnam. Lorsque les États-Unis ont envahi l'Afghanistan, elle s'est rendue directement sur le front, l'une des rares journalistes occidentales à ne pas être rattachée à des troupes.

Voilà l'histoire de Lyn Duff, qui comporte toutefois quelques problèmes. On ne trouve les récits de ses exploits que sur Wikipédia, dans les portraits de Duff en ligne et dans les archives de clavardages que Duff pourrait très bien avoir rédigés elle-même. Aucune des références sur Wikipédia n'est liée à une publication crédible. À l'exception d'Haïti, pour tous ces pays en guerre que Duff aurait couvert, il n'existe absolument aucun article rédigé par Lyn Duff ou Athena Kolbe ni d'article où elle est mentionnée ou citée. Pas même un reportage de la station *KPFA* de San Francisco ne fait mention de Lyn Duff ou d'Athena Kolbe relativement à un des pays en guerre cités sur Wikipédia, outre Haïti. Par ailleurs, elle n'a pas fondé *Radio Timoun* non plus. Elle a travaillé pour *Radio Timoun*, mais a été renvoyée[325]. De même, mes recherches sur le syndicat des libertés civiles, le lycée de Pasadena et le journal clandestin n'ont donné aucun résultat. J'ai joint un journaliste du journal de l'école et selon ses dires, personne ne se souvient d'elle. En ce qui concerne le *Tiger Club*, le journal clandestin de l'école qu'elle aurait fondé et pour lequel elle aurait été expulsée, il s'agit en fait du journal *officiel* du lycée de Pasadena. Il a été fondé en 1913, soixante-trois ans avant la naissance de Duff. Par ailleurs, après avoir changé son nom pour Kolbe, Duff a affirmé dans un entretien publié par *CounterPunch* que « Kolbe » était le nom de famille de son père. Selon l'article, « fin 2004, Kolbe a décidé d'utiliser le nom de famille de son père plutôt que le patronyme composé qu'elle utilisait précédemment ». Le problème, c'est que nulle part ne trouve-t-on une seule instance de l'utilisation de ce nom composé. Pas une seule. Ni dans les articles qu'elle a publiés, ni dans les forums de discussion en ligne, ni dans le cadre de son travail pour *Radio*

Timoun. Même sur Wikipédia, rien ne laisse supposer qu'elle ait jamais utilisé un patronyme composé. En effet, à ce jour (12 juin 2016), il existe deux pages Wikipédia différentes pour Lyn Duff et Athena Kolbe. Aucune ne reconnaît ni ne mentionne l'existence de l'autre[326, 327].

Aussi, si quelqu'un avait enquêté sur le passé de Duff (et il semble que personne ne l'ait fait, pas même les journalistes et les militants qui la défendaient), il aurait trouvé de bonnes raisons de remettre en question la légitimité du curriculum de Duff durant ses jeunes années. Cependant, ce qui est important ici, ce sont les agissements plus récents de Duff et ses collaborateurs en Haïti et ce qu'ils révèlent sur les sources de données dans le secteur humanitaire au pays. L'enquête du *Lancet* de 2006 apparaît comme un cas d'éthique journalistique douteuse, voire de fraude pure et simple. Cependant, ce qui est arrivé dans les années suivantes est sans doute encore plus révélateur.

La paille et la poutre

Après le scandale du *Lancet* et l'expulsion de la Wayne State University, Kolbe s'est inscrite à un programme de doctorat de la faculté du Travail social de l'Université du Michigan. Peu de temps après, elle et Hutson sont revenus à la charge. Cette fois-ci, ils avaient uni leurs forces avec Rob Muggah. Sur *LinkedIn*, Muggah se définit comme un diplômé de l'Université d'Oxford et un conseiller auprès de la Banque internationale pour le développement, des Nations Unies et de la Banque mondiale qui, pendant 20 ans, a « poursuivi des contrebandiers d'armes de la Russie à la Somalie, compté des cadavres en Colombie, en Haïti et au Sri Lanka, et mené des recherches sur des chefs de guerre, de la République démocratique du Congo à la Papouasie-Nouvelle-Guinée ». Grâce au soutien de Muggah, Kolbe deviendrait bientôt l'une des plus importantes sources de données en Haïti. En 2009 et 2010, Kolbe et Muggah se sont joints à Hutson pour l'étude de l'Université du Michigan financée par les Nations Unies — l'étude menée avant et après le séisme auprès de 1 800 personnes, mentionnée dans le chapitre précédent. Cette étude, surnommée par certains « l'enquête de l'Université du Michigan », touchait également au bilan des morts. C'est par cette enquête que j'ai entendu parler pour la première fois de Kolbe et Muggah. Lorsque l'enquête BARR et son faible bilan des morts a semé la controverse, les deux universitaires sont intervenus dans le débat. Ils ont publié un texte d'opinion dans l'édition du dimanche du *Los Angeles Times* intitulé *Haïti : pourquoi il est important de dresser un bilan précis des morts*. Voici le sous-titre percutant de l'article :

> Les chiffres peuvent avoir une influence sur la réaction des autorités en cas de catastrophe naturelle, et cela vaut pour le séisme en Haïti. Les sociologues ont le devoir d'agir de manière responsable lorsqu'il est question de produire de telles estimations. C'est une question de vie ou de mort[328].

Dans cet article, Muggah et Kolbe critiquent l'enquête BARR. En ne faisant référence qu'à ma seule personne (malgré la présence de deux autres auteurs), ils confirment d'abord que j'ai raison d'écrire que « les estimations les plus élevées du bilan des morts ne s'appuient sur aucune recherche ni preuve ». Toutefois, selon eux, cela revient à « voir la paille dans l'œil du voisin et pas la poutre dans le sien ». Selon l'article, il est « inconcevable » que les résultats de l'enquête BARR puissent être représentatifs de la réalité. Les auteurs vantent plutôt les mérites de leur propre enquête, qui bénéficiait « de l'appui des Nations Unies et du Centre de recherches pour le développement international » et était supervisée par une équipe « de chercheurs nord-américains et haïtiens »[329]. Dans leur enquête, ils ont été en mesure d'« examiner soigneusement les coûts et les conséquences de la crise sur le terrain ». Enfin, Kolbe et Muggah concluent avec ces mots :

> Déterminer le nombre de morts attribuables au séisme n'est pas un exercice purement théorique. Trop souvent, des chiffres fallacieux sont invoqués pour justifier des points de vue idéologiques précis [...] Les sociologues doivent avoir recours à des méthodes éprouvées lorsqu'il

est question de compter les morts et les blessés à la suite d'une catastrophe. Ce n'est pas seulement une question d'intégrité scientifique. C'est une question de vie ou de mort pour les récipients potentiels d'aide humanitaire. Il est sain d'avoir un débat animé sur les bilans, mais ceux-ci doivent avant tout être fondés sur de bonnes bases scientifiques et non sur des considérations politiques ou d'autres types de biais.

L'ironie dans tout ça, c'est que ni Kolbe, ni Muggah, ni aucun autre coauteur ne m'a jamais joint pour discuter de l'enquête. Ils ne m'ont jamais posé de questions sur ma méthodologie et ne m'ont jamais parlé de la leur. Par l'entremise de Kolbe, j'ai ensuite envoyé aux auteurs de l'enquête une explication de la méthodologie BARR et une liste d'incohérences dans les conclusions de leur enquête. J'ai demandé à en débattre. Aucun « débat animé sur les bilans » ne s'est ensuivi. Pas même un courriel.

Ce que je cherche à faire ici, c'est illustrer les mécanismes qui étouffent la vérité au profit d'intérêts particuliers. Kolbe et Muggah ont raison : les enquêtes ne sont « pas seulement une question d'intégrité scientifique ». C'est en effet « une question de vie ou de mort pour les récipients potentiels d'aide humanitaire ». Il faut tout de même avoir du culot : Kolbe et Muggah ont utilisé leur étude pour rédiger un texte d'opinion dans le *Los Angeles Times* (le plus important journal métropolitain et le journal au quatrième plus grand tirage des États-Unis), me critiquer et jeter le discrédit sur le travail auquel j'ai contribué, tout ça alors qu'ils n'ont probablement jamais mené cette enquête sur laquelle se fonde toute leur crédibilité[330].

Une enquête douteuse

Kolbe, Muggah, Hutson et les autres coauteurs ont affirmé avoir « retracé plus de 90 % de l'échantillon original. Bon nombre des personnes interrogées s'étaient relocalisées ici et là en Haïti ou en République dominicaine, au Canada et aux États-Unis ». C'était six semaines après le séisme, une période où 30 à 40 pour cent de la population de Port-au-Prince vivait dans des camps, dans la rue ou dans la maison de connaissances. Un autre 25 pour cent avait fui la capitale pour la campagne. Et un autre 10 pour cent avait quitté Haïti pour Miami ou la République dominicaine. Voici comment il était difficile de retrouver des gens à ce moment : Tim Schwartz (un homonyme de l'auteur) a créé une application pour suivre l'évolution du nombre de personnes en Haïti portées disparues par leur famille aux États-Unis. Dix semaines après le tremblement de terre, 50 000 personnes dont le décès n'avait pas été confirmé étaient toujours portées disparues. Le professeur Mark Schuller a fourni un exemple encore plus dramatique de la difficulté de trouver des gens. En 2009, il a coréalisé un film sur cinq femmes haïtiennes. Le film, intitulé *Poto Mitan,* a été projeté dans quelque 30 universités et quatre pays. Ces cinq femmes sont devenues des superstars de l'aide humanitaire. Il s'agissait d'organisatrices communautaires, de membres importantes de réseaux militants avec qui Schuller était resté en étroite relation. Après le séisme, il a quand même fallu trois mois à Schuller pour retrouver ces femmes. Trois d'entre elles vivaient dans les camps[331]. Malgré tout, de leur côté, Kolbe, Muggah et leurs professeurs associés prétendent avoir retracé et interrogé 1 674 des 1 800 personnes formant leur premier échantillon, des gens qu'ils ne connaissaient même pas, et tout ça en 14 jours. Par ailleurs, selon les mêmes chercheurs, 120 membres de l'échantillon original avaient péri, ce qui signifie en fait qu'ils ont réussi à retrouver 99,9 pour cent des membres de l'échantillon original toujours en vie.

J'ai effectué plus de 100 enquêtes en Haïti et je peux garantir que de tels résultats seraient impossibles même si les deux enquêtes étaient effectuées immédiatement l'une après l'autre dans les meilleures conditions. Ce n'est certainement pas arrivé six semaines après le séisme. En ce qui concerne les résultats :

- Selon les conclusions de Kolbe, Muggah, Hutson et autres, 0,37 pour cent de la population a été victime de viol en six semaines. Ces chiffres sont 20 fois supérieurs aux résultats de 2006 de Kolbe et de Hutson – comme nous l'avons vu, ces résultats étaient déjà 80 fois supérieurs à la moyenne des 50 pays ayant fait l'objet d'une étude de l'ONU en 2002.

- Selon leurs conclusions, six fois plus d'enfants de 0 à 12 ans ont été tués par le séisme que de personnes de 12 ans et plus, une statistique on ne peut plus étrange qui ferait du séisme un événement unique au monde (d'un point de vue démographique). Plus précisément, selon la structure démographique, on se serait attendu au décès d'un enfant de 12 ans et moins pour chaque deux décès de personnes de plus de 12 ans (lorsque le séisme a frappé, 30 pour cent de la population avait moins de 12 ans et 70 pour cent avait 12 ans et plus). Par ailleurs, une enquête de Handicap International est arrivée aux conclusions inverses : « la proportion d'enfants de moins de 18 ans victimes de blessures graves est considérablement inférieure à celle de la population totale.[332] » Plus particulièrement, dans une évaluation des données des personnes gravement blessées ventilées par groupes d'âges, l'enquête de Handicap International a révélé que le nombre de blessés entre 0 et 17 ans représentait seulement 27 pour cent du nombre de blessés (comparativement au 44 pour cent auquel on se serait attendu, à savoir la proportion de la population dans ce groupe d'âge). Ces données provenaient du personnel médical d'urgence, des hôpitaux et des cliniques[333].

- Dans le même ordre d'idées, Kolbe, Muggah et al. ont constaté que les enfants de 0 à 12 ans étaient 11 fois plus susceptibles de succomber à leurs blessures dans la foulée du séisme. Pourtant, selon une étude des Centres pour le contrôle et la prévention des maladies sur les taux de survie dans les hôpitaux improvisés après le séisme, ce sont les adultes qui étaient les plus susceptibles de succomber à leurs blessures. Et Handicap International, qui a dépêché des gens aux hôpitaux pour étudier la question, a constaté que ceux qui ont subi le plus de blessures, ce sont les adultes de plus de 18 ans. C'est exactement ce à quoi on est en droit de s'attendre. Selon S. K. Kochar, un chirurgien pédiatre et auteur :

De nombreuses statistiques démontrent que les enfants récupèrent plus fréquemment et plus complètement que les adultes ayant subi des blessures semblables. Bien qu'on puisse attribuer cette qualité à ce qu'on appelle par euphémisme la « réserve physiologique » de l'enfant, elle suggère également que les enfants réagissent extrêmement bien à la préservation de l'oxygène cérébral et à la perfusion[334].

- Kolbe, Muggah et al. soutiennent que 25 pour cent de toutes les personnes décédées à la suite du séisme n'ont pas été tuées immédiatement, mais ont succombé à leurs blessures dans les mois suivants. C'est loin du 3 pour cent de décès ayant eu lieu dans les cinq mois ayant fait suite au séisme selon les Centres pour le contrôle et la prévention des maladies, qui inclut les personnes mortes de maladies[335, 336].

- Et, comme si l'étude avait réellement eu lieu, encore une fois, les enquêteurs de Kolbe et Hutson auraient demandé à de parfaits étrangers, dont des enfants, de fournir des détails sur leur viol. Et, apparemment sans suivre les lignes directrices de l'OMS ou de quelque instance en matière respect de la vie privée et de protection des personnes interrogées, voici ce qu'ils ont affirmé avoir découvert :

> Les types de violence sexuelle commise à l'égard des femmes et des filles varient considérablement. Des 29 personnes de l'échantillon victimes d'agression sexuelle après le séisme, 16 ont subi une pénétration, sept ont été forcées de faire une fellation, cinq ont déclaré avoir subi des attouchements sexuels non désirés et une a été forcée d'être témoin d'actes sexuels. La plupart des attaques ont eu lieu dans une tente, dans la rue ou dans un lieu public. Trois agressions sexuelles ont été signalées à la maison, une au travail et une autre dans une voiture. Pratiquement toutes les attaques

contre les moins de 18 ans ont eu lieu dans une tente ou dans la rue, tandis que le lieu de l'agression varie davantage pour les 18 ans et plus.

D'un certain point de vue, il ne vaut pas la peine de s'attarder aux affirmations de Kolbe et al. et à l'authenticité douteuse de leur enquête. Celle-ci n'a pratiquement pas été citée dans le milieu universitaire. Les médias aussi l'ont plutôt ignoré. Difficile de ne pas conclure que les données étaient à ce point déconnectées de la réalité qu'on les a simplement rejetées du revers de la main. Cependant, ces conclusions ont été citées sans réserve dans l'un des plus importants journaux des États-Unis : le *Los Angeles Times*. Pire encore, elles ont été publiées dans au moins deux ouvrages universitaires révisés par des pairs (à savoir les ouvrages *Medicine, Conflict and Survival* et *Emerging Themes in Epidemiology*, de la maison d'édition Routledge). Et, aspect encore plus alarmant, les auteurs deviendraient éventuellement la source de données la plus reconnue et la plus importante dans la foulée du séisme.

ALIMENTER LE MONSTRE, C'EST PAYANT

Peu de temps après, Kolbe et Hutson, son ancien professeur de la Wayne State University, dirigeaient des enquêtes pour le Programme alimentaire mondial ; Eileen Trzcinski – cette même chercheuse que le *Lancet* avait mandatée pour évaluer la crédibilité de la controversée enquête de 2006 – s'est aussi jointe à eux et a commencé à publier des articles scientifiques sur la santé et la nutrition infantile[337]. Avec l'aide de Rob Muggah, Kolbe est devenue une spécialiste des sondages d'opinion politique et des enquêtes sur la sécurité, ainsi que de la criminalité, des armes et des gangs haïtiens. À titre d'experts en sécurité alimentaire, les deux chercheurs ont même mené une grande enquête auprès des fermiers ruraux pour le compte des Nations Unies dans la foulée du passage des tempêtes tropicales Isaac et Sandy en 2012.

Leur réussite se fonde sur l'intérêt des organisations humanitaires qui les engagent. L'incongruité des résultats de leur enquête post-séisme importe peu : ce qui compte, c'est que Kolbe, Hutson et leurs nouveaux partenaires Muggah et Trzcinski livraient aux organismes d'aide humanitaire et à la presse exactement ce qu'ils voulaient entendre. Toutes leurs enquêtes faisaient état de catastrophes, de violence et de souffrances atroces. En bref, il fallait accroître l'aide humanitaire.

En mars 2012, Kolbe et Muggah signalaient une brusque montée de la violence criminelle : « les Haïtiens signalent une baisse de la confiance envers les institutions policières ces six derniers mois ». En l'espace de quatre mois, le taux d'homicide à Port-au-Prince était monté en flèche, à 61 homicides par 100 000 personnes, soit 10 fois les sept homicides par 100 000 personnes signalés en 2011 par l'Office des Nations Unies contre la drogue et le crime, 40 fois les trois homicides par 100 000 personnes que Kolbe et Muggah eux-mêmes avaient signalés aux journalistes toujours aussi crédules de l'*Associated Press* en 2009 et 25 fois le taux que Kolbe et Muggah avaient signalé quelques mois plus tôt en 2011. Encore une fois, l'*Associated Press* a sauté sur la nouvelle[338, 339, 340] :

> « Les crimes violents connaissent une montée en flèche dans les villes haïtiennes, selon une étude »
> Trenton Daniel, *Associated Press*, 4 mars 2012

Non satisfaits de la couverture de l'*Associated Press* et sentant une occasion à saisir, Kolbe et Muggah ont commencé à publier leurs propres articles dans les journaux. Au sujet de la montée drastique de la violence, ils ont écrit ceci dans le *Guardian* :

> Pratiquement tout le monde est d'accord : les taux de crimes violents ont explosé ces derniers mois. Cette hausse soudaine doit être interprétée dans le contexte de gains impressionnants en matière de sécurité entre 2007 et 2011. Cependant, le taux d'homicide à Port-au-Prince a grimpé à plus de 60 homicides par 100 000 personnes en février 2012.

« Pratiquement tout le monde » *n'était pas d'accord*. C'était précisément une époque où moi et mes connaissances qui habitaient à Port-au-Prince poussions des soupirs de soulagement : le brigandage nous semblait au plus bas de ce qu'il avait été depuis des décennies. C'était en fait la première année de l'administration Martelly. Mais Kolbe et Muggah n'en sont pas restés là. Ils ont cité d'autres enquêtes, sans jamais préciser qu'ils en étaient les auteurs :

> De récentes enquêtes menées par l'Institut Igarapé [présidé par Muggah] démontrent que, malgré quelques fluctuations, le taux d'homicide est passé à environ 72 homicides par 100 000 personnes fin juillet. En comparaison, notons que le taux d'homicide moyen dans le monde se rapproche plutôt de 7 homicides par 100 000 personnes[341].

Voilà exactement le genre d'informations et de publicité accueillies à bras ouverts par les organisations humanitaires. Une montée drastique du taux d'homicide, voilà de bonnes nouvelles pour les membres des forces onusiennes ou les organismes humanitaires qui protègent les pauvres haïtiens et sont payés de trois à vingt fois leurs salaires à la maison. On a besoin d'eux et ils obtiendront peut-être d'autres dons pour poursuivre leur travail. D'ailleurs, en plus de déplorer la violence, Kolbe et Muggah faisaient la promotion de l'aide humanitaire. Dans le court article de 658 mots mentionné précédemment, ils ont réussi à mentionner tous les fléaux des chapitres précédents utilisés pour susciter des dons : « enfants maltraités », « restaveks » (enfants esclaves), « violence sexuelle ». Ils sont même parvenus à faire la promotion des plus récents programmes à la mode en matière d'aide aux pauvres : faibles taux d'intérêt, plus d'argent pour les acteurs du système judiciaire et, bien sûr, une aide médicale et une prise en charge des enfants pour éviter que ces derniers ne soient « traumatisés pour le reste de leur vie ». Tandis qu'on oubliait lentement le séisme, Kolbe et Muggah contribuaient à trouver de nouvelles crises à résoudre. Ils étaient en proie de devenir des superstars de la recherche.

Difficile de ne pas relever un certain biais politique derrière certaines des conclusions de Kolbe. Les « gains impressionnants en matière de sécurité entre 2007 et 2011 » dont Kolbe et Muggah déplorent la disparition correspondent exactement à la période de la présidence de René Préval, autrefois qualifié de « jumeau d'Aristide ». Les taux de criminalité auraient « explosé » à un moment où tous ceux que je connaissais s'émerveillaient de constater à quel point Port-au-Prince semblait sûre. C'était pendant les premiers mois de l'administration proaméricaine du président Martelly, l'ennemi juré d'Aristide. Ceci dit, Kolbe et ses collègues semblaient avant tout motivés par les organismes d'aide qui les finançaient et par l'attention qu'ils suscitaient en racontant exactement ce que la presse et les ONG voulaient entendre[342].

Témoignage d'un viol brutal

Jusqu'où Kolbe et Muggah étaient-ils prêts à aller pour exploiter la presse ? À quel point les médias buvaient-ils leurs paroles ? Le deuxième article de Kolbe et Muggah, publié en novembre 2012 dans l'édition du dimanche du *New York Times*, apporte la réponse. Il s'agit du témoignage d'une enquêteuse de leur équipe victime d'un viol brutal. L'événement est survenu alors que Kolbe et Muggah menaient des enquêtes dans la foulée des ouragans. Dans leur article, intitulé de façon dramatique *Les victimes muselées d'Haïti* (*Haiti's Silenced Victims*), Kolbe et Muggah racontent qu'ils se trouvaient « à trois heures de route cahoteuse de la ville la plus proche » lorsque l'enquêteuse a été violée. « Nous avons rapidement trouvé un médecin », racontent-ils avant de décrire comment ils ont dû traiter avec des travailleurs de la santé et des représentants de la justice insensibles. La police a demandé à Wendy (le nom fictif donné à la victime) : « Qu'avez-vous fait pour qu'on vous viole ? » Le médecin a « refusé d'examiner Wendy ». Elle n'a pas pu se laver pendant 16 heures. « Ses vêtements étaient sales et déchirés. Ses cheveux étaient maculés de sang séché là où le violeur lui avait frappé la tête contre un mur. »

Tout ça était très poignant et, à titre de témoins, Kolbe et Muggah ont fait exactement ce qu'ils avaient fait dans leur article du *Guardian* sur la montée fulgurante des taux d'homicide : ils ont cité leurs propres données. Cette fois-ci, ils ont invoqué des études de Kolbe pour suggérer l'existence d'une grave épidémie de viols en Haïti sans jamais faire savoir au lecteur d'où provenaient les chiffres. On parle du journal le plus prestigieux des États-Unis (l'édition du dimanche du *New York Times*, rien de moins), avec toute la légitimité qui s'y rattache. Voici ce qu'ils ont affirmé :

> Les dictatures brutales d'Haïti ont eu recours au viol pour museler l'opposition politique. Selon une étude de 2006, quelque 35 000 femmes et filles de Port-au-Prince ont été victimes d'agression sexuelle en une seule année. Dans la foulée du séisme de 2010, les résidents des cités de tentes de la capitale étaient 20 fois plus susceptibles de signaler une agression sexuelle que les autres Haïtiens.

En exploitant sa crédibilité en tant qu'universitaire et chercheuse de l'ONU, Kolbe semble avoir atteint l'objectif dont elle rêvait environ 12 ans plus tôt : elle s'est transformée en journaliste des plus grands médias du monde. Dans ce rôle, elle a conféré une crédibilité à ses recherches universitaires, notamment celle qui lui avaient valu son renvoi de la Wayne State University. Un véritable coup de génie.

Les lecteurs plus perspicaces n'ont toutefois pas manqué de relever certaines incohérences, y compris en ce qui concerne le témoignage du viol. D'abord, si le viol a réellement eu lieu, Kolbe et Muggah étaient tout sauf dans les environs. Kolbe, cette femme qui prétend avoir couvert les champs de bataille de Croatie en Afghanistan en passant par le Vietnam et l'Irak, n'aurait pas pu participer sur le terrain. L'obésité, des problèmes cardiaques et une forte dépendance aux médicaments excluent cette possibilité. À vrai dire, elle pourrait bien ne pas survivre aux trois heures de route cahoteuse dans le sud d'Haïti où le viol aurait eu lieu. Et même si elle s'était trouvée là, le fait qu'elle ne parle pas français et baragouine le créole signifie qu'elle n'aurait pas compris grand-chose de la situation et n'aurait certainement pas dirigé les opérations. En ce qui concerne Muggah, bien qu'il ne parle pas créole, il parle français et pourrait probablement faire les trois heures de route au pas de course. Mais il n'était pas là non plus. Il se trouvait au Brésil, où il vit avec sa famille et dirige son Institut Igarapé, « un groupe de réflexion consacré à la mise en œuvre de politiques et d'actions fondées sur données probantes en ce qui concerne les défis complexes de sécurité, de justice et de développement au Brésil, en Amérique latine et en Afrique[343, 344] ».

Je trouve tout à fait incroyable que Robert Muggah et tous les professeurs cités soient prêts à mentir, à mettre leur réputation et leur carrière en jeu, à falsifier des données et même à se projeter dans des endroits où ils n'étaient pas. Pour quelle raison ? Je présume qu'ils ne l'ont fait que partiellement, que Kolbe était à l'origine de la plupart des mensonges. La réponse à cette question nous ramène au principal problème de l'industrie de l'aide humanitaire dont nous avons déjà été témoin à maintes reprises dans ce livre, cette situation qui encourage les mensonges et permet à des gens comme Kolbe de duper de grands journaux du monde et de prestigieuses revues universitaires : on racontait ce que tout le monde voulait entendre. Qu'il soit question des collègues universitaires de Kolbe qui avaient l'occasion de contribuer à des ouvrages scientifiques et d'être cités dans les journaux, des organisations humanitaires assoiffées de données susceptibles de générer des dons, des journalistes et rédacteurs en chef toujours à la recherche d'histoires sordides et de récits apocalyptiques qui attirent le lecteur, des publications universitaires qui veulent publier des recherches de pointe pour se bâtir une réputation : les mensonges aidaient tout de beau monde à gagner un salaire, à faire carrière, à obtenir une promotion, à décrocher un poste permanent. Des enfants esclaves, des viols, des taux d'homicides vertigineux, une famine imminente, des homicides, de l'insécurité : voilà des nouvelles réjouissantes, le type de nouvelles et de données qui permettent aux organisations humanitaires de collecter des dons.

CETTE POSITION TOUTE SPÉCIALE OÙ PERSONNE NE PEUT VOUS TRAITER DE MENTEUR

Il convient de noter que Kolbe avait choisi le champ d'expertise tout désigné pour les imposteurs. Personne ne pouvait vérifier ses données et personne ne pourra jamais le faire. Pas même ses collègues, dont aucun ne parle créole ni même ne connaissait les enquêteurs de Kolbe. Pourquoi donc ? D'abord, ce serait contraire à l'éthique. Les chercheurs ne peuvent divulguer les noms des personnes interrogées, une question de respect des droits de la personne. Chaque enquête débute avec la promesse que l'identité des personnes interrogées et leurs renseignements personnels seront gardés secrets. Dans le cas d'enquêtes sur la criminalité, les opinions politiques et les violations des droits de la personne, la logique est simple : les répondants pourraient être victimes de représailles si leur identité était divulguée. Personne ne vérifie l'enquête. Impossible de savoir ce que la personne interrogée a répondu ni même si elle a réellement été interrogée : un terrain de jeu parfait pour les incompétents, les menteurs et les activistes prêts à tout pour faire avancer une cause.

Il se pourrait donc très bien que Kolbe ait tout inventé ou, à tout le moins, qu'elle ait payé pour des données qu'elle n'a pas vérifiées. Elle publiait ensuite ses données et les utilisait pour en arriver aux conclusions qu'espéraient ses clients (les organismes d'aide et les Nations Unies), ainsi que la presse et les lecteurs de l'étranger. Mais cela ne s'arrête pas là. Le recours aux médias sociaux, la publication d'articles dans les journaux et la publication d'études de premier ordre fondées sur des données qu'on ne peut qualifier que de factices (ou à tout le moins d'extrêmement boiteuses et manipulées) ne constituent qu'une partie de son génie. Son initiative la plus brillante a été la création de l'*Enstitu de Travay Sosyal* (ETS).

L'INSTITUT DE TRAVAIL SOCIAL (ETS)

Kolbe était l'unique propriétaire et directrice de l'ETS, un institut qui proposait aux jeunes Haïtiens des diplômes de premier cycle et même de deuxième cycle en travail social. Les frais étaient raisonnables. En effet, à 500 $ par semestre, il s'agissait d'une aubaine pour un diplôme universitaire, un rêve pour bien des jeunes Haïtiens de la classe moyenne inférieure.

Pour encourager les jeunes à s'inscrire, Kolbe a astucieusement décrit l'institut comme étant « une institution reconnue à l'échelle internationale et autorisée à décerner des diplômes située en Haïti » qui propose « des programmes de quatre ans pour un baccalauréat en travail social/baccalauréat ès arts ou une maîtrise en travail social/maîtrise ès arts », des diplômes indispensables pour devenir des « travailleurs sociaux agréés ». Elle a aussi associé l'école à l'Université du Michigan. Dans les premières années, la plupart des étudiants croyaient être inscrits à l'Université du Michigan. Kobe a offert à tous les étudiants des bourses représentant 50 pour cent des frais d'inscription (les frais étaient officiellement de 1 000 $ par semestre). Cependant, pour obtenir la bourse, les jeunes Haïtiens pleins d'espoirs devaient signer un contrat les engageant à fournir gratuitement des centaines d'heures de travail-étude chaque semestre.

Par l'entremise de l'Université du Michigan (où elle était toujours une doctorante en rédaction de thèse), Kolbe a sollicité la contribution d'autres étudiants de cycle supérieur et de professeurs, à qui elle a offert l'hébergement et l'accès aux installations de recherche de l'ETS pour un prix raisonnable. Les chercheurs américains ont été tout aussi bernés que les étudiants haïtiens. La plupart d'entre eux ont vu qu'il s'agissait d'une « institution reconnue à l'échelle internationale et autorisée à décerner des diplômes située en Haïti » ; ils ont lu les descriptions des cours offerts qui étaient toutes, mot pour mot, la description des cours qu'eux-mêmes avaient suivis aux États-Unis ; ils ont participé à l'inscription des étudiants ; et ils ont vu les références et les pages Facebook d'autres étudiants de l'Université du Michigan et même de professeurs, notamment Eileen Trzcinski de la Wayne State University.

Ils ont vu que Kolbe était une chercheuse accomplie liée à d'autres chercheurs accomplis comme Muggah de l'Institut Igarapé. Ils on vu qu'elle avait publié de nombreux articles et ouvrages sur des blogues, dans de grands journaux et dans des ouvrages universitaires révisés par des pairs. Ils ont vu tout ça et ont simplement présumé que Kolbe et l'école étaient crédibles. Les chercheurs américains sont venus à l'école et ont payé Kolbe pour l'hébergement, les repas et les leçons de créole données gratuitement par des étudiants. Pendant ce temps, bien que l'institut fut une « université de langue anglaise », presque tous les cours étaient dispensés par des Haïtiens n'ayant pas plus qu'un diplôme d'études secondaires qui enseignaient en créole ou traduisaient de l'anglais vers le créole pour Kolbe et les étudiants américains[345].

L'institut n'avait aucune licence. Ni des États-Unis ni du gouvernement haïtien. En fait, bien que l'institut soit décrit en ligne comme ayant été fondé « avec un petit groupe d'étrangers et plusieurs dizaines de travailleurs sociaux haïtiens en poste à Port-au-Prince », ni l'école ni Kolbe n'étaient associés de quelque façon avec des universitaires haïtiens. Depuis qu'elle s'était transformée en chercheuse, Kolbe n'avait de lien qu'avec un seul universitaire haïtien : Sergio Balistra, avec qui elle avait publié une recherche pour l'Association américaine de santé publique avant le séisme. Balistra a obtenu son doctorat à l'Université d'État d'Haïti, où il faisait partie du corps professoral du département de Sociologie. À tout le moins, c'est ce que soutient la présentation des auteurs annexée à la recherche. Le problème, c'est que l'Université d'Haïti n'avait pas de programme de doctorat à l'époque. Le département de Sociologie n'a jamais eu de professeur nommé Sergio Balistra. Et aucun des assistants haïtiens de Kolbe n'a jamais rencontré Sergio Balistra. Kolbe affirmera plus tard que Sergio a tragiquement péri lors du tremblement de terre. L'Université du Michigan a commémoré son décès et Kolbe a rédigé l'éloge funèbre[346].

Non sans rappeler l'UNICEF et son million d'orphelins ainsi que KOFAVIV et l'épidémie viols dans les camps, à un certain moment, il semblait bien que tout l'édifice bâti par Kolbe était sur le point de s'écrouler. Vers la fin 2013, les étudiants ont commencé à réaliser que l'institut n'avait aucune accréditation en Haïti ni ailleurs. En janvier 2014, ils ont écrit à différents administrateurs de l'Université du Michigan, notamment à Laura Lein, la doyenne de la faculté du Travail social, pour signaler qu'on leur faisait croire qu'ils étudiaient sous les auspices de l'Université du Michigan. Leurs doléances sont restées lettre morte.

Lorsque les étudiants se sont plaints directement à Kolbe, cette dernière a ajouté de l'huile sur le feu. Kolbe a augmenté les frais d'inscription : les étudiants devaient maintenant payer 600 $ par semestre, soit 100 $ de plus que les frais standards de 500 $, un geste que de nombreux étudiants ont interprété comme des représailles. De plus, la sanction était rétroactive : les étudiants devaient payer non seulement pour les trimestres à venir, mais pour tous les trimestres pendant lesquels ils avaient fréquenté l'école. Cela signifie que les étudiants qui fréquentaient l'institut depuis trois ans devaient cracher 900 $, sans quoi on mettrait fin à leurs études sans reconnaître leurs crédits.

Les étudiants, qui espéraient toujours qu'on reconnaisse éventuellement leurs années d'études à l'ETS, faisaient face à leur premier dilemme majeur : tenir tête à Kolbe et refuser de payer et, s'ils avaient tort, perdre tous les crédits pour lesquels ils avaient travaillé ; ou payer et continuer d'espérer.

Vingt-neuf étudiants ont tenu tête. Ils ont refusé de payer et ont rédigé une lettre à l'ambassade des États-Unis pour se plaindre d'avoir été escroqués par Kolbe.

L'ambassade n'a jamais répondu aux étudiants. Mais Kolbe, si.

C'est à ce moment qu'un autre Balistra a fait son entrée en scène : Jennifer Balistra, non pas originaire d'Haïti comme Sergio, mais d'Agua Caliente, au Pérou. Par un heureux hasard, elle était mariée à un membre du service extérieur des États-Unis qui travaillait au consulat américain en Haïti. Balistra est intervenue. Elle a envoyé un courriel à Kolbe et à sa partenaire de l'institut, Marie Puccio. Le message expliquait comment le mari de Balistra avait discuté des plaintes des étudiants avec ses collègues du consulat. Les autorités auraient indiqué au mari de Balistra qu'ils savaient tout de Kolbe et de l'ETS. « Ils vous tiennent dans la plus haute estime, vous, Marie et Rob [Muggah], etc. et apprécient tout le travail que vous faites en Haïti. Ils n'ont aucun commentaire négatif sur vous et votre travail », disait le message. Le consulat était également au courant du « comportement erratique » de certains étudiants. Les autres étudiants devaient maintenant désavouer les accusations de leurs camarades mécontents, sans quoi « il est fort probable que les étudiants de l'ETS ne pourront jamais obtenir de visa pour les États-Unis ». Plus particulièrement, l'employé du consulat qui aurait expliqué tout ça au mari de Balistra aurait conclu ceci (citation de la lettre originale) :

> La seule façon pour eux de résoudre ce problème serait d'envoyer une lettre qui indique clairement que :
>
> - Le courriel a été envoyé en leur nom, mais sans leur autorisation.
>
> - Ils sont en désaccord avec les points de vue exprimés dans la lettre.
>
> - Ils ne sont pas exploités par quiconque à l'ETS ni par l'administration de l'ETS.
>
> - Toute préoccupation concernant leur éducation en travail social peut être résolue et sera résolue par l'administration en Haïti. Ils reconnaissent que tous les étudiants en travail social ont des problèmes avec les exigences de stage non rémunéré des programmes d'enseignement en travail social.
>
> - Ils sont traités avec respect et n'accusent pas Athena, Marie ou quiconque à l'ETS de leur avoir menti ou de les avoir exploités. Le personnel de l'ETS ne les a pas forcés à signer des papiers ou des accords contre leur gré.

- Ils sont satisfaits des progrès réalisés vers la reconnaissance de l'institut par le ministère de l'Éducation.

- Ils s'excusent pour le comportement non professionnel des autres. Cependant, en réalité, les autres personnes dans le courriel ne fréquentent pas l'ETS.

- La personne ou les personnes qui ont envoyé la lettre pourraient avoir d'autres motifs ; des étudiants sont parfois en colère lorsqu'ils sont forcés de quitter un établissement d'enseignement pour des raisons financières ou d'autres raisons.

- Ils espèrent que cet événement ne salira pas la bonne réputation de l'ETS et de la faculté, du personnel et des étudiants de l'ETS.

Par inadvertance, le courriel a trouvé son chemin entre les mains des étudiants[347, 348].

Bon nombre des étudiants, craignant de perdre leurs crédits universitaires ou, pire encore, se voir refuser à jamais un visa pour les États-Unis, se sont rétractés. Cependant, les étudiants les plus perspicaces ont demandé à rencontrer Jennifer Balistra en personne. Kolbe leur a répondu que Balistra était malade. Face à leur insistance, elle leur a répondu qu'en fait, Balistra était une paraplégique introvertie et ne pouvait venir à l'institut. Certains des étudiants ont ensuite visité la page Facebook de Jennifer Balistra, où ils ont trouvé une centaine de photos d'eux-mêmes, les étudiants de l'ETS. Et rien d'autre. Aucune photo du Pérou. Aucune photo de la famille et des amis de Jennifer. Il n'y avait même pas de photo de Jennifer Balistra elle-même. Les étudiants n'ont réussi à trouver qu'une seule photo de Jennifer Balistra, sur son compte Gmail. Sur ce cliché, elle semble en santé, à côté d'un enfant qui pourrait bien être péruvien. Lorsqu'un étudiant calé en informatique a analysé la photo de Balistra sur Tineye, un moteur de recherche pour photos, l'image s'est révélée exister sur plus de 15 sites. Il s'agissait d'une photo commerciale qui avait été recadrée. Lorsque les étudiants sont retournés voir Kolbe et lui ont dit qu'ils ne croyaient pas en l'existence même de Jennifer Balistra, les comptes Facebook et Google de cette dernière ont disparu le lendemain, ainsi que toute mention d'elle sur les sites de l'ETS. Soudainement, Balistra n'avait jamais existé (la plupart de ces pages avaient toutefois été sauvegardées).

Vraisemblablement inébranlable, mais voyant poindre l'imminente intervention du ministère haïtien de l'Éducation (à qui les étudiants s'étaient aussi plaints), Kolbe a rassemblé un conseil d'universitaires américains et a déposé une demande de licence auprès du ministère. Le conseil était composé de Kolbe, sa partenaire, et plusieurs autres doctorants de l'Université du Michigan, dont aucun n'était titulaire d'un doctorat à l'époque. Bien vite, Kolbe apprit que seuls les citoyens haïtiens peuvent obtenir une licence pour créer une université privée en Haïti. De plus, au moins un fondateur doit être titulaire d'un doctorat. Il n'était pas suffisant d'être un étudiant de cycle supérieur. Selon un doctorant américain qui a travaillé avec Kolbe, l'application suivante était au nom d'une universitaire haïtienne titulaire d'un doctorat, une femme au prénom quelque peu suspect et amusant : Sophony[ix].

LA TRISTE VÉRITÉ

Si ce n'était de son impact, le récit de Duff/Kolbe ne serait rien d'autre que celui d'un autre étranger opportuniste venu pondre des données boiteuses et exploiter les Haïtiens pauvres dans un pays où peu de lois administratives sont appliquées. Cependant, en 2012, Kolbe était devenue l'une des plus importantes sources de données

---

[ix] NDT En anglais, *so phony* signifie « complètement bidon ».

quantitatives sur la criminalité, les opinions politiques et même la sécurité alimentaire en Haïti. Elle fournissait des informations à la fois à des organismes du secteur humanitaire, par exemple la Croix-Rouge et CARE International, et aux forces de sécurité onusiennes. À deux reprises, elle a présenté des données suggérant une épidémie de viol en Haïti pire que tout ce qu'on n'avait jamais connu dans le monde, des données qu'elle est arrivée à publier dans l'un des ouvrages universitaires les plus respectés de la planète et dont l'impact a même attiré l'attention personnelle du président d'Haïti. Dans l'édition du dimanche du *New York Times*, elle a donné vie à l'épidémie de viol post-séisme en offrant un témoignage détaillé de sa tentative d'aider une victime de viol alors qu'elle n'était même pas présente. Elle a aussi cherché à utiliser son Institut du travail social pour contrôler la recherche en sciences sociales en Haïti au moyen d'un comité d'éthique dont elle était la présidente. Cette position lui aurait permis à la fois de filtrer les recherches des autres chercheurs en Haïti et d'approuver ses propres recherches, dont certaines n'auraient jamais été autorisées aux États-Unis (notamment les enquêtes de 2006, 2009 et 2010 sur les viols). Et comment a-t-elle accompli tout ça ? Non pas en usant de charme et de fausse sympathie, mais avec la promesse de travaux de recherche, de publications et d'une expérience sur le terrain en Haïti au moyen d'une fausse université. Elle laissait une première bonne impression. Cependant, elle a laissé dans son sillage de nombreux étudiants et employés mécontents, ainsi que des chercheurs et des doctorants étrangers, dont au moins quatre ont adressé des plaintes à la faculté du Travail social de l'Université du Michigan. Leur principal grief : Kolbe mentait aux étudiants, les exploitait financièrement et leur offrait une éducation de piètre qualité. Aucun d'entre eux n'a reçu de réponse. En 2015, Kolbe a obtenu son doctorat de l'Université du Michigan et, avec quelque 13 articles publiés dans des revues spécialisées, elle a obtenu un poste de professeur adjoint en Travail social à Université d'État de New York à Brockport. En ce qui concerne son Institut du Travail social, il est toujours en activité[349].

L'INDUSTRIE DES PSEUDO-CHERCHEURS DANS LE MONDE DU DÉVELOPPEMENT

Bien que ce chapitre soit presque entièrement consacré à Kolbe (et, dans une moindre mesure, à Roy Hutson, à Robert Muggah et aux quatre autres universitaires qui ont appuyé Kolbe et ont profité de leur collaboration), le problème que je décris n'est pas Kolbe en soi. Le problème est plutôt l'industrie de l'aide, la recherche universitaire et la fabrication de données qui soutiennent les activités des ONG et des organismes de l'ONU en Haïti. Ce chapitre porte sur les pseudo-universitaires et les médias du monde qui font la promotion de telles données au détriment des véritables chercheurs. À cause de gens comme eux, aider les pauvres en Haïti est une tâche encore plus difficile. Kolbe n'est pas un simple mouton noir du domaine de la recherche. En réalité, l'existence de pseudo-chercheurs et de recherches bidon (voire frauduleuses) qui n'ont d'autre but que d'aider à collecter des dons est encore mieux illustrée par le travail de Mark Schuller et les nombreuses recherches qu'il a appuyé et contribué à faire publier.

À la suite du tremblement de terre, le professeur Mark Schuller est devenu le chercheur universitaire le plus publié sur le sujet des survivants du séisme, en particulier ceux dans les camps. Tout comme moi, Schuller est un anthropologue des cultures. Cela signifie qu'il étudie les sociétés et, plus particulièrement, les comportements sociaux des gens et des institutions dans les pays en développement. Schuller est un expert de la « compréhension interculturelle ». Au moment d'écrire ces lignes, il était membre de neuf associations professionnelles d'anthropologie, avait publié deux dizaines d'articles et de chapitres dans des anthologies avalisées par des comités de lecture, en plus d'avoir publié deux de ses propres livres et coédité cinq autres ouvrages. En 2006, il a obtenu le troisième prix de la National Association for the Practice of Anthropology. En 2015, il a remporté le prestigieux prix Margaret Mead de l'American Anthropological Association, l'une des plus hautes distinctions décernées aux anthropologues. Il fait partie du corps enseignant de la Northern Illinois University, où il se présente comme un « professeur des ONG ». Il semble bien qu'il ne pourrait exister de chercheur plus reconnu que Mark Schuller pour démêler le vrai du faux eu égard à la situation post-séisme en Haïti. Cependant, tout comme Kolbe, Schuller a non seulement échoué lamentablement, il a aussi fait pire et caché délibérément la vérité. On pourrait soutenir que Schuller est allé encore plus loin que Kolbe, ayant cherché à utiliser son statut de chercheur pour donner de la crédibilité à d'autres individus[350, 351].

En 2013, Schuller a publié une espèce de magnum opus du militantisme post-séisme : *Tectonic Shifts: Haiti since the Earthquake* (*Bouleversements tectoniques : Haïti après le tremblement de terre*)[352]. Il s'agissait d'une anthologie de recherches, d'affirmations et de données provenant de bon nombre des « experts » vus dans les chapitres précédents, ceux qui ont outrageusement déformé la réalité en Haïti et aidé les organismes humanitaires à collecter des dons pour combattre des fléaux dont bon nombre n'existaient même pas. Le livre débute immédiatement avec cette déclaration : le tremblement de terre a fait 316 000 morts et un septième de tous les Haïtiens se sont retrouvés sans domicile. Des statistiques tout aussi dépourvues de fondement sont constamment répétées dans le livre, parfois jusqu'à l'absurde, par exemple l'idée selon laquelle 86 % de toutes les maisons de Port-au-Prince bâties depuis 1990 ont été détruites. Cependant, le livre est bien plus qu'une autre énumération de données inexactes. Le livre confère aux auteurs de ces données erronées un niveau de crédibilité scientifique qu'ils n'auraient jamais pu atteindre sans être associés à un « authentique » professeur universitaire.

On a droit à des prétextes dès la première page du livre, où Schuller et son codirecteur Pablo Morales proclament à la Don Quixote qu'ils favorisent une nouvelle perspective et déplorent le fait que « les points de vue présentés jusqu'à maintenant [manifestement ceux des organismes humanitaires] sont dominés par des Blancs bien-pensants étrangers, qu'ils soient des bénévoles ou des professionnels de l'humanitaire ». Schuller et Morales, deux hommes blancs étrangers œuvrant dans le domaine de l'humanitaire, poursuivent avec la présentation de 46 « universitaires, journalistes et militants », dont 33 sont également blancs, étrangers et, on se l'imagine, bien-pensants. Ils figuraient parmi les journalistes et les blogueurs les plus prolifiques en Haïti après le séisme. Tous étaient des militants ou n'avaient pratiquement aucune expérience en Haïti.

Parmi les contributeurs haïtiens authentiques, on compte Mario Joseph, le directeur du Bureau des avocats internationaux (BAI), l'organisation qui, comme nous l'avons vu dans les chapitres précédents, a été fondée par des avocats d'Aristide et constitue le centre du militantisme contre la droite politique en Haïti, une organisation qui a produit des accusations de viols de nature politique pendant plus de vingt ans. On compte également Rachel Beauvoir-Dominique, une anthropologue et autoproclamée prêtresse vaudou, la fille de Max Beauvoir, le chimiste du Massachusets Institute of Technology et prêtre vaudou qui, comme nous l'avons vu dans le chapitre 3, a convaincu Wade Davis de l'existence des zombis. En effet, c'est Rachel Beauvoir-Dominique elle-même qui, à l'âge de 16 ans, a servi de guide et d'interprète à Wade Davis alors qu'il faisait la tournée des *bokors* pour collecter ses poudres de zombification bidon. Puis on compte également parmi les auteurs Marie Eramithe Delva et Mayla Villard-Appolon, les fondatrices de KOFAVIV, les artisanes de l'épidémie de viols post-séisme[353].

Je tiens à préciser que je n'ai rien contre le militantisme. Je n'ai même rien contre les poudres de zombi. Il est parfaitement acceptable de défendre la justice sociale, peu importe la définition qu'on en fait, tout comme il est parfaitement acceptable de croire aux phénomènes surnaturels. Je n'ai rien non plus contre Schuller personnellement. Ce à quoi je m'oppose, c'est l'usurpation et l'exploitation du rôle de chercheur, ainsi que les données trompeuses qui induisent en erreur les employés des ONG, dont bon nombre cherchent véritablement à trouver des façons efficaces d'aider les pauvres. Les chercheurs comme Schuller et Kolbe, qui politisent leurs travaux de recherche tout en faisant fi des méthodes scientifiques au profit de leur intuition ou de données faussées, ont donné de la crédibilité à des militantes comme Marie Eramithe Delva et Mayla Villard-Appolon de KOFAVIV. En publiant leurs articles dans des ouvrages scientifiques, en utilisant leurs données et en répétant et en appuyant leurs dires, Schuller, Kolbe et les cinq coauteurs de Kolbe, tous des professeurs d'universités reconnues, ont conféré à ces gens le statut d'experts et de sources légitimes de données. Des gens qui, dans un pays développé, pourraient bien être emprisonnés pour fraude et détournement de fonds destinés aux pauvres. Dans le cas de Kolbe, il se pourrait très bien qu'elle ait délibérément manipulé des données, mais à tout le moins, dans le meilleur des cas, on pourrait dire que ses recherches se fondaient sur des données boiteuses qu'elle a cachées et rafistolées. Dans le cas de Schuller et de Morales, soit ces derniers ont délibérément cherché à duper le public, les journalistes et les donateurs, soit, sans aucune méthode scientifique pour les guider et en s'accrochant aveuglément à n'importe quelle donnée supportant leurs arguments, ils se sont eux-mêmes fait mener en bateau par des gens comme Delva et Villard-Appolon. Dans un cas comme dans l'autre, ils ont contribué à flouer les donateurs, les ONG et le public, qui se fient à leur crédibilité et à leurs travaux de recherche pour obtenir des informations objectives de la situation et mieux aider les pauvres.

10

L'utilité des camps

LES « VICTIMES » DU SÉISME

Nous sommes le 9 juillet, sept mois après le séisme. Je discute avec Maria, une Hondurienne de la classe moyenne d'environ 50 ans qui travaille dans les camps. « Lorsqu'ils nous voient arriver, ils se mettent à courir avec leurs bâches et ils montent une tente. » Je ne lui ai pas demandé une information en particulier, seulement comment était son travail. Nous soupons dans un restaurant. Joseph, mon ami du service extérieur des États-Unis, est aussi avec nous, ainsi qu'une travailleuse humanitaire du Rwanda.

— Bon nombre de ces personnes ont une maison, dit Maria d'un ton exaspéré. Dans certains endroits où nous travaillons, le tremblement de terre n'a fait aucun dommage.

World Vision, son employeur, est responsable de 15 camps. Elle décrit ce qui arrive lorsque des travailleurs humanitaires se présentent sur les lieux[354] :

— Lorsque nous prenons le contrôle d'un camp ou déplaçons des gens, comme nous l'avons fait à la frontière, chaque semaine il y a 100 personnes de plus. Ils ont leurs draps sur de petits lits bancals en bois… Personne ne vit là. Cependant, lorsqu'ils voient un véhicule de World Vision, ils accourent.

Je savais déjà tout ça. Ce qui m'étonne, c'est que ça saute aussi aux yeux de Maria. Elle ne parle ni créole ni français. Elle n'a aucune connaissance particulière d'Haïti qui lui permettrait de percevoir ou de comprendre plus de choses que les autres. Elle ne vit pas dans les camps et n'a pas effectué de recherches approfondies pour en arriver à ces conclusions. Tout ce qu'elle a fait, c'est visiter les camps pour son travail. Malgré tout, ce même jour, Nigel Fisher, coordonnateur résident et coordonnateur de l'aide humanitaire de l'ONU en Haïti, a déclaré dans le rapport officiel de l'ONU intitulé *Haïti : 6 months after* (*Haïti : six mois plus tard*) qu'il se trouvait « 2,3 millions de déplacés en Haïti, un nombre renversant », dont 1,5 million vivant dans les camps. Cela correspondrait à 46 pour cent des 3,375 millions de personnes dans la zone du séisme et à 58 pour cent des habitants des zones urbaines. Toutefois, Nigel Fisher n'a rien dit à propos des fausses tentes. Maria ne comprend pas pourquoi. C'est évident, nous dit-elle, et ça l'agace.

— On dirait que personne ne se soucie de savoir si les bénéficiaires ont besoin d'aide ou non.

Pour éviter que Maria et moi-même ne soyons mal compris, permettez-moi de revenir en arrière un instant. Maria ne parlait pas des tentes et des abris de fortune où on emmagasinait les possessions récupérées de maisons effondrées. Il y avait beaucoup d'abris du genre, des dizaines de milliers. Maria faisait référence à d'autres types d'abris et de camps : les faux. Ceux-là, si un travailleur humanitaire ou un journaliste avait fait les calculs ou mené une enquête (et on verra plus tard que j'ai fait les deux), il aurait bien vu qu'il s'agissait principalement d'abris de façade. On n'y trouvait aucun vêtement laissé à sécher sur une corde à linge, aucun feu de charbon, aucune batterie de cuisine, aucun occupant y dormant la nuit. Normalement, il suffisait de jeter un coup d'œil à l'intérieur des tentes pour constater qu'elles étaient vides et que personne ne pourrait y dormir en raison de la surface du sol (pierres, racines d'arbres, etc.).

Mon ami Joseph du service étranger les appelle des « appâts humanitaires ». Ces abris se sont multipliés ici et là à Port-au-Prince dans un rayon de 60 kilomètres autour de la métropole et même dans certaines communes à plus de 150 kilomètres de l'épicentre du séisme. Vilmond Joegodson – un Haïtien originaire de Cité Soleil, l'un des quartiers les plus pauvres de Port-au-Prince, qui a déménagé dans plusieurs des camps – décrit ainsi le processus :

> Il suffit d'avoir huit longues branches solides et quelques toiles en guise de mur [...] Les ONG les visitaient et distribuaient les tentes ou les bâches qui leur restaient. Pour être admissibles à ces dons, ou à d'autres formes d'aide, les Haïtiens doivent avoir élu domicile dans l'un des camps et prouver d'une manière ou d'une autre qu'ils y habitent.
>
> Tout le monde est à l'affût pour savoir où les ONG qui distribuent les tentes se montrent les plus généreuses. L'objectif est d'établir une présence dans ces camps puis d'attendre. Parfois, des gens squattent dans différents camps en même temps pour mieux assurer leurs arrières[355].

L'ABSURDITÉ DES CHIFFRES

Pour se convaincre que bon nombre des habitants des camps n'étaient pas réellement des « victimes » du séisme, il n'est pas nécessaire de croire ni moi, ni Maria, ni même Vilmond Joedgodson sur parole. Au moment où Nigel Fisher déclarait qu'il se trouvait 1,5 million de personnes dans 1 555 camps, il avait déjà été pratiquement établi que non pas 70 pour cent des bâtiments de Port-au-Prince s'étaient écroulés, mais 7 pour cent. Un autre 13 pour cent des bâtiments étaient endommagés au point où on recommandait leur destruction. C'est donc dire qu'un total de 20 pour cent des bâtiments étaient impropres à l'habitation. Et cela signifie que pas plus de 20 pour cent de la population aurait dû être qualifiée de ce que les autorités appelaient les « personnes déplacées à l'intérieur de leur pays », ou « déplacés » (dans la mesure où les habitants d'une maison qui a tenu le coup ne peuvent être qualifiés de déplacés). Si l'on étend la définition d'une maison impropre à l'habitation pour y inclure les maisons « jaunes », à savoir les maisons endommagées pouvant être réparées (26 pour cent des maisons), pas plus de 46 pour cent de la population ne pourrait logiquement être qualifiée de sans-logis – un pourcentage un peu plus près des 68 pour cent de déplacés signalés par l'ONU. Le reste des maisons, celles qui n'avaient subi aucun dommage, étaient qualifiées de « vertes ». Les chiffres étaient toutefois trompeurs[356].

Ceux comme moi qui habitaient à Port-au-Prince savaient bien que, quelques mois après le séisme, la plupart des maisons abandonnées étaient de nouveau occupées. Et, une fois de plus, vous n'avez pas à me croire sur parole. L'enquête BARR a révélé que, au plus fort de l'exode, 68 pour cent des personnes vivant dans la zone du séisme ont quitté leur maison. Cela correspond à 2 040 000 personnes. Cependant, elles ne se sont pas toutes rendues dans les camps. Selon l'ONU, 24 pour cent des déplacés seraient partis vivre en campagne ou chez des proches. Le Bureau de la coordination des affaires humanitaires de l'ONU et l'Université Columbia (en collaboration avec l'Institut Karolinska de Suède) en sont arrivés à des résultats semblables. D'autres sinistrés vivaient sur la rue, devant leur maison. En bref, moins de la moitié des déplacés se sont rendus dans les camps – plus précisément, 900 000 personnes, ou 30 pour cent de la population totale dans la zone de séisme. Ces déplacés ont ensuite commencé à réemménager leurs maisons dans les semaines qui ont fait suite au séisme. Selon l'enquête BARR, 70 pour cent des personnes qui avaient quitté leur domicile y vivaient de nouveau en juillet 2010. À l'époque, l'Organisation internationale pour les migrations (OIM), l'organisme chargé par l'ONU de la coordination de l'aide dans les camps d'Haïti, évaluait le nombre de personnes dans les camps à 1,5 million. Lors du premier anniversaire du tremblement de terre, alors que l'OIM estimait qu'un million de personnes vivaient toujours dans les camps, l'enquête BARR suggérait que 85 pour cent des personnes qui avaient quitté leur domicile étaient retournées chez elles. Même dans le cas des 78 000 structures étiquetées « rouges », celles qu'on recommandait de détruire, le taux de réoccupation était de 64 pour cent. Ce taux était de 92 pour cent pour les 100 000 structures « jaunes » (endommagées, mais réparables) et de 96 pour cent pour les structures « vertes » (non endommagées). Même en incluant toutes les variables manquantes de l'enquête, les données sont solides et suggèrent qu'au moins 80 pour cent de la population avait réemménagé son domicile un an après le séisme. Aussi, même en effectuant des calculs généreux, le nombre maximum de personnes pouvant être qualifiées de déplacées ne dépasse pas 20 pour cent de la population, soit environ 675 000 personnes. Il ne s'agit pas du nombre de personnes dans les camps, mais du nombre possible de déplacés, à savoir ceux qui ne sont pas retournés chez eux. Des 1 356 résidences visitées pour le compte de l'enquête BARR où les locataires étaient absents, seulement 15 % d'entre eux se trouvaient dans les camps. Cela signifie que dans la zone touchée par le séisme, pas plus de 101 250 personnes qui habitaient à Port-au-Prince au moment du tremblement de terre vivaient dans les camps. Pourtant, selon le gouvernement et l'OIM, il s'y trouvait un million de personnes. Sans contredit, des habitants de l'extérieur de la zone de séisme étaient venus s'installer dans les camps après le tremblement de terre. Quoi qu'il en soit, le constat demeure le même : les données citées étaient bien loin de la réalité.

En fait, dans certaines communes de Port-au-Prince, on trouvait plus de personnes affirmant vivre dans les camps que le nombre total de résidents de la commune au moment où le tremblement de terre a frappé[357].

CHIFFRES OU PAS, ILS ÉTAIENT AU COURANT

Voilà donc les chiffres. Cela dit, il n'était pas nécessaire d'en avoir pris connaissance pour connaître la situation. Toute personne dans les hautes sphères savait pertinemment que bien des gens dans les camps prétendaient être des déplacés. L'une des premières choses dont m'ont fait part les représentants d'USAID et du Bureau d'assistance en cas de catastrophe à l'étranger (OFDA) des États-Unis, c'est l'ampleur de l'opportunisme. La représentante de l'OFDA et la consultante du Département d'État des États-Unis me l'ont dit sans ambages : « Nous savons que beaucoup de tentes sont vides ». Elles m'ont expliqué que le Commandement Sud de l'armée des États-Unis s'était rendu dans les camps la nuit avec des lunettes infrarouges et que bon nombre des tentes étaient vides. « Nous savons que des familles se dispersent dans de nombreuses tentes pour obtenir plus d'aide, ajoute la femme de l'OFDA. » Aussi, il est impossible que Nigel Fisher, le coordonnateur résident des Nations Unies et coordonnateur de l'action humanitaire en Haïti, ait pu croire ses propres dires lorsqu'il annonçait au monde que 1,5 million de personnes vivaient dans des camps. Encore une fois, les responsables de l'aide humanitaire nous mentaient éhontément[358].

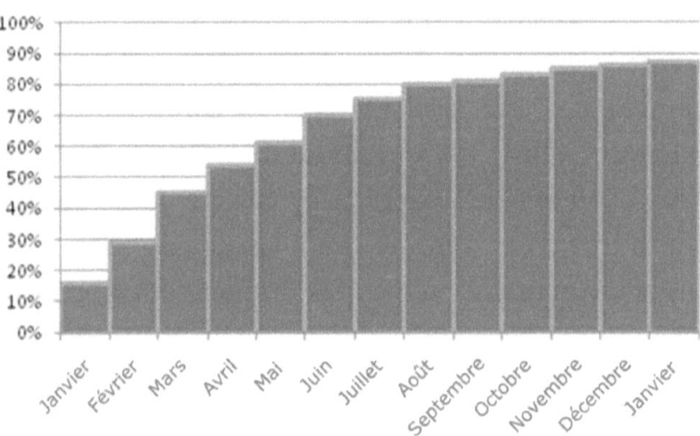

Taux de maisons réoccupées par mois, enquête BARR 2010

Comparaison de la population des camps à la population totale des communes

	Population des camps, juillet 2010	Population totale, 2009	Population urbaine, 2009	Population dans les camps / population totale	Population dans les camps / population urbaine	Pourcentage de résidences étiquetées « rouges »	Pourcentage de résidences urbaines étiquetées « rouges »	Proportion de la pop. dans les camps / proportion de résidences « rouges »	Proportion de la pop. dans les camps / proportion de résidences urbaines « rouges »
CARREFOUR	195 755	465 019	430 250	42 %	45 %	17 %	17%	247 %	265 %
CITÉ SOLEIL	70 273	241 055	241 055	29 %	29 %	6 %	6 %	483 %	483 %
CROIX-DES-BOUQUETS	105 064	227 012	84 812	46 %	124 %	23 %	23 %	200 %	539 %
DELMAS	352 675	359 451	359 451	98 %	98 %	19 %	19 %	516 %	516 %
GANTHIER	6 111	56 869	19 948	11 %	31 %	inconnu	inconnu	inconnu	inconnu
GRAND-GOÂVE	34 665	124 135	19 874	28 %	174%	4 %	27 %	700 %	644 %
GRESSIER	47 916	33 152	13 043	145 %	367 %	53 %	53 %	274 %	692 %
JACMEL	26 115	170 289	40 108	15 %	65 %	3 %	13 %	500 %	500 %
LÉOGANE	166 799	181 709	85 044	92 %	196 %	30 %	30 %	307 %	653 %
PÉTIONVILLE	102 482	342 694	271 175	30 %	38 %	11 %	11 %	273 %	345 %
PETIT-GOÂVE	52 062	157 296	91 797	33 %	57 %	inconnu	inconnu	inconnu	inconnu
PORT-AU-PRINCE	303 529	897 859	875 978	34 %	35 %	18 %	18 %	189 %	194 %
TABARRE	73 001	118 477	118 477	62 %	62 %	13 %	13 %	477 %	477 %
TOTAL	1 536 447	3 375 017	2 651 012	46 %	58 %	20 %		230 %	290 %

ALORS, POURQUOI LES MENSONGES (ENCORE) ?

Les Haïtiens affluaient vers les camps en partie pour l'aide distribuée par les organisations humanitaires. Cependant, ce que les professionnels de l'aide humanitaire et la presse semblaient ne pas savoir, c'est que les plus démunis cherchaient plutôt à échapper aux paiements de loyer et à acquérir un lopin de terre gratuitement par l'occupation du territoire. Tout comme ailleurs dans le monde, les loyers représentent un énorme fardeau pour les classes inférieures et moyennes en Haïti. Le principal objectif de la plupart des chefs de ménage indépendants est d'acquérir leur propre maison et, à cet égard, le séisme représentait une occasion en or. Je reviendrai bientôt sur ce point. C'est un aspect intéressant qui nous aide à comprendre Haïti et les conséquences de l'aide humanitaire. Cependant, ce qui est tout aussi intéressant selon moi (et en particulier dans le contexte de ce livre), ce sont les exagérations, pour ne pas dire les mensonges éhontés des acteurs de l'humanitaire. Malgré les distorsions évidentes des données, malgré le fait que même les travailleurs humanitaires de terrain comme Maria étaient atterrés par l'ampleur de l'opportunisme, malgré que, derrière les portes closes, tous s'indignaient de l'opportunisme crasse, les dirigeants de la communauté de l'aide humanitaire comme l'onusien Nigel Fisher rapportaient le plus sérieusement du monde des nombres absurdes de sans-abri à qui voulait bien l'entendre. Tout comme pour les orphelins et les viols, on gonflait les chiffres et on mentait pour attirer la sympathie d'éventuels donateurs étrangers.

L'ARGENT (ENCORE UNE FOIS)

Les camps étaient inondés de l'aide des ONG. Du moins, c'était l'impression générale. Selon Olga Benoit, la directrice de la SOFA, la plus importante organisation de femmes en Haïti (comme nous l'avons vu dans le chapitre 8 sur l'épidémie de viols) : « Ce fut comme une invasion d'ONG. Elles se sont rendues directement dans les camps. Ce camp était pour Christian Relief Services, cet autre camp pour World Vision, celui-là pour Concern… »

« Où est le problème ? Pourquoi pas ? », diront certains. Même si la plupart des personnes dans les camps n'étaient pas des victimes directes du séisme, elles étaient sans doute dans le besoin. Yolette Jeanty de *Kay Fanm*, la deuxième plus importante organisation féministe en Haïti, nous explique quel est le problème :

> La grande majorité des sinistrés habitaient, et habitent toujours, dans les quartiers. Ces personnes n'ont pas voulu aller dans les camps, elles sont restées à la maison. Même ceux dans les camps, beaucoup ne couchent pas là-bas. Ils dorment à la maison. Ils se rendent uniquement aux camps dans la journée pour chercher de l'eau ou recevoir ce qu'on voudra bien leur donner. Cependant, les ONG, elles, vont toutes dans camps.

En ignorant les quartiers, les travailleurs humanitaires sont capables d'éviter cet obstacle majeur mentionné dans les premiers chapitres : la crainte pour la sécurité. Dans les semaines qui ont fait suite au séisme, la presse avait non seulement vendu de nombreuses copies grâce à ses histoires sensationnalistes de gangs et de batailles de rue, elle avait aussi complètement effrayé tout le monde, notamment les travailleurs humanitaires employés par les ONG et les organismes de l'ONU. En 2013, le criminologue Arnaud Dandoy a écrit sur l'absurdité de ce qu'il qualifiait de « panique morale » au sein de la communauté humanitaire en Haïti. À Port-au-Prince, un siège d'ONG type était sécurisé derrière des murs de trois mètres surmontés de fil barbelé. Les employés des ONG devaient respecter des couvre-feux, n'étaient pas autorisés à même pénétrer certains quartiers ou ouvrir les vitres de leur véhicule dans d'autres, précisément ces quartiers où les besoins étaient les plus criants. Les camps se sont révélés résoudre bon nombre de ces problèmes. Malgré la montée drastique de la violence signalée par les ONG et les organisations communautaires comme KOFAVIV, on pouvait patrouiller dans les cités de tentes. Des soldats de l'ONU étaient postés dans les camps où travaillaient les ONG. Des experts de la sécurité pouvaient surveiller la situation. Et la nuit, lorsqu'on prétendait que les choses tournaient mal, les travailleurs humanitaires n'étaient plus là. Ils étaient de retour dans les quartiers de l'élite, dans leurs appartements et leurs chambres d'hôtel qui, encore une fois, étaient barricadées derrière des murs gigantesques dans une enceinte bien gardée[359].

Le problème de cette attention focalisée uniquement sur les camps, d'un point de vue humanitaire, c'est qu'on omet bon nombre des réelles victimes. Cependant, ce qui est encore pire dans un contexte d'aide, ce sont précisément ces dons à l'aveugle, la protection centrée sur les camps et la légitimité conférée automatiquement aux déplacés autoproclamés : tout ce qui a encouragé les opportunistes à inonder les camps. La population y a augmenté sans interruption pendant sept mois, bien longtemps après les dernières répliques. On est passé de 370 000 personnes « vivant dans des abris de fortune » le 20 janvier (OIM) à 700 000 le 31 janvier (USAID, 2010) à 1,3 million le 1er mars (ONU, 2010) à 1,536 million dans 1 555 camps, selon la déclaration de Nigel Fisher du 9 juillet. Parmi ces réfugiés se trouvaient de nombreux opportunistes qui cherchaient à tirer profit de l'aide et avaient déjà une petite maison de béton près des camps qui ne s'était pas effondrée. Et bon nombre avaient les moyens de gagner leur vie, aussi dure soit-elle. Il est injuste pour ceux réellement dans le besoin que de telles personnes prétendent être des sans-abri. Cependant, pour en revenir au point essentiel, il est évident que ce ne sont pas les faux déplacés qui profitaient le plus des mensonges et de la facilité avec laquelle n'importe qui pouvait s'installer dans les camps, mais les organismes humanitaires étrangers et leurs employés, dont bon nombre vivaient dans des chambres d'hôtel et des appartements à 50 000 $ par année. Voilà ce qui explique le mieux pourquoi les Nations Unies et les ONG débitaient de fausses-vérités et omettaient des faits à propos des camps[360].

Les camps attiraient les dons. Que ce soit délibérément ou par inadvertance, les organisations humanitaires ont utilisé les camps à peu près de la même façon que les gens qui prétendaient y vivre : un appât humanitaire, dans leur cas pour encourager les dons de l'étranger. Selon le portrait dressé par les ONG et les organismes de l'ONU, les camps étaient une véritable bouillabaisse de tous les problèmes humanitaires. Des centaines de milliers de personnes vulnérables en pleine ville avec tous les besoins imaginables à combler : nourriture, eau, abri, sécurité, éclairage, assainissement, santé, thérapie… On payait les ONG et l'ONU pour subvenir à ces besoins. En faisant étalage de leurs efforts dans les camps (de nombreuses photos à l'appui), ils donnaient facilement l'impression d'aider sans devoir se rendre dans les quartiers ni mettre en œuvre des mécanismes rigoureux permettant de filtrer les réelles victimes des imposteurs. Aussi, en refusant de révéler la vérité sur les faux déplacés et en distribuant aveuglément leur aide, les organismes humanitaires ont ni plus ni moins conspiré avec les imposteurs qui exploitaient les camps. Ce qui rend ces actes encore plus tristes et navrants, pour ne pas dire criminels, c'est que la majeure partie des plus démunis, faibles et vulnérables qui s'étaient rendus dans les camps n'obtenaient aucune aide. Dans les six années qui ont fait suite au séisme, j'ai écouté des participants à des groupes témoins se plaindre systématiquement :

> Les membres du comité de camp s'appropriaient tout ce qui était donné au camp. Ils prenaient les bâches et si vous en vouliez une, vous deviez payer 250 ou 300 gourdes. Sinon, vous viviez sous la pluie. Parfois, nous apercevions des camions arriver avec de la nourriture. Mais ils s'emparaient de tout pour le stocker chez eux. Ils ne nous donnaient absolument rien. Certaines de ces personnes avaient des maisons en bonne condition. Les camps leur offraient plus d'avantages que de rester à la maison[x].

---

[x] Marie-Claire Erns (femme, 43 ans, trois enfants, enseignante). Groupe de discussion pour le module de gestion et de coordination des camps de l'OCHA, 12 mars 2016.

> Ce que j'ai vu, c'est qu'ils vendaient les denrées alimentaires. Parfois, ils prenaient des arrangements avec d'autres personnes et leur donnaient de la nourriture plusieurs fois. Ces personnes vendaient la nourriture et partageaient les profits avec eux[xi].

Il y avait donc du gaspillage et les ONG géraient très mal la distribution de l'aide aux personnes les plus nécessiteuses. L'ampleur des malversations et de l'accaparement était massive. Mais dans ce cas, pourquoi des milliers de gens vivaient-ils toujours dans les camps des années après le séisme si la plupart n'étaient pas de réels sans-abris et n'obtenaient pratiquement rien en retour ? La raison, bien qu'on en parlait constamment, semblait échapper aux journalistes : ces personnes étaient des locataires qui espéraient acquérir un lopin de terre et une maison. En effet, c'était la manifestation d'une tendance historique en Haïti : l'accaparement des terres par la population, accentuée par la présence massive d'ONG et la récente possibilité d'échapper à la pauvreté grâce au statut de victime. Les plus démunis et leurs proches qui habitaient depuis peu en ville utilisaient leur statut de victimes du séisme pour s'approprier des terres.

HISTOIRE DE L'INVASION DES TERRES

Pour comprendre ce qui poussait les « réels » et « pas-si-réels » déplacés à habiter ou prétendre habiter dans les camps, il faut d'abord comprendre deux choses : l'urbanisation et l'histoire de l'acquisition foncière en Haïti. Comme la plupart des pays en développement, au cours des 65 dernières années, Haïti a été le théâtre d'un exode massif

---

[xi] Jean Cadio (homme, 43 ans, quatre enfants, maçon et ferronnier). Groupe de discussion pour le module de gestion et de coordination des camps de l'OCHA, 13 mars 2016.

des populations rurales vers les villes. De 13 pour cent de population urbaine en 1950, le pays est passé à plus de 50 pour cent aujourd'hui. En 1950, il vivait moins de 150 000 personnes à Port-au-Prince. Aujourd'hui, il y en a plus de 2 millions, et nous parlons des gens dans les limites administratives de la ville. Il vit quelque 3 millions de personnes dans le Grand Port-au-Prince, soit un tiers de la population du pays. La force motrice derrière cette vague d'urbanisation, tout comme la raison pour laquelle le statut de victime constituait une importante débouchée économique pour les Haïtiens pauvres, a beaucoup à voir avec les politiques économiques des États-Unis.

Le plan américain

Dans les années 70, la République d'Haïti, comme bien des pays d'Amérique centrale et des Antilles, était essentiellement rurale et peuplée de petits agriculteurs. Les routes étaient en mauvais état et les systèmes de communication, d'enseignement et de santé, déficients. C'était un pays sous-développé, et on peut dire que ce problème de sous-développement était un problème plus grave en Haïti que dans les autres petits pays de la région parce que, à 168 habitants par kilomètre carré en 1970, Haïti avait deux fois la densité de population de Cuba non loin (76 habitants par kilomètre carré) et près de deux fois celle de la République dominicaine voisine (91 habitants par kilomètre carré)[361]. Déjà plus de 95 pour cent du territoire haïtien était déboisé à l'époque, provoquant une érosion si grave que des experts réputés la qualifiaient déjà de pire au monde[362]. Le problème ne touchait pas seulement Haïti. Les eaux de ruissellement transportaient des eaux usées, des sacs de plastique, des bouteilles et des résidus de pétrole. Tout ça s'échappait des rivières haïtiennes, formant d'immenses nuages sous-marins qui contribuaient à la destruction des sensibles récifs coralliens antillais. Il était temps d'agir[363].

Depuis près d'un siècle, les États-Unis semblaient s'être donné la mission de contrôler Haïti et ses voisins. Les Américains avaient déjà envahi quatre fois Cuba, trois fois la République dominicaine, sept fois le Honduras, sept fois le Nicaragua, quatre fois le Panama, une fois chacun le Guatemala et le Salvador et deux fois Haïti[364]. Par ailleurs, de nouvelles perspectives se profilaient à l'horizon. L'exportation du maïs, du blé, du coton et du riz américains constituait l'une des priorités du Congrès américain. Bon an mal an, les subventions pour ces produits pouvaient atteindre 38 pour cent. La France et l'Allemagne, qui se joindront aux États-Unis pour déverser des quantités énormes de surplus alimentaire sur le marché haïtien, faisaient tout aussi agressivement la promotion de leurs propres produits agricoles. L'UE subventionnait la culture de grains à hauteur de 48 pour cent, un taux encore plus élevé que celui des États-Unis[365]. Le secteur industriel outre-mer pesait aussi dans la balance, en particulier l'industrie du vêtement, cette industrie d'une centaine de milliards de dollars représentée notamment par Gildan et Palm Apparel, comme nous l'avons vu dans le chapitre 6. Le gouvernement américain a commencé à encourager le secteur du vêtement en Haïti dès 1971. À l'époque, en échange du soutien des États-Unis envers la continuation de la dictature Duvalier de père en fils, le gouvernement haïtien a accepté de créer un environnement favorable aux investisseurs américains intéressés par le montage outre-mer. Les taxes de douanes ont été éliminées, la faiblesse du salaire minimum a été garantie, les syndicats ont été supprimés et les sociétés américaines ont obtenu le droit de rapatrier leurs profits. Dès 1980, on trouvait quelque deux cents usines de montage au pays, la plupart américaines[366].

C'est à ce moment que le gouvernement des États-Unis, par l'entremise d'USAID et des grands établissements de crédit internationaux du monde – d'abord ceux des États-Unis, mais aussi la Banque mondiale contrôlée par l'UE, la BID et le Fonds monétaire international (FMI) – ont adopté de nouvelles politiques. Peut-être avaient-ils les meilleures intentions du monde, mais le résultat n'en demeure pas moins le même : ils ont pratiquement détruit l'économie des petits exploitants agricoles haïtiens. C'est ce qu'on appelait le « développement économique ». Les paysans migraient vers les zones urbaines pour y devenir des ouvriers d'usine et l'agriculture en tant que moyen de subsistance n'avait plus raison d'être. Comme par hasard, l'objectif coïncidait avec les intérêts agricoles américains et mettrait fin à la culture de haricots et de maïs à flanc de colline qui causait autant d'érosion et de destruction. Le raisonnement semblait irréfutable.

Un plan a donc été mis en œuvre, le « plan américain ». Dans les régions rurales, les planificateurs ont prévu de belles rangées bien droites d'agriculture ultramoderne : plantations de café, de mangues et d'avocats, ainsi que poulaillers industriels. Dans les zones urbaines, ils ont prévu des parcs industriels florissants où les paysans ayant délaissé leurs terres pour faire place aux agro-industries pourraient devenir des ouvriers d'usine. Devant des comités de surveillance du Congrès, les planificateurs d'USAID ont dressé le portrait d'un nouveau Haïti qui « vivrait des changements historiques vers une plus grande interdépendance économique avec les États-Unis », une relation qui permettrait « au potentiel agro-industriel latent haïtien d'exploser ». L'objectif, selon un témoignage de Peter McPherson d'USAID devant le Congrès américain, était ultimement de « faire d'Haïti la Taïwan des Antilles »[367].

COMMENT DÉTRUIRE UNE ÉCONOMIE AGRICOLE

L'idée aurait pu se révéler ne pas être si mauvaise. De toute évidence, Haïti avait besoin d'aide. Cependant, le plan ne s'est pas déroulé comme prévu. L'industrie du riz haïtien constitue un bon exemple : jusque dans les années 80, Haïti était pratiquement autosuffisant en ce qui concerne la consommation de riz. Cette réalité était rendue possible, en partie, par des lois protégeant les agriculteurs haïtiens du riz des États-Unis et d'Europe, dont la production était largement subventionnée. Vingt pour cent de la population haïtienne travaillait directement dans ce secteur. Cependant, dans le contexte du chaos politique de 1986, l'année où Jean-Claude Duvalier a été chassé du pouvoir, USAID a exploité la promesse d'un appui politique et financier américain pour négocier une réduction des droits de douane sur le riz de 35 à 3 pour cent. Haïti a aussitôt été inondée de riz des États-Unis, dont la production était subventionnée à hauteur de 35 à 100 pour cent dans les années 80 et 90.

En 1996, 2 100 tonnes métriques de riz américain étaient expédiées en Haïti chaque semaine, ce qui représente une perte annuelle d'environ 23 millions de dollars par année pour les cultivateurs haïtiens pauvres[368]. À ce moment, les Haïtiens n'avaient même pas le luxe de contrôler le processus d'importation. Environ la moitié du riz était importé en vertu d'un accord de compérage avec la Rice Corporation of Haiti (RCH). Il se trouve que la RCH était une filiale de la société Comet Rice, elle-même une filiale d'ERLY Industries, le plus important producteur de riz des États-Unis. Selon le bureau de Washington sur Haïti, ERLY Industries avait fait l'objet d'enquêtes pour blanchiment d'argent, trafic illicite d'armes et lobbying illégal, et il lui était également interdit de soumissionner pour des contrats du gouvernement américain. Cependant, comme on peut s'y attendre, ERLY avait de nombreux lobbyistes à Washington D.C. et, malgré tous ses antécédents, la société est parvenue à contrôler la moitié du riz importé en Haïti. Comme si la réduction drastique des droits de douane ne suffisait pas, RCH, la filiale d'ERLY et de Comet Rice, a soudoyé les douaniers, ce qui lui a permis d'économiser plus d'un million de dollars. Lorsque l'administration d'Aristide les a pris la main dans le sac en 2000 et a tenté d'arrêter les personnes impliquées, le Sénat américain a invoqué notamment cette initiative du gouvernement haïtien pour justifier un embargo de quatre ans de l'aide humanitaire en Haïti. Trois ans plus tard, en 2003, la commission américaine des valeurs mobilières a reconnu ERLY coupable des crimes. À ce moment, cela n'avait plus d'importance pour Aristide, dont le gouvernement était au bord de l'effondrement. Un an plus tard, il serait chassé du pouvoir. Du point de vue de l'élite haïtienne, la condamnation était une bonne chose : l'élite reprenait le contrôle de l'importation du riz. Pour le reste, rien n'avait changé : le riz de l'Arkansas continuait d'inonder le marché et les agriculteurs haïtiens demeuraient incapables de concurrencer[369, 370].

FUIR LA PAUVRETÉ

Au moment où j'ai mis les pieds en Haïti pour la première fois en 1990, l'exode rural provoqué par le plan américain battait son plein. C'était non sans rappeler les générations de mes propres parents et grands-parents qui fuyaient les fermes aux États-Unis. Personne en Haïti ne voulait être un « plouc ». Aux yeux des enfants et des petits-enfants de campagnards déménagés en ville, les cousins de la campagne étaient des barbares ignorants. Ils les appelaient les *habitants*, les *montagnards*, les *dents rouges* ou les *pieds pétés* (pieds craquelés). Les paysans eux-mêmes cherchaient désespérément à envoyer leurs enfants dans les villes pour qu'ils y soient éduqués, alimentant le phénomène des *restaveks* vu dans le chapitre 7. Par ailleurs, l'attrait de la ville n'était pas uniquement attribuable aux préjudices envers la campagne. Aux yeux de la plupart des lecteurs de ce livre, les quartiers et leurs égouts pourris apparaîtront comme un lieu affreux où vivre. Cependant, ce sont les personnes restées à la campagne qui souffraient le plus. Elles étaient, et demeurent, les plus pauvres et les plus sous-alimentées d'Haïti.

La conséquence d'une économie rurale en ruines et d'une migration vers les zones urbaines, c'est que tout le monde veut une maison en ville, peu importe la précarité de la construction, la pauvreté du quartier ou la vulnérabilité aux inondations du terrain où se trouve le bâtiment. L'exode débutait par l'acquisition d'une maison en ville. À moins d'envoyer ses enfants travailler chez des proches, des amis ou des connaissances, posséder une maison en ville était la seule façon d'envoyer ses enfants à l'école secondaire. Pour ceux qui pratiquaient toujours l'agriculture, il est devenu indispensable d'avoir un pied-à-terre en ville pour faire des affaires et vendre les produits de la ferme sur le marché urbain informel, plus lucratif. C'était vrai pour les femmes chefs ou cochefs de famille chargées d'apporter les produits agricoles dans les villes pour les vendre aux marchandes. Et c'était vrai aussi pour les membres de la famille masculins qui se rendaient en ville pour y trouver un travail temporaire ou y apprendre un métier. Posséder une maison en ville augmentait également la possibilité de se constituer un capital social en offrant l'hospitalité aux proches ou aux voisins de la campagne. Parfois, les gens louaient une chambre ou une maison, mais l'objectif était d'avoir son propre toit en ville. Les adultes qui ne pouvaient pas se permettre de construire une deuxième et une troisième maison dans les régions urbaines investissaient dans les membres de la famille qui le pouvaient. Ils cherchaient d'une manière ou d'une autre à bénéficier des maisons des proches ou des amis en ville. En effet, il est devenu impensable de ne pas avoir un endroit où rester en ville, et là où les Haïtiens voulaient ou devaient s'implanter plus que n'importe où ailleurs, c'était Port-au-Prince.

PORT-AU-PRINCE

Port-au-Prince est le New York des Haïtiens. C'est là qu'on est fier de vivre. On y trouve 80 pour cent de toutes les écoles secondaires et 95 pour cent de toutes les universités et écoles publiques techniques ; plus de 90 pour cent des fonctionnaires y travaillent ; c'est là que sont consacrées 87 pour cent des dépenses publiques ; c'est de Port-au-Prince que proviennent toutes les décisions politiques, les commandements et les révolutions qui ont façonné l'histoire moderne d'Haïti ; et c'est là que toutes les ONG étrangères ont leur siège. Posséder une maison à Port-au-Prince, aussi petite soit-elle, est considéré comme un facteur essentiel à la mobilité sociale et un atout indispensable pour échapper à la pauvreté rurale, éduquer ses enfants et permettre à ceux-ci d'intégrer le marché du travail ou, si Dieu le veut, le marché du travail des États-Unis, du Canada ou de la France – le Saint-Graal convoité par tous les Haïtiens.

Comme nous l'avons vu, il était faux d'affirmer que 70 à 80 pour cent des résidences de Port-au-Prince étaient habitées par des locataires lorsque le séisme a frappé. C'était le contraire : au moins 50 à 60 pour cent des habitants de Port-au-Prince étaient propriétaires de la maison où ils logeaient. Compte tenu du rythme accéléré de l'exode rural, on peut présumer que la plupart des gens qui vivaient dans la capitale depuis un certain temps possédaient une maison et aussi que les autres

40 à 50 pour cent étaient relativement des nouveaux venus. Alors, si la population est si pauvre, comment en est-elle venue à posséder toutes ces maisons ? C'est parce qu'ils n'ont pas pu répondre à cette question que tant d'organismes humanitaires et de médias ont lamentablement échoué à comprendre ce qui se passait en Haïti. Pour comprendre, il est intéressant de se pencher sur un passé plus lointain.

HISTOIRE DE L'INVASION DES TERRES

Dans les décennies qui ont fait suite à la déclaration d'indépendance d'Haïti en 1804, l'unique révolte d'esclaves de l'histoire ayant abouti, le nouveau gouvernement a tenté de restaurer les plantations et de remettre au travail les anciens esclaves à titre de serfs et de métayers. Ces efforts ont lamentablement échoué, donnant lieu à des révoltes, à la fuite de la main-d'œuvre vers l'arrière-pays et à une résistance passive : éventuellement, pour générer des recettes fiscales pour l'État en difficulté, les dirigeants haïtiens se sont vus obligés non pas de s'approprier les terres des anciens esclaves, mais de leur en concéder davantage. Ils ont donné des terres aux soldats et éventuellement aux prolétaires qui ne s'étaient toujours pas approprié de terres. Dès 1842, il était impossible de retourner en arrière. Ce qui était autrefois l'économie de plantation la plus productive du monde, l'ancienne colonie française de Saint-Domingue, était maintenant un pays dominé par la paysannerie parcellaire. Haïti est devenu le pays dont la répartition des terres était la plus équitable au monde. Le siècle suivant a été marqué par des luttes et des affrontements fréquents entre les paysans, qui possédaient des droits territoriaux informels, et l'élite, qui avait recours au système judiciaire pour octroyer des concessions minières et forestières aux multinationales. C'est une histoire fascinante aux luttes féroces. Par contre, ce qui importe ici, c'est que tandis que les pauvres étaient la plupart du temps les perdants des batailles militaires et politiques, tout au long des 206 années ayant précédé le séisme de 2010, ils avaient gagné la guerre territoriale.

C'est ainsi qu'un marché florissant de petites parcelles s'est développé. Selon le recensement de 1950, 85 pour cent des agriculteurs possédaient leurs terres[371]. Selon le recensement de 1971, il se trouvait 616 700 fermes en Haïti pour une population de 4,1 millions d'habitants. La superficie moyenne des propriétés était de 1,4 hectare, ou 3,5 acres. Les propriétés étaient généralement constituées de plusieurs parcelles. Les plus grandes exploitations ne représentaient que 3 pour cent du nombre total de fermes et moins de 20 pour cent des terres arables. Et même ces « grandes » fermes n'étaient pas si grandes. De nos jours, on aurait bien du mal à trouver un propriétaire foncier dans toute la campagne haïtienne qui possède plus d'une centaine d'hectares. Les quelques étendues de terre appartenant toujours aux riches se trouvent justement à Port-au-Prince, et ces derniers s'efforcent tant bien que mal de ne pas les perdre.

Lors de la période d'urbanisation et d'exode rural vers Port-au-Prince, le même processus s'est répété. Cette fois-ci, les personnes chargées de prendre soin des terres laissées derrière par les exilés politiques ou les émigrants économiques ont commencé à vendre les terres. Elles les ont vendues aux migrants ruraux. Des endroits comme Ravine Pintade et Martissant, où l'enquête BARR a été menée, ont commencé ainsi. Dans le contexte des bouleversements politiques qui ont fait suite à la chute du régime Duvalier en 1986, le processus s'est accéléré. À Jalousie, les 30 000 maisons de béton aux teintes pastel qui surplombent Port-au-Prince (peinture subventionnée par le gouvernement) ont été construites au cours des 20 dernières années sur des terres dérobées à l'élite, les propriétaires officiels.

En effet, ce qui est ironique dans tout ça, c'est que ce ne sont pas les paysans haïtiens ou les habitants des quartiers qui craignent pour leurs terres, mais les membres de l'élite. En Haïti, ce sont principalement les riches propriétaires fonciers et absentéistes qui souffrent d'insécurité foncière. Pendant 200 ans, ils ont vu le système de régime foncier extrajudiciaire des pauvres dévorer leur système formel, comme ce fut le cas pour l'économie formelle en général. Dans la foulée du séisme, ils transpiraient à grosses gouttes[372, 373].

« À ce moment-là, je me suis dit : "Oh, oh… Te voilà dans de beaux draps," » a raconté au *New York Times* Joseph Saint-Fort, un propriétaire foncier haïtien. « J'ai commencé à paniquer parce que je savais qu'il serait très difficile de se débarrasser d'eux. » Les riches propriétaires terriens ne pouvaient pas se permettre d'expulser les « survivants du séisme et leurs enfants » des « camps de déplacés ». Ils étaient surveillés par des milliers de militants, de travailleurs humanitaires et de caméramans des médias étrangers, ainsi que par les Nations Unies, avec toutes ses chartes de défense des réfugiés de guerre et des migrants[374].

Pour chaque employé d'une ONG ou de l'ONU qui débarquait d'un avion, le pouvoir des pauvres augmentait. Rapidement, la population a jalonné chaque petite parcelle de verdure qu'elle pouvait trouver. Bon nombre des envahisseurs ont ensuite pris leurs aises, sachant que la communauté internationale avait l'œil sur l'élite et le gouvernement. C'est ainsi que les camps ont grossi pendant six mois. Même le terrain de golf où Sean Penn avait établi son ONG était le fruit d'une tentative ratée de repousser les squatteurs. Le directeur du club de golf, Bill Evans, savait parfaitement ce qui se préparait. Trois jours après le séisme, il a astucieusement rédigé une lettre à l'ambassadeur des États-Unis pour céder le contrôle du terrain de golf à l'armée américaine, après quoi il a sauté dans un hélicoptère vers l'étranger. L'idée était de laisser l'armée des États-Unis protéger les installations contre les envahisseurs, plus particulièrement les squatteurs. Ça ne s'est pas déroulé comme prévu… Plutôt que de protéger la propriété, l'armée américaine – qui, tout comme la presse et les ONG, n'avait aucune idée de ce qui se tramait – a transformé le terrain de golf en camp pour déplacés. Elle a commencé à y distribuer de la nourriture et de l'eau. La population a réalisé que le terrain n'était pas protégé et, en quelques jours à peine, des milliers de « déplacés » des environs y ont afflué. Et, comme dans tous les autres camps, on a continué d'y ériger de nouvelles tentes pendant sept mois. Rien de tout cela ne signifie que Bill Evans, le directeur du club, n'a aucune compassion et est indifférent au sort des pauvres. Il se trouve que je le connais bien et je peux confirmer que c'est tout le contraire. Il deviendra éventuellement un ardent défenseur des 50 000 squatteurs ayant envahi le terrain. Cela dit, le terrain de golf de Pétionville constitue tout de même un bon exemple de ce qui avait lieu partout ailleurs à Port-au-Prince[375].

DÉFENDRE LES TERRES

En octobre, les propriétaires commençaient à en avoir ras le bol. Bill Evans, sous la pression des 300 membres du club, tentait de poursuivre en justice le gouvernement américain pour avoir autorisé l'invasion du terrain de golf. Et ce ne sont pas uniquement les riches propriétaires fonciers ni même les Haïtiens ordinaires qui en avaient assez. Prenons pour exemple la propriété de l'Église de Dieu des États-Unis. « Auparavant, c'était un endroit magnifique », a déclaré aux journalistes du *New York Times* le missionnaire américain Jim Hudson. Après le tremblement de terre, l'Église a « partagé des repas » avec 4 000 personnes ayant cherché refuge sur la propriété. Dix mois plus tard, 500 d'entre eux refusaient toujours de partir. « Ces personnes sont en train de démolir la propriété, s'est plaint Jim Hudson. Ils urinent sur le terrain. Ils se lavent en public. Ils volent l'électricité. Et ils ne travaillent pas. Ils passent toute la journée assis, à attendre qu'on leur fasse la charité. »

Le 14 juillet 2010, précisément au plus fort de ce que certains membres de l'élite appelaient « l'autre occupation » (en référence à l'occupation de l'ONU), Sharif Abdel Kouddous de *Democracy Now* signalerait ceci :

La question des terres [...] est au cœur du problème. À Port-au-Prince, c'est ce que tout le monde nous disait : « Où iront toutes ces personnes ? » On trouve littéralement des cités de tente sur chaque rue de Port-au-Prince, elles pullulent partout dans la ville. Et ce que demandent les militants – les militants, les personnes sur le terrain, les organisateurs, les organisateurs communautaires – c'est : « Où iront toutes ces personnes[376] ?

Voici ce qu'a répondu Kim Ives, toujours aussi perspicace :

La principale ligne de faille en Haïti n'est pas géologique. C'est une faille entre les classes. Une poignée de familles riches possèdent de vastes étendues de terres en banlieue de Port-au-Prince qui seraient idéales pour relocaliser les milliers de déplacés [...] Cependant, ces mêmes familles contrôlent le gouvernement haïtien et, plus important encore, ont une grande influence sur la Commission intérimaire pour la reconstruction d'Haïti, la CIRH, une commission de 26 membres récemment formée. En vertu de l'état d'urgence, la CIRH est autorisée pendant les 18 prochains mois à confisquer à sa guise des terres pour la reconstruction [...] Cependant, aucun des membres de l'élite qui siègent à ce conseil responsable des expropriations ne propose d'offrir ses propres terres bien situées au bénéfice des sans-abri d'Haïti[377, 378, 379].

L'élite était l'objet de pressions considérables. Le droit au logement serait bientôt sur les lèvres de tous les défenseurs des droits en Haïti. Comme pour donner un avant-goût d'où tout cela allait mener, lors du deuxième anniversaire du tremblement de terre, neuf organisations militantes parmi les plus importantes en Haïti ont bombardé le public d'allocutions et de communiqués de presse dont les grandes lignes ont été résumées dans une déclaration commune[380] :

Nous élevons la voix pour dénoncer haut et fort, devant la communauté nationale et internationale, la menace des expulsions forcées [...] Nous demandons à toutes les institutions concernées (le président, le gouvernement, le maire, les ONG qui aident les déplacés, les organisations de défense des droits de la personne, etc.)

d'appuyer notre cause [...] pour le respect de nos droits en tant que personnes. Comme le proclame l'article 22 de la Constitution haïtienne et l'article 25 de la Déclaration universelle des droits de l'homme : « Toute personne a droit à un logement. »

Même les femmes de KOFAVIV sont passées du viol au logement, attribuant habilement la faute des viols au manque de logements :

Ici comme ailleurs dans le monde, de bons principes et protocoles humains ont été établis et les organismes humanitaires et l'État doivent les appliquer. Cependant, ce que nous observons en Haïti jusqu'à aujourd'hui, c'est que ces principes sont bafoués, ce qui expose davantage les femmes et les jeunes filles aux violeurs[381].

Si 1,5 million de personnes avaient décidé de défendre leur lopin de terre dans les camps, personne n'aurait pu faire quoi que ce soit les en empêcher. La communauté internationale étant tenue de respecter les normes internationales, elle aurait protégé les pauvres contre les expulsions. Cependant, l'élite avait une longueur d'avance sur tout le monde. En mars 2010, seulement trois mois après le séisme, ils avaient déjà trouvé une solution qui viendrait en grande partie désamorcer les invasions des terres : Canaan.

CANAAN : LA TERRE PROMISE

En mars 2010, tandis que la population des camps continuait de croître, une rumeur a commencé à circuler : les gouvernements haïtien et américain avaient l'intention de fonder une nouvelle communauté à Corail Cesse-Lesse, une bande de terrain de près de 8 000 hectares au nord de Port-au-Prince. Le plan semblait parfait. Avant le séisme, une personne se trouvant sur la montagne surplombant Port-au-Prince aurait vu en contre-bas la ville la plus densément peuplée des Antilles, une mer de bidonvilles de béton. Cependant, vers le nord, à l'extrémité des quartiers populaires, se trouvait Corail Cesse-Lesse, un grand pan de territoire inhabité. Le secteur débutait sur une plaine puis s'étendait sur le pied d'une autre chaîne de montagnes, jusque dans les hauteurs cachées du Plateau central. Pas une âme y vivait. Les Haïtiens les plus démunis appelleront bientôt la région Cannan, en référence à la terre promise que Dieu donna aux Israéliens. Cependant, Corail Cesse-Lesse n'avait rien d'une terre promise[382].

La raison pour laquelle ces terres étaient vides, c'est qu'on n'y trouvait pas une seule source d'eau. Il n'y avait aucun arbre pouvant offrir de l'ombre. Malgré tout, le gouvernement haïtien menant la charge, les plans pour une « ville zen » ont commencé à prendre forme. Des abris transitoires seraient construits pour 300 000 personnes, a déclaré le gouvernement. Chaque abri disposerait d'une charpente permanente pouvant être agrandie pour former une maison de six pièces. Dans les quartiers, des firmes d'investissement internationales construiraient des usines de vêtement, des commerces et des restaurants. Selon la rumeur qui circulait, Bill Clinton avait appuyé le plan. Le Département d'État des États-Unis souscrivait au plan, comme tout le monde, semblait-il : l'UNICEF, Le Programme alimentaire mondial, le Comité américain pour les réfugiés, la Croix-Rouge, Catholic Relief Services, World Vision, Oxfam, Save the Children, Samaritan's Purse. « L'idée est de prendre toute cette imagination et toute cette richesse pour les mettre dans cette montagne […] Ça sera une sacrée réussite », a déclaré à l'*Associated Press* Leslie Voltaire, un haut conseiller du gouvernement haïtien[383].

Le projet d'une nouvelle terre promise a débuté avec une communauté de 2 000 maisons. L'armée des États-Unis a rasé un terrain au bulldozer. JP/HRO, l'ONU de Sean Penn, a lancé une campagne pour inciter les gens à quitter volontairement le terrain de golf pour s'installer à Canaan. La campagne était intitulée « Beat the Rain » (Déjouez la pluie), en référence à la possibilité d'échapper à la saison des pluies torrentielles à Port-au-Prince. Selon la journaliste Janet Reitman du magazine *Rolling Stone*[384] :

> Le samedi 10 avril 2010, le premier groupe a quitté le
> terrain de golf dans une caravane d'autobus, l'exode
> chaperonné par des Casques bleus de l'ONU. Une fois
> débarqués, les déplacés se trouvaient sur une parcelle de
> terre poussiéreuse et parsemée de cactus dans l'ombre
> d'une montagne dénudée [...]. Leurs nouvelles maisons,
> des tentes d'un blanc aveuglant dressées sur le sol de
> gravier brûlant, étaient à la fois fragiles et d'une chaleur
> étouffante. Trois mois après l'arrivée des réfugiés, des
> centaines de tentes seront emportées par une violente
> tempête de vent. Il n'y avait ni école ni marché et
> l'hôpital le plus près se trouvait à des kilomètres. Il n'y
> avait pas de travail [...] Pour retourner en ville, il fallait
> marcher longtemps jusqu'à un arrêt de bus, et le trajet
> prenait une heure. Ils étaient totalement isolés[385].

Deux semaines après la tempête de vent, l'OIM signalait que
d'importants secteurs de Canaan prévus pour la colonisation étaient
« sujets aux inondations et aux vents violents [...] et inondés
régulièrement au moins une fois par année ». En d'autres mots, il
s'agissait d'un désert aride et stérile qui, lorsqu'il pleuvait, était propice
aux inondations. Déjà à ce moment, Samaritarian's Purse avait
construit des centaines d'abris là où l'eau avait atteint 35 centimètres
avant de commencer à drainer. World Vision avait fait la même chose.
Et ce n'était que le début. À l'un des sites, on trouvait « une mine à ciel
ouvert, une falaise verticale de trente mètres et des ravins », a expliqué
Bill Vastine, un consultant d'USAID, à un journaliste de *Reuters*[386, 387].

Il y a eu beaucoup de remords et de doigts pointés dans tous les
sens. Jean-Christophe Adrian, le directeur d'ONU-Habitat, a déploré le
fait qu'on venait d'ouvrir « une boîte de Pandore ». Selon des
représentants de World Vision, le processus semblait avoir été précipité.
« J'ignore comment ils ont choisi ce site. Tout a été fait à la dernière
minute. Nous devions monter toute la structure en une semaine », a
déclaré Julie Schindall d'Oxfam à des journalistes. Richard Poole, le
directeur de l'American Refugee Committee (ARC), a désavoué le rôle

joué par son organisation dans la supervision du déplacement des réfugiés vers Cannaan : « L'ARC n'a eu aucune voix au chapitre dans la planification du camp de Corail. » Plus tard, il reniera entièrement le projet : « La localisation des camps loin de Port-au-Prince, où il serait pratiquement impossible de mener des activités économiques, fut une erreur… Sans assise économique, le plan était voué à l'échec. » De la même façon, Hélène Mauduit, d'Entrepreneurs du Monde, déclara ceci : « Bien sûr, il y a des abris, un hôpital et une école, mais il n'y a aucun avenir pour les habitants de Corail (Canaan) parce qu'il n'y a pas de travail, pas de routes et pas d'électricité […] Ils doivent détruire la ville et relocaliser les gens ailleurs, ou bien se dire, "Tiens donc, ce sont des êtres humains qui habitent à Corail !" » Sean Penn, toujours aussi candide, déclara à la journaliste Janet Reitman du *Rolling Stone* : « Je me sens comme une merde. J'espère qu'ils sont OK là-bas lorsqu'il pleut. Je me sens plus particulièrement responsable. Bien sûr. Cela dit, nous avons été trahis.[388, 389, 390] »

En fin de compte, les travailleurs humanitaires internationaux comme Sean Penn qui étaient vraiment là pour aider les pauvres Haïtiens avaient été dupés. Par les pauvres, par les riches et par leurs homologues. Ils ont été dupés par les pauvres : la plupart ne se trouvaient pas dans les camps faute d'avoir ailleurs où aller, mais pour les avantages qu'ils offraient, plus particulièrement la possibilité d'acquérir sa propre maison à Port-au-Prince. Ils ont été dupés par le gouvernement et les riches : plutôt que d'aider les pauvres à obtenir une maison, ils ont plutôt mis en branle un énorme mouvement de migration vers un territoire impropre à l'habitation humaine. Enfin, ils se sont dupés eux-mêmes : jamais les acteurs internationaux n'allaient investir massivement dans les logements. Ils étaient trop occupés à dépenser l'argent pour leurs salaires, leurs administrations, leurs voitures de location et leurs consultants. Il n'y avait pas assez d'argent pour donner des logements aux pauvres. En effet, ni les organisations humanitaires ni le gouvernement n'ont tenu leur promesse de payer 64 millions de dollars pour le terrain.

Le territoire de Corail était la propriété de la société NABATEC, un petit consortium d'Haïtiens fortunés. L'accord, qui s'est transformé en une invasion massive des terres, était à l'origine « un projet de 15 ans de 2 milliards de dollars américains, et tout le monde avait déjà donné son aval, y compris le gouvernement haïtien et la Banque mondiale », a déclaré Gérald Émile « Aby » Brun, le président de NABATEC. C'est donc dire qu'au moins quelques membres de l'élite haïtienne ont aussi été floués. NABATEC prétend avoir dépensé plus de 1,5 million de dollars américains sur le projet. Le consortium n'a jamais reçu un sou en retour. En 2013, soit trois ans après l'invasion irrémédiable du territoire, tous les espoirs de développement étaient réduits à néant : « le rêve d'une nouvelle ville a été brisé par des gens bornés et cupides, sous le regard indulgent de la communauté internationale[391] », déplorait Gérald Émile « Aby » Brun.

Il n'y aurait pas de ville Zen. Pas d'usines. Pas de centre de conférence haut de gamme pour les ONG. Pas à Corail Cesse-Lesse. Cependant, le plus fascinant dans toute cette histoire (et ce que pratiquement toute l'élite haïtienne savait déjà depuis le début), c'est que ça n'avait pas d'importance. Le gouvernement avait annoncé le projet et, mystérieusement, les autorités ne faisaient rien pour protéger la zone. Résultat : déjà à ce moment, 40 000 squatteurs venaient de rejoindre les premiers 10 000. D'autres arrivaient chaque jour. C'était une véritable invasion. Au premier anniversaire du tremblement de terre, on y trouvait plus de 100 000 personnes. « On aurait dit une ruée vers l'or », a déclaré un représentant de l'ONU à Janet Reitman, journaliste du *Rolling Stone*. « Environ une semaine après les premières migrations vers Corail, tous ces gens se sont précipités sur le territoire pour revendiquer leur part du gâteau. Des gens achetaient et vendaient des parcelles de terre, de manière complètement illégale. »

Vilmond Joegodson, celui-là même qui décrivait plus haut l'opportunisme dans les camps, était l'un d'eux. En mai, Vilmond Joegodson et sa fiancée ont quitté leur camp de Port-au-Prince pour se rendre à Corail Cesse-Lesse. Un ami de son cousin s'était approprié quelques parcelles de terrain et les vendaient 1 000 gourdes haïtiennes chacune (120 USD, à l'époque). Voici comment Vilmond Joegodson et son ami Paul Jackson décrivent le processus :

À Canaan, les premiers squatteurs ont revendiqué leurs terres comme on le faisait déjà dans les camps semblables et partout à Port-au-Prince : ils ont planté des piquets aux coins de leur parcelle ou en ont tracé les frontières avec des pierres. Une fois leur terrain revendiqué, les spéculateurs le divisaient en parcelles secondaires et tertiaires dans le but de les vendre aux futurs arrivants. Tout ce qu'il fallait, c'était donner l'impression qu'un lopin de terre était habité. Il était communément admis que la propriété était ainsi attestée [...]

Les bulldozers ont rasé les champs, on a construit des structures rudimentaires et les spéculateurs ont commencé à faire des profits. À un certain moment, un lopin de terre valait 100 gourdes, soit environ 17 USD. Maintenant, c'est dix fois ce montant [...] Cependant, les acheteurs ne reçoivent aucun acte de propriété en échange de leur paiement. Les spéculateurs enlèvent simplement les signes d'occupation et accueillent les nouveaux venus dans le quartier[392].

Comment expliquer l'engouement pour les camps ? La réponse ne se trouve pas dans les tentes, la nourriture et l'eau distribuées gratuitement par les ONG, mais dans cet accaparement massif du territoire, qui explique également pourquoi le gouvernement a fait miroiter le rêve d'une ville Zen et pourquoi les relocations étaient vouées à l'échec[393].

Corail Cesse-Lesse n'était rien d'autre qu'un habile subterfuge. La terre la plus dépourvue de valeur de tout Port-au-Prince : moitié plaine inondable, moitié terre aride et stérile, elle était tout juste bonne pour les chèvres. Mais la ruse était sans doute nécessaire, ce que la presse et les intervenants de l'étranger ne semblent jamais avoir compris. Lorsque Paul Jackson a demandé à Vilmond Joegodson ce qu'il adviendrait si l'État décidait d'évacuer Canaan, voici ce qu'il a répondu, au nom de tous ceux dans la même situation : « Trop tard. Si l'État tente de déloger toutes ces communautés, ce sera la guerre civile.[394] »

Et c'était là le nœud de l'affaire. Sans un endroit où aller, sans Canaan, ç'aurait été la guerre civile à Port-au-Prince. Les membres de l'élite auraient été forcés de renoncer à leurs terres dans la capitale, sans quoi il y aurait eu des émeutes. Et c'est là que la vapeur s'est renversée. Les pauvres avaient profité de l'intervention post-séisme des ONG pas tant pour les services offerts (lesquels étaient relativement insignifiants, outre les services médicaux) que pour tenter d'acquérir un lopin de terre à Port-au-Prince où construire une maison. En effet, c'était là le stratagème des pauvres, et les organismes humanitaires s'y prêtaient bien volontiers dans leur propre intérêt : susciter des dons. Les pauvres ont exploité l'idée qu'on se faisait de leurs besoins (dont aucun d'ailleurs n'est mieux satisfait aujourd'hui qu'il ne l'était avant le séisme). Les organismes humanitaires, les militants et les journalistes en sont venus à exercer une pression internationale au nom des pauvres, qui profitaient du contexte humanitaire pour revendiquer des terres. En raison du zèle avec lequel les militants et les organismes humanitaires ont accepté et même défendu la légitimité des « déplacés », tout le monde avait à gagner : les locataires qui n'avaient pas leur propre maison à Port-au-Prince ; les millions de personnes des régions désirant habiter dans la capitale (mais ne pouvant se le permettre jusqu'à maintenant) ; les nombreux habitants de Port-au-Prince propriétaires d'une maison dans les pires quartiers qui désiraient déménager ; et ceux qui voulaient une deuxième maison ou des logements à louer. C'était une occasion en or. Mais maintenant, Canaan avait tout changé. La promesse d'une « ville Zen » et l'invasion massive du territoire qui s'est ensuivie ont provoqué l'exode de centaines de milliers de personnes. En janvier 2011, l'OIM évaluait à 1 million le nombre de personnes dans les camps. En mars, ce nombre était passé à 680 000.

LE CHÂTEAU DE CARTES SUR LE POINT DE S'ÉCROULER (ENCORE UNE FOIS)

Les camps, bien que considérablement moins peuplés, demeuraient tout de même un énorme problème pour les organismes humanitaires. Comme nous l'avons vu, la contribution des ONG était plus que négligeable. Leur « aide » était détournée en chemin. L'impact des miettes qui atteignait les pauvres était hautement discutable. Assez rapidement, certains journalistes, flairant la bonne histoire, se sont retournés contre les organismes humanitaires, à qui ils ont demandé où allait tout l'argent. Et avec raison.

Les organismes humanitaires ne savaient pas combien dépenser ni dans quel but. Ils ont distribué 96 000 tentes, dont 38 000 à Jacmel, une ville de 36 000 habitants où, contrairement aux estimations officielles, plus de 95 pour cent des maisons ont survécu au tremblement de terre sans presque une égratignure. Douze semaines après le séisme, à Léogâne, l'épicentre du séisme, on trouvait 300 tentes en piteux état, vides, les toiles claquant au vent. Rien ne laissait entendre qu'elles aient jamais été habitées. Chacune valait 2 000 $ environ, 600 000 $ jetés par les fenêtres. Sur la même route, à quelques kilomètres des tentes, on trouvait 100 abris transitoires, tous vides. Au coût de 5 265 $ chacun, un 536 000 $ supplémentaire venait d'être gaspillé. Six mois plus tard, les abris avaient complètement disparu, remplacés par un orphelinat privé. Dans le centre-ville de Port-au-Prince en septembre 2010, soit neuf mois après le séisme, le camp de Jean-Marie Vincent comptait 48 000 habitants dans des abris de fortune faits de bouts de bois. On y trouvait un total de 115 latrines, soit 421 personnes par latrine. De l'autre côté de la rue se trouvaient 518 tentes flambant neuves et 150 latrines avec douches, toutes vides. Jamais les latrines ni les douches ne seront utilisées, jamais les tentes ne seront habitées. Six mois plus tard, le gouvernement les remplacera par un entrepôt. Voilà les cas dont j'ai été témoin, ceux que j'ai réellement visités. Et je ne parle que des tentes[395, 396, 397].

La majeure partie de l'aide fournie témoignait de l'incompréhension totale de la culture locale. « Ils m'ont donné 30 millions et m'ont annoncé que j'avais six mois pour m'en débarrasser », m'a raconté la sous-directrice de Save the Children, une organisation qui avait récolté 87 millions de dollars en dons. Elle m'a jeté un regard la mâchoire grande ouverte, comme pour insister sur l'absurdité de la tâche. Après avoir poussé un grand soupir, elle m'a ensuite raconté comment un collègue avait acheté 2 000 paniers de basketball pour les camps. Quatre-vingt-dix pour cent des Haïtiens n'ont jamais joué au basketball. Ils jouent au soccer, et la plupart des camps n'avaient nulle part où installer un panier de basketball. « C'était surréaliste, a-t-elle poursuivi. Nous avions des paniers de basket sous nos bureaux, dans nos placards. »

Save the Children, tout comme World Vision, Catholic Relief Services et l'UNICEF, ont décidé de dépenser des millions de dollars pour mettre en place des « espaces amis des enfants », où chaque jour les enfants pouvaient oublier pendant quelques heures le stress de la vie quotidienne. L'UNICEF lui-même soutient avoir offert de tels espaces qualifiés de « solution durable » à « près de 100 000 enfants ». Toutefois, réduire le stress des enfants sans même engager leurs parents pour nettoyer les décombres ni même injecter de l'argent destiné aux victimes du séisme dans l'économie locale est non seulement une solution insoutenable, c'est une solution absurde[398].

Les employés des organismes de protection de l'enfant qui liront le précédent commentaire ne manqueront sans doute pas de souligner l'importance de la garde des enfants pour les parents. Je sais que ça peut sembler une bonne idée pour les gens des pays développés. Après tout, ceux d'entre nous qui ont des enfants le savent : les garderies coûtent cher. Et, après un tremblement de terre aussi terrible, des services de garde gratuits pourraient être une bonne chose. Cependant, l'UNICEF, Save the Children et World Vision, trois organismes qui ensemble cumulent 120 ans d'existence en Haïti, devraient pourtant le savoir : dans les pays en développement, « services de garde gratuits pour les pauvres » est un oxymoron. Ce n'est pas comme ça que ça fonctionne dans ces pays. Dans le cas d'Haïti, un enfant a en moyenne 50 proches qui pourraient en prendre soin. Nous parlons de parents, de grands-parents, de parrains et de marraines, de frères et de sœurs, de demi-frères et de demi-sœurs, d'oncles et de tantes, de cousins et de cousines germains. Je n'invente rien. J'ai tout calculé (voir les notes). La plupart de ces gens sont non seulement heureux de prendre soin des enfants, ils ne demandent pas mieux. Les Haïtiens grandissent en prenant soin les uns des autres. Et nous parlons d'une période où la plupart des gens étaient sans emploi et n'avaient rien d'autre à faire. En effet, Haïti débordait de gens prêts à garder des enfants. On n'avait nul besoin des ONG pour s'en occuper[399, 400].

Des millions ont aussi été dépensés en thérapies, notamment par la Croix-Rouge qui, toutes sous-divisions confondues, a recueilli 1,2 milliard de dollars. La Croix-Rouge, qui a fourni seulement 814 latrines portables à 27 camps, prétend avoir offert des services de soutien psychosocial à 93 484 personnes[401]. La thérapie était majoritairement offerte par des « experts » dont bon nombre n'avaient jamais rencontré un Haïtien de toute leur vie avant le séisme. Comme nous l'avons vu dans le chapitre 8, Maile Alphone, une travailleuse sociale haïtienne et filleule de la gouverneure générale du Canada Michaëlle Jean, s'est ainsi plainte à moi :

> Ces étrangers, ils viennent ici et veulent aller dans les camps et offrir des thérapies. Ils ne parlent pas la langue et ne connaissent pas les expressions de frustration et de stress propres à la culture. Ils ne connaissent rien de la culture. Ils se présentent avec un traducteur. On ne peut pas offrir une thérapie avec un traducteur. Ils offrent même de la zoothérapie. Et ils ne veulent pas travailler avec et les gens et les organisations comme la nôtre qui font déjà ce genre de travail.

En ce qui concerne les services offerts aux personnes dans les camps, en réalité, on ne savait pas trop qui dépensait combien ni dans quel but. Dans leurs rapports destinés aux donateurs, les ONG énuméraient presque toujours les quatre mêmes catégories : nourriture, eau, assainissement et abri. Sans aucun autre détail. Les latrines, les douches et la distribution d'eau étaient regroupées pêle-mêle dans la catégorie « assainissement ». Les couvertures et les ustensiles de cuisine dans la catégorie « abri ». Ils prétendaient avoir nourri des milliers de personnes, sans préciser qu'ils les ont probablement nourris une seule fois chacun. La Croix-Rouge a fourni de l'eau à 100 000 personnes. Qu'est-ce que ça signifie ? A-t-on donné une bouteille d'eau à chacune de ces personnes (auquel cas, si elles avaient désespérément besoin d'eau, elles seraient mortes de soif trois jours plus tard de toute façon) ou un camion-citerne a-t-il distribué de l'eau dans un camp de 100 000 personnes ? L'organisation mentionne des millions de litres d'eau. Qu'est-ce que ça signifie ? L'eau a-t-elle été déversée à partir d'un camion-citerne ? Il se trouve que je connais la réponse à cette question : oui, dans la plupart des cas, c'est exactement ce qu'on a fait, verser de l'eau dans des seaux à partir d'un camion-citerne. En général, ce n'est même pas les organismes humanitaires qui s'en chargeaient. Ils payaient des camions-citernes privés pour livrer l'eau qui, dans la plupart des cas, n'était même pas potable. Lorsqu'ils font mention d'une « eau pure et potable », ils font généralement référence à de l'eau purifiée à l'aide de comprimés ou de chlore. Cette statistique pourrait sembler impressionnante pour un Américain moyen : « un million de litres d'eau salubre. » Ce n'est pas impressionnant. Mes frais hebdomadaires de consultant étaient de 2 500 $. Avec un salaire d'une semaine, j'aurais pu faire la même chose, fournir un million de litres d'eau salubre. Quarante-huit camions-citernes de 5 000 gallons à 50 $ le camion, pour un total de 960 000 litres d'eau, et avec les 100 $ restants, deux cents litres d'eau de Javel à 0,50 $ le litre. Abracadabra ! Je distribue autant d'eau que les organismes d'aide internationale. D'autres ONG étaient encore plus vagues. Je prends pour exemple Mercy Corps, qui a amassé 21,6 millions en dons. L'organisme n'a présenté absolument aucun rapport des dépenses, se contentant de dire qu'elle avait « fourni une aide d'urgence pour assister 830 000 personnes dans la foulée du séisme dévastateur en Haïti ». Qu'est-ce que ça peut bien vouloir dire ? Et si vous croyez qu'il suffit de les appeler pour leur demander des détails, détrompez-vous. Comme nous l'avons vu dans l'introduction, les organisations ont refusé de répondre. Des 196 NGO contactées par le Disaster Accountability Project au sujet de leurs dépenses, 176 n'ont jamais répondu[402].

Tout comme pour les histoires de viols et d'orphelins, à un certain moment, l'édifice semblait sur le point de s'écrouler : les organismes d'aide seraient bien obligés de passer aux aveux et de détailler ce qu'ils ont fait des 1,2 milliard de dollars dépensés pour les camps. C'est environ à ce moment, le premier anniversaire du séisme, alors que plus de la moitié de l'argent des dons amassés par les organismes humanitaires avait été dépensé, que les médias se sont retournés contre leurs alliés de l'humanitaire. La même phrase était sur toutes les lèvres : « Où est allé l'argent ? » Les journalistes-militants ont inondé les journaux avec cette phrase. De grands quotidiens ont publié une série d'articles faisant état de l'échec de l'aide dans la foulée du séisme[403].

« Redressement : qui a laissé tomber Haïti ?[404] »
TIME, janvier 2011

« Les ONG ont laissé tomber Haïti[405] »
NPR, janvier 2011

« Où est passé l'argent pour Haïti ?[406] »
Reuters, 22 août 2011

« Comment le monde a laissé tomber Haïti »
Rolling Stone, août 2011

Cependant, encore une fois, l'édifice ne s'est pas écroulé. Au milieu de 2011, alors que la majeure partie de l'argent des dons s'était envolée (principalement dans les poches de consultants, de thérapeutes et de travailleurs humanitaires, dans les comptes de banque de l'élite haïtienne qui les arnaquait tous, et dans les coffres des ONG et de l'ONU, avec leurs frais généraux pouvant représenter 50 pour cent de leurs dépenses [la plupart mentent tous habilement à ce sujet]), l'OIM a annoncé la fin du soutien des camps. Elle a arrêté de ramasser les ordures. Elle a arrêté de vider les toilettes. Elle a arrêté la livraison d'eau ou coupé l'approvisionnement en eau des camps. Selon Mark Schuller, qui est devenu un militant pour les habitants des camps :

> Les « services gratuits », qui manifestement attiraient les gens vers les camps, notamment l'approvisionnement en eau et l'entretien des toilettes, ont pris fin en même temps que les contrats des ONG. En octobre 2011, seulement 6 pour cent des camps de déplacés avaient des services d'approvisionnement en eau. En octobre, les services de distribution d'eau par camion ont pris fin en vertu d'un décret gouvernemental[407].

Selon un rapport de janvier 2012 du groupe de travail de l'ONU/OCHA sur l'eau, l'assainissement et l'hygiène (le WASH Cluster), les déchets solides étaient collectés et éliminés dans seulement sept pour cent des camps. Dans 72 pour cent de tous les camps, les responsables de l'enquête ont aperçu des excréments humains visibles. Plus de 600 camps ont fait l'objet d'un examen. Il s'est avéré que les latrines de seulement 81 camps avaient été vidées dans le dernier mois. Au même moment, les propriétaires accentuaient la pression. Des voyous ont envahi des camps, lancé des pierres, incendié des tentes.

LA DISPARITION SPONTANÉE DES CAMPS DE DÉPLACÉS

Six mois après le séisme, 1,5 million de personnes vivaient dans les camps, selon l'OIM. En décembre 2012, ce nombre était passé à 347 284. Toujours selon l'OIM, 74 pour cent d'entre eux auraient simplement quitté les camps « de manière spontanée ». Parmi les centaines de milliers de personnes restantes, on ignore combien demeuraient sur place dans l'espoir de conserver le terrain où ils s'étaient abrités. Fait encore plus éloquent : plus de 90 pour cent de ceux qui se trouvaient toujours dans les camps étaient des locataires avant le séisme. Cependant, que ces déplacés soient de réelles victimes du tremblement de terre ou non, les organisations humanitaires ne pouvaient pas tout simplement les laisser rester là. Leur présence rappelait au monde entier les ratées de l'aide post-séisme. Aussi, un nouveau plan a été élaboré.

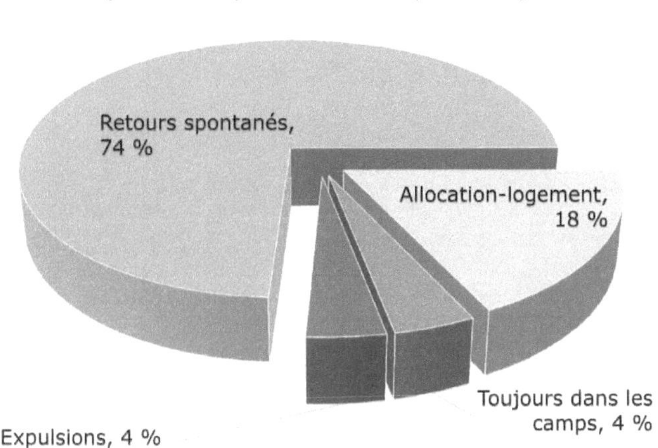

Raisons de quitter les camps

Finalement, 80 000 familles (pour un total de 250 000 personnes) ont reçu 500 $ pour leur permettre de payer un an de loyer, une stratégie qualifiée de « soudoiement des pauvres » par ses détracteurs. Pour veiller à ce que les déplacés quittent réellement les camps, le contrat de transfert de fonds était souvent donné non pas à la famille, mais au propriétaire du logement où celle-ci devait aller vivre. La famille déménageait, la tente était démontée et l'argent était transféré. Entre deux à six semaines après le déménagement, les organismes d'aide envoyaient des gens sur les lieux pour confirmer que la famille était bien là et ne s'était pas tout simplement associée au propriétaire pour exploiter le système. Pour veiller à ce que les menteurs poursuivent leur numéro, on donnait un 125 $ supplémentaire à la famille si elle *semblait* réellement habiter le logement.

Combien de personnes ont réellement déménagé dans les logements ? On l'ignore. Les ONG et l'ONU ont signalé des taux de réussite formidables. Selon les évaluateurs de la Croix-Rouge, les résultats étaient extrêmement prometteurs : « Après un an, aucun récipiendaire n'est retourné dans les camps. Ils ont tous trouvé une solution d'hébergement de façon autonome »[408]. Les évaluateurs de tous les organismes d'aide font état de résultats semblables : « taux de satisfaction de 100 % », « 90 % des récipiendaires ont réellement déménagé dans les maisons », etc.[409, 410].

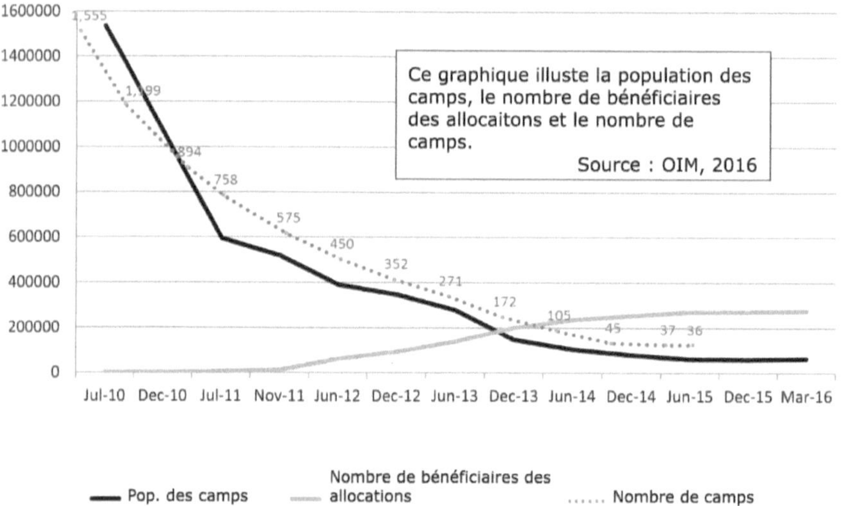

Courbes de tendances pour les camps, la population des camps et les bénéficiaires du programme d'allocation-logement

En coulisse, tout n'était pas si rose. En 2016, le Groupe de la coordination et de la gestion des camps (GCGC) des Nations Unies, un regroupement des dix plus importants organismes humanitaires participant au programme d'allocation-logement, m'a engagé pour diriger une équipe de chercheurs. Nous étions chargés d'évaluer leurs rapports internes puis d'élaborer et de mener une enquête auprès de 1 400 prestataires des allocations-logement. La Croix-Rouge américaine a refusé de nous donner la liste de ses bénéficiaires pour nous permettre de les retrouver. À l'époque, *NPR* venait tout juste de révéler dans une enquête désormais célèbre que l'organisation avait bâti un total de six maisons après avoir reçu 500 millions de dollars en dons pour les victimes du séisme. JP/HRO, l'organisation de Sean Penn, qui avait dépensé quelque 8 millions de dollars de la Banque mondiale pour les allocations, a aussi refusé de nous remettre sa liste. Les tromperies sautaient aux yeux si l'on savait lire entre les lignes. Alexis Kervins, responsable des vérifications de suivi de JP/HRO, m'a raconté que 60 pour cent des récipiendaires n'avaient même pas emménagé dans leur logement. Quatre-vingt pour cent des numéros de téléphone des listes de contact fournies par les ONG n'existaient pas ou ne fonctionnaient plus[411]. Dans son rapport *Rental Support Cash Grant Programs: Operations Manual* publié en 2014, la Banque mondiale notait ceci : « Cette remarque d'un enquêteur donne une idée de l'ampleur du défi : sur 600 plaintes reçues à l'un des camps après l'inscription [au programme d'allocation-logement], il a été révélé que seulement 70 plaignants vivaient réellement dans le camp. » Dans l'un de ses rapports internes (l'un des rares documents comportant une liste de bénéficiaires ayant pu être vérifiée), Concern Worldwide écrivait ceci :

> Plus de 3 000 personnes ont déclaré ne pas avoir de pièce d'identité au moment de l'inscription. Cependant, une vérification d'ACAT (une organisation locale engagée pour délivrer des certificats de naissance) a révélé qu'en fait, la plupart de ces personnes avaient une pièce d'identité. Selon la vérification d'ACAT, il n'y avait que 379 bénéficiaires sans pièce d'identité[412].

Il apparaît maintenant que les camps n'étaient qu'un autre épisode de la Grande escroquerie de l'aide humanitaire en Haïti. À l'instar des viols, des orphelins, du bilan des morts et de toutes les autres calamités exhibées par les organismes humanitaires pour amasser des dons, les discours étaient accompagnés de données faussées, de semi-vérités et de mensonges nécessaires pour duper le public de l'étranger et justifier les dons qui continuaient d'affluer. Les organismes humanitaires savaient quelles données étaient dans leur intérêt et lesquelles ne l'étaient pas. Quand quelque chose clochait, ils trouvaient de nouvelles données.

Dans l'un des premiers grands rapports sur les camps, le professeur universitaire américain Mark Schuller déclarait que 70 à 85 pour cent de la population de Port-au-Prince était locataire avant le séisme. Cette donnée a été reprise par les organismes d'aide et intégrée au discours ambiant. Cependant, de manière délibérée ou non, Mark Schuller avait mal cité un rapport de ses collègues Deepa Panchang et Mark Snyder dans lequel il était dit que « jusqu'à 70 pour cent », et non de 70 à 85 pour cent, de la population était locataire. Et cette donnée ne faisait pas référence à la population de Port-au-Prince, mais à la population des camps. Comme nous l'avons vu, la proportion réelle de locataires au sein de la population au moment où le séisme a frappé était de 40 à 50 pour cent des ménages de Port-au-Prince, un chiffre disponible dans plusieurs grandes études bien connues[413, 414, 415, 416, 417, 418].

Un autre mythe qui justifiait la présence des camps était « la montée en flèche du prix des loyers ». Encore une fois, cette fausseté provenait du prolifique professeur Schuller qui, à ce moment, s'était lui-même donné le titre de « professeur des ONG » et se rendait à Washington D.C. pour informer des comités du Congrès américain sur les dépenses liées au tremblement de terre. Mark Schuller a cité des données de l'ONU selon lesquelles les loyers auraient augmenté de 300 pour cent depuis le séisme, des données auxquelles s'accrochaient les organismes d'aide. Cependant, selon les indices de revenu réel, les prix des loyers dans les quartiers de Port-au-Prince en 2010, 2011 et 2012 étaient les mêmes qu'en 1982, lorsque le père de l'auteur Vilmond Joegodson a payé l'équivalent de 209 $ pour louer pendant un an une cabane d'une chambre au plancher en terre battue et sans latrines à Cité Soleil, l'un des quartiers les plus pauvres d'Haïti. En ce qui concerne l'augmentation de 300 pour cent du coût des loyers, le professeur Schuller citait un rapport de l'ONU. Cependant, l'ONU ne faisait pas référence aux pauvres. Il s'agissait de données sur son propre personnel qui, tout comme les employés et les consultants des ONG, se faisait arnaquer tandis que le reste d'entre nous qui vivions dans les quartiers populaires payaient toujours le même prix[419, 420, 421, 422].

CONCLUSION : QU'EST-CE QUI SE CACHE DERRIÈRE LA CUPIDITÉ ET LA NÉGLIGENCE ?

Malentendus. Incapacité d'atteindre bon nombre des plus vulnérables. Données mensongères. Tromperies au sujet du statut réel des déplacés. Exploitation des camps en tant qu'« appât humanitaire » pour solliciter des dons. Tous ces aspects caractérisent en grande partie l'aide post-séisme. Ils ne devraient pas passer dans l'oubli. Comme pour les secours, les orphelins et la soi-disant épidémie de viols, nous ne devons pas laisser la politique, les intérêts personnels et les journalistes en quête de gros titres nuire à notre capacité d'apprendre des erreurs qui ont fait suite au tremblement de terre. Cependant, qu'il soit bien clair que nous ne sommes pas en présence d'un grand complot visant à tromper les donateurs et à enrichir les travailleurs humanitaires. La plupart des travailleurs humanitaires en Haïti, du plus petit employé de terrain au plus haut dignitaire, étaient tout aussi consternés que moi par le gaspillage, par le tarissement quasi inexplicable des fonds, par l'incapacité d'aider les plus démunis. Par ailleurs, bon nombre des travailleurs humanitaires au bas de l'échelon ne gagnaient pas grand-chose. Des milliers de missionnaires ne recevaient rien du tout. Certaines personnes s'étaient même rendues en Haïti à leurs frais. Lassés de voir la souffrance de milliers d'Haïtiens à la télévision, ils ont éteint leur poste de télévision, ont acheté un billet d'avion et se sont rendus en Haïti pour changer les choses. Et même les hauts dirigeants et hauts fonctionnaires des organismes humanitaires sont pour la plupart de bonnes personnes qui croient en ce qu'ils font. J'en ai rencontré des centaines. Il est évident que la majorité d'entre eux sont des gens de compassion qui ont choisi ce travail pour aider, pour changer le monde, pour soulager la pauvreté et la souffrance. Cependant, tandis qu'ils grimpent les échelons de la charité institutionnalisée, leurs rêves sont balayés et remplacés par l'espoir d'une augmentation de salaire, d'un régime de pension, d'une promotion, de meilleures conditions de travail et le besoin très réel de subvenir aux besoins de leur propre famille. Se retourner contre son employeur en lui révélant l'échec de l'aide, voilà une excellente façon pour un cadre de perdre son emploi et ses avantages dont lui et sa famille dépendent maintenant.

On ne peut donc pas tenir les travailleurs humanitaires responsables des échecs. En définitive, il s'agit d'une question de redevabilité. L'existence des méga-institutions humanitaires comme CARE International, Save the Children et l'UNICEF repose sur les dons. Les salaires et les régimes de pension de leurs directeurs dépendent de ces dons. La capacité de ces organisations de continuer d'intervenir dans des pays pauvres en dépit de leur inefficacité patente et de leur gaspillage dépend des dons. Aussi, les organismes d'aide humanitaire se voient forcés d'inonder la population et les médias d'information qui poussent à faire des dons. En raison des bureaucraties « budgétivores » de ces organisations, il n'y a jamais assez d'argent. Enfin, aucun mécanisme de redevabilité n'est en place pour empêcher les dons d'être dilapidés sans se rendre aux personnes à qui ils étaient destinés. Le fait est que ces institutions ne tireraient aucun avantage à tenter de résoudre ces problèmes. Il n'existe aucun mécanisme pour veiller à ce que l'organisation qui aide le plus grand nombre de personnes au coût le plus faible reçoive la plus grande partie des dons. Au contraire : la question n'est *pas* de dépenser l'argent de manière efficace. C'est tout simplement de l'amasser. Ce sont ceux qui exagèrent et mentent le mieux qui attirent le plus grand nombre de dons. Des enfants vulnérables, des orphelins, des enfants esclaves, des victimes de viols, des sans-abri : on propage des images d'indigence et de souffrances extrêmes dans le but de susciter des dons. Les organisations humanitaires ont besoin de ces dons pour survivre, pour payer leurs administrateurs, pour garder l'organisation en vie. Aussi, inévitablement, l'ampleur des problèmes sera exagérée et les réalisations seront louangées, aussi pathétiques soient-elles. Ces organisations ne feront jamais autre chose que cacher la vérité. Peu importe l'inefficacité lamentable de tel ou tel organisme d'aide, les idéalistes au sein de l'organisation pourront toujours s'accrocher au même espoir : oui, ils ont fait des erreurs par le passé, mais tout ça est sur le point de changer. Notamment grâce à eux. Il est toutefois impossible d'apporter des changements si les dons s'arrêtent. Aussi, dans ce qui a tout l'air d'une compétition féroce pour l'invention de calamités donnant lieu à une surenchère de mensonges, l'argent va à ceux qui auront trouvé les histoires les plus sensationnalistes. C'est donc dire qu'en l'absence de mécanismes pour déterminer quelles organisations nous mentent, les experts et les professionnels continueront tout simplement de raconter des faussetés et de saboter leurs propres efforts pour venir en aide aux pauvres.

11

Quoi faire ?

Le secteur humanitaire tel que nous l'avons vu en Haïti, synonyme d'exagérations et de mensonges visant à susciter des dons, s'inscrit dans un phénomène mondial beaucoup plus vaste. La fin de la Seconde Guerre mondiale a donné lieu à une multiplication des organisations de la société civile vouées à réduire la pauvreté dans le monde, à assainir les pratiques gouvernementales, à combattre la répression sous toutes ses formes et à prévenir la dégradation environnementale. Le mouvement social a pris une ampleur telle qu'on parlait de l'émergence d'un « cinquième pouvoir »[423], d'un « boom de la société civile »[424], un phénomène assimilé à « l'émergence de l'État-nation »[425]. L'avenir s'annonçait merveilleux. On promettait d'instruire les analphabètes, de vêtir les dépossédés, de nourrir les affamés, de guérir les malades, de réaliser l'égalité homme-femme. Les travailleurs humanitaires allaient régler les problèmes environnementaux, renverser le réchauffement de la planète, imposer un frein à l'État tentaculaire. Le paradis sur terre. Ce secteur prétendument à but non lucratif qui ne fabrique rien a tout de même atteint des proportions gigantesques. Il s'agit de la huitième plus importante économie du monde, et elle continue de croître. Le secteur de l'humanitaire emploie 18 millions de personnes, engage des dépenses annuelles de 1,1 milliard de dollars et croît à un taux annuel de 6 pour cent. Aux États-Unis, où on trouve plus de gens qui donnent aux œuvres de bienfaisance que de gens qui vont voter, les contributions totales provenant des particuliers, des legs, des fondations et des entreprises atteignent chaque année des niveaux records : 359 milliards en 2014, puis 373 milliards en 2015. Soixante-dix pour cent de ces montants proviennent de particuliers et 16 milliards (6,8 pour cent) étaient destinés à l'étranger. Si l'on se penche plus précisément sur l'aide humanitaire internationale destinée aux pays frappés par des catastrophes, comme l'aide donnée à Haïti en 2010, ce montant est passé de 19 milliards de dollars en 2010, l'année du séisme, à 22 milliards en 2013 et à 28 milliards en 2015[426, 427].

Cependant, comme l'a si bien dit le gangster de la Nouvelle-Angleterre au début de ce livre, l'aide humanitaire en Haïti a définitivement quelque chose d'« écœurant ». Pas moins de 50 pour cent de toute l'aide étrangère est détournée alors qu'elle est encore bien loin des pauvres. Bon nombre d'ONG font collusion dans des cas de dumping, d'offres publiques d'acquisition et d'évasion fiscale. Certaines sont impliquées dans des opérations militaires secrètes, et même dans des actes terroristes. Comme nous l'avons vu dans le chapitre précédent au sujet de l'aide alimentaire qui a sonné le glas d'économies agricoles rurales, des ONG ont délibérément œuvré à l'atteinte des objectifs politiques et économiques de gouvernements étrangers, même lorsque ces objectifs étaient contraires au bien-être des populations que ces ONG prétendaient aider. Enfin, de nombreuses ONG trompent les personnes qu'elles sont censées aider. Elles enregistrent des noms, prennent des photos, promettent de l'aide, collectent de l'argent puis l'utilisent pour les « frais administratifs », la plupart du temps leurs généreux salaires et leurs « dépenses personnelles ». Jusqu'à tout récemment, rien ni personne ne semblait disposé à faire quoi que ce soit à propos de tout ça. Bien au contraire : lorsqu'une des plus grandes ONG du monde s'est fait prendre la main dans le sac par l'INTERPOL en flagrant délit de double rémunération délibérée, des États sont intervenus pour étouffer l'affaire.

Cependant, ce qui est probablement pire que tout, c'est que, sans le savoir, les ONG sincères protègent celles qui sont corrompues, malhonnêtes et calculatrices en leur donnant un air de sainteté. La plupart des directeurs d'ONG considèrent appartenir à une catégorie morale qui les dispense de devoir rendre des comptes. Selon une enquête de l'Université de Warwick auprès de 600 directeurs d'ONG, la plupart d'entre eux ne se soucient nullement de la redevabilité. Le Global Accountability Project a révélé que de nombreux directeurs d'ONG considéraient que cette obligation ne s'appliquaient pas aux ONG. Cette attitude hautaine et arrogante signifie que les organismes humanitaires sont exceptionnellement résistantes aux retours d'informations. Cependant, et c'est là le point essentiel de ce livre, la plupart d'entre elles sont tout à fait déconnectées de la réalité des gens qu'elles prétendent aider[428].

Comme nous l'avons vu dans le cas du séisme haïtien, les exagérations et les mensonges peuvent rapporter des milliards de dollars en dons. Il est toutefois extrêmement difficile de s'attaquer aux problèmes réels lorsque la situation se caractérise par des exagérations, des mensonges et l'absence de reddition de comptes. On ne peut résoudre les problèmes dont on ignore l'existence. Dans le cas d'Haïti, les organisations diabolisent souvent les gens qu'elles prétendent aider. Prenons pour exemple les enfants domestiques, ou *restaveks* : plutôt que de tenter d'améliorer cette institution haïtienne, l'un des principaux mécanismes de mobilité sociale des enfants pauvres de régions rurales, les ONG ont cherché à interdire la pratique, qualifiée d'esclavage. Plutôt que de tenter de venir à bout de la prostitution et de la violence sexuelle domestique, elles ont dépeint Haïti, une société conservatrice sur le plan de la sexualité, comme un bastion de la culture du viol et affirmé, sans aucune preuve, que de jeunes hommes armés arpentaient les camps et les villes pour y violer les femmes en toute impunité. La liste est encore bien longue. Qu'il soit question d'homicides, d'orphelins, de camps de réfugiés, de zombis ou de géophagie, les organisations humanitaires (et la presse internationale qui retransmet leurs messages) ont diabolisé Haïti et ses habitants pour en faire une terre de sauvages, de violeurs, de suppôts de Satan et de mangeurs de boue. Tout ça, ils l'ont fait sans l'ombre d'une preuve. Bien souvent, leurs sources étaient des recherches douteuses, parfois même manifestement frauduleuses. Et ils poursuivent leur manège et continuent d'amasser des sommes d'argent massives en retour. Enfin, même le peu d'argent qui n'est pas avalé par les administrations des organisations humanitaires et par les consultants et qui est prétendument dépensé pour aider les victimes est en grande partie gaspillé.

Et bien sûr qu'il est gaspillé ! Les ONG ignorent quels sont les problèmes à résoudre au moment de collecter des dons. Ils travestissent, dénaturent et falsifient les problèmes au point où ceux-ci n'ont plus rien à voir avec la réalité. Comment pourraient-elles accomplir quoi que ce soit une fois qu'elles se sont remplies les poches ? Je le répète, on ne peut pas régler un problème sans le comprendre. On ne peut pas régler un problème dont on ignore l'existence. On ne peut pas régler les problèmes réels si toute notre attention est accaparée par des chimères, si des escrocs nous ont rempli la cervelle de fabulations pour solliciter notre portefeuille[429].

C'est ce que William Easterly appelle « l'autre tragédie des plus pauvres de ce monde »[430]. La première tragédie, c'est la souffrance attribuable à la faim et à des maladies pouvant être prévenues ou traitées, c'est la mortalité infantile, c'est les taux d'analphabétisme inutilement élevés. L'« autre tragédie », c'est l'incapacité d'en faire assez pour mettre fin à la première. En d'autres mots, l'échec du secteur humanitaire. Et, au final, notre échec à tous. Les représentants bien intentionnés et honnêtes du secteur des ONG ont laissé l'arrogance, les recherches bâclées, les conclusions hâtives et les escrocs faire échec aux progrès[431].

C'est même encore pire que ce que j'ai décrit dans le présent ouvrage. Moi et d'autres avons déjà décrit comment des organismes humanitaires en sont venus à exécuter des plans dommageables pour l'économie haïtienne pour le compte de gouvernements étrangers. La distribution massive et aveugle d'excédents alimentaires des États-Unis et de l'UE qui a contribué à la désintégration de la production agricole locale en Haïti n'en est qu'un exemple. Les vêtements de seconde main ont contribué à détruire l'industrie textile locale. L'arrivée massive d'aide financière aurait pu être utilisée pour renforcer et soutenir le secteur public. Au contraire, la dépendance à l'aide humanitaire et aux institutions qui ne font pas partie du gouvernement haïtien a empêché les Haïtiens de régler leurs propres problèmes et a plutôt mené à la création d'une nation de victimes.

La récente histoire d'Haïti illustre très clairement ces conséquences. Depuis plus de cinquante ans, Haïti est vraisemblablement le pays où on trouve le plus d'ONG par habitant au monde. Cependant, la situation, plutôt que de s'améliorer, n'a cessé de se détériorer. La longue dégringolade a débuté bien avant le séisme. L'économie est maintenant dévastée, le gouvernement inerte et la production de pratiquement tous les secteurs se situe à une fraction minime de ce qu'elle était lorsque les organismes humanitaires ont commencé à s'implanter au pays dans les années 50. En effet, Haïti est moins développée, beaucoup moins, qu'elle ne l'était il y a 50 ans[432].

Les journalistes, les chefs de pupitre et les producteurs de la presse et des médias n'ont rien fait pour améliorer la situation. La plupart du temps, ces professionnels, sur qui nous comptons pour bien nous informer, font preuve d'une indifférence totale lorsqu'il est question de démêler le vrai du faux en Haïti. Au contraire, les journalistes se montrent particulièrement obsédés par les sujets morbides, anormaux et sinistres. Cela dit, la dégénérescence des normes journalistiques s'inscrit également dans un phénomène mondial beaucoup plus vaste, à tout le moins dernièrement. J'ai passé la dernière année à écrire ce livre dans le contexte des élections américaines : médias biaisés (qu'il soit question de Donald Trump ou de Hilary Clinton), *fake news* et, ultimement, aveuglement quasi total des journalistes et victoire de Donald Trump. Aux États-Unis, ces événements ont révélé au grand jour à quel point la presse ne joue plus son rôle d'informateur du public. Les faits n'ont plus d'importance.

Cependant, ne nous leurrons pas : dans une large mesure, il est présomptueux de croire que la presse ait jamais été dédiée entièrement à la quête de vérité. Le salissage et la presse à scandales existent depuis le tout début du journalisme. Dans le cas d'Haïti, comme nous l'avons vu dans le chapitre 3, les journaux américains ont toujours couvert Haïti de manière biaisée et fortement ethnocentrique. Ce qui est nouveau dans la couverture d'Haïti, c'est l'acceptation aveugle par les médias des commentaires et des communiqués de presse provenant des organismes humanitaires. Comme nous l'avons vu dans les derniers chapitres, l'absurdité des chiffres publiés dépasse l'entendement. À tout le moins, ils le devraient. Dix pour cent de la population tuée par le séisme ; un nombre d'enfants perdus ou séparés de leur famille qui correspond à 50 % de la population dans la zone du séisme ; 25 pour cent des filles haïtiennes victimes d'esclavage ; des taux d'homicides qui d'un jour à l'autre sont de 30 à 40 fois plus élevés... Les grands organes de presse comme l'*Associated Press* semblent prêts à croire absolument n'importe quoi sur Haïti. Même l'existence des zombis.

UN PAS DANS LA BONNE DIRECTION

Alors, quoi faire face à une telle situation ? Lorsqu'on lit un essai qui braque les feux sur la gravité d'un problème social, la première question que l'on pose à l'auteur est toujours la même : que peut-on faire pour remédier à la situation ? Je ne peux pas prétendre connaître la panacée à tous les maux d'Haïti. Et il n'y a pas grand-chose que je puisse faire à propos de la dégradation des normes journalistiques internationales. Cependant, on peut faire quelque chose en ce qui concerne la désinformation provenant du secteur humanitaire. Et si nous nous concentrons sur le problème des faussetés et du sensationnalisme pour solliciter des dons, il pourrait effectivement exister un moyen simple et économique de remédier à la situation qui aurait d'énormes répercussions.

La vérification des mensonges et des données pourrait débuter avec un simple site Web où les rapports ainsi que les données d'enquête des organismes humanitaires seraient rendus publics. Lors de la publication d'un rapport, on pourrait inviter des professionnels spécialistes d'Haïti et du domaine en question à critiquer le rapport et à lui donner une note. Les évaluations pourraient aussi être rendues publiques. Les évaluateurs pourraient utiliser un système de cinq étoiles semblable à celui d'Amazon. Les bases de données devraient être soumises à l'évaluation de professionnels qui connaissent Haïti, de véritables analystes de données et chercheurs ayant une expérience attestée sur le plan des données et du développement en Haïti. Il devrait y avoir un moyen pour les bénéficiaires haïtiens de publier leurs commentaires sur les rapports et les projets et un forum où ces derniers pourraient exprimer leurs opinions sur les projets. Leurs commentaires devraient être vérifiés et traduits.

Et, bien sûr, le site devra être reconnu par les grands bailleurs de fonds du secteur humanitaire. Les États-Unis, l'Union européenne, l'ONU et le gouvernement haïtien devront tous reconnaître la validité du site Web. Celui-ci devra avoir un statut officiel. Pour qu'un tel site soit efficace, ces institutions doivent l'appuyer et rendre obligatoire la soumission de rapports et de données. Plus précisément, ils doivent insister sur le fait qu'il est obligatoire pour leurs propres organisations et pour les organisations qu'ils financent de soumettre des rapports et des données au site.

Cependant, le site devra aussi être confié à un corps de chercheurs crédibles spécialisés dans la gestion de données et la recherche scientifique et être régi par un ensemble très strict de critères pour la gestion interne, les changements à la direction et l'embauche du personnel administratif – les détails de tels critères pourront être élaborés par des gens qui en connaissent bien plus que moi à ce sujet.

À un stade plus avancé, le site aurait des données financières, comme c'est le cas actuellement pour le site *Charity Navigator*. Cependant, il irait encore plus loin, comme les évaluations des œuvres de bienfaisance de la BBB Wise Give Alliance. Le site publierait les salaires, le pourcentage de l'argent dépensé pour les frais généraux et une évaluation de la volonté de l'organisation à fournir de telles données. Le refus de dévoiler des informations serait très révélateur de la sincérité et de la volonté réelle de transparence d'une organisation.

Plus tard, le site pourrait aussi comprendre une véritable corroboration de la véracité des affirmations concernant les projets, c'est-à-dire que des spécialistes seraient dépêchés pour vérifier si les organisations effectuent réellement ce qu'elles prétendent réaliser. De petits échantillons représentatifs des opinions des bénéficiaires pourraient être recueillis pour chaque projet. Il n'existe pas de procédure standard à cet égard. En effet, personne ne réalise de telles évaluations. Les organismes humanitaires qui reçoivent des fonds de l'ONU, des États-Unis, du Royaume-Uni et de l'Union européenne sont censés le faire. L'évaluation des projets est invariablement un critère pour l'obtention d'un financement. Cependant, ce que font les organisations en réalité, c'est payer un consultant ou l'un de leurs propres employés pour évaluer le projet et rédiger un rapport expliquant aux directeurs et aux bailleurs de fonds l'impact de leur investissement. Voilà une absurdité qui ne serait jamais tolérée dans un pays développé : un organisme qui engage et paie la personne devant l'évaluer. Comme l'a si bien dit William Easterly : « Si je permettais à mes étudiants de se donner eux-mêmes une note, la plupart n'étudieraient pas bien fort. »

Toutes ces procédures seraient intégrées à un système d'évaluation rendu public sur le site Web en question et révisé deux fois par an. Les organisations dont les projets ont été évalués pourraient réagir, corriger des lacunes et exiger un réexamen.

Les journalistes pourraient se servir d'un tel site comme mécanisme de vérification pour distinguer le vrai du faux, et le reste de la population pourrait aussi s'en servir pour vérifier les déclarations sensationnalistes des journalistes. Le site servirait également de mécanisme de rétroaction pour les ONG et leurs bailleurs de fonds et de porte-voix pour les personnes qu'on prétend aider, c'est-à-dire les bénéficiaires de l'aide. Un tel site donnerait à la communauté des ONG en Haïti des critères pour mesurer la réussite, apprendre des erreurs, améliorer la prestation de services et démontrer au public et aux donateurs leur efficacité et leur bonne volonté. Et, plus que tout, il permettrait de mettre fin aux exagérations et aux mensonges et de cerner les véritables problèmes de manière à ce que l'argent des donateurs puisse servir à les régler, plutôt que de contribuer à satisfaire les fantasmes d'ONG en mal de dons. Il s'agit d'une étape qui a déjà trop tardé pour rendre le secteur humanitaire plus honnête, encourager la transparence et boucler la boucle en permettant aux bénéficiaires haïtiens de donner une rétroaction aux donateurs.

la transparence et boucler la boucle en permettant aux bénéficiaires haïtiens de donner une rétroaction aux donateurs.

Notes et références

¹ J'effectue des recherches et je travaille en Haïti pour le secteur humanitaire depuis 26 ans. Mon mémoire de maîtrise porte sur Haïti. Ma thèse de doctorat porte sur Haïti. J'ai vécu dans des communautés rurales d'Haïti pendant cinq ans, d'abord dans une hutte au toit de chaume avec une famille haïtienne, puis dans mes propres maisons. J'ai écrit un livre sur le secteur humanitaire en Haïti. Avant le tremblement de terre, j'avais déjà effectué 20 grandes enquêtes et missions de conseil en Haïti. Depuis le tremblement de terre, en seulement six ans, j'ai réalisé au moins 47 missions de conseil pour plus de 60 organisations différentes, notamment toutes celles que je mentionne dans ce livre. Ces six années ont été consacrées entièrement à l'aide humanitaire. J'ai aussi travaillé en République dominicaine, en République démocratique du Congo, au Kenya et en Grenade. Mais c'est Haïti que je connais le mieux. Je connais et j'ai connu des centaines de travailleurs humanitaires en Haïti. De Sean Penn aux directeurs d'USAID en passant par des représentants du Départment d'État et des ambassadeurs des États-Unis, des responsables de projets, des chauffeurs d'organismes et des personnes démunies supposées recevoir de l'aide. J'ai discuté des sujets du présent livre avec des gens de tous les secteurs de l'industrie de l'aide humanitaire et j'ai appris de leurs expériences. J'ai été interviewé pour des documentaires et par des journalistes de la presse à au moins 50 reprises. Je vous assure : le gaspillage, l'indifférence et la corruption pure et simple sont omniprésents dans le monde de l'aide.

² Selon CNN, le téléthon *Hope for Haiti* a été diffusé dans 60 pays, ce qui en fait le téléthon au plus grand déploiement de l'histoire. L'événement était animé par George Clooney à Hollywood, Wyclef Jean à New York, Rihanna à Londres et Anderson Cooper en Haïti. Une centaine de célébrités mondiales étaient attitrées aux téléphones ou participaient d'autres façons, notamment : Mel Gibson, Tom Hanks, Snoop Dogg, Robert DeNiro, Jay-Z, U2, Matt Damon, Leona Lewis, Mariah Carey, Miley Cyrus, Jon Bon Jovi, Rod Stewart, Kylie Minogue, Mika, Michael Buble, James Blunt, Gary Barlow, Cheryl Cole et Westlife.
Voir : Alan Duke, « 'Hope for Haiti' raises $58 million and counting », *CNN*, 24 janvier 2010.
http://edition.cnn.com/2010/SHOWBIZ/TV/01/23/haiti.telethon

[3] Pour une liste des ONG et des montants recueillis, voir : Caroline Preston et Nicole Wallace, « $1.1-Billion Donated for Haiti Relief: Updated Tally (May 11) », *The Chronicle of Philanthropy*, 11 mars 2010. https://www.philanthropy.com/article/11-Billion-Donated-for-Haiti/160723

[4] Dans les premières heures du tremblement de terre, les dons à la Croix-Rouge américaine furent de 300 000 $ par heure et atteignirent 7 millions de dollars en 24 heures. Au cours des cinq premiers jours, les sociétés industrielles ou commerciales des États-Unis ont donné plus de 83 millions de dollars. Le sixième jour, en seulement deux heures, l'auditoire de *Larry King Live* avait donné 9 millions de dollars. Le dixième jour, en une seule nuit, le téléthon *Hope for Haiti* et sa pléiade de vedettes avaient récolté 57 millions de dollars, une somme record. C'est trois fois plus que les 18 millions de dollars récoltés aux États-Unis lors du téléthon *Tsunami Aid* en 2004 et plus que les quelque 40 millions de dollars récoltés en 2005 lors du téléthon *Shelter from the Storm* pour l'ouragan Katrina. Au final, les contributions des États-Unis dépasseront 1,2 milliard de dollars, dont 85 pour cent provenant de citoyens ordinaires.

Par ailleurs, les citoyens américains ne sont pas les seuls à avoir donné. En Allemagne, un pays dont la population est le quart de celle des États-Unis, un téléthon mettant en vedette des chanteurs, des footballeurs, des acteurs et des politiciens a permis de recueillir 25 millions de dollars. Les Pays-Bas ont fait encore mieux : avec une population de 17 millions de personnes, soit un quart de la population de l'Allemagne et un huitième de celle des États-Unis, leur téléthon pour Haïti a permis de récolter 52 millions de dollars, soit deux fois plus que celui en Allemagne et seulement 5 millions de moins que celui aux États-Unis. Au Canada, un pays d'une population de 35 millions, soit un dixième des États-Unis, un téléthon a permis d'amasser 16 millions de dollars. Les Canadiens donneront éventuellement 200 millions de dollars de plus. Par ailleurs, les dons ne provenaient pas seulement des pays développés. Le séisme a provoqué un élan de générosité des pays de partout dans le monde, certains parmi les plus pauvres du globe.

Au total, les contributions d'entreprises et de particuliers s'élèveront à 3,1 milliards de dollars. Les gouvernements étrangers ont promis un autre 10 milliards d'aide. Pour mettre ce montant en perspective, toute l'aide humanitaire du monde provenant de sources privées et de gouvernements de pays développés s'élevait à 19 milliards de dollars en 2011, soit seulement un tiers de plus que ce qui a été promis à Haïti. Si tout cet argent avait été versé directement aux victimes, chacune des 600 000 familles dans la zone touchée par le séisme aurait perçu 21 833 $.

[5] Comme l'a noté Stacey Palmer, éditrice en chef du *Chronicle of Philanthropy* : « Aux États-Unis, c'était normal que les dons affluent pour l'ouragan Katrina. Par contre, de tels dons pour un pays étranger, c'est remarquable, d'autant plus que le taux de chômage est à 10 %. » Voir : Blake Ellis, « Haiti donations exceed $305 million », *CNN Money*, 21 janvier 2010.
http://money.cnn.com/2010/01/21/news/international/haiti_donations/

[6] Dans les 24 premières heures, la Croix-Rouge américaine a reçu 10 millions de dollars en dons ; après 48 heures, elle avait reçu 35 millions de dollars ; après une semaine, 137 millions de dollars ; et après deux semaines, 231 millions de dollars. Avant la fin de l'année, la Croix-Rouge américaine aura reçu 486 millions de dollars, soit la moitié du budget annuel du gouvernement haïtien.

Pour un compte rendu des dons du secteur privé destinés aux opérations de sauvetage, voir :

Doug Gross, « Red Cross text donations pass $21 million », *CNN*, 18 janvier 2010.
http://edition.cnn.com/2010/TECH/01/18/redcross.texts/

Holden, « How Much Money Has Been Given For Haiti Earthquake Relief? Putting The Numbers In Perspective », *Givewell*, 10 janvier 2011.
http://blog.givewell.org/2011/01/10/how-much-money-has-been-given-for-haiti-earthquake-relief-putting-the-numbers-in-perspective/

Caroline Preston et Nicole Wallace, « $1.1-Billion Donated for Haiti Relief: Updated Tally (May 11) », *The Chronicle of Philanthropy*, 11 mars 2010.
https://www.philanthropy.com/article/11-Billion-Donated-for-Haiti/160723

[7] Jan Kellett, « Humanitarian aid: it's not just about the money », *Global Humanitarian Assistance, Development Initiatives*, mars 2010.
http://www.iecah.org/images/stories/publicaciones/documentos/descargas/documento 2.pdf

Bureau des Nations Unies pour la coordination des affaires humanitaires, « World Humanitarian Data And Trends 2012 », 2012.
https://docs.unocha.org/sites/dms/Documents/World%20Humanitarian%20Data%2 0and%20Trends%202012%20Web.pdf

[8] Bill Clinton utilise le même cri de ralliement, « Build Back Better », depuis les inondations de 2008 aux Gonaïves. Voir : Clinton Foundation, « Commitment To Action Hurricane Relief and Reconstruction Commitment by International Organization for Migration », 2016.

https://www.clintonfoundation.org/clinton-global-initiative/commitments/hurricane-relief-and-reconstruction

[9] Pour les articles sur le scandale des bateaux de croisière, voir :

George Russell, « With Haiti in Ruins, Some UN Relief Workers Live Large on "Love Boat" », *Fox News*, 8 avril 2010.
http://www.foxnews.com/world/2010/04/08/haiti-ruins-relief-workers-live-large-love-boat.html

George Russell, « Floating Your Boat? UN's "Flotel" in Haiti Is Vastly Overpriced, Says Expert », *Fox News*, 10 juin 2010.
http://www.foxnews.com/world/2010/06/10/floating-boat-uns-flotel-haiti-vastly-overpriced-says-expert.html

[10] Voici une liste plus exhaustive des coûts d'abris fournis par l'ONU vers les années 2000. Ces comparaisons illustrent toute l'absurdité du montant de 5 265 $ pour un abri provisoire en Haïti.

Dadaab, au Kenya — Superficie intérieure des abris permanents : 18 m² (6 m x 3 m). Coût des matériaux par abri : 480 $.

Goma, en République démocratique du Congo (2000) — Coût des abris, des latrines et la main-d'œuvre : 930 $, soit un cinquième du coût d'un abri temporaire en Haïti. Coût par abri : 250 $, incluant les coûts opérationnels et de soutien.

Afghanistan (2009) — Abri aménagé pour l'hiver : total de 910 $ (incluant les frais pour les travaux d'hivernisation, le personnel du projet, le transport, l'administration, etc.).

Somalie (2009) — Superficie des abris : 16 m². Coûts des matériaux par abri : 620 $.

Bangladesh (2007) — Superficie des abris lors du cyclone Sidr : 15 m². Coût des matériaux par abri : 1600 $.

Géorgie (2008) — Coût par abri aménagé pour l'hiver : 3000 $. En Géorgie, un pays où le revenu par habitant est 12 fois celui d'Haïti, le coût d'un abri permanent aménagé pour l'hiver était donc près de la moitié du prix d'un abri temporaire dans le climat subtropical d'Haïti.

Sichuan, Chine (2008) – Coût des matériaux pour des abris permanents dans la foulée d'un séisme : entre 9 000 $ et 18 000 $. Il convient de noter que ces abris étaient essentiellement de nouvelles maisons.

Source : ONU-Habitat, *Shelter projects 2009*, 2010.
Disponible sur : www.disasterassessment.org.

11 Isabel Macdonald et Isabeau Doucet, « The Shelters That Clinton Built », 11 juillet 2011.
http://www.thenation.com/article/161908/shelters-clinton-built

12 Mario Joseph et Nicole Phillips, « 100 days into Michel Martelly's presidency: Survey reveals government's closure of camps conflicts with durable housing solutions proposed in housing plan (IJDH-BAI) », communiqué de presse, 18 août 2011.
http://www.ijdh.org/2011/08/topics/housing/100-days-into-michel-martelly%E2%80%99s-presidency-survey-reveals-government%E2%80%99s-closure-of-camps-conflicts-with-durable-housing-solutions-proposed-in-housing-plan-ijdh-bai/

13 Pour Caracol, voir :

Deborah Sontag, « Earthquake Relief Where Haiti Wasn't Broken », *The New York Times*, 5 juillet 2012.
http://www.nytimes.com/2012/07/06/world/americas/earthquake-relief-where-haiti-wasnt-broken.html?_r=0

Deborah Sontag, « Rebuilding in Haiti Lags After Billions in Post-Quake Aid », *The New York Times*, 23 décembre 2012.
http://www.nytimes.com/2012/12/24/world/americas/in-aiding-quake-battered-haiti-lofty-hopes-and-hard-truths.html

14 Pour le coût des maisons de Food for the Poor avant le séisme, voir : Grace Williams et A. Daley, *An Evaluation of the Low-Income Housing Sector in Jamaica. A Thesis Presented to The Academic Faculty In Partial Fulfillment Of the Requirements for the Degree Master of Science in the Building Construction Integrated Facility Management (Focus on Integrated Project Delivery Systems)*, Georgia Institute of Technology, décembre 2006, p. 20.

15 L'autre grand projet résidentiel d'USAID dans la foulée du séisme se trouvait à Port-au-Prince, dans la ville de Cabaret. USAID a dépensé 52 205 $ par maison pour 156 maisons. Il est difficile d'exprimer toute l'absurdité d'un tel coût. N'oublions pas : ces maisons ne sont rien d'autre que des cabanons de jardin en Haïti, un pays où les matériaux de construction et la main-d'œuvre sont bon marché. Pour vous donner une idée : ajoutez 12 000 $ aux 53 205 $ et vous pouvez acheter une maison haïtienne haut de gamme de deux étages avec quatre chambres, deux cuisines et quatre salles de bain, une maison comme celle où j'écris actuellement ces lignes.

Pour en savoir plus sur les maisons d'USAID au coût de 53 205 $, voir : USAID, « Housing Development Fuels New Hope for Haitian Families », article de blogue d'Anna-Maija Mattila-Litvak, agente principale des communications et de la sensibilisation au développement, USAID-Haiti, 30 octobre 2013.

[16] Pour le gaspillage colossal et les six maisons de la Croix-Rouge, voir : Laura Sullivan, « In Search Of The Red Cross' $500 Million In Haiti Relief », *All Things Considered (NPR)*, 3 juin.
http://www.npr.org/2015/06/03/411524156/in-search-of-the-red-cross-500-million-in-haiti-relief

[17] Le travail de Sean Penn était à ce point exemplaire qu'USAID l'a présenté comme s'il s'agissait du sien, bien qu'à l'époque l'agence ne lui avait pas versé un sou (ce que Sean Penn m'a révélé en 2011 lors d'une tournée des efforts de secours en compagnie d'une délégation du Congrès américain).

Ses coups de gueule se voulaient souvent des menaces de publicité négative dirigées contre les directeurs d'ONG négligents qui travaillaient n'importe comment, une tactique qui fonctionnait à merveille. La dernière chose que désire le conseil d'administration d'une ONG, c'est de voir un monstre sacré d'Hollywood à la télévision les accusant d'avoir gaspillé l'argent qu'on leur a donné.

[18] Quiconque tenterait d'évaluer les dépenses des ONG en consultant les audits d'organismes chargés de surveiller les activités du secteur humanitaire, par exemple la Wise Giving Alliance de la BBC ou Charity Navigator (eux-mêmes des ONG), ne trouverait pas grand-chose, ou conclurait que les organismes d'aide sont des modèles de rationalisation efficace dont la majorité des dépenses sont destinées aux pauvres. Par exemple, selon un audit de la BBC réalisé en 2011, seulement 2 % du budget de l'organisation Catholic Relief Services aurait été destiné aux coûts administratifs, 3 % à la collecte de fonds et 95 % aux coûts des programmes. Par contre, cette ventilation est celle du siège social. Ce qui se passe sur le terrain et ce qui s'est passé en Haïti est bien loin de ces chiffres. Cela dit, nul besoin d'un audit pour démontrer l'énormité du gaspillage et du détournement des fonds destinés aux victimes.

[19] L'élite économique haïtienne a vite emboîté le pas. « Je me souviens avoir entendu quelqu'un dire, "c'est terrible de gaspiller une situation de crise", a déclaré Georges Sassine, le président de l'Association des industries d'Haïti. C'est une véritable occasion qui se présente à nous. » Tout aussi enthousiaste, Réginald Boulos (le président de la Chambre de commerce et d'industrie d'Haïti, un Libano-haïtien de troisième génération, médecin, banquier, propriétaire d'une chaîne de supermarchés, d'une société pharmaceutique et de plusieurs concessionnaires de voiture) a déclaré : « Voilà ce que représente le tremblement de terre aujourd'hui : une occasion, une occasion énorme. Je pense que nous devons lancer le message suivant : nous sommes

prêts à faire des affaires. C'est une véritable terre d'opportunités. » Voir : NPR, « After Quake, Haiti Seeks Better Business Climate », 10 mars 2010.

D'autres entrepreneurs haïtiens étaient d'accord. Le prix des repas dans les restaurants fréquentés par les étrangers a doublé du jour au lendemain. Et ce n'est pas parce que la nourriture était difficile à trouver. À la frontière dominicaine, soit 40 km plus loin sur l'autoroute, un poulet entier déjà cuit coûtait cinq dollars. La situation était différente en Haïti, où un plat d'ailes de poulet pour deux personnes est passé à 40 $. En République dominicaine, une bière de 710 ml coûtait 1,50 $. En Haïti, une bière de 355 ml coûtait entre 2 et 5 $. Même dans la rue, partout où on trouvait des ONG, les prix explosaient. Une banane coûtait entre 12 et 25 cents dans les quartiers de l'élite haïtienne, tandis qu'elle coûtait sept cents dans les rues de la République dominicaine. Une douzaine d'œufs en vente à 1,25 $ en République dominicaine coûtait 3 $ dans les supermarchés haïtiens. Le prix de gros d'un sac de farine de blé de 55 kg (des sacs qui franchissaient la frontière en grand nombre sous le contrôle strict d'une poignée d'hommes d'affaires haïtiens) était de 27 $ en République dominicaine. De l'autre côté de la frontière, un tel sac se vendait entre 45 et 50 $, alors que le prix était entre 30 et 35 $ avant le séisme.

La hausse des prix touchait toutes les sphères de l'économie. Après le séisme, des maisons auparavant louées à des ONG et à des étrangers pour 2 000 $ par mois affichaient des prix de location comparables à ceux qu'on trouve à Genève, en Suisse : 6 000 $, 8 000 $ et même 10 000 $. À l'époque, on justifiait la flambée des prix en arguant que 70 à 80 pour cent des bâtiments s'étaient écroulés. En réalité, sept pour cent des bâtiments s'étaient effondrés et 13 pour cent étaient endommagés au point où ils auraient dû être démolis. Comme nous le verrons plus tard, la plupart de ces bâtiments n'ont pas été démolis, mais réparés. De plus, à un moment où 37 000 membres de l'élite haïtienne ont sauté dans un avion pour s'envoler vers leur seconde, troisième ou quatrième résidence à Miami, à New York, à Montréal, à Paris ou en République dominicaine, il y avait une pléthore de maisons bourgeoises vides, parfaites pour les ONG. Malgré tout, les prix ont explosé. Une chambre individuelle louée à un travailleur humanitaire coûtait environ 1 000 $ par mois. Ceci dit, en réalité, il n'existe pas de loyer mensuel en Haïti. Tout doit être payé d'avance pour un an. Si le propriétaire est riche, l'avance est de trois ans. La première maison de consultant dans laquelle j'ai habité (et que le propriétaire avait libérée pour USAID) coûtait 10 000 $ par mois et nécessitait une avance de trois ans. Le propriétaire, un narcotrafiquant notoire, a ainsi amassé 360 000 $, une somme nettement supérieure à la valeur de la maison. Même chose pour la maison de la Croix-Rouge où j'ai habité deux ans après le séisme. La Croix-Rouge payait 10 000 $ par mois avec une avance de trois ans pour une maison à Jérémie, une ville de province située à 240 km de Port-au-Prince. La Croix-Rouge a loué cette maison pendant six ans pour un total de

720 000 $. Encore une fois, le propriétaire était un narcotrafiquant notoire. Avec cette somme, il pourra construire six autres maisons comme celle-là. Ainsi, tandis que la classe moyenne haïtienne et les gens comme moi qui habitent au pays continuaient de payer entre 300 $ et 500 $ par mois pour des appartements avec plomberie moderne, eau, électricité, stationnement et un dispositif de sécurité, les employés d'ONG étaient soulagés de pouvoir trouver un tel logement pour 3 000 $ par mois.

C'était pareil pour le transport. Un billet d'avion aller-retour entre Santo Domingo, la capitale de la République dominicaine, et Port-au-Prince (un vol de 20 minutes) est passé de 150 $ à 500 $. Un véhicule avec chauffeur coûtait au moins 150 $ par jour et il était toutefois impossible de le louer pour une seule journée. Il fallait payer par mois, ce qui signifie que le prix minimal pour un véhicule et un chauffeur était de 4 500 $ par mois. Cela correspond à 54 000 $ par année, un salaire tellement attrayant que même des médecins haïtiens fermaient les portes de leur clinique privée pour devenir chauffeur de taxi.

Cela dit, la majeure partie de l'aide financière a été gaspillée pour des consultants et des travailleurs humanitaires. Le cachet type d'un consultant international est de 250 $ par jour, assorti d'une indemnité quotidienne de 155 $ pour les contrats du Département de la Défense, logement inclus. Je gagnais 315 $ par jour. Certains de mes collègues gagnaient 700 $ par jour. Les consultants de l'ONU recevaient un minimum de 440 $ par jour et une indemnité quotidienne de 284 $. Ainsi, un consultant de l'ONU qui travaille cinq jours par semaine touche un salaire de 19 520 $ par mois, un montant au moins 28 fois plus élevé que le PIB par habitant en Haïti.

Par contre, le salaire n'est qu'une partie du casse-tête. Les employés des ONG n'ont pas à payer pour le transport, un autre 4 500 $ par mois. Les quelques rues de Port-au-Prince (déjà mal entretenues et bondées de véhicules) sont devenues encore plus engorgées, inondées de véhicules loués en République dominicaine. Les travailleurs humanitaires passaient la plupart de leur temps à attendre dans des embouteillages. Les consultants d'USAID avec qui j'habitais perdaient souvent de 4 à 6 heures pour se rendre à l'ambassade et en revenir. Ils auraient pu s'y rendre à pied en une heure.

Les ONG payaient également le logement de ces employés aux prix gonflés dans la foulée du séisme (environ 3 000 $ par mois pour un appartement et entre 6 000 $ et 10 000 $ pour une maison ou un bureau), leurs chambres d'hôtel (100 $ par nuit minimum) et leurs billets d'avion, comme ceux de Santo Domingo dont le prix avait triplé.

Voici deux exemples parmi les dizaines de cas de gaspillages d'argent dans les transports dont j'ai été témoin : fin janvier, je suis allé accueillir Ken Dilanian, un journaliste du quotidien *USA Today*, à Santo Domingo. Pour le trajet de retour, nous avons pu embarquer dans un bus de 40 sièges loué par la Croix-Rouge américaine. À bord, il y avait moi, Ken, le chauffeur et un seul et unique employé de la Croix-Rouge. Les 37 autres sièges étaient vides. Autre exemple : un ami haïtien a décroché un contrat de trois mois qui consistait à assurer le trajet au bureau de deux consultants des Nations Unies pour 150 $ par jour.

Pendant ce temps, l'aide avait mis un frein à l'économie locale. Les importateurs, sachant qu'une aide alimentaire de centaines de milliers de dollars était en route vers Haïti pour y être distribuée gratuitement, ont mis fin à leurs importations. Les fermiers et les marchands n'arrivaient plus à vendre leurs produits. Même les vendeurs d'eau ont été mis en faillite par l'importation massive d'eau embouteillée. Confrontés à une économie à genoux, bon nombre des Haïtiens les plus démunis, connaissant l'ampleur des promesses et des dons recueillis, se sont retrouvés dans les camps décrits dans le chapitre 10. Ils cherchaient désespérément à obtenir une part de l'aide. Même si seulement sept pour cent des bâtiments se sont effondrés et 13 pour cent ont été déclarés trop dangereux pour y vivre, sept mois après le tremblement de terre, 40 pour cent de la population entière déclarait vivre dans un camp. Dans certaines communes, on trouvait plus de gens qui vivaient dans des camps après le séisme que la population entière du comté avant le séisme. La plupart d'entre eux avaient toujours une maison. Il suffisait de quelques calculs pour se rendre compte qu'il y avait de 10 à 20 fois plus de monde dans les camps que prévu.

L'avalanche d'argent au sommet a ruisselé jusqu'en bas au compte-gouttes. Les camps, comme nous le verrons dans le chapitre 10, serviront toutefois à justifier des dépenses inutiles et à préserver un microcosme de misère humaine pour attirer les dons.

[20] La Disaster Recovery Corporation (DRC) et AshBritt étaient à ce point certains d'obtenir des contrats en Haïti qu'ils ont dépensé 30 millions de dollars de leurs propres poches avant même d'obtenir un contrat. Ils avaient toutes les raisons d'être confiants. AshBritt a engagé Lewis Lucke, un ancien ambassadeur des États-Unis en Haïti qui, seulement quelques jours avant d'être engagé par AshBritt, travaillait à titre de coordinateur spécial des États-Unis pour les secours et la reconstruction. En lui offrant un salaire de base de 30 000 $ par mois en plus de commissions, AshBritt s'assurait d'obtenir des contrats. La DRC, l'autre grand entrepreneur américain en déblayage post-catastrophe, a fait encore mieux. L'entreprise a engagé Elizabeth Préval, la femme du président, qui a aidé la DRC a obtenir un contrat de 100 millions de dollars. Peu de temps après, les deux entreprises facturaient un prix trois fois supérieur au scandaleux 23 $ par mètre cube de débris facturé au gouvernement américain pour le déblaiement dans la foulée de Katrina et cinq fois supérieur au tarif de 14 $ par mètre cube facturé par Sean Penn et son équipe.

[21] Pour le procès de la DRC dans la foulée de l'ouragan Mitch, voir : UNITED STATES DISTRICT COURT FOR THE DISTRICT OF COLUMBIA, dossier 1:10-cv-00003-PLF, document 68, déposé le 28/03/11.

[22] Lorsque le milieu des affaires haïtien s'est plaint d'être injustement exclu de la reconstruction d'Haïti, les contrats sont rapidement passés à deux entreprises haïtiennes, celles de Jean Vorbe et de Gilbert Bigio. Le Groupe Jean Vorbe était déjà le plus important bénéficiaire de contrats en Haïti pour la construction de routes (la société possède très peu d'équipement de construction routière et délègue normalement ses contrats à Estrella, une firme de la République dominicaine voisine, après avoir pris sa part du gâteau). L'autre principal bénéficiaire était Gilbert Bigio et ses entreprises. Gilbert Bigio est consul général honoraire d'Israël en Haïti. La rumeur veut que M. Bigio se soit propulsé au sein de la classe richissime haïtienne dans les années 80 lorsqu'il a négocié la vente d'Uzis, un pistolet-mitrailleur israélien, au « président à vie » Jean-Claude Duvalier. Aujourd'hui, Gilbert Bigio est reconnu comme étant le seul milliardaire haïtien. Il détient une participation dans 16 des plus importantes sociétés d'Haïti, notamment des banques et des entreprises de télécommunications ; possède un quasi-monopole sur l'importation des huiles comestibles au pays ; est propriétaire de Chevron Caribbean, qui détient un semi-monopole sur la distribution du pétrole dans la région ; et détient un monopole sur l'acier en Haïti. Depuis le séisme, Gilbert Bigio a également construit un port immense et un parc industriel flambant neufs, et ce principalement grâce à un prêt à faible taux d'intérêt de la Banque mondiale. En fait, par le passé, les deux entités haïtiennes avaient déjà collaboré avec les deux géants du déblaiement post-catastrophe, la DRC et AshBritt.

Pour en savoir plus sur la famille Bigio et ses entreprises, voir :

Site Web du Groupe GB.
http://gbgroup.com/corporate/overview/history/

Paul Woodward, « Does Gilbert Bigio make Israel look good? », *War in Context*, 25 janvier.
http://warincontext.org/2010/01/25/does-gilbert-bigio-make-israel-look-good/

[23] La DRC prétend avoir investi 5 millions de dollars avant même d'avoir obtenu un contrat. La société a engagé Elizabeth Delatour Préval, la femme du président, à titre de consultante. Elle a facilité l'octroi d'un contrat de 100 millions de dollars à Vorbe et Fils V&F Construction et au DRC Group, une société de l'Alabama. Voir : HAITI-TRUTH.ORG, « Flash News- Haitian Conflict of Interest : Elizabeth Delatour Preval », 18 mars 2010.

http://www.haitian-truth.org/flash-news-haitian-conflict-of-interest-elizabeth-delatour-preval/

AshBritt soutient avoir investi 25 millions de dollars en préparation au déblaiement avant même d'obtenir un contrat. AshBritt a engagé Lewis Lucke, le coordinateur spécial des États-Unis pour les secours et la reconstruction en Haïti. Lewis Lucke a quitté ce poste deux semaines avant d'être engagé par AshBritt à titre de consultant pour la jolie somme de 30 000 $ par mois et, après trois mois de travail, il a poursuivi son employeur pour 500 000 $ en commissions impayées.

Voir : Peter Hallward, « Exploiting disaster », *Pambazuka News*, 18 novembre 2010. http://www.pambazuka.org/governance/haiti-2010-exploiting-disaster-0

[24] Des 1 490 contrats accordés par les États-Unis dans les 10 mois qui ont suivi le séisme, 23 étaient destinés à des sociétés haïtiennes. Voir Bill Quigley et Amber Ramanauskas, « Where the Relief Money Did and Did Not Go? Haiti After the Quake », *CounterPunch*, 3 janvier 2012. http://www.counterpunch.org/2012/01/03/haiti-after-the-quake/

[25] Pour un résumé de l'ascension de Randy Perkin, le propriétaire d'AshBritt qui est passé de bénéficiaire de coupons alimentaires à multimillionnaire et politicien, voir : Buddy Nevins, « Entrepreneur's Image Pays Price For Firm's Profitability », *Sun Sentinel*, 20 août 2006.

Voir aussi : http://www.randyperkinsforcongress.com/meet-randy/

[26] Voir : Deepa Panchang, Beverly Bell et Tory Field, « The Super Bowl of Disasters: Profiting from Crisis in Post-Earthquake Haiti », *The Women's International Perspective*, 16 février 2012. http://thewip.net/2012/02/16/the-super-bowl-of-disasters-profiting-from-crisis-in-post-earthquake-haiti/

[27] Pour les articles sur le scandale des bateaux de croisière, voir :

George Russell, « With Haiti in Ruins, Some UN Relief Workers Live Large on "Love Boat" », *Fox News*, 8 avril 2010. http://www.foxnews.com/world/2010/04/08/haiti-ruins-relief-workers-live-large-love-boat.html

George Russell, « Floating Your Boat? UN's 'Flotel' in Haiti Is Vastly Overpriced, Says Expert », *Fox News*, 10 juin 2010. http://www.foxnews.com/world/2010/06/10/floating-boat-uns-flotel-haiti-vastly-overpriced-says-expert.html

[28] Pour le communiqué de l'ambassadeur Merten, voir : « Haïti : WikiLeaks reveals 'gold rush' postquake for contractors ». http://permalink.gmane.org/gmane.politics.marxism.marxmail/150034

[29] Pour ma part, lorsque j'ai écrit aux agents de presse de 20 ONG pour leur demander combien de membres de leur organisation étaient décédés, seulement cinq m'ont répondu. Deux d'entre elles, notamment Compassion International, m'ont subséquemment fait passer d'un spécialiste à l'autre sans jamais me donner de réponse à cette question que, l'on aurait pu croire, chaque membre de l'organisation aurait dû savoir. Au moins une organisation, World Vision, m'a répondu d'une manière qui pourrait être interprétée comme passive-agressive. Plus précisément, voici la réponse finale de World Vision à ma question sur le nombre de personnes en poste à Port-au-Prince au moment où le séisme a frappé :

> Nous comprenons votre inquiétude à l'égard du séisme de janvier en Haïti. Comme nous l'avons mentionné dans notre correspondance antérieure, compte tenu de nos ressources limitées et en vue d'employer à bon escient les fonds qui nous ont été octroyés, nous nous voyons malheureusement dans l'incapacité d'approfondir nos recherches à ce sujet. Veuillez nous excuser pour tout désagrément causé. Merci de votre compréhension.

[30] Le Disaster Accountability Project, un organisme indépendant chargé de surveiller le secteur de l'aide humanitaire, a tenté de découvrir exactement quelles étaient les dépenses des ONG. L'organisme a envoyé deux sondages à 196 des plus grandes organisations sollicitant des dons pour le séisme en Haïti. Le premier sondage a été envoyé six mois après le séisme et le deuxième, exactement un an après. On y expliquait comment le projet servirait à produire un rapport sur la transparence des ONG.

Les questions étaient simples. Quel est le total des dons recueillis ? Combien avez-vous dépensé ? Quel est votre effectif ? Publiez-vous des rapports sur vos dépenses ? Recueillez-vous toujours des dons pour Haïti ? Les sondés pouvaient laisser les réponses en blanc. Quatre autres demandes ont été envoyées aux organisations qui ne répondaient pas.

Quelques ONG sont plus transparentes que les autres. Oxfam a signalé dépenser 33 pour cent des dons pour « la gestion et la logistique ». Médecins sans frontières, une organisation respectée pour sa transparence, son efficacité et ses dépenses responsables, a signalé que les coûts « de personnel et de transport » représentaient 58 pour cent du total des dépenses.

Au moment du deuxième sondage, soit un an après le séisme et malgré une couverture médiatique négative concernant les refus liés au premier sondage, 80 pour cent des ONG ont toujours refusé de répondre.

Pour en savoir plus sur le Disaster Accountability Project, voir : http://www.disasteraccountability.org/blog2/report-on-transparency-of-relief-organizations-responding-to-the-2010-haiti-earthquake/

[31] Malgré un demi-siècle d'expérience en Haïti et dans les pays défavorisés de ce monde, les ONG et les agences de l'ONU, que l'on s'attendait à voir diriger et guider la distribution de l'aide, ne savaient pas comment acheminer l'aide aux personnes qui en avaient le plus besoin. Elles ne savaient pas quel type d'aide donner, à qui la donner et quelles organisations pouvaient réellement contribuer à la distribution. Des travailleurs humanitaires ont fait du porte-à-porte pour distribuer des trousses d'hygiène comprenant papier hygiénique, dentifrice, savon et brosse à cheveux à des agriculteurs perplexes. Quelle délicate attention ! Mais à quelle fin ? À quoi peut bien servir un approvisionnement d'une semaine en dentifrice et en papier hygiénique à un paysan des montagnes ? Des dents vont-elles être sauvées en étant brossées pendant une semaine ? Par ailleurs, ces trousses ont été distribuées dans les montagnes qui surplombent Jacmel, une zone où le séisme n'a eu pratiquement aucun impact.

D'un côté, nous avons des ONG qui distribuent leurs fonds à une armée de consultants supposés savoir ce qu'ils font, et ce même si la grande majorité d'entre eux n'ont jamais mis les pieds en Haïti, ignorent tout de la culture locale et ne parlent pas un mot de créole. De l'autre côté, nous avons des organismes d'aide qui se débarrassent de l'argent aussi vite que possible. ACDI-VOCA a reçu 50 000 $ en dons de ses propres employés. Ils s'en sont servis pour distribuer des chèques de 5 000 $ à leurs employés haïtiens. Ces employés étaient déjà très bien payés. Même les chauffeurs d'ACDI-VOCA gagnaient 850 $ par mois, un montant supérieur au revenu annuel par habitant en Haïti. Un seul de ces employés vivait dans une maison qui a été détruite. Trois jours après le séisme, le Département d'État des États-Unis a livré un coffre-fort contenant 2 millions de dollars à FONKOZE, la plus importante institution de microfinancement en Haïti (une ONG appuyée par le gouvernement américain). Il s'agissait d'une aide d'urgence destinée aux membres de l'institution, et FONKOZE a dûment distribué la somme à ses membres. L'organisation a « effacé » 10 000 dettes et a donné 125 $ supplémentaire à chaque client, un montant cinq fois supérieur au prêt de base de 25 $. Un noble geste, sauf que la plupart des bénéficiaires de FONKOZE vivent en campagne et n'ont probablement pas été touchés directement par le séisme.

[32] J'ai moi aussi tenté d'obtenir des informations auprès d'ONG, à qui j'ai demandé le nombre d'enfants qu'ils parrainaient. Voici un courriel de World Vision, qui est représentatif des réponses généralement reçues :

De : World Vision <Info@WorldVision.org>
Objet : Réponse de World Vision (KMM1020342V38475L0KM)
À : schwartz833@yahoo.com
Date : Lundi 30 août 2010, 15 h 39

Cher M. Schwartz,

Merci d'avoir joint World Vision pour obtenir de l'information sur notre travail en Haïti. Nous sommes heureux de pouvoir vous aider.

Nous vous transmettons ici les données qui nous sont immédiatement disponibles. Toutefois, compte tenu de nos ressources limitées et en vue d'employer à bon escient les fonds qui nous ont été octroyés, nous nous voyons malheureusement dans l'incapacité d'approfondir nos recherches à ce sujet. Nous vous prions de nous en excuser et nous espérons que vous comprendrez qu'il nous est impossible de satisfaire pleinement à votre demande.

Voici quelques-uns des projets et des progrès réalisés, lesquels ont été financés et rendus possibles grâce au soutien de nos donateurs :

- Abris d'urgence et de transition, notamment des bâches et des tentes, et acquisition et construction de logements de transition lorsque des terrains seront disponibles.

- Initiatives liées à l'eau, à la salubrité et à l'hygiène dans 35 camps ; distribution de 7,6 millions de litres d'eau potable depuis le 12 janvier ; construction et entretien de latrines et de douches ; et installation de systèmes de drainage pour prévenir les inondations dans les camps.

- Programme de sécurité alimentaire, ce qui comprend la distribution de nourriture à plus de 1,86 million de personnes à Port-au-Prince durant la période initiale des secours.

- Services de soins de santé primaires, notamment cinq dispensaires mobiles et cinq dispensaires fixes, lesquels ont offert des services à 15 camps et plus de 11 000 personnes.

- Enseignement sur la nutrition, la santé et l'hygiène.

- Soutien de quelque 120 000 personnes, qui se poursuit toujours ; distribution de bâches, de tentes, d'ustensiles de cuisine, de couvertures, de nattes, de casiers et autres articles ménagers.

- Programme de protection de l'enfant, qui vient chaque semaine en aide à 7 730 enfants dans 22 espaces sûrs pour les enfants situés dans les camps du Grand Port-au-Prince, dans le Plateau Central et dans la région frontalière avec la République dominicaine.

- Enregistrement de 795 enfants séparés de leur famille dans la foulée du séisme ; grâce à l'unité de localisation et de réunification des familles, 84 enfants ont pu retrouver leur famille.

À l'approche de la saison des ouragans, World Vision s'inquiète du sort des familles déplacées et met en œuvre des programmes pour les aider à atténuer les effets des pluies abondantes. De concert avec le gouvernement haïtien et d'autres organisations internationales, nous travaillons actuellement à l'élaboration d'un plan d'urgence pour préparer Haïti à la saison des ouragans.

Il reste beaucoup à faire pour aider les survivants à vivre pleinement leur vie et World Vision sera là pour épauler les enfants et les familles dans les mois et les années nécessaires au redressement.

Pour en savoir plus sur la collaboration entre World Vision et le peuple haïtien en vue d'aider les familles à s'épanouir dans la foulée du séisme, veuillez visiter notre site Web : http://www.worldvision.org/haiti-relief.

Si vous avez besoin d'aide additionnelle, veuillez répondre au présent courriel en conservant l'historique de la conversation ou appeler gratuitement un représentant des services aux donateurs au 1-888-511-6422. Nous sommes ouverts du lundi au vendredi de 5 h à 21 h et le samedi de 6 h à 18 h, heure du Pacifique. Nous serons heureux de vous aider.

Merci encore de votre intérêt envers la construction d'un monde meilleur pour les enfants !

Meilleures salutations,

Victoria Anderson
Services aux donateurs
World Vision États-Unis

World Vision | Un monde meilleur pour les enfants |
www.worldvision.org/home
World Vision est une organisation humanitaire chrétienne qui travaille auprès des enfants, des familles et de leurs communautés dans le monde entier pour les aider à atteindre leur plein potentiel en s'attaquant aux causes de la pauvreté et de l'injustice.

Message d'origine :

———————————————

Victoria,

Merci beaucoup pour l'information.

Je suis désolé de vous déranger, mais j'ai deux autres questions. Merci de bien vouloir répondre. Je promets ensuite de vous laisser en paix.

1) De ces 800 membres du personnel, combien étaient à Port-au-Prince et dans les zones environnantes ?

2) Combien d'enfants sont parrainés dans cette zone ?

Merci encore,

Tim

[33] En 2013, après avoir été l'objet de critiques sévères, la Croix-Rouge a déclaré que « la quasi-totalité des 486 $ millions de dollars en dons recueillis par la Croix-Rouge américaine dans la foulée du séisme ont été dépensés ou seront dépensés pour la construction de logements et le redressement des quartiers, pour des projets liés à la santé, à la salubrité de l'eau et à l'hygiène et pour des projets de préparation aux catastrophes ». Pour dissiper toute crainte, l'organisme a ajouté qu'« en moyenne, 91 pour cent de chaque dollar dépensé par la Croix-Rouge américaine est allé directement aux services et aux programmes d'aide humanitaire ». Nous avons effectivement vu où ces dollars ont été investis. Voir : Croix-Rouge, « American Red Cross Releases Progress Report on Haiti Earthquake ». http://www.redcross.org/news/article/American-Red-Cross-Releases-Progress-Report-on-Haiti-Earthquake

[34] L'ONU a bien résumé la situation lorsqu'elle a conclu dans un rapport que « la vitesse des décaissements et l'importance des fonds constituaient des facteurs critiques des interventions. Le Fonds central pour les interventions d'urgence et l'appel éclair étaient principalement fondés sur des évaluations et des suppositions du personnel sur

le terrain et ont été rapidement préparés et lancés par le bureau central après le tremblement de terre. Cet appel a rapidement été financé par les donateurs ».

Voir : Abhijit Bhattacharjee et Roberta Lossio, « Evaluation of OCHA Response to the Haiti Earthquake Final Report », 9 janvier 2011.

[35] Pour un sommaire des montants réclamés, des montants reçus et de la vitesse des collectes selon les organisations, voir : The GiveWell Blog, 10 janvier 2011. http://blog.givewell.org/2011/01/10/how-much-money-has-been-given-for-haiti-earthquake-relief-putting-the-numbers-in-perspective/

[36] Toute cette générosité est louable. Malheureusement, les fonds recueillis ont principalement été utilisés pour renflouer les coffres et payer les salariés des ONG, ou ont été détournés et gaspillés.

[37] Les Haïtiens ont un nom pour le tremblement de terre du 12 janvier : *goudou-goudou*. Ce terme est inspiré du bruit effrayant qui est sorti des profondeurs de la terre ce jour-là, le plus violent séisme à frapper cette nation antillaise depuis 158 ans.

Lorsque le goudou-goudou a frappé le Grand Port-au-Prince, la capitale où habite un tiers des 10 millions d'habitants du pays, bien des gens ont d'abord pensé que la fin du monde venait d'arriver. Bon nombre d'Haïtiens, un peuple religieux comme on en trouve partout sur la terre, ont alors levé les mains au ciel en s'écriant « Jésus Christ ».

Une fois le choc initial passé, les théories sur les causes possibles du désastre ont commencé à fuser. Selon certains, il s'agissait d'un missile ou d'une bombe sous-marine du puissant voisin d'Haïti, les États-Unis, qui aurait explosé par erreur. D'autres ont lié l'événement à la construction du « tunnel sous-marin antillais », une légende urbaine selon laquelle un tunnel serait en cours de construction entre Haïti et Miami. Selon des activistes et des amateurs de théories du complot, le séisme faisait partie d'un plan de pays développés cherchant à prendre le contrôle d'Haïti, une thèse liée à la rumeur — ou la « révélation » selon les croyants — selon laquelle Haïti posséderait de vastes réserves de pétrole. Rapidement, des affirmations saugrenues étaient publiées sur Internet : « Haïti pourrait détenir des réserves de pétrole plus vastes que le Venezuela » ; « Haïti possède plus de pétrole que l'Arabie saoudite ». Un site Web, appuyé de détails techniques, exposait comment l'exploration pétrolière en eaux profondes avait provoqué la catastrophe.

La plupart des Haïtiens ont maintenant abandonné la théorie du complot colonialiste ou de l'explosion imprévue d'une bombe et acceptent l'idée selon laquelle le *goudou-goudou* était un phénomène naturel. Toutefois, comme c'est si souvent le cas en Haïti, il existe un élément de vérité, une logique perverse, derrière les théories du complot. Si le *goudou-goudou* n'était pas le résultat d'un complot macabre, on peut à tout le moins avancer qu'il n'a pas tant éveillé l'altruisme que l'appât du gain d'entités étrangères.

[38] Parmi les ONG, la Croix-Rouge américaine a obtenu 479 millions de dollars en dons ; World Vision, 194 millions ; Catholic Relief Services, 192 millions ; Médecins sans frontières, 138 millions ; Oxfam, 98 millions ; Partners in Health, 89 millions ; Save the Children, 87 millions ; Direct Relief, 64 millions ; Concern Worldwide, 43 millions ; et CARE International, 45 millions. Seize agences de l'ONU ont également reçu des dons. Les parts les plus importantes du gâteau sont allées au Programme alimentaire mondial (461 millions) et à l'UNICEF (291 millions). Tout ça sans oublier les centaines, pour ne pas dire les milliers, de petits organismes sans but lucratif qui ont amassé des millions de dollars en dons au nom du séisme. Des entrepreneurs des États-Unis ont également eu leur part, ainsi que des entreprises professionnelles de « développement », pratiquement toutes basées à Washington D.C. Dans les 12 premiers mois qui ont fait suite au tremblement de terre, les plus importantes de ces entreprises, Chemonics et Development Alternatives Inc., auront obtenu des contrats du gouvernement des États-Unis d'une valeur de 125 millions de dollars. Durant l'année suivante, elles obtiendront toutes deux des contrats de plus de 100 millions de dollars, respectivement.

Voir : The GiveWell Blog, « How much money has been given and spent for Haiti earthquake relief? Putting the numbers in perspective ». http://blog.givewell.org/2011/01/10/how-much-money-has-been-given-for-haiti-earthquake-relief-putting-the-numbers-in-perspective/

Caroline Preston et Nicole Wallace, « $1.1-Billion Donated for Haiti Relief: Updated Tally (May 11) », *The Chronicle of Philanthropy*, 11 mars 2010.

[39] Fait très intéressant, le 15 janvier, soit 24 h après notre passage, Matthew Price de la BBC relatera une expérience très semblable à celle vécue à l'École nationale d'infirmières :

> Je me tiens depuis plusieurs heures devant un collège infirmier de la capitale. Une membre de l'administration, désespérée, m'a raconté que même après trois jours, 260 corps et 25 personnes vivantes se trouvaient dans cette école qui faisait autrefois cinq étages. Elle m'a dit que le directeur avait reçu un message texte à cet effet de l'intérieur du bâtiment. Une équipe de secouristes brésilienne tente de les rejoindre, mais les progrès sont très lents. L'inquiétude grandit parmi les centaines de résidents locaux rassemblés dans les environs.

BBC News, « As it happened: Haiti earthquake », 15 janvier 2010. http://news.bbc.co.uk/2/mobile/americas/8460771.stm

> Selon l'une des membres de l'administration du collège, plus de 200 personnes auraient été présentes dans le bâtiment lorsque celui-ci s'est affaissé. On croit également qu'il pourrait y avoir 25 personnes vivantes à l'intérieur.
>
> Ce bilan provient d'un message texte envoyé par une personne prétendant se trouver à l'intérieur. Selon le message, les survivants avaient très faim, très chaud et besoin d'aide pour être sauvés.

Matthew Price, « At the Scene, Matthew Price, Port-au-Prince », *BBC News*, 16 janvier 2010.
http://news.bbc.co.uk/2/hi/americas/8462796.stm

Ainsi, deux jours entiers après notre passage sur les lieux avec les secouristes de Fairfax, la même scène se répétait, cette fois-ci avec des secouristes brésiliens. Ces derniers auraient toutefois pénétré le bâtiment.

Sebastian Walker, d'Al Jazeera, m'a raconté une scène de pillage de masse survenue le 15 janvier au Caribbean Market, un supermarché qui s'était effondré. Les événements qu'ils décrivaient étaient très semblables à la situation dont moi et Ben avons été témoins le 14 juillet, me donnant encore une fois l'impression que les mêmes scènes se répétaient incessamment. Voir : « Is this Anarchy? ».
http://rabble.ca/taxonomy/term/9259/0

[40] Pour les commentaires de Shaul Schwarz à *Reuters*, voir : Andrew Cawthorne, « Angry Haitians block roads with corpses: witness », World News (Reuters), 14 janvier 2010.
http://www.reuters.com/article/us-quake-haiti-roadblocks-idUSTRE60D6F92010011

[41] Pour le commentaire d'Ansel Herz sur l'absence de travailleurs humanitaires dans les rues de Port-au-Prince dans la foulée du séisme, voir : Amy Goodman, « Report from Haiti: Desperate Call for Aid with Rescue Equipment, Medicine, Food & Water in Short Supply », *Democracy Now!*, 14 janvier 2010.
http://www.democracynow.org/2010/1/14/haiti_desperate_for_aid_with_rescue

[42] Pour un article sur Bryan Hartog et sa mission médicale de l'Université de l'Iowa, voir le blogue Spectator de l'Université de l'Iowa, « Standing on Shaky Ground. UI Alumni Faculty and Staff Respond to the Earthquake in Haiti », 6 septembre 2001.
http://spectator.uiowa.edu/2010/march/standingshakyground.html

[43] Pour les « coups de feu crépitant en permanence dans la capitale », voir : Aislinn Laing et Tom Leonard, « Haiti earthquake: gunshots and panic as locals fight

back against looters », *The Telegraph*, 14 janvier 2010.
http://www.telegraph.co.uk/news/worldnews/centralamericaandthecaribbean/haiti/69
90801/Haiti-earthquake-gunshots-and-panic-as-locals-fight-back-against-looters.html

[44] Paul Hunter, « CBC reporters on what they are seeing », *CBC News*, 17 janvier 2010.
http://www.cbc.ca/news/world/cbc-reporters-on-what-they-are-seeing-1.879912

[45] Pour l'article sur Sanjay Gupta délaissé par les soldats belges de l'ONU et la citation du lieutenant-général à la retraite Russel Honoré, voir : Kathryn Blaze Carlson, « CNN reporter Sanjay Gupta becomes part of the story in Haiti », *National Post*, 19 janvier 2010.
http://www.nationalpost.com/reporter+Sanjay+Gupta+becomes+part+story+Haiti/24
61040/story.html

[46] Pour la citation du Lieutenant-général Keen, voir : Associated Press, « Violence in Haiti Hindering Aid Work. U.S. Official Says Violence Increasing As People Become Desperate », *CBS News*, 17 janvier 2010.

[47] Pour un résumé des vols déroutés de Médecins sans frontières, voir :
Crossed Crocodiles, « US Miltary Turning Away Aid Flights To Haiti ».
https://crossedcrocodiles.wordpress.com/tag/doctors-without-bordersmedecins-sans-frontieres-msf/

Médecins sans frontières (communiqué de presse), « Doctors Without Borders Plane with Lifesaving Medical Supplies Diverted Again from Landing in Haiti », 18 janvier 2010.
http://www.doctorswithoutborders.org/news-stories/press-release/doctors-without-borders-plane-lifesaving-medical-supplies-diverted-again

[48] Pour un bon sommaire du déploiement militaire américain en Haïti à la suite du séisme, voir :
Ansel Herz, « U.S. Worried about International Criticism of Post-Quake Troop Deployment » *Haiti Liberté*, 21 juin 2010.
http://content.time.com/time/specials/packages/article/0,28804,1953379_1953494_1954326,00.html

Mark Thompson, « The U.S. Military in Haiti: A Compassionate Invasion », *TIME*, 16 janvier 2010.
http://content.time.com/time/specials/packages/article/0,28804,1953379_1953494_1954326,00.html

[49] Pour les citations de Mark Hyman de Partners in Health, voir : Karl Penhaul, Alec Miran, Gary Tuchman et Justine Redman, « Haitian authorities record 72,000 deaths

from earthquake », *CNN*, 20 janvier 2017.
http://edition.cnn.com/2010/WORLD/americas/01/19/haiti.earthquake/

[50] Pour la citation de Loris de Filippi et les détails du cinquième avion de MSF interdit d'atterrissage, voir : Médecins sans frontières, « Doctors Without Borders Plane with Lifesaving Medical Supplies Diverted Again from Landing in Haiti », communiqué de presse, 19 janvier 2010.
http://uruknet.com/index.php?p=m62340&hd=&size=1&l=e

[51] À l'exception d'un cas de lynchage (une pratique présente en Haïti, où la population a appris à se faire justice elle-même), les journalistes ont fait état d'une personne tailladée ou poignardée. Ils se sont assurés de prendre des photos. Voir : Daily Mail, « Haiti's Ground Zero: 30,000 dead and almost every building flattened in town at epicentre of earthquake », 18 janvier 2010.
http://www.dailymail.co.uk/news/article-1244034/Haiti-earthquake-disaster-Mob-justice-Haitis-streets-blood-looter-lynched-police-shoot-rioters.html

Pour la hausse des cotes d'écoute, voir : TVbythenumbers, « Haiti Earthquake Coverage Boosts Fox News To #2 Behind USA In Cable Primetime Viewership », 20 janvier 2010.
http://tvbythenumbers.zap2it.com/sdsdskdh279882992z1/haiti-earthquake-coverage-boosts-fox-news-to-2-behind-usa-in-cable-primetime-viewership/

[52] Pour la citation du *National Geographic*, voir : « Haiti and Its Regeneration by the United States », *The National Geographic Magazine*, décembre 1920, p. 497-511.

Pour en savoir plus sur la mauvaise presse sur Haïti, voir :

Molly Marisa Baroco, *Imagining Haiti: Representations of Haiti in the American Press During the U.S. Occupation, 1915-1934*, mémoire soumis au Département des arts et des sciences de la Georgia State University comme condition partielle requise pour l'obtention d'une Maîtrise ès arts.

Robert Lawlesss, *Haiti's Bad Press: Origins, Development, and Consequences*, Schenkman Books, Vermont, 1992.

[53] Pour un résumé des films de zombis, voir :

Peter Dendle, *The Zombie Movie Encyclopedia Volume 2 : 2000-2010*, McFarland, 2012.

Glenn Kay, *Zombie Movies: The Ultimate Guide*, Chicago Review Press, 2008.

Jamie Russell, *Book of the Dead: The Complete History of Zombie Cinema*, FAB Press, 2005.

[54] Wade Davis, *Passage of Darkness: The Ethnobiology of the Haitian zombie*, University of North Carolina Press, 1988, p. 199-202.

[55] Pour des articles qui soutiennent ou mettent en doute la thèse de Wade Davis, voir :

W.H. Anderson, « Tetrodotoxin and the Zombie Phenomenon », *Journal of Ethnopharmacology*, vol. 23 (1988), p. 121-126.

C.Y. Kao et T. Yasumoto, « Tetrodotoxin and the Haitian Zombie », *Toxicon*, vol. 24 (1986), p. 747-749.

C. Benedek et L. Rivier, « Evidence for the presence of tetrodotoxin in a powder used in Haiti for zombification », *Toxicon*, vol. 27 (1989), p. 473-480.

C.Y. Kao et T. Yasumoto, « Tetrodotoxin in 'Zombie Powder' », *Toxicon*, vol. 28 (1990), p. 129-132.

Terrence Hines, « Zombies and Tetrodotoxin », *Skeptical Inquirer*, vol. 32, nᵒ 3 (mai/juin 2008), p. 60-62.

W.H. Anderson, « Tetrodotoxin and the zombie phenomenon », *Journal of Ethnophar-macology*, vol. 23 (1988), p. 121-126.

C. Benedek et L. Rivier, « Evidence for the presence of tetrodotoxin in a powder used in Haiti for zombification », *Toxicon*, vol. 27 (1989), p. 473-480.

C.J. Efthimiou et S. Gandhi, « Cinema fiction vs. physics reality: Ghosts, vampires and zombies », *Skeptical Inquirer*, vol. 31.4 (2007), p. 27–34.

David Inglis, « The Zombie From Myth To Reality : Wade Davis Academic Scandal And The Limits Of The Real », *SCRIPTed*, vol. 7, nᵒ 2 (août 2010).

G.K. Isbister, « Marine envenomation and poisoning », *Medical Toxicology*, 3ᵉ édition, Philadelphie, Lippincott Williams and Wilkins, p. 1621–1644.

G.K. Isbister, J. Son, F. Wang et al., « Puffer fish poisoning: A potentially life-threatening condition », *Medical Journal of Australia*, vol. 177, p. 650–653.

[56] Wade Davis, *Passage of Darkness: The Ethnobiology of the Haitian Zombie*, Robert F. Thompson, Richard E. Schultes, University of North Carolina Press, 1988.

Wade Davis, *The Serpent and the Rainbow*, New York Simon & Schuster, 1985 (l'édition de 1997 fut réintitulée : *The Serpent and the Rainbow: A Harvard Scientist's Astonishing Journey into the Secret Societies of Haitian Voodoo, Zombis, and Magic*).

La citation de Bill O'Reilly date du 20 février 1991. Bill O'Reilly a consacré un épisode de son émission *Inside Edition* au vaudou. Il a peint un portrait d'une nation insulaire tenue en otage par des prêtres vaudous capables de rendre les gens zombis. Bill O'Reilly a même prétendu qu'on utilisait le vaudou pour réduire des gens à l'esclavage économique.

[57] Pour l'article de 1983 du *Time*, voir : Bernard Diederich et Claudia Walli, « Medicine: Zombies: Do They Exist? », *Time*, 17 octobre 1983.

[58] Pour les ressources éducatives de la chaîne ABC sur les « vrais » zombis, voir : Karl S. Kruszelnicki, « Zombie », *ABC*, 2014.
http://www.abc.net.au/science/articles/2004/12/09/1260445.htm

[59] Pour la citation de Guy Durand, voir : Sybil M. Lassiter, *Cultures of Color in America: A Guide to Family, Religion, and Health,* Greenwood Publishing Group, Santa Barbara (Californie), p. 126.

[60] Pour les préjugés liés au sida et l'effondrement du tourisme en Haïti, voir : Marlise Simons, « For Haiti's Tourism, The Stigma Of Aids Is Fatal », *The New York Times*, 29 novembre 1983.
http://www.nytimes.com/1983/11/29/world/for-haiti-s-tourism-the-stigma-of-aids-is-fatal.html

[61] Pour les origines du sida en Haïti, voir : Paul Farmer, *Sida en Haïti : la victime accusée* (traduction de *AIDS and accusation*, Berkeley : University of California Press, 1992), Paris, Les Éditions Karthala, 1996.

Plus récemment, dans un article publié en 2007 par le National Geographic, on prétendait de nouveau que, selon des recherches avérées, le sida s'était propagé de l'Afrique aux États-Unis via Haïti : Amitabh Avasthi, « AIDS Virus Traveled to Haiti, Then U.S., Study Says », *National Geographic News*, 29 octobre 2007.
http://news.nationalgeographic.com/news/2007/10/071029-aids-haiti.html

Pour en savoir plus sur la controverse, voir : Jafrik Aayiti, « Who Says Africans/Haitians Gave AIDS to the World? History Answers: Follow the Accuser's Thumb », *Global Research*, 11 novembre 2007.
http://www.globalresearch.ca/who-says-africans-haitians-gave-aids-to-the-world/7268

[62] Henriette Lunde, « Youth and Education in Haiti », *Fafo*.
http://www.fafo.no/pub/rapp/10070/10070.pdf

[63] Associated Press, « Report: 225,000 Haiti children in slavery », *USA Today*, 22 décembre 2009.
http://www.usatoday.com/news/world/2009-12-22-haiti-slavery_N.htm

Associated Press, « Poor Haitian kids forced into slavery », *The Start*, 23 décembre 2009.

[64] Voici un calcul rapide de la proportion de *restaveks* parmi les filles de 4 à 15 ans selon les données proposées : prenons 80 pour cent des supposés 300 000 *restaveks* (comme on suggère que 80 pour cent d'entre eux sont des filles). Comparons ensuite ce nombre à la population haïtienne totale pour ce groupe d'âge : 240 000/1 000 000 = 24 pour cent. Voici une précision concernant les données sur la population : la population haïtienne s'élevait à environ 8,3 millions d'habitants en 2003. Jusqu'au tremblement de terre, l'estimation la plus fréquemment utilisée était d'environ 8,5 millions. Depuis le séisme, j'ai noté une tendance qui élève ce nombre à 10 millions. Toutefois, lorsque l'on considère le grand nombre d'Haïtiens ayant migré vers la République dominicaine et ailleurs ainsi qu'une tendance marquée à gonfler les chiffres dans la foulée du tremblement de terre, le nombre de 8,5 millions pour l'année 2009 me semble plus crédible. Un million de ces personnes seraient des filles âgées de quatre à 15 ans.

[65] En 2006, le Département d'État des États-Unis est allé encore plus loin : des milliers d'enfants haïtiens « victimes de la traite » seraient emmenés au-delà de la frontière en République dominicaine, ce qui en ferait un problème international de traite d'enfants esclaves. Ce commentaire fut rédigé malgré une étude financée par USAID en 1998. L'équipe de recherche était constituée de trois docteurs en anthropologie de l'Université de la Floride (dont moi-même). Nous avons constaté que oui, effectivement, des enfants traversaient la frontière. Cependant, tous les enfants que nous avons rencontrés migraient avec le consentement et le soutien de leur famille ou, si vous pouvez y croire, par leurs propres moyens.

Les enfants haïtiens devenus membres d'une famille dominicaine représentent un avantage pour leurs parents, ce qui constitue un autre élément du problème des enfants migrants. Les enfants haïtiens qui grandiront en République dominicaine apprendront l'espagnol et auront accès à des emplois et à des débouchés, ce qui peut se traduire par une richesse considérable du point de vue haïtien. « En sel ti moun ka sove yon fanmi » (un seul enfant peut sauver sa famille). Les parents qui ont des enfants en *peyi panyol* (« pays espagnol », à savoir la République dominicaine) reçoivent même certains droits. Les Dominicains reconnaissent aux parents haïtiens le droit de visiter leurs enfants et les dates des visites peuvent être arrangées pour coïncider avec les jours de marché ou autres activités commerciales. Les Haïtiens dont les enfants habitent en *peyi panyol* ont également un autre avantage : même si les Haïtiens soutiennent vigoureusement qu'ils ne vendent pas leurs enfants, les familles d'accueil sentent à tout le moins qu'il est de leur devoir de faire des cadeaux aux parents pauvres des enfants « sous leur garde ».

Néanmoins, un problème subsiste lorsque l'on considère que des enfants d'à peine sept ans quittent leur foyer à l'insu de leurs parents. Les parents haïtiens confrontés à la migration de leurs enfants, en particulier dans le cas de migrations sans le consentement parental, cèdent à la résignation. Là où une telle migration est chose commune, comme à Ti Lori et La Miel, les personnes interrogées ont exprimé leur indignation face à tout ce que la République dominicaine peut offrir à leurs enfants par rapport à Haïti. Les parents ont indiqué faire très peu d'efforts pour retrouver la trace de leurs enfants ayant quitté la maison à leur insu : « Nou pas gen mwayen » (nous n'avons pas les moyens) et « kouman? se pa peyi pa nou » (comment ? Ce n'est pas notre pays). Là où la migration des enfants est plus rare, comme à Los Cacaos, les parents ont semblé exprimer un soulagement, voire même tirer une certaine fierté, de conserver la garde de leurs enfants jusqu'à ce que ces derniers atteignent la fin de leur adolescence et le début de la vingtaine : « Nou pas gen sa isit. Se le ti moun gen 18, 20 an yo al Sant Doming » (nous n'avons pas ça ici. Ce sont les jeunes de 18, 20 ans qui vont en République dominicaine).

À Ti Lori et dans les autres endroits où de nombreux enfants traversent la frontière, les enfants interviewés nous ont expliqué que leurs parents n'étaient pas si indifférents à leur migration : « Y-ap cheche ou. Si yo jwenn ou, y-ap kal-o » (ils vous cherchent. S'ils vous trouvent, ils vous ramènent à coups de cravache). Malgré tout, les enfants ont insisté sur leur désir de traverser la frontière et de trouver une famille dominicaine avec laquelle vivre : « Nou pa nan cheche dlo, cheche bwa » (nous n'avons pas à chercher de l'eau, du bois). Ils ont souligné que leur désir de partir n'est pas tant attribuable aux perspectives d'avenir en République dominicaine qu'à celles qui se trouvent à la maison. Par exemple, « m pa nan koze Sant Doming, m lekol » (je ne pense pas à la République dominicaine, je vais à l'école), m'a indiqué un garçon.

 Les enfants semblaient également considérer la migration comme le cours normal des choses. L'absence de la famille, et en particulier de la mère, est assurément un problème. Un garçon de 12 ans a spontanément commencé par cette explication : « Si ou viv byen a mama ou, w-ap sonje li » (si vous vous entendez bien avec votre mère, elle va vous manquer). Toutefois, le même garçon n'a fait aucun effort pour cacher son désir de partir : « M ta ale. Le m sonje mama-m, m-ap vin vizite li. Min, m ta tounen anko » (j'irais. Lorsque ma mère me manquerait, je viendrais la visiter. Cependant, j'y retournerais encore).

Les enfants étaient également convaincus de savoir comment le processus de migration est supposé se dérouler. Nous avons demandé aux garçons mentionnés précédemment s'ils avaient déjà recherché une famille d'accueil dominicaine. La réponse fut rapide : « Panyol pou mande. Flate, fok li flate-m. Si m pa reme sa li di, m p-ap ale » (C'est aux Dominicains de nous demander. Ils doivent me faire une bonne offre. Si je n'aime pas ce qu'ils me disent, je n'y vais pas). Lorsque nous leur avons demandé s'ils avaient déjà entendu parler d'amis maltraités par des familles d'accueil dominicaines, ils répondirent avec autant d'assurance : « No, nou pa-t janm tande sa » (non, nous n'avons jamais entendu ça).

Pour quiconque intéressé par ce rapport, voir : Gerald F. Murray, Matthew McPherson et Tim Schwartz, *The Fading Frontier: An Anthropological Analysis of the Agroeconomy and Social Organization of the Haitian-Dominican Border*, USAID/DR, département d'anthropologie, Université de la Floride, Gainesville, Floride, 1998. Disponible à la bibliothèque Smathers de l'Université de la Floride, HD1841 .M87 1998, UF SMATHERS, Latin America – General Collection.

[66] Aux États-Unis, les taux de grossesse chez les adolescentes varient grandement d'une ethnie à l'autre. En 2008, le taux de grossesses chez les adolescentes blanches non hispaniques était de 43,3 grossesses pour 1 000 adolescentes de 15 à 19 ans. Ce taux de grossesse était alors de 106,6 pour les adolescentes hispaniques et de 117 pour les adolescentes afro-américaines. Voir :
Katharine Dexter McCormick, « Planned Parenthood Fact Sheet », *Library Planned Parenthood Federation of America*, p. 2.
OAH (Office of Adolescent Health), *Trends in Teen Pregnancy and Childbearing*, 2013.

Taux de natalité chez les adolescentes (de 15 à 19 ans) en Amérique latine et dans les Antilles

Pays	2008	2009	2010	2011
États-Unis	38	36	33	30
Hispaniques*	-	-	-	106
Afro-américaines*	-	-	-	117
Trinité-et-Tobago	34	33	33	32
Grenade	41	40	38	37
Haïti	**45**	**44**	**43**	**42**
Cuba	45	45	44	44
Saint-Vincent-et-les-Grenadines	58	57	56	55

Chili	58	57	57	56
Guyana	65	63	60	57
Sainte-Lucie	60	59	58	57
Paraguay	71	70	69	68
Colombie	73	72	71	69
Jamaïque	76	74	73	71
Panama	81	80	79	77
Équateur	82	82	81	81
Honduras	92	90	89	87
Guatemala	106	105	104	103
République dominicaine	108	107	106	105

Taux de fécondité des adolescentes (nombre de naissances pour 1 000 adolescentes âgées entre 15 et 19 ans), *Banque mondiale*, 2013.
http://data.worldbank.org/indicator/SP.ADO.TFRT

UNFPA, « Adolescent Pregnancy: A Review of the Evidence », rapport établi par : Edilberto Loaiza et Mengjia Liang, UNFPA, New York, 2013.

Banque mondiale, « A review of gender issues in the Dominican Republic, Haiti, and Jamaica », rapport n° 21866-LAC, 11 décembre 2002.

[67] Pour les travailleurs humanitaires dominicains blessés par balle, voir : The Huffington Post, « Dominican Aid Workers Shot In Haiti: WNBC », 18 mars 2010.

[68] Pour la fille tuée alors qu'elle « pillait », voir : Rory Carroll, « Haiti looting horror: Girl shot dead by police for taking paintings », *The Guardian*, 20 janvier 2010.
https://www.theguardian.com/world/2010/jan/20/haiti-earthquake-teenager-shot-police

[69] Pour les deux hommes ligotés et abattus, voir : Karl Penhaul, « Police kill man in Haiti over allegedly stolen rice », *CNN*, 22 janvier 2010.
http://edition.cnn.com/2010/WORLD/americas/01/21/haiti.police.shooting/

[70] Pour le « pilleur » abattu par un agent de sécurité, voir : St. Louis Post Dispatch, « Looting and gunfire Security guard shot and killed one suspect fleeing appliance

store; U.S. troops on patrol in the area calmed the violent confrontation »,
30 janvier 2010.
http://www.stltoday.com/news/looting-and-gunfire-security-guard-shot-and-killed-
one-suspect/article_9a48af50-d85c-5c32-b0e6-fab69ed29756.html

[71] Pour la justice populaire, voir : « The horrifying moment lynch mob beats to death
a looter and drags his body through the streets as Haiti descends into anarchy », *Daily
Mail*, 17 janvier 2010.

[72] Pour les citations du Lieutenant-général Keen, voir :

Federal News Service, TRANSCRIPTION : « Lt. Gen. Keen updates Haiti relief
operations », 18 janvier 2010, SPECIAL DEFENSE DEPARTMENT BRIEFING
SUBJECT: HUMANITARIAN RELIEF IN HAITI BRIEFERS: LIEUTENANT
GENERAL KEN KEEN, JOINT TASK FORCE HAITI, AND DAVID
LINDWALL, DEPUTY CHIEF OF THE U.S. MISSION IN HAITI PORT-AU-
PRINCE, HAITI, Federal News Service, Inc.

Peter Hallward, « Haiti 2010: Exploiting disaster Part II », *Pambazuka*,
18 novembre 2010.
http://pambazuka.org/en/category/features/68863

Pour la citation de Robert Gates, voir : Karl Penhaul, Alec Miran, Gary Tuchman et
Justine Redman, « Haitian authorities record 72,000 deaths from earthquake », *CNN*,
20 janvier 2010.

[73] Pour la citation de John Holmes, voir : Kim Landers, Lisa Millar et
Craig McMurtrie, « Haiti's streets 'safer than before earthquake », *ABC News*,
19 janvier 2010.

[74] Pour la fermeture de l'aéroport lors de la visite de Hillary Clinton du 16 janvier,
voir :

Jesse Hagopian, « Delaying aid for a photo-op », *Socialistworker.org*, 25 janvier 2010.
https://socialistworker.org/2010/01/25/delaying-aid-for-photo-op

> Hillary Clinton, la secrétaire d'État, a atterri à Port-au-Prince le
> samedi 16 janvier. L'aéroport a été fermé pendant trois heures pour
> des raisons de "sécurité" entourant son arrivée, ce qui signifie
> qu'aucun vol de secours n'a pu atterrir durant ces heures critiques.

Quoique je doute de la véracité de cette allégation, Jesse Hagopian a également
déclaré :

> Les défenseurs de Hillary Clinton soutiendront que sa séance de photos et son discours terne et soporifique étaient nécessaires pour attirer l'attention sur le sort des Haïtiens. Toutefois, impossible de défendre ce qu'elle a fait ensuite. Selon le personnel de l'aéroport avec qui j'ai discuté lors de ma récente évacuation d'Haïti, elle aurait paralysé l'aéroport plus tard dans la même journée pour faire place à un avion qui venait lui livrer un habit de la République dominicaine.

[75] Pour la citation de Hillary Clinton, voir : The Guardian, « US embassy cables: Hillary Clinton asks for action against 'distorted' Haiti media coverage », 21 janvier 2010.
https://www.theguardian.com/world/us-embassy-cables-documents/244272

[76] Articles sur Kiki :

Daily Mail, « Haiti earthquake miracle boy Kiki: 'I smiled because I was alive... but now I'm sad for my dead brothers and sister' », par Liz Hazelton, 23 janvier 2010.
http://www.dailymail.co.uk/news/article-1245216/Haiti-earthquake-miracle-boy-Kiki-describes-moment-plucked-rubble.html

Cathy Burke, « Kid reaching higher », *New York Post*, 9 janvier 2011.
http://www.nypost.com/p/news/international/kid_reaching_higher_TsrxAX17r85dVnafYcRhbP#ixzz1XcVXVxb0

Lukas I. Alpert, « Miracle boy: "I smiled because I was alive" », *New York Post*, 22 janvier 2010.
http://www.nypost.com/p/news/international/miracle_boy_smiled_because_was_alive_wgOJ8u4X5k7wU23uF6RAOL#ixzz1XcWg6lFG

[77] Pour un résumé des opérations des équipes de Fairfax, voir : site Web du comté de Fairfax en Virgine, « Fire and Rescue History ».
http://www.fairfaxcounty.gov/fr/deptinfo/history.htm

[78] Pour la citation de Tim Callaghan, voir : Ben Barber, *Frontline: Aid Experts End Haiti Quake Chaos*, Agence américaine pour le développement international, mars 2010.
http://www.usaid.gov/press/frontlines/fl_mar10/p01_haiti100301.html

Pour d'autres affirmations inexactes de Tim Callaghan, voir : « Haiti Earthquake Recovery: The First 10 Days », *Dipnote, U.S. State Department Official Blog*, 25 janvier 2010.
https://blogs.state.gov/stories/2010/01/25/haiti-earthquake-recovery-first-10-days?page=0%2C1

[79] Claire Berlinski offre un bon résumé de la situation :

> Le risque de destruction à l'échelle du séisme en Haïti augmente de jour en jour en raison de l'urbanisation mondiale. Il y a deux cents ans, Pékin était la seule ville du monde à posséder une population d'un million d'habitants. Aujourd'hui, près de 500 villes ont cette taille, et bon nombre d'entre elles sont beaucoup plus populeuses. Voilà pourquoi le nombre de victimes des séismes durant la première décennie du présent siècle (471 015) fut quatre fois plus grand que celui de la décennie précédente, selon les statistiques établies par le National Earthquake Information Center des États-Unis. Si cette tendance continue de grimper (ce qui arrivera certainement compte tenu de l'urbanisation croissante et de la tendance des populations migrantes à résider dans des pièges mortels), le jour où un grand titre annoncera un bilan d'un million de morts à la suite d'un séisme ne saurait tarder. En effet, nous pourrons nous estimer heureux de ne pas assister à un tel désastre de notre vivant.

Claire Berlinski, « 1 Million Dead in 30 Seconds: In an increasingly urbanized world, earthquakes threaten », *City Journal*, 24 août 2011.
http://www.freerepublic.com/focus/f-news/2768168/posts

[80] Le cas de cet Haïtien sauvé 28 jours après le tremblement de terre a fait grand bruit (le précédent record étant de 15 jours). Cependant, l'homme avait fort probablement été victime d'une réplique sismique, une information qui, une fois découverte, n'a été que très peu relayée par les médias.

Kena Betancur, « Haitian man pulled from rubble », *Reuters, CBC News*, 9 février 2010.

Jenny Booth, « Doctors Back Story of Miracle Haiti Earthquake Survivor Evans Monsigrace », *The Times*, reprit dans le *Student News Daily*, 10 février 2010.
https://www.studentnewsdaily.com/daily-news-article/doctors-back-story-of-miracle-haiti-earthquake-survivor-evans-monsigrace/

Jacqui Goddard, « Buried for 27 days: Haiti earthquake survivor's amazing story », 28 mars 2010.
http://www.telegraph.co.uk/news/worldnews/centralamericaandthecaribbean/haiti/7530686/Buried-for-27-days-Haiti-earthquake-survivors-amazing-story.html

Paisley Dodds, « Doctors say Haitian man is improving after reportedly being trapped by earthquake for 27 days », *The Associated Press*, publié dans le *Dallas News*, 11 février 2010.

http://www.dallasnews.com/news/news/2010/02/11/Doctors-say-Haitian-man-is-improving-8295

Résumé des sauvetages signalés dans les médias :

Mercredi (jour un) : aucun secouriste sur place.

Mardi (jour deux) : hôtel Montana, Caribbean Market. Faible couverture.

Vendredi (jour trois) : des secouristes espagnols sauvent Redjeson, un garçon de deux ans prisonnier des décombres de son école maternelle.

Vendredi (jour trois) : sept heures plus tard, des secouristes britanniques sauvent Mia, une fille de deux ans, de la même école maternelle.

Samedi (jour quatre) : une équipe russe extirpe deux filles haïtiennes en vie (Olon Rémi, 9 ans, et Senviol Ovri, 11 ans) des décombres de leur maison.

Samedi (jour quatre) : à l'Université de Port-au-Prince, des secouristes ont trouvé Jean-Louis Sainte-Hélène, dont la tête et la main gauche étaient hors des décombres. L'équipe RSMU du comté de Fairfax, a déblayé quelques couches supplémentaires de gravats, creusant vers le bas et de côté pour libérer le corps de Jean-Louis. Il a pu boire un peu d'eau. Près de 30 heures de travail plus tard, l'équipe de Fairfax, depuis relayée par d'autres membres de l'équipe, extirpait Jean-Louis du bâtiment, toujours en vie. Il fut en mesure de prononcer son nom avant d'être emmené illico à un hôpital de campagne israélien.

Samedi (jour quatre) : des secouristes américains et turcs extirpent une fille de sept ans du Caribbean Market. Elle confesse avoir survécu en mangeant les rouleaux de fruits séchés du supermarché (on ne mentionne pas si elle a été punie pour le « pillage »). Les secouristes ont raconté avoir entendu une petite voix émanant d'un tas de gravats.

Samedi (jour quatre) : des voisins entendent Jean-Louis, un bébé, et le trouvent dans les ruines de sa maison.

Samedi (jour quatre) : le danois Jens Kristensen, directeur du droit civil de l'ONU, est extirpé des décombres du siège de l'ONU à Port-au-Prince, un bâtiment de cinq étages. Neville Fouche, un pompier de l'ONU, a fait part de son grand étonnement à l'égard du sauvetage : « Cinq jours après le tremblement de terre ! Comment est-ce possible ? C'est tout simplement un miracle. »

Samedi (jour quatre) : des équipes de secouristes français et américains sauvent Marie-France, 22 ans (ils ont dû amputer sa jambe avant de pouvoir l'extirper).

Samedi (jour quatre) : des secouristes péruviens sauvent Maxine, 23 ans.

Samedi (jour quatre) Des secouristes américains sauvent Nazer Erne, un garçon de six ans, « émacié et couvert de poussière. Sur son brancard, il a toutefois souri aux ambulanciers, affirmant qu'il allait bien. Selon les médecins, il avait une dent cassée ». (Tel que relaté par Kathy Kleriech dans l'article original.)

Samedi (jour quatre) : des secouristes américains extirpent Frangina, une fille de 14 ans, du même trou. Selon les journalistes, au moment où on l'amenait ailleurs, elle criait qu'un troisième enfant était mort sous les décombres de la maison.

Samedi (jour quatre) : une équipe de secouristes israéliens sauve Gilles France, un directeur à la fiscalité de 59 ans, de son bureau. Il avait appelé un parent à l'aide de son téléphone portable.

Samedi (jour quatre) : Mme Cardoso a survécu pendant quatre jours et demi sous cinq étages de déblais avec seulement quelques blessures mineures. Ms. Cardoso's son, Sylvain, told rescuers Saturday afternoon he could hear his mother. at 2 am on Sunday morning Rescuers found her thanks to a mobile phone text she sent to her husband.

Dimanche (jour cinq) : des voisins extirpent un bébé de 18 mois des décombres de sa maison.

Dimanche (jour cinq) : des secouristes des États-Unis, de la Turquie, de l'Islande et d'une « demi-douzaine d'autres pays » extirpent Ariel, sept ans, Lamy, trente-quatre ans, et Maria, cinquante ans, des décombres du Caribbean Market. « Ils étaient tous les trois entourés de nourriture, ce qui les a permit de manger, a expliqué l'un des secouristes. C'est très rare dans ce type de situation... » L'un des rescapés avait envoyé un message texte à sa famille à Miami pour lui dire qu'ils se trouvaient au Caribbean Market, près du couloir des fruits, de la viande et de la nourriture congelée.

Dimanche (jour cinq) : Karls Paul-Noël, un pompier de Miami-Dade qui sera bientôt nommé l'une des 100 personnalités les plus influentes par le Time, ainsi qu'au moins une douzaine d'autres personnes dont Kendrick Meek, candidat au Sénat de Floride (qui capte le sauvetage sur son iPhone) et Rudolph Moïse, candidat au Congrès, extirpent une fille de deux ans des décombres de sa maison.

Lundi (jour six) : une équipe turque, avec l'aide de Français, d'Haïtiens et plus tard d'Américains, retire Mme Hotteline des décombres d'un appartement situé au-dessus d'un supermarché.

Lundi (jour six) : des secouristes français sauvent Natalie, 26 ans. On raconte qu'elle aurait accueilli ses sauveteurs avec un sourire et une chanson.

Lundi (jour six) : des secouristes français extirpent Elisabeth Joassaint, née 23 jours plus tôt et surnommée le « bébé miracle », des décombres de sa maison à Jacmel. Certains d'entre nous ont été stupéfaits d'apprendre que, contrairement à tout ce que les médecins nous racontent depuis la tendre enfance, les bébés sont plus aptes à tolérer l'enfermement et peuvent survivre plus longtemps sans eau que le reste d'entre nous. Un nouveau-né peut survivre jusqu'à un moins sans eau ni nourriture. Des ouvriers haïtiens qui nettoyaient les décombres de sa maison ont entendu ses pleurs et avisé des secouristes français.

Lundi (jour six) : des secouristes mexicains extirpent Ena Zizi, 69 ans, des ruines de la maison du défunt archevêque. Surnommée la « miraculée de la cathédrale », elle a déclaré avoir survécu grâce à Dieu. Elle chantait alors qu'elle était transportée par les secouristes mexicains, qui eux pleuraient. Les célèbres Topos de Mexico l'avaient trouvée à l'aide d'un capteur de chaleur. Ils ont aussi déclaré avoir utilisé un berger allemand pour la vérification.

Mardi (jour sept) : Mendji Bahina Sanon, 11 ans, est extirpée des décombres de la maison familiale par sa mère. Elle a demandé des cornflakes et du lait avant de s'évanouir. Elle avait été trouvée par un voisin. Sa mère, après avoir retrouvé le corps de son fils de cinq ans, a continué de chercher sa fille. Le mercredi, elle raconte avoir entendu un voisin crier : « J'ai entendu ta fille qui appelait à l'aide. » « Je ne l'ai pas cru, dit-elle, mais je suis partie en courant. Les voisins ont creusé, elle était en vie et ils l'ont déterrée. Elle m'a parlé, m'a dit qu'elle voulait du lait et des cornflakes, puis elle s'est évanouie. »

Mercredi (jour sept) : vingt secouristes de New York et de la Virginie sauvent Kiki, sept ans et Sabrina, 11 ans, des ruines de leur immeuble à logements. Leur petit frère décédé est aussi dans le trou avec eux. Alors qu'un pompier de New York l'extirpe du trou, Kiki lance un grand sourire et tend les bras vers sa tante. Un photographe immortalise l'instant, un cliché qui quelques heures plus tard sera qualifié de « photo vue partout dans le monde ». Selon certains, il s'agissait là d'un moment décisif des efforts de secours (p. ex., Tony Allen Mills dans le *Sunday Times*). « C'était comme une naissance, a déclaré l'un des secouristes. Nous n'avons pas poussé, mais creusé pendant des heures, et deux enfants sont sortis de la terre. » Kiki avait été retrouvé par sa tante qui, retournée aux décombres de la maison pour voir si quelque objet pourrait être récupéré, a entendu des sanglots.

Jeudi (jour 9) : des secouristes israéliens sauvent Emmannuel Buso des décombres de sa maison. Il était sorti pour prendre une douche au moment où le tremblement de terre a frappé. Il a survécu en buvant sa propre urine. Il a été retrouvé par des parents, qui ont sollicité l'aide de l'équipe israélienne.

Jeudi (jour 9), Marie Carida, 84 ans, est extirpée des décombres. Personne n'est en mesure d'expliquer comment elle a bien pu survivre. Son fils l'a trouvée. Il l'a entendue crier le jeudi matin et, avec l'aide d'amis, a creusé et l'a sauvée le lendemain.

Vendredi (jour 10) : des secouristes français, grecs et américains sauvent Wismond Exantus, 24 ans, du supermarché de l'hôtel où il travaillait. Il a survécu en buvant du whisky, de la bière et de l'eau gazéifiée (l'histoire ne dit pas s'il a mélangé l'eau avec le whisky ou s'il a bu le whisky pur). Il a été retrouvé par son frère qui avait garanti sa présence aux secouristes grecs : « Je suis certain qu'il est là. Je cogne et il cogne en retour. »

Dimanche (jour 12) : les troupes des États-Unis extirpent Rico Dibrivell, dans la trentaine, des décombres d'un magasin. Trois jours après la première secousse, une réplique sismique l'avait fait prisonnier alors qu'il pillait le magasin. Il a survécu à l'aide de boissons gazeuses et d'eau en bouteille. Il a été trouvé par des pillards qui ont ensuite sollicité l'aide des troupes américaines.

Mardi (jour 14) : des secouristes français sauvent Darlène Étienne, 16 ans, des ruines de la maison de ses parents. Elle aurait dit « Merci » au moment d'être extirpée des décombres. Elle a survécu en buvant l'eau du bain. Les voisins ont entendu sa faible plainte et ont demandé l'aide des secouristes français.

Dana Hedgpeth et Peter Slevin, « After 15 days another quake miracle », *The Washington Post*, 29 janvier 2010.

Pour les références des reportages des médias, voir : BBC, « Haiti quake: Survivor's stories », 28 janvier 2010.
http://news.bbc.co.uk/2/hi/americas/8459090.stm

Ben Fox et Greg Bull, « French rescuers pull girl from quake debris », *Associated Press*, article publié dans le San Diego Union-Tribune, 27 janvier 2010.
http://www.sandiegouniontribune.com/sdut-rescuers-pull-girl-from-quake-debris-in-haiti-2010jan27-story.html

[81] Pour un résumé des rapports médicaux des sauvetages et les durées de survie, voir : A.G Macintyre, J.A. Barbera et E.R. Smith, « Surviving Collapsed Structure Entrapment after Earthquakes: A "Time-To-Rescue" Analysis », *Prehospital Disaster Medicine*, 2006, vol. 21, n° 1, p. 4-12.

Extrait de l'abrégé :

> Un total de 34 différents séismes répondaient aux critères de l'étude. Quarante-huit articles médicaux contenant des données sur la durée de l'attente des rescapés ont été relevés. De ces données, la plus longue

attente avant d'être sauvé est « entre 13 et 19 jours » (données de seconde main dont l'auteur n'est pas précisé). La deuxième plus longue durée d'attente selon les articles médicaux était de 8,7 jours (209 heures). Vingt-cinq articles médicaux faisaient état de nombreux sauvetages réalisés après plus de deux jours (48 heures). Pour 18 des 34 séismes, la presse a signalé des sauvetages après plus de deux jours. De ceux-ci, la plus longue durée d'attente est de 14 jours après l'impact, tandis que la deuxième plus longue est de 13 jours. En moyenne, pour ces 18 tremblements de terre, la durée maximale de survie était de 6,8 jours (durée médiane de 5,75 jours) Le séisme de 1999 à Marmara, en Turquie, est l'événement pour lequel le plus grand nombre de sauvetages distincts ont été signalés (43 victimes).

[82] Pour la citation d'Irwin Redlener, voir : Mike M. Ahlers, « Rescue teams mobilized, watch Haiti turmoil from U.S. », *CNN*, 20 janvier 2010.
http://edition.cnn.com/2010/US/01/19/haiti.american.rescue.teams/

[83] Pour une liste des équipes de secouristes et de leur véritable heure d'arrivée en Haïti, voir :

Cindy Clayton, « Beach-based FEMA rescue team heads to Haiti after delay », *The Virginian-Pilot.*
http://pilotonline.com/news/beach-based-fema-rescue-team-heads-to-haiti-after-delay/article_075337c4-58aa-55ab-aba7-722b21e086be.html

Fox News, « FDNY, NYPD Team In Haiti: OEM Joins Task Force 1 Relief Efforts », *Myfoxny.com*, 18 janvier 2010.

NYPD, « Joint NYPD/FDNY Urban Search And Rescue Team Headed To Haiti For Disaster Relief Work », 14 janvier 2010, communiqué de presse n° 2010-003.
 http://www.nyc.gov/html/nypd/html/pr/pr_2010_003.shtml

Sun-Sentinel, « South Florida rescue team working to rescue quake victims Task Force 2 trying to save 15-year-old girl at one collapsed building, five others at second site », 16 janvier 2010.

Florida Division of Emergency Management's Office of External Affairs, « Florida State Emergency Management Team Responds To Haiti Earthquake », communiqué de presse, 14 janvier 2010.
http://www.floridadisaster.org/archive_news/archive_news_10.htm

Rhoda Margesson et Maureen Taft-Morales, « Haiti Earthquake: Crisis and Response », 2 février 2010, Congressional Research Service 7-5700.
https://www.fas.org/sgp/crs/row/R41023.pdf

84 https://www.whitehouse.gov/photos-andvideo/video/Haiti-earthquake-relief-update#transcript

85 Pour la citation de Pere Perez, voir : Dominion Post, « Angry Mobs Turn on Haiti's Looters », 19 janvier 2010.
https://login.thetimes.co.uk/?gotoUrl=http%3A%2F%2Fwww.thetimes.co.uk%2Ftto%2Fnews%2Fworld%2Famericas%2F

86 Mex Files, « Mole Men forced out by UN! », 20 janvier 2010.
https://mexfiles.net/2010/01/20/mole-men-forced-out-by-un/

87 Pour le témoignage de Damien Cave en présence des secouristes de Miami-Dade, voir : Damien Cave, « For the Trapped, Rescue Is but the First Hurdle », *The New York Times*, 16 janvier 2010.
http://www.nytimes.com/2010/01/16/world/americas/16rescue.html?_r=0

88 Pour les conférences de presse, ainsi que Tim Callaghan et Cheryl Mills rendant hommage et ajoutant des sauvetages aux secours, voir : Bureau de l'attaché de presse de la Maison-Blanche, « U.S. Government Response to the Haiti Earthquake », communiqués de presse du 18, 19 et 20 janvier 2010.

89 Pour la fille de 11 ans décédée après avoir été sauvée, voir : Ivan Watson, « Rescued girl, 11, dies after bid to save her », *CNN*, 16 janvier 2010.
http://edition.cnn.com/2010/WORLD/americas/01/15/haiti.earthquake.rescues

90 Pour la citation de Dario Gonzalez, voir : Tony Allen-Mills, « Haiti earthquake rescue of Kiki brings a vision of hope », *The Sunday Times*, 24 janvier 2010.

91 Pour le témoignage de Kathie Klarreich avec les Topos et les secouristes de Miami-Dade, voir : Katie Klarreich, « Haiti earthquake diary: Eyewitness to a Miami-Dade team rescue », *Christian Science Monitor*, 24 janvier 2010.
http://www.csmonitor.com/World/Haiti-Earthquake-Diary/2010/0124/Haiti-earthquake-diary-Eyewitness-to-a-Miami-Dade-team-rescue/%28page%29/2

92Pour en savoir plus sur les Topos et la version de Chino au sujet du conflit avec les secouristes de Miami-Dade, voir : The Mex Files.
http://www.city-data.com/forum/mexico/870495-haiti-american-rescuers-risk-life-mexican.html
http://mexfiles.net/2010/01/14/los-topos-to-haiti/

« Mexican Mole Men: Angels with Chopped-Off Wings », 20 janvier 2010.
http://www.dailygrail.com/blogs/red-pill-junkie/2010/1/Mexican-Mole-Men-Angels-Chopped-Wings

[93] Pour la citation de Kendrick Meek et la vidéo du sauvetage des secouristes de Miami-Dade, voir : Kendrick B. Meeks, « My Video of a Two-Year-Old Girl Rescued Alive After Five Days Under the Rubble in Haiti », *The Huffington Post*, 25 mai 2010. http://www.huffingtonpost.com/rep-kendrick-b-meek/rep-kendrick-meeks-iphone_b_428515.html

[94] Pour les comparaisons entre le rapport de personnes sauvées par rapport au nombre de victimes des séismes de Chine, d'Italie et d'Haïti, voir : Lucy Rodgers, « Why did so many people die in Haiti's quake? », *BBC News*, 14 février 2010.

[95] Pour le retour au pays de l'équipe de Fairfax, voir : Derek Kravitz, « Fairfax team comes home after saving Haiti quake survivors », *Washington Post*, 29 janvier 2010. http://www.washingtonpost.com/wp-dyn/content/article/2010/01/28/AR2010012803978.html

[96] Pour la citation de Rajiv Shah, voir : Neal Conan, « USAID's Shah Assesses Pace Of Haiti Recovery », *NPR News*, 12 janvier 2011.

[97] Quelques centaines de mètres plus loin sur la route, invisible dans la nuit sans lune, se trouve un vaste lac d'eau salée. Quelques années auparavant, je me trouvais ici en raison d'une autre catastrophe. Les Dominicains et Haïtiens qui habitaient dans un peuplement spontané près de la ville frontalière de Jimani ont été réveillés un certain matin par l'explosion de leurs portes et l'effondrement de leurs murs. Une avalanche d'eau, de gravier, de rochers et d'arbres déracinés venait de démolir leurs maisons. Le jour suivant, des journalistes ont capté sur pellicule des crocodiles du lac se nourrissant de cadavres. Le bilan officiel fut de 648 Dominicains morts. Les Haïtiens n'ont jamais été comptés. Des habitants du quartier voisin m'ont dit que pas moins de 2 000 immigrants haïtiens sont morts cette nuit-là, leurs corps ensevelis sous le gravier ou emportés au fond du lac. Les survivants haïtiens ont été placés dans des tentes derrière une clôture de trois mètres près de la frontière, comme dans un camp de concentration. Les Dominicains obtiendront de l'aide pendant des années. Deux ans après l'inondation, en juillet 2006, je me trouvais dans un quartier de la classe moyenne à Jimani. Je mangeais un sandwich devant le stand du vendeur lorsqu'un camion s'est arrêté à proximité. Le chauffeur en est sorti, a ouvert la porte arrière et la population est accourue de partout, des maisons et des petits commerces. Chaque personne est repartie avec autant de marchandise qu'elle pouvait en transporter. Perplexe, j'ai demandé ce qui se passait au vendeur de sandwiches.
— C'est de l'aide pour l'inondation.
— Mais c'était il y a deux ans.
— Oui, on continue de recevoir un camion de temps à autre.
Plusieurs centaines de Dominicains ont reçu des maisons flambant neuves. La plupart,

selon certains d'entre eux que je connaissais, n'avaient rien perdu à la suite de l'inondation. En ce qui concerne les Haïtiens, ils ont été expulsés en douce. Maintenant, après avoir conduit dans la nuit vers la frontière, nous apercevons les maisons construites pour les victimes dominicaines de l'inondation alors qu'apparaissent les premières lueurs de l'aurore. Il y a une école et un terrain de jeu au milieu. Peu de temps après, nous traversons une imposante grille métallique vers les douanes dominicaines.

[98] Pour les citations de Cassandra Nelson de Mercy Corps, voir : Kimberly Wilson, « Mercy Corps veteran says of the many disasters she has seen, Haiti was the worst », *The Oregonian/OregonLive*, 2 février 2010.
http://www.oregonlive.com/news/index.ssf/2010/02/mercy_corps_veteran_says_of_t h.html

[99] Pour la citation de Charles Baker, voir : Juan Forero, « Haiti's elite sees business opportunities emerging from reconstruction », *Washington Post*, 15 février 2010.

[100] L'évaluation de Kit Miyamota incluait les maisons qu'on suggérait de démolir. Toutefois, l'enquête BARR a révélé que 64 pour cent de ces maisons « rouges » ont été réintégrées par leurs occupants plutôt que détruites. Aussi, le nombre maximum possible de déblais générés correspond au tiers du nombre proposé par Kit Miyamota et le ministère du Travail.

[101] Pour la citation du colonel Rick Kaiser, du corps des ingénieurs de l'armée américaine, voir : Associated Press, « Rubble from Haiti quake could fill 5 Superdomes », *Boston.com*, 30 janvier 2010.
http://archive.boston.com/news/world/latinamerica/articles/2010/01/30/rubble_from _haiti_quake_could_fill_5_superdomes

[102] Pour la citation de Sophie Perez, la directrice de CARE, sur le séisme en Haïti, voir : Esther Addley, « Thousands poured out, crying and carrying bodies », *The Guardian*, 13 janvier 2010.
http://www.theguardian.com/world/2010/jan/13/haiti-earthquake-eyewitness-stories

[103] Kevin Whitelaw, « Death, Desperation Mark Haiti's Dark Hours », *NPR*, 15 janvier 2010.
http://www.npr.org/2010/01/15/122602342/death-desperation-mark-haitis-dark-hours

[104] Il est vrai que j'étais le chef de l'enquête BARR, mais l'équipe comprenait un docteur diplômé de l'Université Columbia à New York et un autre diplômé de la Sorbonne à Paris.

[105] L'organisation All Hands Volunteers, qui travaillait à Léogâne, l'épicentre du tremblement de terre, a constaté un taux de victimes par résidence détruite presque identique à celui que nous avons relevé à Port-au-Prince : 0,27 à Léogâne et 0,28 à Port-au-Prince.

De : Landon Mitchell <landon@hands.org>
À : « schwartz833@yahoo.com » <schwartz833@yahoo.com>
Envoyé le : Jeudi 22 septembre 2011, 11 h 43
Objet : Qui contacter pour des informations fiables sur Léogâne ?

Cher M. Schwartz,

Mon nom est Landon et je travaille pour une très petite organisation de bénévoles qui œuvre actuellement à Léogâne. J'espère que je ne vous dérange pas. J'ai trouvé cette adresse en ligne dans une de vos réponses à un article de Muggah et Kolbe publié dans le *Los Angeles Times* de juillet. Les raisons pour lesquelles je vous écris ne sont pas très claires, même pour moi, excepté peut-être que j'aimerais vous demander où trouver de meilleures sources d'information.

Si vous me permettez un petit prélude, je vais vous expliquer mon parcours. Je suis venu en Haïti à la mi-mars de 2010 à titre de bénévole pour l'organisation qui m'emploie actuellement, All Hands Volunteers. La première initiative de l'organisation fut de fournir des outils et d'envoyer autant de bénévoles que possible pour aider la population de Léogâne à déblayer. L'objectif était de permettre aux gens de regagner leur maison, de recevoir des abris transitoires, de reconstruire, etc. Depuis mars, j'ai travaillé à environ 100 de ces sites, à la fois sur le terrain et aux commandes d'une des deux chargeuses Bobcat qui nous ont été données. De mars 2010 à aujourd'hui, je me suis absenté du projet pour un total combiné d'environ quatre mois seulement.

Il y a quelques mois, on m'a offert le poste de coordonnateur de la gestion des débris, qui consiste à superviser la démolition, le déblaiement et les aspects mécaniques de nos opérations. Ces programmes tirent à leur fin et je coordonne actuellement une enquête de suivi des quelque 260 sites que nous avons nettoyés. L'enquête pourrait également inclure quelque 160 sites déblayés par l'entremise de notre programme de travail contre rémunération. L'enquête devrait permettre de collecter des informations relatives à la démographie, à l'emploi, à la migration, aux abris, aux débris, etc. L'enquête n'est fondée sur l'enquête BARR que vous avez rédigée, mais elle s'en inspire.

Nous commençons à compiler les données et je m'efforce de les interpréter dans le contexte de Léogâne et d'Haïti dans son ensemble. Voilà où les choses ont commencé à se corser. L'importance relative de la petite portion de déblais que nous avons nettoyés n'est pas la même si la quantité totale de débris est de 3,1 ou de 20 millions de cubes métriques. Cela n'a pas d'importance pour les gens touchés, ceux dont nous avons déblayé les résidences. Mais il est important pour notre organisation et pour la communauté d'ONG de connaître les besoins restants et le meilleur moyen de les combler.

D'après mon expérience, lentement mais sûrement, la ville de Léogâne a connu une transformation. Nous mettons fin à notre programme de déblaiement de notre propre initiative, mais aussi en raison d'une absence de sites à déblayer. Le problème, c'est que je n'ai pratiquement aucune statistique, aucune donnée vérifiable pour mener une enquête crédible. Selon certaines évaluations de l'ONU, entre 80 et 90 % des bâtiments de Léogâne auraient été détruits ou endommagés par le séisme. En plus d'être un peu trop vagues pour être utilisées dans mon enquête, je crois personnellement que ces données sont inexactes. J'ai lu quelque part que ces estimations avaient été réduites à 50 %, mais je n'ai pas pu trouver la source de cette information et encore moins la méthodologie.

Pour ma part, je me suis fié aux données de l'enquête BARR pertinentes à la question que je m'employais à résoudre. Cela s'est avéré difficile. Même le site Web de ma propre organisation cite les statistiques de l'ONU et du gouvernement haïtien. Toutefois, jusqu'à maintenant, les seules critiques de ces données que j'ai pu trouver qui ne sont pas manifestement fallacieuses ou motivées par des intérêts politiques étaient fondées sur des statistiques avancées dépassant totalement mon entendement. De plus, ces données concernaient généralement le nombre des morts, qui ne constitue pas mon intérêt premier.

[Soit dit en passant, mes données (très) préliminaires sur le nombre de morts par ménage correspondent de près à vos conclusions. Des quelque 90 suivis que nous avons terminés, le taux était de 0,0266 mort par ménage. De plus, il s'agissait inévitablement de demeures endommagées au point de ne pouvoir être réintégrées, comme nous étions chargés de les démolir et de les déblayer. Si l'on extrapole ce taux à la population de Léogâne, généreusement évaluée à 150 000 personnes, tout en ignorant le fait qu'il s'agissait, par nature, des résidences les plus dangereuses, le bilan de Léogâne ne serait tout de même que de 3 990 morts. Par ailleurs, je me suis tenu debout sur les charniers. J'ai été notre organisation à y construire un monument commémoratif. Selon moi, si 30 000 personnes sont mortes à Léogâne, la très, très grande majorité d'entre elles n'ont pas été inhumées à cet endroit.]

On raconte que d'autres organisations auraient fait des enquêtes semblables. Selon une source au sein de Save the Children, l'organisation aurait mené une enquête statistique qui corroborerait les résultats de l'enquête BARR. Toutefois, Save the Children n'a jamais publié l'enquête. Les données n'ont jamais été rendues publiques. Tout aussi éloquent est le fait qu'aucune enquête statistique n'est jamais venue contredire les résultats de l'enquête BARR.

USAID publiera officiellement l'enquête BARR, un gage de sa validité (voir : pdf.usaid.gov/pdf_docs/PNADY468.pdf).

Néanmoins, il n'y a pas eu de suivi sur USAID et son rejet de l'enquête. L'histoire s'est donc arrêtée là, et c'était mieux ainsi. La tempête s'est calmée. Les critiques, dont la plupart étaient certains que le bilan des morts était une commande d'USAID, étaient un peu confus, mais semblèrent satisfaits. J'étais tout aussi soulagé. Toutefois, ce qui est important ici, et ce qui devrait être plus important pour nous que toute autre chose, ce sont les déformations de la réalité, les exagérations et les mensonges purs et simples.

[106] L'OCHA, le Bureau des Nations Unies pour la coordination des affaires humanitaires, a évalué la migration de Port-au-Prince vers les provinces pendant le mois qui a fait suite au tremblement de terre. L'Université Colombia et l'Institut Karolinska ont fait de même à partir des données de téléphones cellulaires de Dicigicel entre le 1er décembre 2009 et le 11 juin 2011. Selon l'OCHA, 511 405 personnes auraient migré vers les provinces. Selon les données de Digiciel, le nombre serait de 570 000 personnes. Les deux données corroborent le nombre de 525 000 personnes proposé par l'enquête BARR, une extrapolation du total de l'échantillon (la fourchette de l'enquête BARR et de 465 246 à 584 754 personnes à $p < 0,01$). Les données de Digicel corroborent également le moment et la portée du flot inverse dés migrants qui ont commencé à revenir à Port-au-Prince au début de février 2011. Il n'y avait rien à débattre. Tout était fondé sur des statistiques élémentaires. La méthode d'échantillonnage et les conclusions étaient sans appel.

OCHA, « Haiti Earthquake - Population Movements out of Port-au-Prince », 8 février 2010.
https://reliefweb.int/map/haiti/haiti-population-movements-out-port-au-prince-08-february-2010

[107] Le bilan des morts avait été radicalement gonflé, c'était une évidence même. Non seulement les journalistes en avaient parlé, mais il suffisait de se promener et de poser la question. Alors que j'effectuais des recherches pour l'enquête BARR, j'ai communiqué avec des ONG pour en apprendre davantage sur le bilan des victimes du séisme. La plupart ont refusé de me répondre. J'ai écrit à 30 ONG, entreprises et agences de l'ONU pour connaître combien de leurs employés, de leurs enfants parrainés ou de leurs bénéficiaires ont été tués. Cinq ont répondu, dont deux entreprises. Néanmoins, à l'aide de données de journaux et de sources du milieu, je suis arrivé à reconstituer un dossier assez important sur le nombre de morts (outre l'enquête BARR) qui porte le nombre de morts à environ un dixième du bilan officiel.

[108] Pour Cheryl Mills et Rajiv Shah affirmant que le nombre de fonctionnaires haïtiens tués était supérieur à 30 % de l'effectif, voir : Département d'État des États-Unis, « Counselor Mills and Administrator Shah Hold Special Press Conference on Haiti », 2010.
https://www.youtube.com/watch?v=aOO-2De3DZg

[109] Pour la police, si l'on considère que 80 pour cent du corps policier se trouve à Port-au-Prince (la norme), 0,9 pour cent des policiers de Port-au-Prince ont péri.

[110] Il se pourrait bien que 30 pour cent des fonctionnaires du gouvernement haïtien ne se présentent *jamais* au travail, un grand nombre de ces « employés » payés par le gouvernement n'existant tout simplement pas. Les Haïtiens les qualifient de « zombis », des prête-noms dont le salaire est versé à des politiciens ou à des bureaucrates sans scrupules, ou à leurs familles et amis. Et quiconque habite en Haïti pourra confirmer que pratiquement tous ceux qui travaillent réellement dans les bureaux du gouvernement ont déjà quitté les lieux depuis longtemps à 17 h.

[111] À l'époque, la signification des données des autorités américaines n'était pas claire. L'ambassade des États-Unis n'arrivait pas à localiser 2 000 citoyens américains. Toutefois, cela n'est pas inhabituel même dans le meilleur des cas. De plus, compte tenu des questions d'indemnisation et d'héritage, on peut supposer que chaque décès aurait été signalé. Entre-temps, il est devenu clair qu'il n'y avait pas plus de 2 000 décès. En date du 10 mai 2011, le bilan officiel des morts était bien inférieur : 103 ressortissants américains. Voir : *House of Representatives 1016 - Assessing Progress in Haiti Act.*
http://rsc.jordan.house.gov/UploadedFiles/LB_051011_HR1016.pdf

[112] La plupart des chiffres donnés ici sont pour le personnel et leurs enfants à Port-au-Prince à l'époque. Toutefois, même si les quelques chiffres pour Haïti dans son ensemble (par exemple l'effectif de l'ONU ou de la police), nous savons que même si 30 pour cent de la population haïtienne se trouve à Port-au-Prince, c'est à Port-au-Prince que se trouvent 80 pour cent ou plus des écoles, des fonctionnaires, des ONG, des employés de l'ONU et des employés des ONG en Haïti. Port-au-Prince domine largement l'ensemble du pays sur le plan de l'administration, des infrastructures et de la richesse. Tout ce qui se trouve en dehors de Port-au-Prince est « en province » ou « andeyo » (en dehors). La plupart des expatriés vivent à Port-au-Prince, comme la grande majorité des Haïtiens rapatriés. Port-au-Prince est, pour la plupart des Haïtiens, le seul endroit où vivre si vous avez de l'argent. Autant de facteurs qui confèrent de la crédibilité au nombre de personnes tuées, un point d'autant plus important que ces chiffres correspondaient en moyenne à un dixième du bilan qui était partout répété.

[113] Si toutes ces informations et l'enquête ne suffisent pas à convaincre que le tremblement de terre a tué entre 1 et 1,5 pour cent de la population (et non entre 10 et 12 pour cent), je souligne que nous avions effectué une autre enquête pour USAID, une enquête pilote pour le BARR. Et il ne s'agissait pas d'une enquête démographique fondée sur un échantillon de la population. Il s'agissait d'un recensement. Nous l'avons réalisé à Ravine Pentad, un quartier considéré par USAID comme l'un des quartiers populaires les plus dévastés par le séisme dans toute la zone touchée. Une ONG du nom de CHB (maintenant connue sous le nom de Global Communities) se chargeait de déblayer les débris et de nettoyer le quartier de Ravine Pentad. Avant le recensement, le directeur des opérations de CHB nous avait affirmé qu'entre 2 000 et 6 000 résidents du quartier avaient été tués. Notre recensement a révélé qu'aucun de ces chiffres n'était exact. Selon le recensement, 4 421 personnes vivaient dans le quartier lorsque le séisme a frappé et 142 personnes ont été tuées. Cela correspond à 3,2 pour cent de la population, dans l'un des quartiers les plus durement touchés de la ville.

[114] Pour le « sobre » bilan préliminaire de René Préval, voir : CNN, « Haiti appeals for aid; official fears 100,000 dead after earthquake », 13 janvier 2010. Contributeurs de l'article : Ivan Watson, Dr. Sanjay Gupta, Susan Candiotti, Gary Tuchman, Chris Lawrence, Anderson Cooper, Brian Byrnes, Felicity Cruikshank, Hada Messia, Richard Greene and Mike Mount. http://edition.cnn.com/2010/WORLD/americas/01/13/haiti.earthquake/index.html

[115] Pour les premiers bilans (entre 50 000 et 100 000 morts) de la Croix-Rogue et de la Fondation panaméricaine de développement, voir : CBS News et Associated Press,

« Haiti Recovery Effort by the Numbers », 15 janvier 2010.
http://www.cbsnews.com/news/haiti-recovery-effort-by-the-numbers/

[116] Pour les variations du bilan des victimes du gouvernement, voir : Michelle Faul (Associated Press), « Haiti gives death toll of 270,000; no explanation », *The San Diego Union-Tribune*, 10 février 2010.
http://www.sandiegouniontribune.com/sdut-haiti-gives-death-toll-of-270000-no-explanation-2010feb10-story.html

Alfonso Chardy et Jacqueline Charles (Miami Herald), « Haiti earthquake death toll remains a mystery », *Taiwan News*, 9 mars 2010.
http://www.taiwannews.com.tw/en/news/1198356

Eric Beauchemin, « Haitian mayor also struggling with death toll », *Radio Netherlands Worldwide*, 25 février 2010.

Simon Romero et Neil Mac Farquhar, « Haiti's Many Troubles Keep Bodies Uncounted », *New York Times*, 20 janvier 2010.
http://www.nytimes.com/2010/01/21/world/americas/21deathtoll.html

H. J. Melissen, « Haiti quake death toll well under 100 000 », *Radio Netherlands Worldwide*, 23 février 2010.

[117] Dans l'une de nos correspondances, Hans Jaap Melissen m'a fait part de son expérience en Haïti et l'a comparée à d'autres catastrophes qu'il a couvertes en tant que journaliste :

> Ce n'était pas la première fois que j'effectuais des calculs ou des recalculs pour en arriver à un bilan. J'ai couvert le tsunami d'Aceh en 2004, le bombardement de Cana en 2006 au Liban et d'autres massacres… Malheureusement, les « premières vérités » tendent à subsister et, dans le monde, on se souviendra du tremblement de terre en Haïti comme d'une catastrophe ayant fait 220 000 morts (au moins, il n'y a plus beaucoup de gens qui vont jusqu'à citer le bilan de 316 000 morts du gouvernement haïtien). Cela dit, ce bilan n'a rien changé pour Haïti.

[118] Le rapport « blessés/morts » moyen pour les tremblements de terre dans le monde suggère également que le séisme aurait fait beaucoup moins de morts. Ce rapport a été établi à partir de tous les tremblements de terre du monde. Les meilleures données proviennent des 190 tremblements de terre qui ont frappé entre 1986 et 2008. Le rapport est de 6,9. Cela signifie que, en cas de tremblement de terre, il y a en moyenne 6,9 blessés pour chaque mort. Évidemment, le nombre de morts variera selon les soins médicaux, les infrastructures médicales et l'état de santé de la

population, ainsi que par l'application des codes du bâtiment. Malgré tout, le rapport nous donne une idée de ce à quoi s'attendre. Ainsi, nous pouvons nous attendre à 4,8 blessés par mort dans les pires situations dans les pays en voie de développement et à environ 11,2 blessés par mort dans les pays développés. Dans le cas d'Haïti, 17 jours après le tremblement de terre, le gouvernement haïtien faisait état de 200 000 blessés avant d'opter définitivement pour 300 000 blessés (l'organisation Handicap International, qui a cherché à collecter des données sur tous les hôpitaux improvisés et permanents, est arrivée à un bilan d'environ 1 000 amputations). Personne n'a jamais contesté ces chiffres. Comme ils se fondent sur le nombre de personnes traitées dans les hôpitaux, ils sont en théorie plus précis que ceux du bilan des morts, fondés sur le nombre de corps qui ont été incinérés et rapidement inhumés. Si l'on se fonde sur le nombre maximum prévu de morts par blessés (un mort par 4,8 blessés) et le nombre minimum prévu de morts par blessés (un mort par 11,2 blessés), on devrait s'attendre à un bilan de 26 786 à 62 500 morts en Haïti (pour 300 000 blessés). Selon la moyenne d'un mort par 6,9 blessés, on devrait s'attendre à un bilan de 43 378 morts.

Le rapport blessés/morts pour les tremblements de terre du monde

Données 1986-2008		
	Nombre de séismes	Rapport blessés/morts
Monde	190	6,9
Pays en voie de développement (excluant la Chine)	53	4,8
Pays industrialisés (excluant le Japon)	20	11,2
Chine	35	2,8
Japon	6	47,5
Amérique latine	11	8,0
Turquie, Iran	26	3,6
Grèce	5	11,2
Italie	5	7,0

Données présentées par M. Wyss et G. Trendafiloski au deuxième Atelier international sur les victimes de catastrophes (Second International Workshop on Disaster Casualties), 15-16 juin 2009, Université de Cambridge, Royaume-Uni. Wyss et G. Trendafiloski, *Trends In The Casualty Ratio Of Injured To Fatalities In Earthquakes, World Agency of Planetary Monitoring and Earthquake Risk Reduction*, Genève, Suisse.

[119] Voici un résumé des chiffres officiels d'USAID.

DONNÉES	Total	SOURCE
Nombre estimé de morts	230 000	Gouvernement haïtien (15 février)
Nombre estimé de déplacés en Haïti	2 millions	Organisation internationale pour les migrations (5 avril)
Nombre vérifié de déplacés dans les zones de peuplement	1,3 million	UNICEF (26 août)
Nombre estimé de citoyens touchés	3 millions	ONU (15 janvier)

Source : USAID, Bureau For Democracy, Conflict, And Humanitarian Assistance (DCHA), Office Of U.S. Foreign Disaster Assistance (OFDA), 27 août 2010.

[120] Au fil du temps, tout fut oublié et les ONG, les organismes des Nations Unies, le gouvernement haïtien et les gouvernements étrangers s'en sont tenus aux gros chiffres. Lors du premier anniversaire du séisme, l'ONU a publié ceci sur son site Web : « Le séisme a fait plus de 200 000 morts et 2 millions de sans-abri. »

L'ambassade des États-Unis opta pour 230 000.

L'Institut interaméricain de coopération pour l'agriculture (IICA), un organisme de l'Organisation des États américains (OEA), pour 300 000.
http://www.iica.int/Esp/regiones/caribe/Haiti/IICApercent20Bureaupercent20Docu ment/Boletpercent C3percentADn_Tractores_ENG.pdf

Et, à la surprise de tous, le premier ministre haïtien Jean-Max Bellerive a annoncé : « Plus de 316 000 personnes ont péri ». Personne ne lui a demandé d'où venait ce bilan, et très peu au sein des organismes du gouvernement et des grandes ONG n'ont osé le répéter.

Voir : « Haiti revises quake death toll up to over 316,000 », *Reuters*, 12 janvier 2011.
http://www.reuters.com/article/haiti-quake-toll-idUSN1223196420110112

Toutefois, malgré ce scepticisme initial, cinq ans après le séisme, même un bastion du journalisme sérieux comme le *Wall Street Journal* adoptait le bilan de 316 000 morts de Jean-Max Bellerive. Voir : « The Numbers: Deadliest Earthquakes of the 21st Century », *Wall Street Journal*, 25 avril 2015.
http://blogs.wsj.com/briefly/2015/04/25/deadliest-earthquakes-of-the-21st-century-the-numbers/

[121] Pendant tout ce temps, le journaliste Hans Jaap Melissen de *Radio Netherlands* planchait sur sa propre estimation. Cinq semaines après le séisme, cherchant à déterminer combien de personnes étaient réellement mortes, il s'est rendu dans la ville de Jacmel. Une fois là-bas, il a découvert que l'ONG française ACTED avait compté tous les corps extirpés des décombres pour en arriver à un total de 145 décès. Le maire de Jacmel avait signalé entre 300 et 400 morts. Le bilan du gouvernement haïtien fut de 4 000 morts. À Léogâne, l'épicentre du séisme où la police m'a raconté avoir compté 1 600 morts, Hans a découvert que le maire avait signalé 3 364 morts. Le bilan du gouvernement haïtien fut de 30 000 morts. Hans se rendit ensuite au principal cimetière de Port-au-Prince. Selon le directeur du cimetière, 18 000 corps avaient été inhumés. C'est dans ce même cimetière que le maire de Port-au-Prince a déclaré que 89 000 corps avaient été enterrés. Enfin, Hans a visité les champs de sépultures du gouvernement sur les collines arides de Titanyen, en dehors de Port-au-Prince. Il a marché le long des tombes et a évalué qu'un « maximum de 20 000 corps » y étaient enterrés. Le bilan du gouvernement était de 70 000.

En prenant tout cela en considération, y compris les écarts entre le bilan des mairies de Jacmel et de Léogâne et celui du gouvernement central, Hans Jaap Melissen en arriva à un bilan relativement bas de 52 000 morts. Pour demeurer prudent, il a ajouté que même si 30 000 corps étaient toujours sous les décombres et que 10 000 autres avaient été inhumés par des citoyens ou incinérés, il n'y aurait pas plus de 92 000 morts au total. Au final, *Radio Netherlands* abandonnera aussi la question. Hans m'a écrit 18 mois plus tard, le 7 juin 2012, déplorant que, « en effet, il s'agit d'une vérité qui dérange et pour laquelle il y a beaucoup d'argent en jeu ».

[122] Nous avons eu recours à un échantillonnage de base. Nous avons sélectionné de manière aléatoire 55 points (agglomérats) et interviewé les résidents ou voisins des 90 maisons les plus près de ces points. Pour l'intégralité du rapport, voir : http://pdf.usaid.gov/pdf_docs/PNADY468.pdf

[123] Pour un bon article sur l'enquête BARR et la surenchère catastrophiste, voir : Tim Padgett, « Did Haiti Commit Disaster Inflation? A U.S. Study Raises the Possibility », *Time*, 31 mai 2011.

Pour une critique de ma personne et de l'enquête BARR, voir les blogues suivants :
http://www.haitian-truth.org/us-flaws-in-death-toll-report-on-haiti-quake/
http://www.defend.ht/politics/articles/international/1121-us-state-department-report-scientific-it-is-not
http://www.voltairenet.org/article170408.html
http://world.time.com/2011/05/31/did-haiti-commit-disaster-inflation-a-u-s-study-raises-the-possibility/

[124] « C'est un excellent rapport. Et tout ce tapage est normal. C'est le processus d'approbation standard. » Je suis assis dans une pièce avec le directeur adjoint d'USAID-Haïti de l'époque, Tony Chang, mes deux supérieurs d'USAID (dont celui qui gueulait lors de l'autre rencontre) et mon supérieur de LTL, l'organisation qui m'avait engagé et était responsable de mon contrat avec USAID. À ma plus grande surprise, on me félicitait. « Tu devrais rédiger une lettre de présentation pour souligner ceux qui t'ont appuyé », me déclare le directeur adjoint Tony Chan. Il jette un regard au supérieur qui, pas même un mois auparavant, criait à tue-tête après moi. Ce fut un moment de grand soulagement. Le rapport serait publié. Entre temps, il était envoyé à Washington.

[125] J'ai découvert le problème concernant les courriels de la Fondation Kellogg lorsque le premier courriel de la fondation a été effacé au moment où je tentais de l'ouvrir.

[126] Pour la citation de Rajiv Shah sur l'enquête BARR, voir : Trenton Daniel, « Report questions official Haiti quake death toll », *Associated Press*, 31 mai 2011.
http://www.stuff.co.nz/world/americas/5077913/Report-questions-official-Haiti-quake-death-toll

[127] Pour les citations de la directrice d'USAID en Haïti, voir : BBC, « Report challenges Haiti earthquake death toll », 1er juin 2011.
http://www.bbc.com/news/world-us-canada-13606720

Voir également : Jacqueline Charles, « A new report disputes the number of Haiti dead and displaced from the 2010 earthquake », *Miami Herald*, 11 janvier 2011.

Voici l'intégralité du communiqué de presse de Carleene Dei :

> Aujourd'hui, demain et à long terme, le gouvernement des États-Unis, dont USAID, continue de soutenir fermement Haïti et le peuple haïtien. Comme nous l'avons indiqué le 27 mai, USAID a récemment reçu la première version d'un rapport d'une organisation externe.
>
> Nous avons chargé l'organisation d'évaluer l'incidence du déblaiement des débris et de l'état des structures sur le retour des Haïtiens dans leurs quartiers pour déterminer si et comment nos efforts peuvent être améliorés. Tout commentaire sur le bilan des morts du tragique tremblement de terre de janvier 2010, lequel a touché un si grand nombre de personnes, dépasse la portée de la commission et ne reflète que les opinions de l'auteur.

Carleene Dei
Directrice de mission
USAID Haïti

[128] Pour la citation de Mark Feierstein, administrateur adjoint d'USAID pour l'Amérique latine et les Antilles, voir : Trenton Daniel (Associated Press), « U.S. official finds flaws in report of lower Haiti quake death toll », *The Star*, 3 juin 2010. https://www.thestar.com/news/world/2011/06/03/us_official_finds_flaws_in_report_ of_lower_haiti_quake_death_toll.html

La déclaration intégrale :

> Selon Mark Feierstein, de l'Agence des États-Unis pour le développement international, le rapport poserait problème parce que les auteurs ont utilisé un échantillonnage statistique qui n'était pas représentatif. L'enquête ne comprenait pas de données des régions rurales les plus durement touchées ni des maisons effondrées qui ont tué des gens.

[129] La raison pour laquelle USAID-Haïti et USAID-Washington avaient des opinions divergentes sur les résultats de l'enquête BARR, et la raison pour laquelle les deux organisations m'ont mis sur leur liste noire, est attribuable à l'aspect politique des efforts de secours en Haïti. Dans la foulée du tremblement de terre, deux bureaucraties du gouvernement des États-Unis étaient à l'œuvre. USAID-Haïti préférait la réparation des maisons endommagées et détruites à la construction de nouvelles structures. USAID-Washington et le Département d'État, les décideurs, avaient préséance sur USAID-Haïti et préconisaient plutôt la construction de grands projets résidentiels. C'est ainsi qu'ils ont enlisé tout le processus de reconstruction dans un bourbier de controverses entourant le régime foncier (paiement de frais exorbitant et parfois même frauduleux pour des avocats et des arpenteurs) et les sites à privilégier. Parallèlement, on assistait au cauchemar des villages de tentes principalement habités par des opportunistes (bon nombre d'entre eux étant toutefois pauvres) espérant obtenir l'une des nouvelles maisons promises. Je parlerai de tout ça dans d'autres chapitres. Pour l'heure, mentionnons seulement que l'enquête BARR contenait toutes les preuves dont USAID-Haïti avait besoin pour montrer au Département d'État qu'il se trompait. Le point le plus important était que oui, les Haïtiens étaient retournés à leur maison. Cependant, 68 pour cent des maisons qui avaient été marquées « rouges » par l'ingénieur sismique Kit Miyamota et le ministère du Travail, c'est-à-dire qui devraient être détruites, étaient de nouveau habitées. Le Département d'État avait complètement raté la phase de reconstruction et 300 000 personnes étaient maintenant de retour dans des maisons beaucoup moins sécuritaires qu'elles ne l'étaient avant le séisme. Ces maisons pouvaient s'effondrer

d'une minute à l'autre. Ce n'est pas ce que le Département d'État voulait voir sur les manchettes des journaux du monde.

En ce sens, je m'étais retrouvé au centre d'une bataille bureaucratique entre les deux titans du gouvernement américain. J'ai appelé Joseph pour lui demander pourquoi j'étais sacrifié comme bouc émissaire. Faisant référence à ses amis, le directeur et le directeur adjoint d'USAID, il me répondit ceci : « Mon vieux, ils ont peur de perdre leur emploi. »

[130] Lorsqu'on songe en rétrospective au bilan des morts, il est impossible de ne pas conclure que des bureaucrates et des journalistes sérieux qui savaient que le bilan était radicalement gonflé se sont fait avertir par leur rédacteur en chef, qui lui-même doit avoir été averti par les politiciens. De mon point de vue, en tant que chercheur sur le terrain, la preuve accablante – l'élément qui prouve plus que tout que des organisations toutes puissantes comme le gouvernement haïtien, l'ONU et USAID ne voulaient pas connaître le véritable bilan et ont délibérément permis cette surenchère catastrophiste – est le fait que l'évaluation du nombre de morts n'est qu'une simple besogne statistique. En dépit de tout le fla-fla de professeurs grandiloquents (par exemple, voir : Schuller, *Smoke and Mirrors*, 2011), de Kolbe, comme vu dans le chapitre 9, et de mon propre professeur avisé Russell Bernand (un chercheur de renommée mondiale et pionnier des méthodes pour l'évaluation des populations inconnues), n'importe quel étudiant universitaire ayant suivi un cours d'introduction à l'échantillonnage statistique aurait pu développer la stratégie d'échantillonnage nécessaire pour évaluer le nombre de morts du séisme de 2010 en Haïti. Compte tenu de l'ampleur des chiffres, même à 50 000 morts, il n'est pas nécessaire d'être un virtuose de la statistique pour réaliser un bilan. Tout ce dont nous avons besoin, et ce que nous avons utilisé pour l'enquête BARR, c'est une stratégie d'échantillonnage aléatoire. De l'analyse statistique élémentaire.

Là où je veux en venir, c'est que la tâche était simple et qu'une évaluation s'imposait à la lumière des exagérations manifestes. Pour toute personne sensée, c'était là la solution. En effet, des personnes en mesure d'effectuer une telle analyse y songeaient. Durant les quatre semaines qui ont fait suite au tremblement de terre, l'*Associated Press* m'a demandé une proposition de service pour l'évaluation du nombre de morts. Le *USA Today* m'a approché pour la même raison et la Fondation panaméricaine de développement a approché mon ancien professeur de l'Université de la Floride, Russell Bernard. Comme je l'ai déjà mentionné, Russell Bernard est l'un des plus grands anthropologues spécialistes de la méthodologie, célèbre pour avoir tranché la controverse concernant le nombre de morts lors du séisme de Mexico en 1985, une tâche beaucoup plus complexe sur le plan méthodologique du fait que le tremblement de terre avait fait beaucoup moins de morts dans une ville plus populeuse. Voilà les seules demandes dont j'ai pris connaissance. Des dizaines d'institutions doivent avoir songé à évaluer le nombre de morts. Certaines l'ont sûrement fait, pour ensuite refuser de publier les résultats. Peu importe, tous ont laissé tomber la question. Et la raison pour laquelle ils ont laissé tomber est au centre de la Grande escroquerie de l'aide humanitaire en Haïti : l'argent.

La conclusion inéluctable, c'est que l'exagération exponentielle du bilan était due, d'abord et avant tout, à l'argent que tout un chacun semblait amasser grâce à la catastrophe. Durant la première semaine, la grande question des journalistes, des travailleurs humanitaires et du public à l'étranger était : combien de personnes sont mortes ? Selon les premières estimations, le bilan s'élevait à 50 000 morts. Toutefois, au fil des jours, la pression se faisait de plus en plus forte pour ne jamais réaliser un bilan, pour ne jamais révéler la vérité au public. À un moment où les dons coulaient à flots et le gouvernement gonflait arbitrairement les chiffres, les ONG et les organismes de l'ONU ont soudainement cessé de publier leurs propres bilans. Huit jours après le séisme, on pouvait lire ceci dans le *Washington Post* : « Selon l'ONU, on ne saura peut-être jamais le réel bilan des morts du séisme en Haïti. » Pendant ce temps, les centaines, pour ne pas dire les milliers d'ONG qui sollicitaient des dons répétaient les chiffres inflationnistes du gouvernement : 50 000, 100 000, 150 000... 230 000. La presse, les ONG et les organismes de l'ONU ont vite répété ces chiffres comme s'il s'agissait de faits. Chaque appel aux dons et chaque article sur la tragédie en Haïti débutait ainsi : « 230 000 morts ». La catastrophe continuait de générer de l'argent.

Pour l'article du *Washington Post*, voir : Colum Lynch, « UN says final death toll of Haiti earthquake might never be known », *Washington Post*, 20 janvier 2010. http://www.washingtonpost.com/wp-dyn/content/article/2010 /01/20/AR2010012004621.html

[131] De petites ONG et des individus défendant des intérêts particuliers n'avaient aucune difficulté à faire des bilans encore plus abracadabrants. Dans un article publié le 25 février 2012 dans le *Huffington Post*, la journaliste et militante féministe Beverly Bell a déclaré que le bilan le plus souvent cité était de 250 000 morts (en réalité, le bilan le plus cité est plutôt de 230 000 morts). Elle a ensuite qualifié ce nombre de « totalement dénudé de sens ». Le bilan bâclé du gouvernement l'a plutôt menée à la conclusion inverse : comme les morts enterrés dans les jardins et les fosses communes n'avaient pas été dénombrés, « le nombre de morts était beaucoup plus important ».

« De nombreuses personnes manquent toujours à l'appel. Partout, des bâtiments de plusieurs étages contenaient des corps écrasés. Des dizaines, des centaines, qui sait ? Les gens dans la rue pointent devant eux. "Vous voyez ce bâtiment ? Il y a encore

200 personnes à l'intérieur. Ils n'ont jamais sorti les corps." Les pâtés de maisons sont des cimetières."
Beverly Bell, « Haiti: Grasses of Ginen », *Huffington Post*, 25 février 2010.

Jeanne Pocius Dorismond, directrice de l'organisme de bienfaisance Instrumental Change et auteure du livre *Shaken But Not Stirred*, est allée encore plus loin. Jeanne Pocius Dorismond, qui fut pratiquement tuée à la cathédrale Sainte-Trinité et qui se rappelle avoir tenu huit personnes mourantes dans ses mains, en est arrivée à la conclusion que pas moins de 1,5 million de personnes avaient péri. Cela correspond à 75 pour cent de la population de Port-au-Prince. Une personne sur deux dans la zone touchée par le séisme. Comment est-elle arrivée à une telle conclusion ? Voici l'explication qu'elle m'a envoyée :

> Un phénomène semble se reproduire dans les endroits victimes de catastrophes naturelles : les autorités croient que si elles SOUS-estiment [sic] le nombre de victimes, elles sont plus susceptibles d'obtenir de l'aide.

[132] D'autres universitaires, dont certains de leur propre aveu ne connaissaient presque rien aux méthodologies de recherche et aux statistiques, ont mis en doute les méthodes que nous avons utilisées. Je mentionne en particulier, Mark Schuller, professeur de la City University of New York, qui se décrit lui-même comme un « militant et anthropologue ». Mark Schuller a qualifié notre méthodologie de « discutable », sans jamais expliquer pourquoi. Il a rédigé une critique cinglante pour pas moins de cinq grands sites Web, notamment le *Huffington Post* et *CounterPunch*. Ce dernier est la plateforme intellectuelle de gauche la plus lue sur le Web. Sa devise : « Tells the Facts, Names the Names » (Nous rapportons les faits, nous nommons les noms). *CounterPunch* et le *Huffington Post* ont tous deux fermé l'article aux commentaires. Lorsque j'ai écrit à *CounterPunch* pour demander à commenter l'article, mes courriels sont restés lettre morte.

Les critiques de Mark Schuller s'appuyaient grandement sur une autre vaste enquête qui cherchait à évaluer le nombre de victimes du séisme. Cette enquête était dirigée par Athena Kolbe (une étudiante qui poursuivait des études supérieures en travail social à l'Université du Michigan et dont je parlerai abondamment dans le chapitre 9), Roy Hutson (un professeur en travail social de Wayne State University) et Rob Muggah, de l'organisation Small Arms Survey, basée à Genève. En collaboration avec deux autres professeurs, le superviseur haïtien de l'enquête et trois autres sociologues, ils ont publié un article universitaire sur les résultats de leur enquête. L'article présentait des lacunes flagrantes et de très bonnes raisons de croire que leur enquête n'avait jamais eu lieu. Voir le chapitre 9.

133 Jennifer Wells, « Researchers dispute Haitian government's death toll from 2010 earthquake », *The Toronto Star*, 11 mars 2013.
https://www.thestar.com/news/insight/2013/03/11/researchers_dispute_ haitian_governments_death_toll_from_2010_earthquake.html

Voir également : Kilian Crawford, « Haïti : How many died in the earthquake? », *blogue*, 23 mars 2018.
http://crofsblogs.typepad.com/h5n1/2013/03/haiti-how-many-died-in-the-earthquake.html

134 Pour la citation de l'ingénieur sismique et légiste Eduardo Fierro sur la piètre qualité de la construction de l'hôtel Montana, voir : Jacqueline Charles et Curtis Morgan, « Lack of construction codes sealed Haitian capital's fate », *Miami Herald*, 24 janvier 2010.
http://www.mcclatchydc.com/2010/01/24/82915/lack-of-construction-codes-sealed.html#storylink=cpy

135 Pour la thèse scientifique utilisée pour expliquer « l'espèce de hasard » à l'origine de l'effondrement de bâtiments mal construits, voir :

Henry Fountain, « In Studying Haiti, a New Angle on an Earthquake's Intensity », *The New York Times*, 19 octobre 2010.

Susan E. Hough, Jean Robert Altidor, Dieuseul Anglad, Doug Given, M. Guillard Janvier, J. Zebulon Maharrey, Mark Meremonte, Bernard Saint-Louis Mildor, Claude Prepetit et Alan Yong, « Localized damage caused by topographic amplification during the 2010 M 7.0 Haiti earthquake », *Focus*, 17 octobre 2010.

136 Pour le sauvetage de Nadine Cardoso-Riedl, la copropriétaire du Montana, et la référence à son enlèvement, voir : « Earthquake fails to fell hotel owner with history of survival », *The Globe and Mail*, 18 janvier 2010.

Pour l'hôtel Billini, le nouvel hôtel de Nadine Cardoso-Riedl en République dominicaine et la cérémonie d'inauguration avec le ministre dominicain du Tourisme, voir : Listin Diario, « Billini Hotal: Un hotel para relajarse », *Las Sociales*, 12 mai 2014.

137 Il est intéressant de noter ici que l'École nationale d'infirmières était également reconnue comme un site de catastrophe potentiel. En 2004, un séisme qui n'a pratiquement pas causé de dégâts a scindé en deux l'escalier principal menant à l'École. Les murs et les plafonds étaient couverts de fissures. À l'époque, le journal *Le Matin* avait déjà noté que « les infirmières étudiantes se disent inquiètes de cette épée de Damoclès suspendue au-dessus de leurs têtes ».

[138] Palm Apparel a ouvert ses portes à Carrefour, en Haïti, en 1998. Le fabricant de t-shirts de 1 500 employés travaille exclusivement pour Gildan, une société de Montréal, au Canada. Les deux sociétés ont signé leur premier contrat de sous-traitance en 2002. Pour en savoir plus, voir : https://www.outsourcing-center.com/how-an-outsourcing-buyer-helped-its-service-provider-in-haiti-after-the-earthquake-article/

[139] Bien sûr qu'ils connaissaient le nombre de morts. Votre usine s'effondre et vous ne savez pas trop si 500 ou 1 000 personnes sont mortes à l'intérieur ?

[140] Organisation internationale du Travail, département des activités sectorielles, « Wages and Working Hours in the Textiles, Clothing, Leather and Footwear Industries ».

[141] C'est 40 pour cent inférieur au salaire minimum des autres secteurs en Haïti, soit 200 gourdes (5 $) par jour. À environ 80 $ US par mois, il s'agit d'un des trois salaires les faibles du monde.

[142] Pour un bilan détaillé des dépenses de CHF, voir le site Web de CHF : http://www.flashhaiti.com/business/detail/CHF-International

[143] À ma connaissance, la seule autre usine qui s'est effondrée était située dans le parc industriel SONAPI. Je m'y suis rendu trois semaines après le séisme et, autant que je sache, personne n'y est mort. De plus, je n'ai jamais trouvé aucune mention d'ouvriers d'usine tués par le séisme outre ceux de Palm Apparel. J'ai écrit et demandé à Levi's, Gap et Gildan s'ils avaient perdu d'autres ouvriers ou s'ils avaient eu connaissance de morts dans d'autres usines de vêtements en Haïti. Afin de confirmer le tout, j'ai également demandé à 24 ouvriers de SONAPI qui participaient à trois différents groupes de discussion. Aucun n'a fait mention d'un décès ailleurs que dans l'usine Palm Apparel.

[144] Pour le nombre d'usines et de fabricants à Port-au-Prince au moment du séisme, voir : Nathan Associates Inc., « Bringing HOPE to Haiti's Apparel Industry: Improving Competitiveness through Factory-level Value-chain Analysis », septembre 2009, préparé pour la Commission CTMO-HOPE dans le cadre d'un programme d'assistance technique parrainé par la Banque mondiale.

[145] Dans le cas de Palm Apparel, c'était différent. USAID et l'ONG CHF ne pouvaient espérer autre chose que le plus petit nombre de morts possible. Je ne dis pas ça simplement parce que ce sont des sociétés bienveillantes, mais parce que si le bâtiment n'était pas sûr (et le fait qu'il se soit effondré le suggère), USAID, CHF et Gildan, en particulier, auraient presque certainement été accusés de négligence pour leur ignorance. Ou, encore pire, pour avoir été au courant sans ne jamais rien faire.

Comme nous l'avons vu, quiconque à Port-au-Prince écoutait la radio ou lisait le journal savait qu'un tremblement de terre frapperait tôt ou tard. Ont-ils jamais pensé à inspecter les établissements où ils dormaient ou les usines où ils entassaient leurs ouvriers sans le sou ?

En effet, la première question qu'ont dû se poser les cadres d'USAID, de CHF et de Gildan lorsqu'ils ont eu vent de l'effondrement de l'usine fut sans doute : « Combien de victimes ? » La deuxième question : « Avions-nous inspecté le bâtiment ? » La troisième question : « Combien d'autres bâtiments des environs se sont effondrés ? » Et la quatrième question, pour Gildan, a sûrement été : « Combien d'autres usines se sont effondrées ? Gap a-t-il perdu des usines ? Hanes ? Fruit of the Loom ? Levi's ? »

Répondons d'abord à cette dernière question. J'ai déjà mentionné qu'aucune des 22 autres usines de vêtement de Port-au-Prince ne s'était effondrée. Quatre autres ont été « sérieusement » endommagées, toutefois sans perte de vies. Gildan faisait affaire avec trois usines en sous-traitance. Palm Apparel était l'une d'entre elles. L'une des deux autres fut à ce point endommagée qu'elle a dû être fermée. Ainsi, les normes de construction de deux des trois usines de Gildan n'étaient pas suffisantes pour résister à un tremblement de terre. En ce qui concerne les 40 employés de Gildan, à savoir les salariés directs de l'entreprise qui se trouvaient en Haïti à ce moment : ils se trouvaient tous dans des bâtiments sûrs qui ne leur sont pas tombés sur la tête. Et en réponse à la question, non, aucun des autres sous-traitants n'ont signalé une perte d'ouvriers, qu'il s'agisse de Hanes, Gap, Fruit of the Loom, ou Levi's. Ils s'en sont tous tirés à bon compte. Pas même une autre usine de Port-au-Prince n'a signalé de perte de vie.

En ce qui concerne la question sur les bâtiments qui se sont effondrés dans le quartier, la réponse est : aucun.

Enfin, pour ce qui est du bilan des morts, il était d'abord de 500 à 1 000 personnes, comme nous l'avons vu. C'est ce que Deborah Sontag a rapporté dans le *New York Times*. Alexandre Pétion-Télémaque m'a plutôt fait part de 67 ouvriers. Malgré tout, en ligne, Palm Apparel fait état d'un bilan de 300 morts, soit 233 de plus. Alors, pourquoi passer de 67 à 300 ?

146

Lundi 8 août 2016 à 11 h 39, Peter Debnam <noreply@usaid.gov> a écrit :
Envoyé le lundi 8 août 2016 - 11 h 39
Votre nom : Peter Debnam
Votre adresse courriel : peter.debnam@yahoo.com
Où habitez-vous ? États-Unis
Désirez-vous que nous communiquions avec vous ? Veuillez

communiquer avec moi

Sujet de votre message : Questions sur la manufacture Palm Apparel et le tremblement de terre en Haïti

Commentaires : Je fais partie d'une équipe qui rédige un livre dont un des chapitres porte sur les bâtiments effondrés lors du séisme de 2010 en Haïti et je recherche des renseignements sur l'appui offert par USAID à l'usine Palm Apparel, située à Carrefour.

J'ai appris que, l'année qui a précédé le séisme, USAID a offert un soutien à CHF/Global Communities pour l'aider à préparer l'usine et à offrir une formation aux ouvriers pour le compte du propriétaire Alain Villard. Selon des commentaires attribués à ce dernier, CHF aurait amélioré les rues menant à l'usine et appuyé la rénovation du bâtiment pas moins de deux mois avant son effondrement. Ce que j'aimerais savoir, c'est si, lors du réaménagement du bâtiment, USAID, CHF ou tout autre tiers aurait inspecté l'intégrité structurelle du bâtiment. Dans l'affirmative, j'aimerais connaître les résultats de cette inspection en 2009. Toute aide serait grandement appréciée.

De : « Haiti Task Team (USAID) » htt@usaid.gov
Date : 10 août 2016 à 16 h 14 HAE
À : peter.debnam@yahoo.com
Cc : Rosalie Fanale rfanale@usaid.gov
Objet : Questions sur la manufacture Palm Apparel et le tremblement de terre en Haïti

Nous vous remercions de votre question. Il nous faudra quelque temps pour faire des recherches et préparer notre réponse. Soyez assuré que nous vous répondrons dans les plus brefs délais.

Meilleures salutations,

Haiti Task Team

Ouvert (envoyé par shochenberg@usaid.gov)

8 août

Vous trouverez ci-dessous une requête envoyée à USAID. En tant que personne-ressource pour USAID/Haïti, pourriez-vous s'il vous plaît communiquer avec l'expéditeur dans les cinq jours ?

Merci de l'attention que vous porterez à cette requête.

---

[147] Pour l'industrie du vêtement en Haïti et le séisme, voir : Ianthe Jeanne Dugan et David Luhnow, « Haiti Stakes Recovery on Clothiers », *Wall Street Journal*,

13 mai 2010.
http://www.wsj.com/articles/SB10001424052748704635204575242552399558546

Pour la citation d'Alain Villard, voir : Deborah Sontag, « Defiant Vow to Rebuild Amid Ruins and Bodies », *New York Times,* 18 janvier 2010.
http://www.nytimes.com/2010/01/19/world/americas/19factory.html?_r=0

[148] Emma Wilkinson, « Haiti children face ongoing disease and trauma », *BBC News*, 15 janvier 2010.
http://news.bbc.co.uk/2/hi/health/8461064.stm

Agence France-Presse, « Children "orphaned, petrified, in danger" after Haitian earthquake », *Australia's Herald Sun*, 15 janvier 2010.
http://www.news.com.au/world/children-orphaned-petrified-in-danger-after-haitian-earthquake/story-e6frfl09-1225819581341

Kiran Randhawa, « Fears for two million children alone in Haiti earthquake wreckage », *News.Com.Au*, 15 janvier 2010.
http://www.standard.co.uk/news/fears-for-two-million-children-alone-in-haiti-earthquake-wreckage-6755389.html

[149] Par ailleurs, selon des enquêtes d'organisations comme SOS Villages d'enfants, la plupart des enfants réellement placés dans des orphelinats ne seraient pas des enfants ayant perdu leurs parents à la suite du séisme, mais des enfants dont les parents ou les proches cherchaient à obtenir de l'aide humanitaire par l'entremise des enfants. Le fait de payer les parents pour qu'ils reprennent leurs enfants, une initiative qui aurait été courante après le séisme, a certainement encouragé la pratique. Voici un extrait d'un article du *USA Today* :

> Dans les semaines qui ont fait suite au séisme, SOS Villages d'enfants a annoncé à la radio que des chambres étaient libres à l'orphelinat. Le lendemain, l'orphelinat a pratiquement doublé en importance lorsque le personnel s'est retrouvé face à 120 enfants faisant la file devant la porte. Trois mois plus tard, le nombre d'orphelins avait triplé.
>
> Cependant, selon la porte-parole Line Wolf-Nielson, SOS Villages d'enfants s'est rapidement rendu compte que la plupart des nouveaux venus n'étaient pas des orphelins. Une mère a déposé trois de ses propres enfants à l'orphelinat, prétendant avoir trouvé trois « orphelins » après le séisme. D'autres ont demandé à des voisins ou à des amis d'emmener les enfants, et il est alors plus difficile de retrouver la famille. Trois garçons avaient mémorisé un nom de famille fictif qui

leur avait été donné pour compliquer la recherche de leurs véritables parents.

Les organisations qui aident les enfants abandonnés offrent même des provisions aux familles pour qu'elles reprennent leurs enfants. Dans le cas des trois garçons, on a offert trois sacs de couchage, une tente et un approvisionnement d'un mois en nourriture à leur famille. Ils sont repartis dans une ruelle boueuse menant à un labyrinthe de tentes où les enfants jouent avec des cerfs-volants faits de vieux sacs plastiques reliés à un bout de ficelle.

Voir : Rukmini Callimachi (Associated Press), « Desperate parents abandon children in Haiti », *USA Today*, 9 mai 2010.
http://thegreatone22.wordpress.com/2010/05/09/

[150] Debbie Elliot, « In Haiti, Quake's Orphans Long For A Home », *NPR*, 9 mars 2010.
http://www.npr.org/templates/story/story.php?storyId=124464928

[151] Le séisme en Haïti a donné lieu à des articles et à des affirmations très semblables à ceux de l'époque du tsunami :

John Aglionby, Jonathan Steele et Brian Whitaker, « Criminals may be trafficking orphans », *The Guardian*, 5 janvier 2005.
https://www.theguardian.com/world/2005/jan/05/tsunami2004.internationalaidanddevelopment

Yin Yin Nwe, « Children and the Tsunami, A Year On a Draft UNICEF Summary of What Worked », *UNICEF*, novembre 2005.
http://www.unicef.org/emerg/disasterinasia/files/WhatWorked.pdf

[152] Voici un extrait du quotidien britannique *The Times*. Je me permets d'en reproduire une grande partie, comme l'article démontre parfaitement à quel point on nageait dans les hypothèses et la désinformation :

Save the Children, World Vision et la Croix-Rouge britannique ont appelé à l'interruption immédiate de toute adoption d'enfant haïtien qui n'aurait pas été approuvée avant le séisme. Selon eux, des trafiquants d'enfants pourraient exploiter l'absence de réglementation.

Dans un contexte d'urgence, près de 30 organismes soutenus par la mission de maintien de la paix de l'ONU et le gouvernement haïtien mettent en commun leurs informations et leurs ressources pour contrer la menace. Ils font la tournée des hôpitaux et des orphelinats, diffusent des messages à la radio et ont augmenté la surveillance sur les routes, à l'aéroport et aux frontières avec la République dominicaine.

L'ampleur du problème pourrait être énorme. Haïti regorge d'enfants : 45 pour cent de la population a moins de 15 ans. Selon un représentant de l'ONU, entre 40 000 et 60 000 enfants auraient été tués, faits orphelins ou séparés de leur famille par le séisme, qui a frappé à un moment où la plupart étaient toujours à l'école. Il semblerait que bon nombre d'entre eux sont maintenant laissés à eux même.

Dans un petit orphelinat visité hier par le *Times*, on disait avoir refusé d'accepter dix enfants parce que le bâtiment était en trop mauvais état. Selon un représentant de World Vision, huit orphelins et 25 enfants non accompagnés (dont de nombreux blessés) se seraient présentés à Jimani, une ville tout juste de l'autre côté de la frontière en République dominicaine. Un représentant de l'ONU a fait part de gens se rendant à l'aéroport dans des véhicules de luxe pour embarquer sur des vols des enfants sans aucun document.

La situation est d'autant plus alarmante à la lumière du mauvais traitement dont sont déjà victimes les enfants en Haïti. En 2008, le Haut-Commissaire des Nations Unies pour les réfugiés signalait que 29 pour cent des enfants de moins de 14 ans travaillaient déjà et qu'environ 300 000 de ces derniers étaient des *restaveks* (un mot créole correspondant à « reste avec »), des enfants envoyés à des familles plus riches par leurs parents démunis dans l'espoir qu'ils y seront bien logés et nourris.

Certains sont pris en charge et bénéficient d'une instruction, mais d'autres sont « victimes d'abus sexuels et de sévices, sans salaire, sans papiers et sans protection ». Lorsqu'ils atteignent l'âge de 15 ans et doivent obtenir un salaire en vertu de la loi, bon nombre d'entre eux sont jetés à la rue, où ils se joindront aux quelque 3 000 autres enfants vendeurs, mendiants ou prostitués de Port-au-Prince.

Même avant le séisme, des enfants haïtiens étaient régulièrement envoyés en République dominicaine pour y travailler dans l'industrie du tourisme sexuel, ou recrutés par des gangs armés. Un organisme de femmes haïtiennes a enregistré 140 viols de jeunes filles de moins de 18 ans dans les 18 mois précédant juin 2008. Les nombreux orphelinats d'Haïti – il n'y en aurait pas moins de 200 uniquement à

Port-au-Prince – sont mal réglementés et certains ne servent que de couverture à la traite internationale d'enfants.

Voir : Martin Fletcher, « Call for halt to Haiti adoptions over traffickers », *The Times*, 23 janvier 2010.
http://www.thetimes.co.uk/tto/news/world/americas/article2002006.ece

[153] http://www2.canada.com/calgaryherald/news/story.html?id=3f7000a8-6c95-4260-9ffd-f9e73be4940b

Voir également : Agence France-Presse, « Children missing from Haiti Hospitals: UNICEF », 22 janvier 2010.

[154] Pour de bons résumés de la recherche de Kathryn Joyce, voir les articles suivants :

Kathryn Joyce, « The Problem With the Christian Adoption Movement », *The Huffington Post*, 2 juin 2013.
http://www.huffingtonpost.com/kathryn-joyce/christian-adoption-movement-problems_b_3367223.html

Kathryn Joyce, « The Evangelical Adoption Campaign: As Bill Clinton works to spring U.S. missionaries charged with kidnapping in Haiti, the case highlights a new evangelical strategy: Adopt Third World babies and convert them », *The Daily Beast*, 6 février 2010.
http://www.thedailybeast.com/articles/2010/02/06/
evangelicals-adoption-battlecry.html

[155] Pour les enfants noirs adoptés par des familles blanches, voir : Rebecca Buckwalter, « America's Unseen Export: Children, Most of Them Black », *Pacific Standard*, 24 juin 2014.
http://www.psmag.com/navigation/politics-and-law/outgoing-adoption-americas-unseen-export-children-black-84084/

Pour l'historique de l'adoption d'enfants amérindiens par la majorité américaine, voir : Lisa Mahapatra, « Indian Child Welfare Act: More Than 800 Native American Children Were Adopted In 2012. How Many Could Be Affected? », *International Business Times*, 19 août 2013.
http://www.ibtimes.com/indian-child-welfare-act-more-800-native-american-children-were-adopted-2012-how-many-could-be

[156] En 2010, les pays d'où provenaient la majorité des enfants adoptés aux États-Unis étaient la Chine (3 401 enfants), l'Éthiopie (2 513 enfants) et la Russie (1 082 enfants). Pour les sources, voir les notes suivantes.

[157] Selon les plus récentes recherches du National Council for Adoption, le nombre d'adoptions d'enfants américains aux États-Unis par l'entremise d'agences privées a connu une hausse constante de 1982 à 2007, passant de 14 549 à 20 254. Tandis que le nombre d'adoptions d'enfants américains continue de croître, les adoptions internationales ont connu une baisse considérable au cours des dernières années : 11 058 enfants en 2010, 9 319 en 2011, 8 668 en 2012 et seulement 7 092 en 2013.

Reuters, « International Adoptions By U.S. Parents Fell In 2012, Continuing Multi-Year Decline », *The Huffington Post,* 24 janvier 2013.
http://www.huffingtonpost.com/2013/01/25/international-adoptions-us-parents-2012_n_2547549.html

Raquel Bernal, Luojia Hu, Chiaki Moriguchi et Eva Nagypal, « Child Adoption in the United States: Historical Trends and the Determinants of Adoption Demand and Supply, 1951-2002 », *Research Gate.*
https://www.researchgate.net/publication/242494149_Child_Adoption_in_the_Unit
ed_States_Historical_Trends_and_the_Determinants_of_Adoption_Demand_and_S
upply_1951-2002

[158] Associated Press, « International adoption rates plummet, domestic numbers rise », *Christian Science Monitor*, 10 mai 2012.   http://www.csmonitor.com/The-Culture/Family/2012/0510/International-adoption-rates-plummet-domestic-numbers-rise

Robert Johnston, « Historical statistics on adoption in the United States, plus statistics on child population and welfare », 22 juin 2014.
http://www.johnstonsarchive.net/policy/adoptionstats.html

[159] Autres références à la panique de l'UNICEF et sa crainte de la traite d'enfants dans la foulée du séisme en Haïti :

ABC, « Trafficking fears as Haiti children go missing », 24 janvier 2010.
http://www.abc.net.au/news/2010-01-23/trafficking-fears-as-haiti-children-go-missing/1219762

« The Massive Race To Traffick Haitian Children (This Is Not Right) », *Nairaland forum*, 22 janvier 2010.

[160] Pour les sœurs McMutrie, voir : Jonathan Wander, « Pittsburghers of the Year: Jamie & Ali McMutrie », *Pittsburgh Magazine*, décembre 2010.
http://www.pittsburghmagazine.com/Pittsburgh-Magazine/January-2011/Pittsburghers-of-the-Year-Jamie-amp-Ali-McMutrie/

[161] Elisabeth Delatour Préval, la première dame d'Haïti, a involontairement contribué à l'hystérie lorsqu'elle a affirmé à la presse que « les enfants d'Haïti, à moins qu'ils n'obtiennent de l'aide, auront perdu leur enfance, leur innocence. »

Voir : Deborah Sontag, « Haiti's Children Adrift in World of Chaos », *The New York Times*, 26 janvier 2010.
http://www.nytimes.com/2010/01/27/world/americas/27children.html?pagewanted=all&_r=0

[162] Pour la conférence de presse d'Hillary Clinton, voir : UPI, « Clinton pledges to speed Haiti adoptions », 20 janvier 2010.
http://www.upi.com/Top_News/US/2010/01/20/Clinton-pledges-to-speed-Haiti-adoptions/UPI-98631264038353/#ixzz3GIoDAcBB

[163] Kirsten Edmondson Branch, « Broadcasting the SOS call of the #BRESMA Orphans », *Salon*, 17 janvier 2010.
http://open.salon.com/blog/kirsten_edmondson_branch/2010/01/17/broadcasting_the_sos_call_of_the_bresma_orphans_of_haiti

[164] John Seabrook, « The Last Babylift : Adopting a child in Haiti », *The New Yorker*, 10 mai 2010.

[165] Pour en savoir plus sur le branle-bas de combat des politiciens de Pennsylvanie désirant participer au sauvetage héroïque des orphelins haïtiens, voir : Andrew Roman, « Ex Attorney Loses in Political Skirmish Over Haitian Orphans », *Main Justice: Politics, Policy, and the Law*, 19 janvier 2010.

[166] Lorsque je lisais sur les « sœurs » McMutrie et les « orphelins », je supposais qu'il s'agissait de sœurs catholiques, des religieuses. Peut-être ne suis-je pas le seul. Ce n'est que bien plus tard, tandis que je menais des recherches pour ce livre, que j'ai réalisé qu'il s'agissait de véritables sœurs de sang.

[167] Département d'État des États-Unis, *Annual Report on Intercountry Adoptions*, décembre 2010.

Ginger Thompson, « After Haiti Quake, the Chaos of U.S. Adoptions », *The New York Times*, 3 août 2010.
http://www.nytimes.com/2010/08/04/world/americas/04adoption.html?pagewanted=all&_r=0

[168] En 2016, une vidéo du site Good Housekeeping est apparue sur mon fil de nouvelles Yahoo. Dans cette vidéo, on soutient que l'orphelinat BRESMA a été fondé parce que « Margarette Saint-Fleur voulait aider les parents des communautés les plus pauvres à envoyer leurs enfants à l'école plutôt que de les laisser à l'adoption

internationale ». Dans la vidéo, on fait allusion aux horreurs vécues par les enfants esclaves et affirme que Margarette Saint-Fleur sauvait les enfants de l'esclavage. On y prétend également que 50 % des enfants haïtiens ne vont pas à l'école, alors que le taux était plutôt d'environ 20 % à l'époque, et que « depuis l'ouverture de son orphelinat en 2001, Margarette Saint-Fleur a assuré l'instruction de plus de 2 000 enfants » – probablement l'affirmation la plus saugrenue de toutes. La vidéo ne mentionnait aucunement le partenariat entre Margarette Saint-Fleur et Ali et Emma McMutrie, qui a permis d'envoyer des centaines d'enfants en adoption à l'étranger, dont les 54 enfants emportés par le gouverneur Ed Rendell, certains même à l'insu de leurs parents. Une fois l'adoption internationale rendue pratiquement impossible par l'UNICEF, Margarette Saint-Fleur a changé de tactique et déjoué le nouveau plan de réunification des familles de l'UNICEF.

Voir : Good Housekeeping, « Margarette Saint-Fleur Runs A Children's Orphanage and School in Haiti », 2016.
https://www.yahoo.com/news/margarette-saint-fleur-runs-children-211205099.html

[169] Pour la citation du *Time* sur Mia Pean et le trafiquant fantôme, voir : Tim Padgett et Bobby Ghosh, « Human Predators Stalk Haiti's Vulnerable Kids », *Time*, 27 janvier 2010.

[170] Il est intéressant de noter que le dernier sauvetage attesté d'un survivant des décombres a eu lieu le 27 janvier, exactement au moment où les « prédateurs » ont fait leur apparition.

[171] Dans ce même article, le *Time* fait état de l'unique intervention crédible d'Haïtiens face à un traqueur d'enfants. Sans s'en rendre compte, ils ont ainsi décrit ce se produit dans les quartiers populaires haïtiens lorsqu'un individu est soupçonné d'avoir harcelé des enfants :

> Dans le quartier de Petite Place Cazeau à Port-au-Prince […] une foule de survivants aux séismes vivant dans des tentes ont encerclé un camion et tabassé le conducteur, qu'ils accusaient d'avoir tenté d'enlever de jeunes filles pendant plusieurs jours. Le nez, la bouche et le crâne ensanglantés, ce dernier est arrivé à rejoindre son camion et à s'enfuir. (La foule en colère a ensuite menacé de passer à tabac un journaliste pour avoir seulement posé des questions sur la traite d'enfants.)

Voir : Tim Padgett et Bobby Ghosh, « Human Predators Stalk Haiti's Vulnerable Kids », *Time*, 27 janvier 2010.

[172] La définition juridique d'un orphelin est un enfant qui a perdu ses deux parents, comme se le représentent également la plupart des Américains. Toutefois, comme c'est souvent le cas avec des questions juridiques, il y a des zones grises. Lorsque l'unique parent en vie d'un enfant ne peut s'en occuper, ce dernier peut être déclaré orphelin. Un enfant dont le père ne reconnaît pas la paternité et dont la mère n'est pas à même de s'en occuper peut aussi être déclaré orphelin. Mais peu importe, en définitive, l'enfant a *de facto* perdu ses deux parents. La définition pour les enfants nés en dehors des États-Unis cherchant à y immigrer est « un enfant n'ayant qu'un seul parent reconnu ou toujours en vie qui est incapable de subvenir aux besoins de base de l'enfant, conformément aux normes locales du pays d'origine, et qui, par écrit, a irrévocablement légué la garde de l'enfant à l'émigration et à l'adoption ». Tiré du site Web des définitions juridiques des États-Unis. http://definitions.uslegal.com/o/orphan/

[173] Le 1er février, Rebecca Fordham, de l'UNICEF, a déclaré dans une entrevue sur la Radio des Nations-Unis qu'« avant le tremblement de terre, de nombreux enfants placés en établissement avaient déjà des parents en vie ».

[174] Vingt-cinq pour cent de la population haïtienne est âgée entre 4 et 15 ans, et 32 pour cent entre 4 et 18 ans.

[175] Pour deux exemples de blogues démonisant les tuteurs d'enfants haïtiens pour solliciter des dons, voir :

http://www.godlikeproductions.com/forum1/message976170/pg1 1/28/10

http://stopchildsexslavery.blogspot.com/2010_01_01_archive.html 1/28/10

[176] Cette même semaine, à savoir deux semaines après le séisme, le Sénat américain s'est penché sur la situation. La sénatrice Mary Landrieu, de la Louisiane, a déclaré ceci à ses collègues sénateurs :

> Avant le séisme, il y aurait eu 380 000 orphelins en Haïti, d'après la définition de l'UNICEF. Nous ne savons pas si ce chiffre a doublé, triplé ou même quadruplé, mais je vous promets une chose : il a certainement augmenté. Nous sommes ici aujourd'hui pour plaider en faveur d'une méthode plus moderne pour identifier les orphelins haïtiens et les réunir avec leur famille ou leur trouver une famille ailleurs dans le monde aussi vite que possible.

Voici ce qu'on a aussi déclaré ailleurs :

> Le 28 janvier, le premier ministre Jean-Max Bellerive et la première dame Elizabeth Préval ont également fait part de leurs inquiétudes.

« Les enfants, à moins qu'ils ne reçoivent de l'aide, auront perdu leur enfance, leur innocence, a déclaré la première dame. C'est eux que nous devons aider les premiers. »

Voir : *The Sun*, « Traffickers prey on hordes of Haiti quake orphans », 27 janvier 2010.
http://www.thescottishsun.co.uk/scotsol/homepage/news/2827993/Traffickers-prey-on-hordes-of-Haiti-quake-orphanss.html

[177] Joseph Guyler Delva, « American Arrested Taking Children Out of Haiti », *Reuters*, 30 janvier 2010.
http://www.reuters.com/article/2010/01/30/us-quake-haiti-arrests-idUSTRE60T23I20100130

[178] BBC, « Haiti arrests U.S. nationals over child 'abductions' », 31 janvier 2010.
http://news.bbc.co.uk/2/hi/8489738.stm

[179] The People's Daily, « 10 Americans accused of smuggling Haitian kids », 1er février 2010.
http://english.people.com.cn/90001/90777/90852/6884520.html

[180] Ginger Thompson, « Bleak Portrait of Haiti Orphanages Raises Fears », *The* New York Times, 6 février 2010.
https://www.nytimes.com/2010/02/07/world/americas/07trafficking.html

[181] David Gauthier-Villars, Joel Millman et Miriam Jordan, « Missionary Case Illuminates Plight of Haiti's Orphans », *The Wall Street Journal*, 3 février 2010.
http://online.wsj.com/article/SB10001424052748704259304575043691704446642.html

Marc Lacey, « Haiti Charges Americans With Child Abduction », *The New York Times*, 4 février 2010.
http://www.nytimes.com/2010/02/05/world/americas/05orphans.html?pagewanted=all&_r=0

« Ten U.S. missionaries charged over attempt to kidnap and smuggle Haiti 'orphans' », *The Daily Mail*, 5 février 2010.
http://www.dailymail.co.uk/news/article-1248671/Ten-U-S-missionaries-charged-attempt-kidnap-smuggle-Haiti-orphans.html#ixzz2SfFe1JfT

BBC News, « US missionaries in Haiti charged with child abduction », 5 février 2010.
http://news.bbc.co.uk/2/hi/8499401.stm

[182] Pour les citations d'Andrew Cates, directeur général de Villages d'enfants SOS Royaume-Uni, voir : Andrew Cates, « Haiti Earthquake Appeal: False claims of 'million orphans' », *Villages d'enfants SOS* Royaume-Uni, 19 janvier 2010. http://www.soschildrensvillages.org.uk/news/previous-emergency-appeals/2010-haiti-earthquake/falseaccounting

[183] Encouragés par les propriétaires d'orphelinats, d'autres journalistes ont immédiatement fait monter les enchères. Nick Allen a écrit ceci dans le *Telegraph* : « Le premier cas confirmé d'enfant offert en vente depuis le séisme de magnitude 7,0 qui a dévasté Haïti le 12 janvier a eu lieu près des Gonaïves, à 150 km au nord de Port-au-Prince. » La « confirmation » avait été obtenue de nul autre que Noël Ismonin, un pasteur canadien qui prétendait venir au secours des orphelins des environs. Le pasteur Ismonin lui-même « ratissait les camps d'Haïtiens sinistrés à la recherche d'enfants à ramener aux Gonaïves ». Ses recherches n'ont pas été très fructueuses. Selon CBC News, « son offre était parfois rejetée sur-le-champ. "Ils vont être victimes de sévices", s'est lamenté un Haïtien dans un des camps, au grand dam de Noël Ismonin » (CBC, « Haitian children at risk of trafficking: UNICEF », 22 janvier 2010). Ensuite, qui l'eut cru, un homme est entré en contact avec le pasteur Ismonin pour lui proposer d'acheter le garçon auquel Nick Allen faisait référence. Fait intéressant, le pasteur aurait refusé, ce qui remet en doute l'idée d'un cas « confirmé ». Le pasteur Ismonin a déclaré par la suite avoir obtenu la garde de l'enfant gratuitement. Pour ce qui est de la vente d'enfants, on repassera. Lorsque des journalistes d'Ottawa, la ville natale de Noël Ismonin, ont tenté de l'interviewer à ce sujet, le bon pasteur a « refusé de parler directement de l'incident ». Nick Allen et le *Telegraph* n'ont présenté aucun autre cas « confirmé » de vente d'enfant. En bref, il s'agissait plutôt de journalisme bâclé. Cependant, sachant reconnaître une occasion de solliciter des dons lorsqu'elle en voit une, Kate Conrad, la porte-parole de Save the Children, n'a pas hésité à donner foi à ces allégations en rappelant quelques faits à Nick Allen : « Il y aurait un million d'enfants non accompagnés, orphelins ou ayant perdu un parent. Ils sont extrêmement vulnérables. »

Voir :

Nick Allen, « Haiti earthquake: orphans for sale for $50 », *The Telegraph*, 28 janvier 2010. http://www.telegraph.co.uk/news/worldnews/centralamericaandthecaribbean/haiti/7086466/Haiti-earthquake-orphans-for-sale-for-50.html

Oliver Pickup, « Haiti earthquake children sold by their parents for less than 76p each to traffickers, say UNICEF », *Daily Mail*, 22 février 2011.

http://www.dailymail.co.uk/news/article-1359152/Haiti-earthquake-children-sold-parents-80-PENCE-traffickers.html

Kris Westwood et Kenneth Jackson, « Ottawa Pastor Rescues Haitian Orphan From Being Sold », *QMI Agency*, 28 janvier 2010.
http://cnews.canoe.ca/CNEWS/Canada/2010/01/28/12650526-qmi.html

[184] Pour le contact de Laura Silsby au sein de l'ONU, voir : Nicole Colson, « Top of Form Christian Right kidnappers », *Socialist Worker*, 17 février 2010.
http://socialistworker.org/2010/02/17/christian-right-kidnappers

[185] La seule preuve d'agissements illicites se limite à l'acte pour lequel les missionnaires ont été arrêtés : avoir tenté de traverser la frontière avec des enfants sans papier. Ce qui cloche avec cette accusation, c'est que selon la presse et des organisations comme l'UNICEF et Save the Children, il y avait en Haïti « un million d'enfants orphelins, abandonnés ou séparés de leurs parents » ayant désespérément besoin de notre aide ; des trafiquants d'esclaves et des pervers rôdant dans tous les coins ; et un gouvernement haïtien en ruines, 30 pour cent de ses fonctionnaires ayant péri et le reste de l'effectif absent du travail. Loin de moi l'idée de défendre Laura Silsby, mais à la lumière de ces affirmations, certains pouvaient bien se demander comment elle était censée remplir les formalités pour sauver les enfants. En effet, quiconque croyait les nouvelles aurait très bien pu conclure qu'il relevait du devoir moral de sortir autant d'enfants que possible du pays. Il est tout aussi bizarre de voir la presse et le gouvernement haïtien soudainement affirmer qu'Haïti « a toujours des lois » et que Laura Silsby n'avait aucun droit de les « transgresser ». Et, bien que je n'aie guère de sympathie pour les gens du milieu de l'orphelinat, l'idée selon laquelle ils auraient tenté de faire passer « clandestinement » des enfants de l'autre côté de la frontière n'est rien d'autre qu'une déclaration grandiloquente. Des milliers d'Haïtiens et de Dominicains traversent chaque jour la frontière sans papiers. Les enfants en font autant sans faire l'objet d'une grande attention, voire aucune. Dans la foulée du séisme, la police haïtienne n'arrêtait personne à la frontière. Même chose de l'autre côté. Les autorités dominicaines laissaient tout simplement passer les milliers de bonnes âmes venues aider.

[186] Quelques exemples tirés des centaines d'articles de blogue publiés sur Laura Silsby :

Titus Presler, « Haitian Orphan Rescue Mission brings disgrace to Christian mission », 4 février 2010.
http://titusonmission.wordpress.com/2010/02/04/haitian-orphan-rescue-mission-brings-disgrace-to-christian-mission/

Marley Greiner, « Clueless in Boise: Charisa Coulter Still Doesn't Get It », 16 mars 2010.

http://dontadopthaiti.blogspot.com/2010/03/clueless-in-boise-charisa-coulter-still.html

Andy Kopsa, « The problem with Baptists and Haiti », 2 février 2010. http://akopsa.wordpress.com/2010/02/02/the-problem-with-baptists-and-haiti/

[187] The Associated Press, « Child rescued from Haiti rubble is orphaned again », 19 juin 2010.

[188] Le 5 février, on pouvait lire ceci dans le *Palm Beach Post* : « En dépit des circonstances, les travailleurs de l'UNICEF et autres défenseurs des enfants ont qualifié l'histoire de réussite parce que Sonson aurait pu être victime de la traite et des trafiquants qui, immédiatement après la tragédie, cherchaient à exploiter les survivants les plus vulnérables. »

[189] Pour le blogue de *Worldfocus* et les citations de Mohammad Al-Kassim, voir : Mohammad Al-Kassim, « A young orphan in Haiti steals a volunteer's heart », 2 mars 2010. http://worldfocus.org/blog/2010/03/02/a-young-orphan-in-haiti-steals-a-volunteers-heart/9881/

[190] Tom Evans, « Traffickers targeting Haiti's children, human organs, PM says », *CNN*, 27 janvier 2010.

[191] Pour un résumé de la légende urbaine relativement au lien entre les orphelins et le marché des organes, voir : Todd Leventhal, « Child Organ Trafficking Rumor: A Modern 'Urban Legend': A Report Submitted To The United Nations Special Rapporteur On The Sale Of Children, Child Prostitution, And Child Pornography By The United States Information Agency », *United States Information Agency Washington, D.C*, décembre 1994.

[192] Extrait du livre de M. A. Coulter :

> L'Américain Paul Waggoner a appris cette leçon en décembre 2010. Après avoir liquidé tous ses biens, il a quitté le Massachusetts pour Haïti en vue d'aider les victimes du séisme. Cofondateur d'une organisation humanitaire spécialisée dans les fournitures médicales et le soutien aux victimes de traumatismes, il était présent lorsqu'un bébé de 15 mois est décédé à l'hôpital dans la foulée du tremblement de terre. Le père de l'enfant, complètement désemparé, était convaincu que Paul Waggoner et les médecins traitants avaient drogué son fils pour lui prélevé des parties du corps. Le père a tenté une première fois de faire arrêter Paul Wagonner pour enlèvement, mais sans succès, en grande partie parce que le médecin avait signé l'acte de décès et une

déclaration sous serment. Par crainte, Paul Waggoner a quitté Haïti, mais y est retourné plus tard lorsque la question lui semblait réglée. Le père de l'enfant a convaincu un deuxième juge d'ordonner l'arrestation du bénévole. Paul Waggoner a été détenu dans une prison fédérale pendant les deux semaines qu'a duré l'enquête. Il a été formellement blanchi et relâché fin décembre. En Haïti, il revient à l'accusé de prouver son innocence. La présomption de culpabilité va de soi dès le début, comme l'ont appris à leurs dépens les 10 bénévoles américains et Paul Waggoner.

Voir : M. A. Coulter, *Aftershock: A Journey of Faith to Haiti*, WestBow, 2011.

[193] Le chef de la police n'a pas apporté de précisions lorsqu'il a mentionné « des organisations criminelles » et « les orphelinats ». Par contre, le commentaire du premier ministre ciblait très précisément le marché des organes. Ailleurs, les Haïtiens craignaient également que les étrangers ne volent leurs enfants pour prélever leurs organes. Cependant, il n'y avait aucune preuve et aucun antécédent à l'appui de la thèse du trafic d'organes. Aucune statistique d'experts d'ONG. Et les accusations étaient à ce point horribles qu'il aurait bien fallu fournir des preuves. Par contre, « esclavage » et « prédateurs sexuels », voilà des accusations que les ONG et l'ONU pouvaient appuyer. Il n'était pas nécessaire de fournir des preuves rigoureuses et cela semblait logique aux yeux des journalistes étrangers.

[194] Ginger Thompson, « Bleak Portrait of Haiti Orphanages Raises Fears », *The New York Times*, 6 février 2010.

[195] Voici un extrait plus long de l'article de Ginger Thompson :

À un orphelinat du nom de Foyer de la patience, les journalistes du *New York Times* ont trouvé « 50 enfants entassés dans deux chambres à coucher [...]. Certains gambadaient dans des vêtements trop grands ou trop petits pour eux, tandis que d'autres ne portaient rien du tout. Enoch Anequaire, le propriétaire, a déclaré aux journalistes qu'il avait lancé l'orphelinat cinq ans plus tôt mais qu'il n'avait toujours pas eu le temps d'acquérir une licence. Il a aussi affirmé fournir une instruction aux enfants, mais il n'y avait aucun livre, morceau de papier ou crayon dans la maison. Il a affirmé les nourrir trois fois par jours, mais quelques jours plus tôt, à midi, plusieurs enfants ont déclaré ne rien avoir mangé de la journée.

Et il ne faisait pratiquement aucun doute qu'ils avaient été recrutés :

> M. Anequaire, vêtements repassés et chaussures cirées, a déclaré être débordé par l'arrivée de nouveaux enfants depuis le séisme. Pointant cinq garçons arrivés mercredi dernier, il a raconté comment une tante les avait emmenés ici parce que leurs maisons s'étaient effondrées et que leurs mères n'arrivaient pas à les nourrir.

> Certains des enfants ont toutefois indiqué que c'était plutôt M. Anequaire qui était venu à leur recherche.

> « Il est venu à ma maison et a dit à ma mère qu'il avait besoin de 10 autres enfants », a déclaré l'un des garçons, dont nous préservons l'anonymat pour les protéger des représailles.

Ginger Thompson, « Bleak Portrait of Haiti Orphanages Raises Fears », *The New York Times*, 6 février 2010.

[196] Un mois avant le séisme, je sirotais une bière à l'hôtel Montana avec l'attachée culturelle de l'ambassade des États-Unis. Elle me racontait que les frais d'avocat pour une adoption étaient en moyenne de 10 000 $ par enfant, empochés en totalité par l'avocat. Elle m'avait appelé pour discuter d'une éventuelle recherche sur le sujet. Nous n'avons jamais eu la chance de mener cette recherche. Sa maison a été détruite par le séisme. Elle et son mari ont miraculeusement survécu, quoique gravement blessés.

[197] Tim Padgett et Jessica Desvarieux, « UNICEF Seeks to Keep Kids Out of Haiti Orphanages », *Time*, 18 février 2010.

[198] Rukmini Callimachi (Associated Press), « Some Haitian Children Orphaned Twice », *NBC News*, 20 juin 2010.
http://www.nbcnews.com/id/37789568/ns/health-childrens_health/t/some-haitian-children-orphaned-twice/#.V_6wAPkrLX4

[199] Marie-Thérèse Labossière Thomas, « The big business of haitian adoption », 15 mars 2010.

[200] Ian Urbina, « Paperwork Hinders Airlifts of Ill Haitian Children », *The New York Times*, 8 février 2010.
http://www.nytimes.com/2010/02/09/world/americas/09airlift.html?scp=1&sq=10 percent20children&st=cse

[201] Il s'agit d'une extrapolation à partir des données les plus récentes que j'ai pu trouver : en 2007, la Convention des baptistes du Sud a récolté 1,4 million de dollars en « cadeaux » et pour financer ses missions. Les avoirs immobiliers de l'organisation s'élevaient alors à 40 millions de dollars. (Source : Wm. Robert Johnston, *SBC giving,*

financial data).
http://www.johnstonsarchive.net/baptist/sbcdata2.html)

[202] Parmi les défenseurs de l'adoption internationale, on compte également la sénatrice démocrate Amy Klobuchar du Minnesota et des sénateurs comme Sam Brownback et James Inhofe.

> La Loi sur les familles pour les orphelins a été rédigée par la Coalition des familles pour les orphelins, dont DiFilipo, Luwis et Johnson figurent parmi les membres de la direction. S'il est adopté, le projet de loi, que le bureau de Landrieu déposera de nouveau cette année, permettrait la création d'un bureau spécial au sein du Département d'État chargé de superviser les adoptions internationales et d'offrir de l'aide au développement aux États qui aideront les orphelins à obtenir des soins parentaux permanents, y compris par l'entremise de l'adoption internationale – un critère qui deviendrait une condition à l'aide au développement, selon les détracteurs du projet. Dans une lettre d'opinion publiée dans le *Washington Examiner* en mars 2010, Landrieu et Inhofe, les promoteurs du projet de loi, ont suggéré qu'un tel bureau pourrait faciliter l'adoption de dizaines de milliers d'enfants haïtiens supplémentaires aux États-Unis.

Kathryn Joyce, « The Evangelical Adoption Crusade », article de blogue, 21 avril 2011.

[203] D'après l'article de Rukmini Callimachi, « Adoption restrictions separate Canadian aid worker from boy », *Associated Press*, 19 juin 2010.

[204] Melissa Steffan, « Haiti Orphanages Are Overflowing–But Not with Orphans Facilities face closure because 80 percent of 'orphans' have at least one living parent », article de blogue, 7 décembre 2012.

[205] Mackenzie Carpenter, « Fallout felt from airlift of Haitian orphans », *Pittsburgh Post-Gazette*, 12 janvier 2011.

[206] David Gauthier-Villars, Miriam Jordan et Joel Millman, « Earthquake Exposes Haiti's Faulty Adoption System », *The Wall Street Journal*, 27 février 2010.

[207] Dans le cadre d'une recherche dans le département Nord-Ouest d'Haïti, j'ai découvert que 25 pour cent de tous les enfants haïtiens (orphelins ou non) étaient élevés non pas par leurs parents, mais par leurs grands-parents, normalement les parents de la mère et plus particulièrement la grand-mère. Ainsi, le statut d'orphelin en Haïti ne nous révèle pas grand-chose sur les besoins de l'enfant. Plus précisément (et j'ai effectué ce calcul à partir d'enquêtes), en tenant compte de l'âge, l'Haïtien

moyen avait 10 frères et sœurs (incluant les demi-frères et demi-sœurs) ; 20 oncles et tantes (incluant les demi-frères et demi-sœurs des parents) ; environ 35 cousins germains (un nombre qui deviendra quatre fois plus grand au cours d'une vie) ; un maximum de 12 grands-parents (quatre grands-parents et un possible total de huit arrières-grands-parents) ; et pas moins de 40 grands-oncles et grand-tantes (les frères, sœurs, demi-frères et demi-sœurs des grands-parents). En plus de ses parents biologiques, un enfant haïtien avait deux pères fictifs et deux mères fictives (les parrains et marraines). Pour un résumé, voir : Timothy Schwartz, « The Most Vulnerable: A Needs Assessment and Evaluation of Institutions Serving Vulnerable Populations in the Northwest Department and the Northern Artibonite », rapport commandé par *CARE International*.

[208] L'UNICEF était en Haïti depuis 1949 ; Save the Children, depuis 1976 ; World Vision, depuis 1978 ; et CARE, depuis 1954. Pour en savoir plus, consulter leurs sites Web respectifs.

[209] En bref, la plupart des parents haïtiens qui plaçaient leurs enfants dans les orphelinats ne se débarrassaient pas du tout de leurs enfants, comme la presse l'a si souvent suggéré. La plupart du temps, ils cherchent à améliorer l'éducation de leur enfant et à obtenir de l'aide pour eux-mêmes et les autres membres de leur famille. Ce que je décris, cette conception des orphelinats et des écoles en tant qu'occasion d'obtenir de l'aide, désarçonne ceux qui ignorent le contexte. Ils ne connaissent pas les avantages et la plupart ne peuvent même pas se les représenter. D'emblée, les étrangers qui viennent apporter leur aide ne comprennent pas ce qui se passe. Ce qu'ils voient, c'est une espèce de cercle vicieux incompréhensible qui mène de plus en plus de parents à laisser la garde de leurs enfants aux orphelinats. Voilà exactement pourquoi Arno Klarsfeld, envoyé à Port-au-Prince par le président français Nicolas Sarkozy pour formuler des recommandations sur la façon de réglementer les adoptions, est revenu en déclarant que « quelque chose cloche du point de vue moral. C'est un cercle vicieux. Plus d'orphelinats ouvrent leurs portes, plus de parents sont tentés d'y placer leurs enfants. »

Voir : David Gauthier-Villars, Miriam Jordan et Joel Millman, « Earthquake Exposes Haiti's Faulty Adoption System » *The Wall Street Journal*, 27 février 2010. http://www.wsj.com/articles/SB10001424052748704625004575089521195349384

[210] Cela peut être difficile à comprendre pour bon nombre d'entre nous, mais il est question de combler l'écart entre les plus pauvres et les plus riches de l'hémisphère occidental. Il est question de laisser derrière la malnutrition, les maladies, l'analphabétisme, d'intenses travaux physiques quotidiens et des taux de mortalité infantile de 20 pour cent. Pour la plupart des pauvres, la question ne se pose même

pas : quiconque voudrait les empêcher d'avoir accès aux orphelinats n'est rien de moins qu'un sans-cœur.

[211] John Seabrook, « The Last Babylift: Adopting a child in Haiti », *The New Yorker*, 10 mai 2010.
http://www.newyorker.com/magazine/2010/05/10/the-last-babylift

[212] Voir : Kathryn Joyce, « The Evangelical Adoption Campaign: As Bill Clinton works to spring U.S. missionaries charged with kidnapping in Haiti, the case highlights a new evangelical strategy: Adopt Third World babies and convert them », *The Daily Beast*, 6 février 2010.
http://www.thedailybeast.com/articles/2010/02/06/evangelicals-adoption-battlecry.html

[213] Dans son empressement à agir pour sauver ce million d'enfants, la direction de ces organismes de protection de l'enfant avait oublié que la plupart de leurs programmes n'existent que sur papier. Après un total cumulé de 260 ans en Haïti, ni l'UNICEF, ni World Vision, ni Save the Children, ni Compassion International n'avait de système de surveillance en place. Deux ans après la catastrophe, aucune de ces organisations ne répondra aux questions sur le nombre d'enfants qu'elle parrainait ni le nombre de ces enfants tués par le séisme. Je n'ai rien eu de mieux que la réponse ci-dessous de Save the Children et, malgré un suivi, je n'ai jamais eu de réponse sur le nombre d'enfants tués. Sans doute l'organisme l'ignore-t-il, ce qui suggère qu'il n'est pas en contact régulier avec ces enfants au nom de qui il collecte des chèques mensuels. Selon moi, si un organisme de parrainage est incapable de me dire combien d'enfants parrainés sont morts lors du séisme ou de rendre cette information publique ailleurs, sur leur site Web ou à la presse, cela ne peut signifier qu'une chose : l'organisme n'est pas en contact avec ces enfants et, par voie de conséquence, nous trompe en ce qui concerne la façon dont l'argent destiné au parrainage des enfants est dépensé. Dans le message suivant de Save the Children envoyé le 16 mai 2013, il convient de noter que le nombre de parrains a doublé depuis le tremblement de terre.

Cher M. Schwartz,

Merci d'avoir pris contact avec Save the Children.

Veuillez nous excuser du délai nécessaire à la compilation de ces statistiques. Voici les renseignements sur la couverture de parrainage de Save the Children en Haïti avant et après le séisme :

Avant le séisme / après le séisme (en date d'aujourd'hui)

Nombre d'enfants parrainés : 18 900 / 24 000
Nombre de parrains : 2 400 / 5 000

N'hésitez pas à nous joindre pour toute autre question.

Nous apprécions votre appui généreux de Save the Children et de nos programmes à l'origine de changements réels et durables dans la vie des enfants.

Meilleures salutations,

L'équipe du centre d'information
Services aux donateurs
Save the Children
twebster@savechildren.org

800-728-3843 (appel des États-Unis) ; 203-221-4030 (appel de l'extérieur des États-Unis)

54 Wilton Road, Westport, CT 06880

Save the Children, la première organisation indépendante au monde pour les enfants, est présente dans 120 pays, dont les États-Unis.

New Missions constitue un autre exemple. L'organisme prétend avoir 5 000 employés et enfants parrainés, tous à Léogâne, l'épicentre du séisme. New Missions n'a pas répondu à mes demandes de renseignements. Son site Web mentionne toutefois sept décès :

Nous honorons le souvenir de ceux qui ont péri le 12 janvier 2010 en Haïti :

Manoucheka Calixte, 20 ans, de notre église et notre école primaire Ambas-Pere.
Duroucher Mickerlange, 6 ans, de notre église et notre école primaire Signeau.
Presumay Lovelie, 12 ans, de notre église et notre école primaire Marechal.
Sainthilus Léane, 4 ans, de notre église et notre école primaire Brache-Gilles.
Masse Kerrytoine, 7 ans, de notre église et notre école primaire Brache-Gilles.

> Malise Vallière, 20 ans, de notre église et notre école secondaire
> Ambas-Pere.
> Nadège Bertrand, enseignante de maternelle à notre école primaire
> Bordmer.

Comme on pouvait s'y attendre, certains lecteurs furent stupéfaits d'apprendre que le séisme avait fait si peu de morts. Cette réalité ne fut non pas mise sur le compte de parrainages bidon, mais sur la foi en Dieu. Voici l'un des commentaires :

> Jackie Novick : C'est incroyable que si peu de personnes sont mortes
> après un événement aussi grave. Cela témoigne de toute la force de la
> foi des gens de New Missions...

Voir : Page Facebook de New Missions : https://www.facebook.com/notes/new-missions-official-page/remembering-those-we-loss/276348994356/

[214] Le silence de l'UNICEF sur cette question suggère que bon nombre des membres de l'organisation savaient que les chiffres avancés par Save the Children étaient exagérés ou, à tout le moins, ils doutaient de leur plausibilité. Et, tout aussi accablant, ils ont permis à la presse et à Save the Children de faire ces déclarations et de les attribuer à l'UNICEF sans jamais les réfuter.

[215] Précisons que l'organisation Villages d'enfants SOS avait indiqué dans son blogue qu'au final, le nombre d'enfants rendus orphelins par le tsunami en Indonésie était de 2 à 3 pour cent du nombre de morts. Mais même si le nombre était dix fois plus élevé, l'argument reste le même : l'ampleur des exagérations était monstrueuse et en Haïti, même si un enfant perd un de ses parents ou les deux, il ne se retrouve pas dans la même situation que dans un pays développé, où peu de membres de sa famille sont prêts à l'adopter. Au contraire, l'une des raisons pour lesquelles les orphelinats haïtiens ont de la difficulté à trouver de « véritables » orphelins est parce que ces derniers ont de nombreux membres de leur famille prêts à s'occuper d'eux.

Voir : Villages d'enfants SOS, « Haiti Earthquake Appeal: False claims of 'million orphans' », 19 janvier 2010.
http://www.soschildrensvillages.org.uk/news/previous-emergency-appeals/2010-haiti-earthquake/falseaccounting

[216] Par exemple, UNICEF Haïti a partagé un lien sur la page Facebook de l'UNICEF vers un article de Deborah Sontag qui contenait l'affirmation suivante : « Selon les défenseurs des droits de l'enfance, il y aurait en Haïti 250 000 *restaveks* – des enfants qui travaillent à titre de domestique sans être payés parce que leurs parents n'ont pas les moyens de les élever. »

Deborah Sontag, « The Ultimate Have-Nots in a Society of Have-Nots ». *The New York Times*, 21 mai 2010.
http://lens.blogs.nytimes.com/2013/05/20/haitis-child-servants/?hp

https://mbasic.facebook.com/UNICEFhaiti?v=timeline&timecutoff=1394203717&page=10§ionLoadingID=m_timeline_loading_div_1388563199_1357027200_8_10&timeend=1388563199×tart=1357027200&tm=AQBgqKc6R1oxVK5O

[217] Un de mes amis haïtiens m'a proposé une autre hypothèse qui expliquerait pourquoi l'UNICEF et les autres organismes de protection de l'enfant attaquaient les orphelinats et prétendaient soudainement être en mesure de retracer les enfants. Il qualifiait sarcastiquement les deux institutions d'« organismes de collecte d'enfants ». Ce qu'il insinuait par là, c'est que les organismes de protection de l'enfant comme l'UNICEF et les orphelinats se disputaient la montagne de dons provenant des donateurs étrangers qui veulent aider les enfants haïtiens dans le besoin. D'un côté, nous avons l'UNICEF et les organismes de protection de l'enfant, qui veulent l'argent destiné au parrainage des enfants (c'est donc dire que, idéalement, ces organismes serviraient de gardiens et contribueraient à l'instruction, à l'alimentation et aux soins des enfants, qui resteraient à la maison). De l'autre côté, nous avons les orphelinats, qui veulent prendre en charge les enfants et en faire adopter une minorité à l'étranger (moyennant au passage des frais exorbitants).

[218] Pour les réalisations de l'UNICEF, voir :

UNICEF, « Haiti earthquake: How UNICEF has helped ».
http://www.unicef.ie/NewsMedia/Haiti-earthquake-How-UNICEF-has-helped-72-294.aspx

UNICEF, « Haiti Two Years On: UNICEF in Action », 11 janvier 2012.
https://www.unicef.ie/stories/haiti-two-years-on-unicef-in-action/

[219] Pour le centre d'appel prétendument mis en place « immédiatement » après le séisme, voir :

Rapport sommaire : Lan Timoun « A Six-Month Report on the Triumphs, Challenges and Failures of Providing Services to Children in Haiti ».
http://jointcouncil.org/wp-content/uploads/2011/02/Triumphs-Challenges-and-Failures-of-Providing-Services-to-Children-in-Haiti.pdf

UNICEF, « UNICEF Call centre responds to needs of separated children in Haitian quake zone ». http://www.unicef.org/protection/haiti_53986.html

Cifora Monier, « Call centre responds to needs of separated children in Haitian quake zone », *UNICEF Ireland Blog*, 18 juin 2010.

[220] Curieusement, Mario Andresol a aussi fait passer le nombre de prisonniers évadés de 4 000, le nombre qu'il citait aux journalistes depuis le séisme 17 jours plus tôt, à 7 000.

[221] En vérité, les journalistes avaient inventé l'expression « épidémie de viols » deux ans plus tôt à propos des viols en Haïti. L'expression était sur le point de renaître.

[222] Autres manchettes notables publiées dans la semaine qui suivit :

Katherine Baldwin, « Les survivants du séisme victimes de viol », *Reuter*, 1er avril 2010.

Nina Lakhani, « Le nombre de viols en hausse dans les camps haïtiens », *The Independent*, 7 février 2010.

[223] Les spécialistes de la condition féminine de l'ONU et des organismes humanitaires étaient persuadés qu'il y avait un nombre anormalement élevé de viols. Les journalistes ont commencé à retransmettre leurs messages avec une éloquence à glacer le sang : « En ce qui concerne la violence sexuelle, on la sent tout simplement lorsque l'on pénètre ces camps », écrivait Liesl Gernholtz dans le *The Daily Beast* le 9 mars.

[224] Cette histoire, comme toutes les autres, provenait de KOFAVIV, et en différentes versions. Voici la version de Beverly Bell :

> L'histoire qui suit provient de Helia Lajeunesse, une formatrice sur les droits de l'enfance de KOFAVIV. La petite-fille de Helia Lajeunesse, Timafi Youyoute (nom fictif), quatre ans, vit en dehors de la ville de Jérémie avec sa mère, le copain de sa mère et sa petite sœur qui vient de naître. Le 14 mars, la mère envoya Timafi à la maison du voisin pour acheter un pot de riz. Alors qu'elle sortait de la maison du voisin, Dekatrel Jacqué, 17 ans, a offert de la ramener chez elle. Il l'a plutôt amenée au cimetière, où il a couvert la bouche de la petite fille avec sa main avant de la violer.

Comme on peut le constater, dans la version de Beverly Bell, c'est à Jérémie que l'enfant vivait et a été violée, loin de Port-au-Prince. Beverly Bell m'a assuré qu'elle connaissait « très bien » l'enfant et la famille et qu'elle avait ainsi « suivi de près l'attaque et les suites de l'incident ». Il n'y aurait donc pas de raison de croire qu'elle se serait trompée. Le 21 novembre 2011, Angela Robson écrivait ceci dans le Guardian :

> « La situation était déplorable, a raconté Helia (Lajeunesse). Nous buvions dans des flaques d'eau et dormions dehors. La nuit, des gangs armés venaient dans la cour et terrorisaient tout le monde. »

> Helia était inquiète au point d'envoyer sa petite-fille vivre avec un parent dans un camp de déplacés en périphérie de Port-au-Prince. Cette semaine-là, l'impensable s'est produit. La petite-fille de cinq ans a été violée. « J'ai tourné la page en ce qui concerne ma propre expérience, s'est exclamée Helia. Mais comment peut-on jamais tourner la page sur une telle atrocité ? Il a déchiré son petit corps. »

Je ne dis pas que la grand-mère a menti, mais il est difficile d'accepter le fait que deux des plus grands journaux du monde ont rapporté des versions extrêmement différentes d'une même histoire lorsqu'il s'agit d'un incident aussi grave et délicat. Et ça n'aide pas la cause des personnes qui soutiennent avoir été violées. En effet, Helia Lajeunesse a été victime d'un viol en 2004. L'agresseur a aussi violé sa fille de 17 ans et Timafi, sa petite-fille, serait née de cette agression. Nous faisons donc face à trois générations de victimes de viol. De plus, Helia Lajeunesse est l'une des directrices de KOFAVIV connues pour son franc-parler. Pourquoi modifier l'histoire ?

[225] J'ai vécu par intermittence un total de 20 ans en Haïti. Oui, les hommes haïtiens peuvent être sexuellement agressifs. Ils sont encouragés à se comporter ainsi. Il s'agit pratiquement d'une institution culturelle. J'ai publié des articles spécialisés sur le sujet et l'un des chapitres de mes livres y est consacré. Je ne doute pas que des femmes sont victimes de viols en Haïti. Cependant, toutes ces incohérences ne tiennent pas la route. Une femme haïtienne plaquée au sol, battue et victime d'un viol collectif. Cela arrive sans doute, mais ce n'est certainement pas commun ni culturellement « haïtien ».

[226] La seule similitude entre ces deux comptes rendus est le fait que les filles des coordinatrices de KOFAVIV se sont présentées devant la police. Selon la version de Beverly Bell, elles ont été insultées. On leur a dit de porter plainte au président. Selon la version de Michelle Faul, la police aurait répondu qu'elle en avait déjà par-dessus la tête avec d'autres violeurs et qu'elle n'avait pas de temps pour elles.

[227] « Y a-t-il des viols dans votre camp ? » Je discute avec Johanne Louis, une jeune femme de 22 ans qui a travaillé avec moi pendant deux semaines. Nous devions coordonner des ONG à Léogâne, une histoire que nous verrons bientôt plus en détail. Nous sommes devenus proches et avions de bonnes relations. Elle me parlait candidement de la violence de gangs dans le quartier. Elle m'a raconté une fois comment cinq ans plus tôt un gang avait envahi le quartier où elle habitait et avait expulsé elle et sa famille de leur maison. Elle vit maintenant à Cité Simone, qui fait partie de Cité Soleil, jadis considérée comme le quartier le plus dangereux de Port-au-Prince par l'ONU. Les gangs règnent dans le quartier, qui est à ce point dangereux que ni la police nationale haïtienne ni les Casques bleus n'ont pu y pénétrer dans les trois années qui ont fait suite au coup d'État de 2014. Lorsque l'ONU est finalement

entrée dans le quartier, les 350 soldats onusiens ont tiré 22 000 balles en sept heures. Personne ne sait combien de personnes ils ont tuées. Cité Soleil a longtemps été considérée comme l'épicentre des viols à Port-au-Prince.

— Non. Il y a certains endroits où ils attendent. Par exemple, à l'ambassade des États-Unis, où tu m'as rencontrée pour la première fois. Tout le monde sait que c'est un endroit dangereux. Ils attendent la nuit.

— Ils ont des armes à feu ?

— Probablement.

— Mais c'était la situation avant le tremblement de terre, non ?

— Oui.

— Est-ce pire maintenant ?

— C'est ce qu'on dit.

— As-tu déjà eu des problèmes ?

— Non.

— Connais-tu quelqu'un qui a été violé ?

— Non, mais j'ai vu des filles pleurer.

— Comment sais-tu qu'elles ont été violées ?

— C'est ce qu'on dit.

— Mais toi et tes amies n'avez jamais été violées ?

— Non.

[228] Voici ce que m'a dit Yolette avant que je ne quitte les lieux : « Je n'aime pas que vous vous soyez tout simplement invité. Par contre, dit-elle avec une pointe de sourire, savez-vous pourquoi j'ai dit oui à vos "deux secondes" ? D'abord, parce que vous parlez créole. C'est très rare parmi tous ces étrangers qui viennent ici et ça me rend très heureuse. Enfin, parce que je vois que vous cherchez à connaître la vérité. »

[229] Pour les communiqués de l'ambassade des États-Unis dans lesquels les membres du FRAPH sont qualifiés de « dérangés armés », voir : Larry Rohter, « Cables Show U.S. Deception on Haitian Violence », *The New York Times*, 6 février 1996. http://www.haitiaction.net/News/nyt2_6_96.html

[230] Pour le FRAPH et Emmanuel « Toto » Constant, voir :

Allan Nairn, « Our Payroll, Haitian Hit », *The Nation*, 9 octobre 1995. http://www.thirdworldtraveler.com/Foreign_Policy/HaitiOct95_Nairn.html

En octobre 2006, dans le cadre d'une action intentée par le Centre pour la justice et la responsabilité (Center for Justice and Accountability), un tribunal fédéral de New York a ordonné à Emmanuel « Toto » Constant de verser la somme de 19 millions de dollars à titre de dommages et intérêts à trois femmes violées par le FRAPH. Selon le tribunal, « Le comportement de Constant était clairement malveillant. En tant que commandant du FRAPH, Constant a fondé et dirigé une organisation qui se consacrait essentiellement à terroriser et à torturer les opposants politiques du régime militaire. Sa direction – ou, à tout le moins, son approbation – de la campagne de violence du FRAPH sous l'égide de l'État constitue une violation inexcusable des lois internationales et mérite une sanction sévère. »

En 2008, Constant a été reconnu coupable de fraude hypothécaire et condamné à 37 ans de prison. D'après les renseignements sur les détenus du Département des services correctionnels de l'État de New York, Constant serait actuellement incarcéré dans une prison à sécurité maximale de New York. En date du 3 février 2011, il serait incarcéré au Centre de détention de Coxsackie.

Pour *Êtes-vous psychopathe ?*, voir : *Êtes-vous psychopathe ? : voyage d'un candide au pays des désordres mentaux*, un livre de Jon Ronson dans lequel l'auteur explore le concept de la psychopathie ainsi que « l'industrie » plus globale de la santé mentale, notamment les professionnels de santé et les médias de masse. Le livre est demeuré toute l'année 2012 sur la liste des meilleurs vendeurs du Royaume-Uni et dix semaines sur la liste des best-sellers du *New York Times*.

[231] Anne Fuller, « Challenging Violence: Haitian Women Unite Women's Rights and Human Rights », *Association of Concerned Africa Scholars*, Special Bulletin on Women and War, Spring/Summer.

[232] Human Rights Watch, *Rape in Haiti: A Weapon of Terror*.

[233] Pour le discours de Clinton sur le retour d'Aristide, voir : Washington Post, *Text of President Clinton's Address on Haiti*.
https://www.washingtonpost.com/archive/politics/1994/09/16/text-of-president-clintons-address-on-haiti/1bd152b0-10e9-48aa-a995-c688c19f4583/

[234] Je tiens à préciser clairement que je ne remets pas en doute ces atrocités. Par égard pour les personnes qui furent victimes d'agressions ou témoins de l'assassinat de membres de leur famille, je souligne que mon commentaire ne constitue pas un désaveu de ces incidents. De tels incidents ont définitivement eu lieu. Il va sans dire que le FRAPH a mené une campagne de terreur. La question est plutôt l'ampleur de cette campagne de terreur, les exagérations de l'opposition et les motifs de ces exagérations. J'aimerais notamment souligner qu'il est injuste pour les victimes réelles de se voir incluses dans un groupe de centaines, voire de milliers de charlatans. En conséquence, les véritables victimes sont relativement insignifiantes, une statistique de plus dans une mer de souffrances et d'abus. Ceux et celles qui se sentent concernés par les réelles victimes devraient en tenir compte. Par ailleurs, en multipliant le nombre de victimes, on multiplie, par voie de conséquence, le nombre d'agresseurs crédibles.

Autrement dit, parce qu'on fait état d'un nombre aussi élevé de victimes, il en découle un grand nombre de criminels, beaucoup plus qu'en réalité.

Et lorsqu'on se penche sur le véritable nombre de cas corroborés de violence étatique, on découvre que celui-ci est étonnamment très inférieur à celui des États-Unis.

Par exemple, de 1993 à 1996 à New York, 16 767 plaintes ont été déposées contre des policiers : fouilles illégales, invasion de propriété, agressions physiques, viols et meurtres. De ces plaintes, 690 avaient assez de preuves pour être corroborées. Pratiquement aucune mesure disciplinaire n'a été prise. Des 264 plaintes corroborées de 1995, aucun policier n'a été jugé pour un crime, seulement 52 ont fait l'objet de mesures disciplinaires, quatre ont été suspendus et un seul – oui, un seul – a été licencié. Soixante-dix pour cent ont tout simplement fait l'objet de réprimandes ou perdu un jour de vacances. C'est deux ans plus tard, en 1997, qu'a eu lieu l'incident tristement célèbre des deux policiers de la ville de New York ayant sodomisé Abner Louis, un immigrant haïtien, avec le manche d'un débouchoir à toilettes, après quoi ils lui ont poussé le manche de force dans la gorge. Les représentants du commissariat de police ont tenté d'étouffer l'histoire en prétendant que les blessures infligées étaient le résultat « d'activités homosexuelles anormales ». (Ultimement, il s'avéra difficile d'étouffer l'histoire. Abner Louis a passé plusieurs mois à l'hôpital, où on a dû recoudre ses intestins). On ignore à quelle fréquence de tels comportements se produisent dans la « plus grande démocratie du monde ». Dans une étude comprenant 12 000 citoyens de villes des États-Unis choisis de manière aléatoire, seulement 30 pour cent des victimes d'exactions ou de brutalité policières signalent avoir déposé plainte. Selon *Dateline News*, la moitié de ceux ayant déposé plainte à New York ont fait face à une résistance systématique, à de l'insolence et à la non-conformité de policiers censés recevoir leur plainte. Un petit nombre d'entre eux ont été subséquemment harcelés, battus et même arrêtés injustement pour des crimes inventés.

Pour en revenir à Haïti : si plusieurs centaines de spécialistes des droits de la personne ayant collecté pendant trois ans des données sur les abus et la répression systématique n'ont trouvé que 73 cas corroborés, la situation n'est pas si alarmante.

Par ailleurs, toute personne cherchant à défendre la junte militaire – il convient de noter que je ne suis pas l'un deux – pourrait souligner qu'aux États-Unis, c'est rarement un maire, un gouverneur ou le président à qui on reproche la brutalité policière. On considère normalement que l'impunité d'un tel comportement est attribuable à une faute du système. Par ailleurs, à la lumière des taux de brutalité policière aux États-Unis, on pourrait soutenir que la junte militaire haïtienne qui a dirigé le pays de 1991 à 1994 devrait être félicitée pour avoir maintenu des taux d'abus de pouvoir aussi bas, beaucoup plus bas que dans une ville dite moderne comme New York.

Voir : Revolutionary Worker n° 982, *If You Dare Complain About Police Abuse...: The record of New York's Civilian Complaint Review Board*, 15 novembre 1998. http://revcom.us/a/v20/980-89/982/ccrb.htm

Voir également : *Complaint Review Board* (CCRB) de New York, 1993, p. 196-205.

[235] Pour les données sur les vacances scolaires printanières, voir :

David Disalvo, « Why the Spring Break Rape Total in Daytona Beach will Keep Rising », 19 mars 2010. http://trueslant.com/daviddisalvo/2010/03/19/why-the-spring-break-rape-total-in-daytona-beach-will-keep-rising/

Daytona Beach Post, « Daytona Beach: Florida's Rape Capital », 22 mars 2010. http://www.daytonapost.com/2010/03/daytona-beach-floridas-rape-capital.html

[236] Lorsque Aristide a repris le pouvoir, son administration a encouragé les habitants des quartiers populaires à former des groupes de défense appelés « brigades vigilance ». Il s'agissait essentiellement du même phénomène que le FRAPH, mais à l'autre extrémité du spectre politique. Selon une note de service des États-Unis intitulée *MO Overlapping Membership*, qu'il s'agisse de la droite (les membres du FRAPH de 1991 à 1994) ou de la gauche (les sympathisants d'Aristide censés être de gauche), les hommes étaient souvent les mêmes. Les brigades étaient maintenant assimilables à des organisations de « développement », un peu comme CARE, Christian Relief Services ou l'UNICEF. Les durs à cuire des quartiers faisaient profession dans les groupes de défense. Pour la note de service, voir : Erica James, « Democratic Insecurities: Violence, Trauma, and Intervention in Haïti », *California Series in Public Anthropology*, 2010, p. 267.

[237] La MICIVIH a signalé 66 cas de viol « de nature politique » entre janvier et mai 1994.

Un rapport publié par la MICIVIH après le retour d'Aristide a permis de faire la lumière sur l'identité des victimes de viols. Cinquante-deux pour cent des femmes victimes de viol examinées par l'unité médicale de la MICIVIH durant une période d'échantillonnage étaient de proches parentes de militants, tandis que seulement 18 pour cent étaient des militantes elles-mêmes (un « militant » étant défini comme un membre d'une organisation ou d'un parti politique). D'après un autre échantillon d'hommes et de femmes victimes de différents types d'exactions, 64 pour cent des hommes étaient des militants et 20 pour cent des sympathisants, tandis que ces proportions étaient respectivement de 30 pour cent et de 40 pour cent chez les femmes.

Voir : Anner Fuller, « Challenging Violence: Haitian Women Unite Women's Rights and Human Rights », *Association of Concerned Africa Scholars*, Spring/Summer, Special Bulletin on Women and War, 1999.

[238] J'ai eu beau essayer, aucun des demandeurs d'asile pour qui j'ai traduit n'a été accepté. Cela dit, je connais deux « réfugiés » dont la demande a été approuvée. Les deux sont des hommes. L'un d'eux a tué une femme dérangée dans les rues de Port-de-Paix. Elle avait fracassé le pare-brise de son camion-taxi. Il est sorti et a fracassé son crâne avec un pied-de-biche. Elle est morte. Il a été arrêté et emprisonné. Lorsqu'il a fini son temps en prison, il a pris ses papiers, est sauté un un bateau de réfugié puis a utilisé ces papiers pour prétendre avoir été persécuté en Haïti pour ses opinions politiques. L'autre histoire est semblable. Elle concerne mon premier ami en Haïti. Nous nous sommes rencontrés à Mole-St-Nicolas, une petite localité reculée où il était capitaine dans l'armée haïtienne. Pendant la deuxième année de la junte au pouvoir, il a eu un différend avec un autre officier. Tous deux percevaient des pots-de-vin pour les bateaux chargés d'immigrants qui quittaient Haïti (pour quitter le pays, les immigrants devaient payer les militaires). Lors d'une altercation au sujet de l'argent, mon ami a pointé son arme vers son collègue. Il s'est rapidement trouvé en prison et, lui aussi, a plus tard utilisé ses papiers pour prétendre qu'il avait été persécuté pour des raisons politiques en Haïti.

[239] S'il vous semble terrible de prétendre avoir été persécuté pour obtenir un visa, je vous réponds, pourquoi pas ? Quel père, frère, fils, sœur, mère ou fille ne ferait pas tout ce qui est en son pouvoir pour passer les formalités d'immigration et aider sa famille pauvre en Haïti ? Et, même si je n'étais pas conscient de la portée de ce qui se déroulait devant moi à ce moment, quel genre de personne serais-je si je n'avais pas aidé ces demandeurs d'asile à passer ces formalités ?

[240] Certaines sources sur la question de l'asile politique :

Commission de l'immigration et du statut de réfugié du Canada, *Impact of the September 1991 Coup*, Direction des recherches, Commission de l'immigration et du statut de réfugié, 1er juin 1992.

Phillipe Gerard, *Clinton in Haiti. The 1993 US Invasion of Haiti*, Palgrave MacMillan, New York.

Migration News, « Clinton Changes US Policy on Haitian Refugees », juin 1994, vol. 1, n° 5.

Service de nouvelles du *New York Times*, « UN Has Asylum Plan For Haiti Boat People », 3 décembre 1992.

Ruth Ellen Wasem, « U.S. Immigration Policy on Haitian Migrants Specialist in Immigration Policy », *Congressional Research Service*, 17 mai 2011.

[241] Le gouvernement du président George H. W. Bush et les services d'immigration ne furent pas dupes. La plupart des réfugiés ont été déportés. Le 24 mai 1992, soit huit mois après le coup d'État, le gouvernement Bush, après avoir intercepté 3 546 Haïtiens sur des bateaux en mer en l'espace de deux semaines, décida de déporter directement les réfugiés en Haïti. Ils étaient tout simplement ramenés à Port-au-Prince et déposés sur le quai. Cependant, la pression politique aux États-Unis a rapidement fait changer tout ça et de nombreux Haïtiens ont eu la chance de plaider leur cause. On leur a fait subir un contrôle pour vérifier s'ils étaient persécutés pour des raisons politiques. Beaucoup d'entre eux n'avaient aucune idée de ce que cela pouvait bien signifier. Mais pas tous. De tous les Haïtiens contrôlés, 10 490 ont obtenu un visa temporaire pour les États-Unis à titre de réfugiés.

Même en 1992 et en 1993, la grande majorité des réfugiés de la mer n'étaient pas des victimes directes de la brutalité policière ou militaire. Ils n'étaient pas non plus les plus pauvres d'entre les pauvres. Il s'agissait de citoyens de la classe ouvrière capables de trouver l'argent nécessaire pour s'acheter une place sur un bateau et tenter leur chance d'obtenir l'asile après avoir été pris par la garde côtière américaine.

Voir : Bill Frelick, « Haitians At Sea: Asylum Denied », *Nacla*, 1992. https://nacla.org/article/haitians-sea-asylum-denied

Bill Frelick, « Haitian Boat Interdiction and Return: First Asylum and First Principles of Refugee Protection », *Cornell International Law Journal*, Volume 26, n° 3, article 6, 1993. http://scholarship.law.cornell.edu/cgi/viewcontent.cgi?article=1324&context=cilj

[242] Outre cette brève et pas très précise référence dans le texte principal, je n'ai trouvé aucune donnée sur le nombre de femmes demandeuses d'asile affirmant plus précisément avoir été violées.

[243] Voir : « Congressional Record Selective Leaks Of Classified Information On Haiti (Senate -November 05, 1993) », une série d'articles sur la campagne de propagande de la CIA contre Aristide.

Ashley Smith, « The New Occupation of Haiti Aristide's Rise and Fall », *International Socialist Review*, n° 35, mai–juin 2004. http://www.isreview.org/issues/35/aristide.shtml

244 Elaine Sciolino, « Embassy in Haiti Doubts Aristide's Rights Reports », *The New York Times*, 9 mai 1994.

245 « The Haiti Zig-Zag », *Baltimore Sun*, 8 juillet 1994.

246 Voir le chapitre 5 de cet ouvrage : Erica James, *Democratic Insecurities: Violence, Trauma, and Intervention in Haiti*, Berkeley, University of California Press, 2010.

247 Erica James a utilisé des pseudonymes, désirant préserver l'identité de bon nombre de ces personnes. J'éviterai moi aussi de révéler le nom de certaines personnes. Cela dit, pendant un certain temps, j'ai entretenu des relations cordiales avec le directeur du HRF, qui était un ami proche du consultant assassiné. Le directeur du HRF jure que la mort du consultant n'avait rien à voir avec le HRF. Le consultant venait d'ouvrir une boîte de nuit qui, à l'époque, était devenue la plus populaire de Pétionville (là où se trouve maintenant le Barak). Le consultant rentrait à la maison un vendredi soir avec sa femme. Son propre gardien de sécurité et un jeune homme du coin l'auraient tué pour voler ce qu'ils espéraient être les importantes recettes de la journée. Selon le directeur du HRF, le tireur n'avait que 16 ans et n'était rien d'autre qu'un sympathisant d'Aristide armé par une brigade pro-Aristide du quartier.

248 Pour l'extrait du *Miami Herald* sur les viols de 2004 rivalisant avec ceux des années 90, mais cette fois perpétrés par les militants et les sympathisants d'Aristide, voir : Joe Mozingo, « In Haiti's chaos, unpunished rape was norm », *The Miami Herald*, 16 mai 2004.
http://www.latinamericanstudies.org/haiti/rape.htm

Pour un compte rendu d'articles critiquant le monopole médiatique en Haïti et les techniques utilisées par la soi-disant « société civile », voir :
http://www.forumhaiti.com/t6057-the-canadian-media-in-haiti

Voir également : Peter Hallward, *Damming the Flood: Haiti, Aristide, and the Politics of Containment*, Verso Books, Londres, 2007.

249 Pour le témoignage de Villard-Appolon dans lequel elle affirme avoir été violée, voir : « Text: Testimony on Gender-Based Violence in Haiti by Malya Villard-Appolon Before the UN Human Rights Council (English and French). Oral Intervention of Malya Villard-Appolon June 7, 2010 »
http://www.ijdh.org/2010/06/topics/womens-issues/text-testimony-on-gender-based-violence-in-haiti-by-malya-villard-apollon-before-the-un-human-rights-council-english-and-french/

250 « Standing up to Defend our Rights », *The Haiti Support Group Briefing*, n° 59, novembre 2006.

http://www.haitisupportgroup.org/index.php?option=com_rsfiles&view=files&layout
=view&tmpl=component&path=haiti_briefing_59.pdf

[251] Les journalistes étaient souvent perplexes lorsqu'ils découvraient que certains chefs de gangs avaient de « jolis sourires », qu'ils « ressemblaient plus à des étudiants de lycée qu'à Al Capone » et que les habitants du quartier les considéraient comme des défenseurs des pauvres qui distribuaient de l'argent aux plus indigents. Ils négociaient aussi avec le gouvernement pour obtenir des services. Dans un quartier, un monument de neuf mètres a été érigé en mémoire de Dred Wilme, l'un des plus célèbres chefs de gangs. Je ne prétends que les membres des gangs étaient tous des enfants de chœur. Cependant, les journalistes les plus perspicaces ont peint un portrait très différent de la situation.

Par exemple, voir : Letta Tayler, « Haiti No Law, No Order », *Newsday.com*, 1er janvier 2006.
http://newsgroups.derkeiler.com/Archive/Soc/soc.culture.haiti/2006-
01/msg00008.html

[252] Bien sûr, le nombre de viols dans un pays sur une période donnée dépendra de la définition du viol, laquelle varie grandement. Dans certains pays, la pénétration est nécessaire. Dans d'autres, toute forme de sexualité forcée est considérée comme un viol. On ignore quelle définition du viol fut utilisée par Kolbe et Hutson. Ils ne l'ont pas précisé.

[253] En ce qui concerne les données sur les viols aux États-Unis : dans le cadre d'une enquête nationale menée en 1996 et 1997 par le National Institute of Justice et le Bureau of Justice, 3,1 pour cent des étudiantes de premier cycle ont affirmé avoir survécu à un viol ou à une tentative de viol.

Voir : P. Tjaden et N. Thoennes, *Full report of the prevalence, incidence, and consequences of intimate partner violence against women: « Findings from the National Violence Against Women Survey »*, National Institute of Justice et les Centers for Disease Control and Prevention, Washington, DC, National Institute of Justice, 2000.

Une enquête nationale portant sur 25 000 étudiantes universitaires a aussi révélé que 4,7 pour cent d'entre elles avaient été victimes de viol ou de tentative de viol durant une unique année scolaire.

Voir : Meichun Mohler-Kuo, George W. Dowdall, Mary P. Koss et Henry Wechsler, « Correlates of Rape While Intoxicated in a National Sample of College Women », *Journal of Studies On Alcohol*, janvier 2004.

Une étude nationale auprès de 2 000 étudiantes universitaires a révélé que 5,2 pour cent d'entre elles avaient été victimes de viol dans une période d'un an.

Voir : D.G. Kilpatrick, R. Acierno, H.S. Resnick, B.E Saunders et C.L. Best, « A 2-year longitudinal analysis of the relationships between violent assault and substance use in women », *Journal of Consulting and Clinical Psychology*, vol. 65 (1997), p. 834-847.

[254] Une étude du ministère haïtien de la Santé de 2006 pour laquelle 10 757 femmes âgées de 15 à 49 ans ont été interrogées constitue une autre source de données. Je ne suis pas arrivé à mettre la main dessus. Cependant, Amnesty International signale que 10,8 pour cent des filles âgées de 16 à 19 ans en Haïti ont été « victimes de violence sexuelle aux mains d'un partenaire intime ». C'est inquiétant, mais on ne peut prétendre à une épidémie de viols. Aux États-Unis, 9,5 pour cent des filles dans le même groupe d'âge affirment avoir « survécu à un viol ou à une tentative de viol ». Par ailleurs, l'étude a été menée à la fin de ce qui est grandement considéré comme l'une des périodes les plus violentes de l'histoire récente d'Haïti.

[255] Ainsi, selon les données les plus fiables sur la pire période de l'histoire récente d'Haïti, les taux de viols et d'actes violents commis à l'encontre des femmes et des filles haïtiennes de Port-au-Prince étaient comparables à la moyenne des États-Unis et, soit dit en passant, considérablement inférieures aux taux chez les Américains les plus défavorisés, le groupe où les deux tiers de tous les viols signalés sont perpétrés.

[256] L'aspect le plus intéressant et le plus révélateur est possiblement les données auxquelles les organismes de défense des droits de la personne faisaient référence lorsqu'ils parlaient de la crise des viols en Haïti. Et je ne fais pas référence à seul rapport. Les mêmes organisations ont cité des données semblables pour les années subséquentes. Tel que mentionné dans le texte principal, en 2006, 155 victimes de viols, dont 77 étaient des filles de moins de 18 ans, ont demandé de l'aide dans l'un ou l'autre des 21 centres d'aide de la SOFA. En 2007, de 238 viols, dont 140 mineures. En 2008, 105 viols, dont 58 mineures. Bien qu'un seul viol soit déjà un viol de trop, comparativement à des pays développés, il s'agit d'une très faible proportion. Par exemple, 238 viols correspondraient à 0,05 % des femmes de Port-au-Prince à l'époque. Et ces données étaient en fait pour l'ensemble du pays.

Voir :

SOFA, *Human rights abuse and other criminal violations in Port-au-Prince, Haïti : a random survey of households*, 2008.

SOFA, *Femmes-filles victimes de violence accueillies et accompagnées dans les centres douvanjou de la SOFA de janvier à juin*, 2007. Pour un résumé, voir : http://radiokiskeya.com/spip.php?article4095

SOFA, *Cas de violence accueillis et accompagnés dans les centres douvan-jou de la SOFA de juillet à décembre 2006, janvier 2007.*

SOFA, *Violence envers les femmes et les jeunes filles, Rapport Bilan. Rapport Bilan I, II, III, IV, V, VI et VII*, 2006.

OAS, *Le Droit Des Femmes De Vivre Libres De Violence Et De Discrimination En Haïti*, 10 mars 2009. http://www.cidh.oas.org/pdf%20files/HAITI%20WOMEN%20REPORT%20FRE-FINAL.pdf

[257] Voici la référence originale du rapport de Kolbe/Hutson : R. A. Kolbe, H. Shannon, N. Levitz, R. Muggah, R. A. Hutson, L. James, M. Puccio, E. Trzcinski, J. R. Noel et B. Miles, *Assessing Needs After the Quake: Sexual Violence, Property Crime and Property Damage*, Genève, Small Arms Survey, 2010. http://new-research.socialwork.wayne.edu/index.php?option=com_content &view=article&id=1712:assessing-needs-after-the-quake-sexual-violence-property-crime-and-property-damage&catid=295:publications&Itemid=58A

Le rapport a aussi été publié ailleurs sous un autre titre :

R. A. Kolbe, H. Shannon, N. Levitz, R. Muggah, R. A. Hutson, L. James, M. Puccio, E. Trzcinski, J. R. Noel et B. Miles, « Mortality, crime and access to basic needs before and after the Haiti earthquake: a random survey of Port-au-Prince households », *Medicine, Conflict and Survival*, vol. 26, n° 4 (2010), p. 281-297.

[258] Les journalistes, dont bon nombre n'avaient jamais visité Haïti et ne connaissaient pratiquement rien de la réalité sur le terrain, dépendaient de groupes de défense des droits comme KOFAVIV pour obtenir des renseignements. C'est ainsi qu'ils recouraient aux militants et « experts » du domaine de l'aide humanitaire pour écrire leurs articles aux détails révoltants sur l'épidémie de viols en Haïti et ainsi propager une fausse image du pays au reste du monde. Les organisations humanitaires bouclaient la boucle en citant les articles des journalistes pour attester les proportions épidémiques du problème. Les faits étaient extrêmement déformés et la tendance touchait même les grands médias. Prenons pour exemple Alex Renton et Caroline Irby qui, tel que décrit dans ce chapitre, ont été les hôtes d'Oxfam. On les a traînés d'un militant-expert à l'autre, ces derniers cherchant tous à obtenir un soutien et plus qu'heureux d'obtenir un sceau de crédibilité internationale en étant cité par l'un des principaux quotidiens britanniques. Ces deux journalistes ont publié leur

premier article le 2 décembre 2007 dans le *Guardian* dont voici le résumé officiel : « Alex Renton rend compte d'un enfer antillais paralysé par la pauvreté et déchiré par la violence de gangs et parle avec les femmes qui vivent quotidiennement dans la peur d'être victime d'agressions sexuelles. » Dans son article, Alex Renton nous raconte que, « selon l'ONU, 50 pour cent des jeunes femmes des violents bidonvilles d'Haïti ont été victimes de viol ou d'agression sexuelle. Des quelques victimes réclament justice, un tiers ont moins de 13 ans. » On ignore où il a trouvé ces données, les estimations de l'ONU n'étant pas aussi élevées.

Voir : Alex Renton et Caroline Irby, « The rape epidemic », *The Guardian*, 2 décembre 2007.

https://www.theguardian.com/lifeandstyle/2007/dec/02/women.features3

[259] D'après le site Web de KOFAVIV, consulté le 15 septembre 2011.

[260] Renton et Irby ont écrit que le viol avait tout récemment été criminalisé (ce qui était vrai), et c'est un fait souvent mentionné par les militants eu égard à la violence envers les femmes en Haïti. Cependant, le viol n'était pas absent du Code criminel parce que les hommes haïtiens le toléraient (de tels arguments sont à ce point absurde qu'il est difficile de comprendre comment ils peuvent être publiés), mais justement pour la raison contraire. Les pères, les fils, les frères, les maris et les amants haïtiens ne veulent pas que les hommes violent les femmes qu'ils aiment, pas plus que ceux ailleurs dans le monde. C'est par l'entremise d'attaques contre la dignité des femmes que des organisations paramilitaires cherchent parfois à blesser et à démoraliser les maris et les pères. Cependant, en Haïti, il s'agit d'un phénomène politique récent. Dans les cas typiques de viol, comme nous l'avons vu dans les camps, les hommes sont prêts, pour ne pas dire impatients, de se rassembler pour tuer l'agresseur. En d'autres mots, jusqu'à tout récemment, le viol n'était pas officiellement un crime parce que de toute façon, le violeur était tué par les amis, la famille et les voisins de la victime. Par ailleurs, la plupart des Haïtiens font partie d'importants réseaux familiaux très unis dont les membres se défendent les uns les autres contre les criminels et les agresseurs potentiels et découragent les comportements dommageables de leurs propres membres par la critique et, dans le cas d'agressions antisociales, par le retrait de leur protection. Une partie du problème réside dans le fait que le réseau familial élargi et la justice populaire sont des concepts tout à fait étrangers à la plupart des lecteurs du *New York Times*. Dans les pays développés, l'État élimine le besoin d'un tel système. En effet, on pourrait dire que la notion du « viol en toute impunité » constitue la projection d'une pathologie sociale occidentale où les violeurs arrivent souvent à se protéger grâce au système judiciaire, au fardeau de la preuve et à des arguments juridiques complexes.

[261] Dans l'article d'Alex Renton, on présente aussi aux lecteurs un personnage familier : une femme qui, bien que démunie, s'est donné comme mission altruiste d'aider les victimes. Lors de sa rencontre avec le journaliste, elle lui explique que, justement, elle dirige une maison pleine de femmes battues et maltraitées et qu'elle aimerait bien que Renton l'aide à collecter des fonds. Le journaliste recueille son témoignage à titre d'experte.

Alex Renton et Caroline Irby, « The rape epidemic », *The Guardian*, 2 décembre 2007.
https://www.theguardian.com/lifeandstyle/2007/dec/02/women.features3

[262] FAVILEK (*Fanm Viktim Leve Kanpe* – une autre organisation dont l'origine remontait à 1991) luttait également pour sa part du gâteau.

[263] Pour les visas humanitaires vers les États-Unis et le Canada, voir : Lise Armstrong, « Haitian rape survivors begin new lives in Canada and the U.S. Resettlement programs offer an escape from violence and time to heal », *Al Jazeera*, 1er juillet 2014.
http://america.aljazeera.com/articles/2014/7/2/haitian-rape-victimsbeginnewlivesincanadaandtheus.html

[264] Selon Kolbe et al., 0,3 pour cent d'un échantillon de la population générale a signalé avoir été victime de violence sexuelle dans les six semaines ayant fait suite au séisme. Toutes les victimes étant des femmes à l'exception d'une, et en supposant un taux constant tout au long de l'année, on en arrive à un taux de 7 % de toutes les femmes.
Voir : Athena R. Kolbe, Royce A. Hutson, Harry Shannon, Eileen Trzcinski, Bart Miles, Naomi Levitz, Marie Puccio, Leah James, Jean Roger Noel et Robert Muggah, « Mortality, crime and access to basic needs before and after the Haiti earthquake: a random survey of Port-au-Prince households », *Medicine, Conflict and Survival*, 2010.

[265] La version initiale du rapport stipulait que 6 % des femmes interrogées (3 % de tous les membres de leur échantillon) avaient été victimes de viol. L'erreur a été corrigée dans la version publiée.

Voici ce qu'ils ont fait : ils ont utilisé un échantillon de 1 800 ménages. Ils ont interrogé tous les membres de chaque ménage. Ils ont pris connaissance de 29 cas d'agressions sexuelles. Oui, 29. Vingt-neuf cas d'agressions sexuelles dans 1 800 ménages. Ils ont utilisé ces données pour conclure que 3 pour cent de toutes les personnes de leur échantillon avaient été victimes de viol. Mais ce nombre ne correspond pas à 3 pour cent. Il ne correspond même pas à 3 pour cent de tous les ménages. Il correspond à 1,6 pour cent de tous les ménages (29/1 800). Par ailleurs, on trouve en moyenne 5,2 personnes par ménage. Pour un échantillon de 1 800 ménages, cela correspond à une population totale de 9 360 personnes (5,2 x 1 800). Ce qu'ils auraient plutôt découvert, c'est que dans les six semaines entre le séisme et la supposée tenue de leur enquête, 0,3 pour cent (29/9 360), ou 3 personnes sur 1 000, ont été victimes d'agression. Comme une seule des victimes était de sexe masculin, cela correspond à 6 femmes sur 1 000, entre 1/5e et 1/10e du nombre d'étudiantes universitaires qui signalent avoir été victimes de viol ou de tentatives de viol dans une seule année scolaire et environ le taux de victimes de viol aux États-Unis en 1980.

Comparons les résultats de Kobe et al. à la population générale des États-Unis : le taux de victimes de 12 ans et plus aux États-Unis en 1980 était de 2,4 personnes sur 1 000. Si l'on tient compte du fait que 37 filles de moins de 12 ans sur 1 000 sont victimes de viol aux États-Unis et que 30 pour cent des victimes de l'échantillon de Kolbe avaient moins de 12 ans, les taux sont sensiblement les mêmes.

Par ailleurs, personne ne mentionnait cette même question qui planait encore une fois au-dessus de l'enquête : combien de personnes ont affirmé avoir été violées dans l'espoir d'obtenir un visa ou une forme d'aide que l'enquête laissait miroiter ? Un indice du passé : dans cinq des 29 ménages où une agression a été signalée, l'agression décrite était exactement la même que celle signalée quatre ans plus tôt.

De toute façon, comme nous le verrons en détail dans le chapitre 9, il y a de bonnes raisons de croire que l'enquête n'a jamais eu lieu.

Voir : Athena R. Kolbe, Royce A. Hutson, Harry Shannon, Eileen Trzcinski, Bart Miles, Naomi Levitz, Marie Puccio, Leah James, Jean Roger Noel et Robert Muggah, « Mortality, crime and access to basic needs before and after the Haiti earthquake: a random survey of Port-au-Prince households », *Medicine, Conflict and Survival*, 2010.

[266] Même dans le cas des rapports « officiels » de KOFAVIV, il n'y avait certainement pas d'épidémie de viols à ce moment. Au cours des deux premiers mois ayant fait suite au séisme du 12 janvier, KOFAVIV a enregistré le nombre d'agressions sexuelles dans 15 des plus grands camps de Port-au-Prince, ce qui représente, selon les données officielles, une population d'environ 800 000 personnes. L'organisation a fait état de 230 cas de viols. Selon la mesure standard des taux de viols (nombre de viols pour 100 000 personnes en une année), cela correspond à environ 29 viols pour 100 000 personnes en une année, un taux d'accusations de viol inférieur à celui des États-Unis et considérablement inférieur à celui du Canada (73 viols par 100 000 personnes en une année).

Voir : Beverly Bell, « Our Bodies Are Shaking Now: Rapes Follow Earthquake in Haiti », *The Huffington Post*, 24 mars 2010.
http://www.huffingtonpost.com/beverly-bell/our-bodies-are-shaking-no_b_511397.html

[267] Voici un autre exemple de journalisme étrange :

> « Quatre hommes l'ont violée. Elle a 13 ans », a raconté Guerline aux chercheurs d'Amnesty International, qui ont établi le rapport après avoir interrogé plus de 50 femmes et filles dans les camps post-séisme d'Haïti. « Ils m'ont dit que si j'en parlais, ils me tueraient. Ils ont dit que si j'allais à la police, ils m'abattraient. J'ai peur. Il n'y a aucun endroit sûr où je pourrais habiter, alors j'ai dû garder le silence », a expliqué Guerline, qui, comme toutes les femmes interrogées pour le rapport, on a été donné un nom fictif pour la protéger de représailles.

Il est à noter que Guerline est la mère de la fillette de 13 ans. Cependant, au milieu de l'article, on mentionne, presque incidemment, que Guerline elle-même a été violée cette nuit-là.

> La même nuit que sa fille, Guerline a été violée par des hommes encagoulés dans le camp. Elle n'arrive pas à se sortir de l'esprit les événements de cette terrible nuit.

Pourquoi mentionner le viol de Guerline plus tard, comme si on l'avait d'abord oublié ? Les chercheurs d'Amnesty International, ou les personnes interrogées, s'en sont soudainement souvenus ? Ou l'ont-ils tout simplement ajouté ?

« In Haiti Camps, Rape Stalks Women: Amnesty », *Indian Express*, 6 janvier 2011.
http://indianexpress.com/article/news-archive/print/in-haiti-camps-rape-stalks-women-amnesty/

Voir également :

Amnesty International, « Haïti : Sexual Violence Against Women Increasing », 6 janvier 2011.
https://www.amnesty.org/en/press-releases/2011/01/haiti-sexual-violence-against-women-increasing/

[268] Pour les données sur la République démocratique du Congo, voir : Michele Lent Hirsch et Lauren Wolfe, « Women Under Siege », *American Journal of Public Health*, 8 février 2012.
http://www.womenundersiegeproject.org/conflicts/profile/democratic-republic-of-congo

[269] Voici un cas qui illustre parfaitement le sensationnalisme et le manque de crédibilité des journalistes. Le 14 janvier 2011, Amie Newman, du blogue RH Reality Check (une communauté en ligne et une publication pour les personnes et les organisations engagées à faire progresser la santé et les droits sexuels et reproductifs), écrivait ceci :

> Un an après le séisme dévastateur en Haïti qui a fait près de 250 000 morts, des femmes et des filles vivant dans des camps de déplacés demeurent tout aussi vulnérables à la violence sexuelle qu'elles l'étaient dans la foulée immédiate du tremblement de terre. Plus d'un million d'Haïtiens vivent toujours dans des conditions effroyables dans les quelque 1 000 camps et cités de tente du pays.

> Cela signifie tout simplement que non seulement la violence sexuelle à l'égard des femmes et des filles persiste, mais elle s'aggrave.

> Dans son rapport *Aftershocks: Women Speak Out About Sexual Violence (Contrechocs : les femmes parlent ouvertement de la violence sexuelle)* publié la semaine dernière, Amnesty International montre que les incidences de viol et d'autres formes de violence sexuelle à l'égard des femmes et des filles sont répandues dans les camps. Des hommes armés « errent dans les camps la nuit » et chaque jour, les bureaux d'un groupe local d'appui aux femmes sont visités par des survivantes de viols. En d'autres mots, rien n'a changé.

Amie Newman, *RH Reality Check*, blogue, 14 janvier 2011.

[270] Allie Torgan, « Seeking justice for Haiti's rape victims », *CNN*, 26 avril 2012.

[271] Pour Roy, Lundgren et Stewart, voir : Gatecrasher, « Haiti's helping hands: Fashion designer Rachel Roy, mogul Martha Stewart reach out to protect women ». http://www.nydailynews.com/entertainment/gossip/haiti-helping-hands-fashion-designer-rachel-roy-mogul-martha-stewart-reach-protect-women-article-1.949430

[272] http://www.digital-democracy.org/blog/2013-year-end-review/

[273] http://www.unrefugees.org/site/c.lfIQKSOwFqG/b.8073653/k.D495/UNHCR_and_KOFAVIV_Care_for_Rape_Victims_in_Haiti.htm
(consulté le 15 mars 2012).

[274] http://rfkcenter.org/foto/le-tre-signore-del-kofaviv-2?lang=en
(consulté le 17 janvier 2015).

[275] http://www.rescue.org/blog/women-helping-women-haiti
(consulté le 17 janvier 2015).

276 http://www.michaelmoore.com/words/mike-friends-blog/our-bodies-are-shaking-now-rape-follows-earthquake-haiti?print=1
(consulté le 15 mars 2012).

277 http://www.globalgiving.org/projects/help-provide-relief-to-earthquake-victims-in-haiti/updates/?subid=10219
(consulté le 17 janvier 2015).

278 http://www.globalfundforwomen.org/articles-on-confronting-militarism/ 1750

279 http://desliz.tumblr.com/post/10512147302#_=_
(consulté le 17 janvier 2015).

280 http://digital-democracy.org/2011/09/21/announcing-572-the-first-emergency-response-system-for-sexual-violence-in-haiti/
(consulté le 17 janvier 2015).

281 http://www.frontlinesms.com/tag/kofaviv/ (consulté le 17 janvier 2015).

http://www.frontlinesms.com/2012/10/26/frontlinesmsat7-kofaviv-supporting-haitian-women/ (consulté le 17 janvier 2015).

282 http://www.uusc.org/blog/entry/3243/help_recognize_a_true_hero_in_ haiti
(consulté le 17 janvier 2015).

283 Il s'agit du projet *Addressing and Preventing Gender Based Violence* de la Banque mondiale, 2011-2012 (une aide de 500 000 $ du fonds d'affectation spéciale *Programme d'intervention sociale rapide* de la Banque mondiale).

Voici la partie du document suggérant que les directrices de KOFAVIV peuvent faire ce que bon leur semble de l'argent sans avoir à rendre des comptes :

> Le projet *Addressing and Preventing Gender Based Violence* de la Banque mondiale appuie les interventions communautaires visant à remédier à l'accroissement de la violence à l'égard des femmes depuis le séisme en Haïti. Mis en œuvre par l'entremise d'un partenariat entre deux organisations non gouvernementales, MADRE (États-Unis) et Fanm Viktim pou Viktim (KOFAVIV ; Haïti), le projet cible cinq des 22 camps de déplacés de Port-au-Prince. Le projet est financé par l'entreprise du « Programme d'intervention sociale rapide » de la Banque, un fonds d'affectation multidonateurs qui « encourage les mesures de protection sociale comme les filets de protection sociale et le maintien de l'accès à des services de santé, d'éducation et autres services de base pour les communautés ».

> D'après un rapport d'avancement du 31 décembre 2011 remis à Gender Action par un employé de la Banque mondiale, rapport qui n'a pas été rendu public, la composante « enseignement public » du projet comportait « un soutien au renforcement des capacités et une aide technique fournis à KOFAVIV pour le lancement de la campagne de sensibilisation du public à la prévention de la violence » fin 2011 (Banque mondiale, 2011b). Une autre composante appuyait l'augmentation du nombre de visites de KOFAVIV aux survivants de violences sexistes et l'achat et la distribution de « trousses de premiers soins ». La Banque mondiale et MADRE comptent également améliorer le leadership des femmes de la communauté pour combattre la violence fondée sur le genre par l'entremise d'ateliers de renforcement des capacités du personnel de KOFAVIV dès 2012. La Banque mondiale est entièrement responsable de la coordination, du suivi et de l'évaluation du projet.

Bien que la Banque mondiale, à titre d'institution financée par les contribuables, soit tenue de divulguer tous les documents du projet sur son site Web, elle n'a publié aucun document sur ce projet. Il est donc impossible de déterminer si les femmes et les hommes ont contribué sur un pied d'égalité aux consultations du projet et s'ils ont bénéficié du même accès aux activités d'information et de sensibilisation du projet. En réalité, le rapport d'avancement ne mentionne aucunement le rôle des hommes et des garçons dans la prévention de la violence fondée sur le genre. De plus, le rapport ne mentionne pas si des données ventilées par sexe seront collectées de manière à déterminer les différents impacts et réalisations sur les femmes et les filles, les hommes et les garçons.

[284] http://peacemedia.usip.org/resource/using-technology-report-gender-based-violence-haiti-digital-democracy

[285] http://www.usaid.gov/haiti/gender-equity-and-womens-empowerment

[286] Face à une baisse de l'afflux de dons, des chercheurs-militants comme Michelle Chen ont rédigé des articles comme celui-ci : Michelle Chen, « Haiti's Women Need More Than a Trickle of Aid Money », *The Nation*, 9 janvier 2014.

[287] Il doit y en avoir beaucoup, beaucoup plus. Et je ne suis pas le seul à avoir remarqué, mais tous les autres ont refusé que je les nomme. Je suis le seul à m'être senti obligé d'en parler publiquement. Aucun des autres n'a osé se prononcer ouvertement contre KOFAVIV.

[288] Correspondance personnelle via courriel.

[289] Voir : Mac McClelland, « I'm Gonna Need You to Fight Me On This: How Violent Sex Helped Ease My PTSD », *GOOD*, 29 juin 2011. https://www.good.is/articles/how-violent-sex-helped-ease-my-ptsd

[290] Malgré tout cela, il ne semble jamais venir à l'esprit de ces 36 femmes que le viol n'est peut-être pas aussi endémique. Dans le cadre de leurs tirs groupés sur Mme McClelland (sans doute une victime des journalistes qui depuis 18 mois dépeignaient Haïti comme un enfer de viols), elles ont trouvé le moyen de faire son éloge pour avoir « accordé au sujet complexe du viol l'attention dont il avait tant besoin » et, dans un commentaire qui semble contredire l'essence même de leur argument (Mac McClelland n'a jamais prétendu avoir été victime de viol ou personnellement menacée en Haïti), elles ont réitéré que « pour les milliers de femmes déplacées autour de Port-au-Prince, la menace du viol est tragiquement élevée ».

[291] D'un certain point de vue, la lettre semble tout à fait contradictoire. Les journalistes réprimandent Mac McClelland pour avoir dépeint la situation post-séisme en Haïti comme un cauchemar de viols pour les femmes, puis concèdent que c'est effectivement le cas. La raison ? La plupart (pour ne pas dire l'ensemble) des femmes journalistes qui ont contribué à la lettre avaient accepté, tout comme leurs homologues masculins, l'idée selon laquelle le viol était omniprésent dans les camps tout en constatant, à leur honneur, qu'elles ne semblaient pas être des cibles de cette violence. Toutefois, comme le suggèrent les données étudiées précédemment, la plupart des femmes n'étaient pas des cibles. Si ces journalistes croient réellement que telle est la réalité en Haïti, il est même bizarre qu'elles s'en soient prises à Mac McClelland avec autant de véhémence. Mac McClelland n'a jamais prétendu avoir été violée. Elle décrivait la souffrance ressentie par empathie pour une Haïtienne victime de viol. Voici les extraits suggérant que les cosignataires de la lettre reconnaissent que les taux de viols sont probablement élevés :

> Nous respectons l'essence du récit de Mme McClelland, à savoir son expérience d'un traumatisme et la manière dont la sexualité l'a grandement aidée à s'en remettre. Son article attire une attention tout à fait nécessaire sur la complexité du viol [...].

> De voir ces stéréotypes perpétrés sans contexte dans l'article de Mme McClelland nous a troublées, d'autant plus qu'elle est reconnue pour un journalisme socialement responsable [...].

> Nous comprenons la difficulté que peuvent vivent les femmes de toute couleur en Haïti eu égard aux avances sexuelles non désirées, tout comme aux États-Unis ou ailleurs dans le monde.

Malheureusement, la plupart des femmes haïtiennes n'ont pas de passeport et de billet d'avion vers un autre pays pour échapper à la violence qui plane sur elles dans les camps. Pour les milliers de femmes déplacées autour de Port-au-Prince, la menace du viol est tragiquement élevée.

La lettre est incluse dans son intégralité dans la note suivante.

[292] Voici la lettre intégrale :

À l'intention des rédacteurs en chef :

En tant que femmes journalistes et chercheuses ayant vécu et travaillé en Haïti, nous vous écrivons aujourd'hui pour vous exprimer nos inquiétudes quant au portrait d'Haïti dépeint par Mme McClelland dans son article *I'm Gonna Need You to Fight Me On This: How Violent Sex Helped Ease my PTSD* (J'aurai besoin que vous me contredisiez sur cette question : comment une relation sexuelle violente m'a aidé à soulager mon état de stress post-traumatique ».

Nous respectons l'essence du récit de Mme McClelland, à savoir son expérience d'un traumatisme et la manière dont la sexualité l'a grandement aidé à s'en remettre. Son article attire une attention tout à fait nécessaire sur la complexité du viol. Nous croyons toutefois que la façon dont elle utilise Haïti comme toile de fond de son récit est sensationnaliste et irresponsable.

À nous 36, nous avons habité et travaillé en Haïti pendant de nombreuses années, effectuant des reportages et des études sur le pays bien avant et bien après le séisme. Nous avons toutes passé d'innombrables heures dans les camps et les quartiers à parler avec des Haïtiens ordinaires de leur vie dans la foulée du tremblement de terre. Nous nous voyons dans l'obligation d'intervenir collectivement dans ce cas parce que, bien qu'elle parle de sa propre expérience personnelle, Mme McClelland suggère également qu'elle parle pour les femmes « journalistes qui n'hésitent pas à œuvrer sans cesse dans des contextes menaçants », des femmes qui ont « choisi de côtoyer les traumatismes pour gagner leur vie » et qui, selon elles, « ne parlent rarement de l'impact ».

En décrivant un pays où abondent les armes, un « chaos répugnant » et des « gangs de violeurs monstrueux qui rôdent dans les camps précaires », elle peint un portrait dystopique d'Haïti digne d'un roman conradien qui n'a d'autre but que d'illustrer toute la bravoure dont elle a fait preuve pour s'y être rendue. Elle déploie des stéréotypes sur Haïti qui auraient mieux fait de demeurer dans un autre siècle : des hommes sauvages en proie à toutes sortes de perversions, un climat de violence et de chaos permanent, le danger imprégné dans l'ADN de la République noire.

Malheureusement, ces stéréotypes dégradants sur le pays sont chose courante. De voir ces stéréotypes perpétrés sans contexte dans l'article de Mme McClelland nous a troublées, d'autant plus qu'elle est reconnue pour un journalisme socialement responsable.

L'Haïti que décrit Mme McClelland n'est pas l'Haïti que nous connaissons. En effet, nous avons toutes vécu dans une paix et une sécurité relatives là-bas. Cela ne signifie pas que nous ne savions rien des viols et de la violence sexuelle. Nous comprenons la difficulté que peuvent vivent les femmes de toute couleur en Haïti eu égard aux avances sexuelles non désirées, tout comme aux États-Unis ou ailleurs dans le monde.

Malheureusement, la plupart des femmes haïtiennes n'ont pas de passeport et de billet d'avion vers un autre pays pour échapper à la violence qui plane sur elles dans les camps. Pour les milliers de femmes déplacées autour de Port-au-Prince, la menace du viol est tragiquement élevée. Cependant, l'image d'Haïti dépeinte par Mme McClelland ne contribue qu'à accentuer leur marginalisation. Bien que nous soyons heureuses d'apprendre que Mme McClelland ait trouvé un semblant de paix intérieure, la prochaine fois, nous l'invitons à ne pas faire d'Haïti une victime collatérale.

Dans nos propres écrits, nous n'avons ménagé aucun effort pour comprendre et résoudre le problème des traumatismes, ainsi que de la violence sexuelle, avec délicatesse. En tant que femmes qui connaissent et adorent Haïti, nous sommes profondément troublées par l'approche de Mme McClelland.

Bien à vous,

Lisa Armstrong, journaliste pigiste, titulaire d'une bourse du Pulitzer Center on Crisis Reporting
Amélie Baron, journaliste pigiste, *RFI* et *Radio France*
Pooja Bhatia, journaliste et avocate
Edna Bonhomme, doctorante, Université Princeton

Carla Bluntschli, militante haïtienne
Natalie Carney, journaliste multimédia, *Feature Story News*
Edwidge Danticat, écrivaine
Alexis Erkert Depp, militante haïtienne
Natasha Del Toro, vidéojournaliste, *TIME*
Isabeau Doucet, productrice et journaliste pigiste, *Al Jazeera, The Guardian, CSMonitor*
Susana Ferreira, journaliste pigiste
Allyn Gaestel, journaliste pigiste, *CNN, Los Angeles Times*
Leah Gordon, artiste et photographe
Michelle Karshan, chercheuse et militante haïtienne
Kathie Klarreich, membre du Knight International Journalism Fellow et auteure de *Madame Dread: A Tale of Love, Vodou and Civil Strife in Haiti*
Sasha Kramer, *SOIL*
Nicole Lee, avocate et présidente de TransAfrica Forum Inc.
Carmen Lopez, réalisatrice et journaliste
Melinda Miles, fondatrice et directrice de Let Haiti Live
Eleanor Miller, journaliste pigiste
Arikia Millkan, gestionnaire de communauté, Haiti Rewired
Carla Murphy, fondatrice et rédactrice en chef, *Develop Haiti*
Maura R. O'Connor, correspondante étrangère pigiste
Leah Nevada Page, consultante en développement économique
Claire Payton, doctorante, Université de New York, Haiti Memory Project
Nathalie Pierre, doctorante, Université de New York
Andrea Schmidt, productrice, *Al Jazeera anglais*
Jeena Shah, membre de LERN, avocate au Bureau des avocats internationaux et à l'Institute for Justice and Democracy in Haiti
Alice Smeets, photojournaliste
Alice Speri, journaliste pigiste
Damien Cave, photographe, éducatrice, conservatrice, auteur de *Dancing on Fire*
Chelsea Stieber, doctorante, Université de New York
Ginger Thompson
Emily Troutman, photographe et rédactrice pigiste, *AOL, Agence France-Presse*
Amy Wilentz
Marjorie Valbrun, rédactrice collaboratrice chez Root.com et blogueuse chez Slate.com

> Remarque : Les opinions exprimées dans cette lettre sont celles des auteures et des signataires et ne reflètent pas nécessairement celles de leurs organisations respectives.

Pour la version originale de la lettre, voir : Jessica Coen, « Female Journalists & Researchers Respond To Haiti PTSD Article », *Atlantic Monthly*, 1er juillet 2011. http://www.theatlantic.com/international/archive/2011/07/how-to-talk-about-haitis-rape-epidemic/241379/
http://jezebel.com/5817381/female-journalists—researchers-respond-to-haiti-ptsd-article

[293] Outre les 36 femmes journalistes, la seule personne à avoir exprimé un scepticisme par écrit fut Brendan O'Neill dans un article de blogue du quotidien britannique *Telegraph* intitulé : « Des meutes de violeurs omniprésentes en Haïti, selon les médias américains. Où sont donc les preuves ? » Voici ce qu'écrivait O'Neill dans son article :

> Comme si le séisme qui a détruit des villes entières et fait 250 000 victimes n'était pas suffisant, Haïti ferait maintenant face à un autre traumatisme : des viols endémiques. Ces jours-ci, sur toutes les plateformes, les reporters de grands journaux tout comme les blogueurs indignés font état « d'hommes armés errant dans les ruines de Port-au-Prince » ayant leur « choix de victimes ». Dans les cités de tentes post-séisme érigées par les Haïtiens, les femmes et les filles sont « harcelées par des gangs de violeurs ». Partout en Haïti, des « hordes d'hommes » soumettent les femmes « à des violences sexuelles horribles »
>
> C'est épouvantable, la dernière chose dont les Haïtiens ont besoin après toutes les souffrances endurées. Mais est-ce vrai ? Le tremblement de terre a-t-il réellement « généré de nouveaux séismes de violence sexuelle », comme le prétend le *Los Angeles Times*, donnant lieu à une chasse aux victimes par des « prédateurs » (ce mot apparaît partout) ?
>
> Ça semble peu probable. Ces reportages sur des groupes d'Haïtiens violant les femmes proviennent d'un nouveau rapport d'Amnesty International intitulé *Aftershocks: Women Speak Out About Sexual Violence* (*Contrechocs : les femmes parlent ouvertement de la violence sexuelle*). Cependant, quiconque se penchera sur ce rapport à la recherche de données statistiques sur les nouveaux « contrechocs » de violence sexuelle sera bien déçu. Le rapport se compose essentiellement

> de témoignages de femmes victimes de viol en Haïti depuis le séisme.
> La lecture est sans contredit éprouvante, mais les témoignages en soi
> ne prouvent pas l'existence d'une hausse de la violence et des
> prédateurs sexuels dans la foulée du séisme. [...] Dans ces cités de
> tentes, les Haïtiens ont bâti des maisons, des écoles, des centres
> communautaires et un semblant de société. Malgré tout, dans ses
> propres intérêts politiques, Amnesty International a contribué à
> propager une image des camps où règnent la peur et la dépravation.

Brendan O'Neill, « Packs of rapists haunt Haiti, reports the American press. So where is the evidence? », *The Daily Telegraph*, 9 février 2011.
http://powerbase.info/index.php/Brendan_O'Neill

[294] Je tiens à préciser clairement que je ne suis pas contre l'aide qui fut apportée aux victimes. Bon nombre de ces femmes avaient des enfants dans un contexte de faim, de maladies, d'absence de perspectives économiques, tout cela exacerbé par l'embargo international dirigé par les États-Unis. De plus, lorsque l'on considère qu'un visa était aussi accompagné d'un emploi, de soins médicaux, de visas pour tous les enfants et le mari, comment pourrait-on reprocher à une femme de prétendre avoir été violée ? Personnellement, je ne le pourrais pas. En effet, quand on tient compte de ce qu'il en coûte de dire la vérité pour l'avenir et le bien-être de la famille (ce qui est d'autant plus pesant du point de vue d'un Américain, les États-Unis étant partiellement responsables de la situation actuelle), un être humain sensible pourrait très bien conseiller à une telle femme de mentir.

Par ailleurs, ce que je dis, ce n'est définitivement pas que le personnel des ONG, les fonctionnaires de l'État haïtien et les représentants de l'ONU et d'USAID sont des menteurs et des tricheurs. Je suis pour l'aide humanitaire, bien qu'on m'ait souvent accusé du contraire. Et la plupart des employés de l'ONU, d'USAID et d'ONG que je connais sont de bonnes personnes. La plupart désirent réellement apporter une aide et sont tout aussi choqués que moi par le gaspillage et la corruption. Et c'est là une grande partie du problème. C'est bien qu'ils veuillent aider. Il est toutefois difficile de comprendre comment des gens intelligents et éduqués en viennent à contribuer à des supercheries flagrantes. Selon moi, ne pas fournir aux donateurs des données détaillées sur les activités de l'organisation constitue une forme de malhonnêteté, tandis que dépeindre les hommes haïtiens comme des violeurs, ou des hommes et des femmes respectables comme des esclavagistes (dans le cas des restaveks), est une forme de violence envers la société haïtienne. Créer l'image d'une société de prédateurs et de victimes est une forme de violence, et tôt ou tard cela aura des conséquences pour lesquelles nous devrons payer. Je prends pour exemple la peur décrite dans les premiers chapitres qui a bloqué l'acheminement de l'aide alors qu'on en avait le plus grand besoin. Cette peur est le résultat direct d'une fausse image d'Haïti, où une catastrophe est à ce point exagérée que personne n'ose plus aider. Pourquoi ce besoin d'en rajouter avec les viols ? Bien sûr, la première raison qui me vient à l'esprit est l'argent, et pas nécessairement d'un point de vue négatif. Pour pouvoir aider, les organisations humanitaires ont besoin d'argent. Dans la foulée du séisme, elles ont recueilli 2,7 milliards de dollars. Qu'est-il advenu de cet argent ? Voilà le problème. La majeure partie a été gaspillée ou détournée.

[295] En février 2013, lors d'un autre entretien entre Marie Eramithe Delva et la délégation du Réseau de solidarité Canada-Haïti pour lequel je servais d'interprète, Marie Eramithe Delva a fait passer le nombre de membres à 3 500 et le nombre de victimes à 2 150, ce qui, selon elle, aurait été déterminé dans les semaines ayant fait suite au tremblement de terre – et ce malgré la publication de données contraires.

[296] Fiacome, « Battling sexual violence in post-earthquake Haiti: Interview with Marie Eramithe Delva, co-founder of KOFAVIV (Commission of Women Victims for Victims) », 5 février 2013.
http://wozoayitiproject.com/stories/

[297] Désespérées, les femmes cherchèrent de l'aide auprès de journalistes étrangers et du Comité des droits de l'homme de l'ONU pour l'obtention d'un visa. Voir : Comité des droits de la personne des Nations Unies, 112e session, « Rapport sur le manque d'efforts adéquats pour enquêter et prévenir les menaces et la violence contre les femmes défenseures des droits humains à la KOFAVIV », soumis par KOFAVIV, la Clinique internationale des droits humains des femmes à la faculté de droit CUNY, MADRE.
https://tbinternet.ohchr.org/Treaties/CCPR/Shared%20Documents/HTI/INT_CCP R_CSS_HTI_18145_F.pdf

William Gomes, « Haiti: Malya Villard Appolon's Home Attacked by Group of Armed Men », lettre, *Salem-News.com*, 27 août 2013.

[298] Pour l'enquête commandée par CARE International pour laquelle nous avons utilisé la technique « scaling-up » de Russ Bernanrd pour évaluer les taux de viol, voir :

Timothy Schwartz, « Report: Gender Survey CARE HAITI HEALTH SECTOR Life Saving Interventions for Women and Girl in Haiti Conducted in Communes of Leogane and Carrefour, Haiti », 22 août 2013.

Voir également :
http://timotuck.com/wp/index.php/category/haiti-reports/

http://timotuck.com/wp/index.php/2015/08/25/gender-in-haiti-review-of-the-literature/

[299] Lyn Duff, « Jean-Bertrand Aristide: Humanist or Despot? », *Pacific News Service*, 2 mars 2004.

[300] À un certain moment, vraisemblablement exaspérée par le manque de sympathie de la communauté internationale, Lyn Duff a publié un article suggérant que les représailles violentes des sympathisants d'Aristide étaient maintenant justifiées : « Nous ne serons plus pacifiques et ne les laisserons plus nous tuer » (« We Won't Be Peaceful and Let Them Kill Us Any Longer », entrevue de la militante haïtienne Rosean Baptiste par Lyn Duff, 4 novembre 2005).

[301] Comme nous l'avons vu dans le chapitre 8, durant les années du premier coup d'État de 1991 à 1994, le FRAPH, la junte militaire de droite était au pouvoir en Haïti, est devenue au fil du temps ce que l'attaché militaire de l'ambassade des États-Unis a qualité « d'espèce de mafia ». L'organisation recrutait des membres dans les quartiers et ces groupes se sont habitués à « avoir recours à la force pour intimider et contraindre la population ». L'armée les protégeait et tirait « des avantages politiques, et plus particulièrement matériels, de cette relation ». Lorsque Aristide est retourné au pouvoir avec l'appui du gouvernement américain et de l'ONU, son gouvernement a pris des mesures pour ne plus jamais être renversé et persécuté aussi facilement et de manière aussi humiliante qu'il l'avait été en 1991. L'administration Aristide a encouragé les habitants des quartiers populaires à former des groupes de défense appelés « brigades vigilance ». Il s'agissait essentiellement du même phénomène que le FRAPH, mais à l'autre extrémité du spectre politique. En effet, il s'agissait des mêmes personnes. Selon une note de service des États-Unis intitulée *MO Overlapping Membership*, qu'il s'agisse de la junte de 1991 à 1994 ou de l'administration d'Aristide subséquente, les membres du FRAPH et des brigades étaient souvent les mêmes. Les durs à cuire des quartiers étaient devenus des hommes de main professionnels.

[302] Autre différence cette fois-ci : il n'y avait pas d'armée. Elle avait été dissoute par Aristide en 1994 à la suite de son retour, avec le soutien des États-Unis et de l'ONU. Cette fois-ci, les sympathisants d'Aristide étaient armés. Cette fois-ci, la population urbaine d'Haïti s'attendait à une vague de crime sans précédent dans l'histoire haïtienne. La droite et la gauche avaient toutes deux des brigades armées dans les quartiers pauvres des grandes villes. Des gens de tous les échelons de la société haïtienne se plaignaient depuis la fin des années 90 des « chimères », des combattants de gauche inspirant la frayeur et associés au régime déchu d'Aristide.

[303] Voici d'autres exemples de reportages réalisés pour *Radio KPFA* et le *San Francisco Bay View* :

« En Haïti, Lyn Duff visite un pénitencier où sont détenus des journalistes. » *Radio KPFA*, vendredi 4 juin 2004

« Lyn Duff interroge une Haïtienne dont le fils a reçu une balle dans le dos tirée par un escadron de la mort haïtien », *Radio KPFA,* décembre 23, 2004.

 « "Pourquoi ferais-je confiance à cette élection bidon ?" Les Haïtiens s'expriment sur les élections, reportées à janvier », un reportage de Lyn Duff, *San Francisco Bay View,* 6 décembre 2005.

« D'anciens soldats haïtiens reçoivent un salaire rétroactif et refusent de jeter leurs armes », un reportage de Lyn Duff. *San Francisco Bay View, 7* décembre 2005.

« Mère haïtienne : "Simplement parce qu'un enfant vit dans un quartier pauvre, la police présume qu'il est un criminel" », un reportage de Lyn Duff, *San Francisco Bay View* , 15 février 2006.

[304] Jeb Sprague et Joe Emesberger, « Authors of Lancet Medical Journal Study On Haiti Claim To Be Targets Of Intimidation Campaign », *CounterPunch*, 11 septembre 2006.
http://www.counterpunch.org/2006/09/11/death-threats-against-lancet-s-haiti-human-rights-investigator/

[305] Athena R. Kolbe et Royce A. Hutson, « Human rights abuse and other criminal violations in Port-au-Prince, Haiti: a random survey of households », *Wayne State University, School of Social Work, Thompson Home*, 2006DOI:10.1016/S0140-6736(06)69211-8, publié en ligne le 31 août 2006.

[306] Pour les homicides en Irak, voir :

« Iraq War Logs: What the Numbers Reveal », *Iraq Body Count*, 23 octobre 2010.
https://www.iraqbodycount.org/analysis/numbers/warlogs/

« Civilian deaths from violence in 2003–2011 », *Iraq Body Count*, 2 janvier 2012.
https://www.iraqbodycount.org/analysis/numbers/2011/

« Civilian deaths from violence in 2012 », *Iraq Body Count.*
https://www.iraqbodycount.org/analysis/numbers/2012/

« The War in Iraq: 10 years and counting », *Iraq Body Count.*
https://www.iraqbodycount.org/analysis/numbers/ten-years/

https://www.iraqbodycount.org/database/

[307] Pour les taux d'homicide considérés quatre fois inférieurs à ceux de l'étude de Kolbe et de Hutson publiée dans le *Lancet*, voir : Duncan Campbell, « Lancet caught up in row over Haiti murders », *The Guardian*, 8 septembre 2006.

[308] Office des Nations Unies contre la drogue et le crime, « The Eighth United Nations Survey on Crime Trends and the Operations of Criminal Justice Systems (2001 - 2002) », 2003.
https://www.unodc.org/unodc/en/data-and-analysis/Eighth-United-Nations-Survey-on-Crime-Trends-and-the-Operations-of-Criminal-Justice-Systems.html

[309] Dans une courte préface à son article publié dans le *Miami Herald Opinion*, Ira Kurzban affirme qu'« une récente étude de la revue médicale britannique *Lancet* confirme les pires craintes concernant la police et les alliés paramilitaires du gouvernement par intérim ».

[310] Pour « l'endroit le plus dangereux au monde », voir : Global Communities, *Building the Road out of Poverty for the Community of "The most dangerous place on earth"*, 24 novembre 2009.
http://www.globalcommunities.org/node/33795

[311] La période de 2004 à 2006 fut une époque où, selon toutes mes connaissances à Port-au-Prince (riches, classe moyenne ou pauvres), les niveaux de criminalité et de violence avaient atteint des niveaux encore jamais vus.

[312] Pendant les deux années qui ont précédé le coup d'État, l'opposition a soutenu que le gouvernement et ses sympathisants avaient recours aux meurtres et au viol pour punir leurs opposants politiques. Ce gouvernement venait d'être renversé. Et depuis le coup d'État, il était amplement démontré que ces forces paramilitaires, mécontentes d'avoir été chassées du pouvoir, avaient tourné au pire.

Comme nous l'avons vu dans le chapitre 8, voici ce qu'on pouvait lire dans un article du *Miami Herald* publié le 16 mai 2004, soit trois mois après le coup d'État :

> Selon des observateurs des droits fondamentaux et des refuges pour femmes locaux, des centaines de femmes et de filles, certaines n'ayant même pas six ans, sont violées sans impunité, bien souvent par la police et des bandits armés pro-Aristide appelés « chimères ».

> Toujours selon eux, la situation des deux dernières années rivalise déjà avec la terreur infligée aux femmes par les régimes militaires et les escadrons de la mort au début des années 90.

Voir : *The Miami Herald*, « In Haiti's chaos, unpunished rape was norm », 16 mai 2004.
http://www.latinamericanstudies.org/haiti/rape.htm

Cependant, selon l'étude de Kolbe et de Hutson publiée dans le *Lancet*, les faits étaient totalement inversés : le nouveau gouvernement était entièrement à blâmer pour la nouvelle vague de meurtres et de viols à caractère politique.

[313] Il se pourrait bien que le nouveau gouvernement et ses sympathisants aient été plus violents que l'ancien gouvernement et ses sbires. Qui sait. Personnellement, c'est là mon opinion. Ils se sont mis à traquer et à arrêter des représentants du gouvernement élus démocratiquement, notamment l'ancien premier ministre et le ministre de l'Intérieur, qui ont été emprisonnés pendant deux ans. Cependant, il est difficile d'avaler l'idée selon laquelle l'ancien gouvernement était à ce point irréprochable qu'aucun viol ou un meurtre de l'échantillon de recherche ne lui était imputable, tandis que le gouvernement, lui, était responsable d'un tiers à la moitié de ces actes. Au contraire, précisément selon la logique utilisée par Duff dans ses reportages – le gouvernement d'Aristide a été renversé de manière illégitime et ses sympathisants sont maintenant victimes d'une répression impitoyable —, on serait en droit de s'attendre à des représailles de la part des sympathisants d'Aristide les plus radicaux, qui étaient nombreux. Et, en effet, les représailles ne se sont pas fait attendre.

[314] À l'époque du régime militaire des années 90, « le viol était utilisé comme une forme de répression politique » et « nous pouvons maintenant voir que la situation se répète sous Aristide », affirmait déjà Olga Benoit, la directrice de la SOFA— la plus importante organisation féministe en Haïti —, avant le coup d'État de 2004. De plus, le *Miami Herald*, citant à la fois Olga Benoit de la SOFA et Yolette Jeanty de Kay Fanm (l'autre grande organisation féministe en Haïti), signalait que « des viols à motif politique dont les militantes pour les droits des femmes ont été informées, tous avaient été commis par des groupes pro-Aristide ».

« Nous avons pris connaissance d'environ 1 000 cas de viols », a aussi déclaré Anne Sosin d'Haiti Rights Vision. « Ce que montrent clairement nos données, c'est que tous les groupes ont été impliqués dans des abus contre les femmes. Il est important que les revues scientifiques comme le *Lancet* signalent les violations des droits humains de tous les acteurs concernés. »

Voir : Duncan Campbell, « Lancet caught up in row over Haiti murders », *The Guardian*, 8 septembre 2006.
http://www.guardian.co.uk/international/story/0,,1867372,00.html

315 Mary Catherine Maternowska, « Haiti Eyes », *The New York Times Magazine*, 24 juillet 2005.
http://www.nytimes.com/2005/07/24/magazine/haiti-eyes.html?_r=0

316 Il faudra attendre 2007 avant que l'ONU ne puisse pénétrer Cité Soleil. Des chars d'assaut onusien sont entrés dans le quartier à 2 h du matin et tiré quelque 20 000 munitions de calibre 55 mm dans les murs des maisons des plus démunis de Port-au-Prince.

317 Amy Wilentz, « Haiti: A Savior Short on Miracles », *Los Angeles Times*, 12 octobre 2003.
http://articles.latimes.com/print/2003/oct/12/opinion/op-wilentz12

318 Le 4 septembre 2006, le quotidien britannique *The Independent* a publié un article sur l'étude du *Lancet* intitulé « La police et des groupes politiques liés aux agressions sexuelles en Haïti ».

319 Pour la critique de Michael Diebert, voir : Michael Deibert, « Human rights, not politics, should be priority for Haiti », *AlterPresse*, 12 septembre 2006.
http://www.alterpresse.org/spip.php?article5133#.V-uG5fkrLX4

320 Jeb Sprague et Joe Emesberger, « Authors of Lancet Medical Journal Study On Haiti Claim To Be Targets Of Intimidation Campaign », *CounterPunch*, 11 septembre 2006.
http://www.counterpunch.org/2006/09/11/death-threats-against-lancet-s-haiti-human-rights-investigator/

321 Il semble plutôt bizarre que des Britanniques se livrent soudainement la guerre pour une question de politique haïtienne et qu'ils aillent jusqu'à menacer de mort une chercheuse américaine en désaccord avec eux. Le dernier ambassadeur britannique en Haïti, Gerard Corley-Smith, a été expulsé en 1962 parce qu'il se plaignait du traitement des ressortissants étrangers. Depuis, les Britanniques ne semblent pas avoir fait grand cas d'Haïti. Par ailleurs, il y a très peu d'immigrants haïtiens au Royaume-Uni. À l'époque de l'étude du *Lancet*, on en comptait 164. Je ne crois pas qu'il se trouve même un seul immigrant britannique en Haïti. Le gouvernement britannique n'a jamais rouvert d'ambassade depuis l'incident. Aujourd'hui, Haïti n'a toujours pas d'ambassade au Royaume-Uni, et vice versa. Le groupe de soutien envers Haïti auquel Charles Arthur est affilié est une organisation britannique non partisane qui appuie les organisations de la société civile et est elle-même soutenue par des ONG britanniques comme Oxfam, Christian Aid et Amnesty International, ainsi que par ses propres membres. Ce groupe n'a jamais pris position pour la droite ni la gauche, qu'il soit question de trouver des coupables pour la guerre civile qui faisait rage à l'époque ou

pour le sous-développement actuel d'Haïti. En effet, mis à part le roman *Les comédiens* de Graham Greene, il s'agissait probablement de la première fois en 100 ans que quelqu'un ou quelque chose de britannique était impliqué dans la politique haïtienne. Soudainement, des Britanniques proféraient des menaces de mort, envoyaient de fausses bombes et des rats morts aux États-Unis et étaient sophistiqués au point de ne pas se faire prendre par Scotland Yard. Tout ça pour un article écrit dans une revue médicale…

[322] Pour les questions éthiques et le traumatisme des victimes, voir, par exemple : Soraya Seedat, Willem P. Pienaar, David Williams et Daniel J. Stein, « Ethics of Research on Survivors of Trauma », *Current Psychiatry Reports*, n° 6 (2004), p. 262-267.

Cathy Zimmerman et Charlotte Watts, « Ethical and Safety Recommendations for Interviewing Trafficked Women », *OMS*. http://www.who.int/mip/2003/other_documents/en/Ethical_Safety-GWH.pdf

[323] Dans les études subséquentes de 2009 et 2010, les 10 auteurs ont ajouté la note suivante : « Cette étude a été approuvée par le Comité d'examen interne de l'Université du Michigan ». Si cela est vrai, honte à l'Université du Michigan. Il est toutefois difficile de croire que ce pourrait être vrai. Il est plus probable que ce qui a été raconté au comité d'examen ne correspondait pas à la méthodologie réellement employée.

[324] Phillip Sherman et Samuel Bernstein, « Uncommon heroes: a celebration of heroes and role models for gay and lesbian Americans », *Fletcher Press*, 1994, p. 150.

[325] Techniquement, en 1997, Duff a démissionné de *KPFA*, la station qui était venue en Haïti pour fonder *Radio Timoun*. Dans sa lettre de démission, elle affirme avoir été maltraitée par la direction. Plus particulièrement, lors d'un affrontement au sujet de la publication des entretiens avec Aristide (Duff avait refusé de les remettre à la direction), la directrice de *KPFA* en Haïti lui aurait crié :

> Je suis la directrice, tu ne comprends pas ça ? Tu es à ce point stupide que tu ne comprends pas ça ? [...] Va chier. [...] Toi et *KPFA*, c'est fini. [...] Quitte le mouvement. [...] Tu es trop stupide et obtuse pour comprendre ce qui se passe.

C'est ainsi que Duff a démissionné. Elle a terminé sa lettre de démission en indiquant qu'elle irait travailler pour *KQED*, *Monitor Radio* et *NPR*. La lettre de démission en question a été publiée sur un groupe Google le 21 avril 2017 par une utilisatrice nommée Lyn Gerry. La discussion comportait également un commentaire intéressant : on accusait la femme qui a fait pression sur Duff et l'aurait renvoyée d'avoir exploité le fait que Duff avait été « torturée », probablement une référence aux électrochocs qu'elle aurait reçus dans l'hôpital psychiatrique de l'Utah. Voici les commentaires :

De : m...@netcom.com (Mark S. Bilk)
Message-Id: 1997041812 Ibid.27
Objet : Histoire et démission de Lyn Duff
À : progress...@tango.rahul.net
Date : Vendredi, 18 avril 1997 05:46:38 -0700 (PDT)

Voici la lettre de démission de Lyn Duff. Elle était une journaliste de l'émission Flashpoints sur *KPFA*.

Merci Lyn d'avoir publié cette lettre !

Il vaut la peine d'effectuer une recherche sur Lyn Duff sur DejaNews et AltaVista.

Par exemple, voici une de ses entrevues avec Jean-Bertrand Aristide :

http://www.pacificnews.org/yo/issues/1996/6.2/duff-aristide.html, « This is the Family of God » : un entretien avec Jean-Bertrand Aristide par Lyn Duff

En ce qui concerne la raison pour laquelle elle a quitté *KPFA*, Lyn a décrit sur Flashpoints et à la télévision nationale comme, en tant que lesbienne de 15 ans (je crois), elle a été enlevée par des voyous engagés par ses parents et internée dans un hôpital psychiatrique de l'Utah (dont le nom est ironiquement Rivendell) dirigé par des mormons extrêmement homophobes.

C'est là que Duff et des centaines d'autres jeunes homosexuels ont été drogués, ont subi des électrochocs, ont dû demeurer en isolement pendant des jours, parfois dans le noir, ont été menottés aux mains et aux pieds, ont subi des « thérapies de l'aversion » (forcés de respirer de l'ammoniac tout en regardant des photos de personnes du même sexe) et ont été retenus au sol tandis que des adultes s'assoyaient sur eux et leur criait violemment à la tête pendant des heures. On leur a dit qu'ils étaient des pervers et des pédophiles atteints de maladies mentales et qu'ils ne pourraient jamais vivre une vie heureuse sans changer.

Et tout cela dans le seul but de les forcer à ne plus être homosexuels, la seule raison pour laquelle ils avaient été internés. Bien sûr, ça n'a pas fonctionné, et plusieurs des personnes internées que Lyn a connues personnellement se sont suicidées en raison du traitement, qui est *toujours* utilisé là-bas contre les gais et lesbiennes adolescents.

En réalité, Lyn est une survivante de torture prolongée et a raconté son histoire en public sur de nombreuses plateformes, y compris sur *KPFA*. Il semble extrêmement probable qu'Amina Hassan connaissait l'histoire de Lyn (c'était certainement vrai à l'automne dernier) et que, consciemment ou inconsciemment, elle l'a soumise au même type de cris, de menaces et de dégradation verbale autoritaire dont elle savait que Lyn avait fait l'expérience et qui éveillerait de nouveau chez elle les mêmes sentiments de terreur.

C'est impardonnable.

Source : https://groups.google.com/forum/#!topic/misc.activism.progressive/PtHsc0Tsg-E.

[326] Et comme si ça ne suffisait pas, le nom « Athena Kolbe » est en réalité la combinaison du nom de la déesse grecque de la sagesse, des artisans et de la stratégie militaire (Athéna) et le saint patron catholique du journalisme (Maximilien Kolbe).

[327] Le nom composé que Duff prétend avoir utilisé est « Athena Lyn Duff-Kolbe ». Cependant, avant 2006, ce nom n'apparaît dans aucun de ses articles sur Haïti ni ailleurs.

[328] Robert Muggah et Athena Kolbe, « Haiti: Why an accurate count of civilian deaths matters », *Los Angeles Times*, 12 juillet 2011. http://articles.latimes.com/2011/jul/12

[329] Je ne vois pas pourquoi ils ont fait référence à leur « équipe de chercheurs nord-américains » sinon que pour s'autopromouvoir et discréditer mon équipe, composée de moi-même, d'un universitaire haïtien et d'un universitaire martiniquais. Pour ceux qui attachent une importance aux diplômes et aux antécédents (ce qui n'est pas mon cas), je souligne que mes partenaires étaient Yves François, un Haïtien qui a obtenu son doctorat en sociologie à l'Université Colombia de New York, et Eric Calpas, un Martiniquais qui a obtenu son doctorat en sociologie à la Sorbonne de Paris.

[330] Et pourquoi Kolbe avait-elle publié son texte d'opinion dans le *Los Angeles Times* en particulier et pas ailleurs ? Il se trouve que le rédacteur en chef de la page Opinions du quotidien n'est nul autre que le mari d'Amy Wilentz, l'autrice de *The Rainy Season*, un ouvrage dans lequel elle défend l'ascension d'Aristide. Amy Wilentz et Lyn Duff étaient toutes deux des journalistes-militantes qui travaillaient avec Aristide dans le milieu des années 90. Wilentz n'appréciait pas la controverse autour du bilan des

morts et son impact qui, selon bon nombre de personnes, nuisait aux efforts de redressement.

331 Loretta Pyles, *Progressive Community Organizing: A Critical Approach for a Globalizing World*, Routledge, New York, 2009, p. 194.

332 Pour « l'étude statistique » menée par le Children's Hospital Los Angeles et l'Université de la Californie du Sud, voir : Agence France-Presse, « Almost half Haiti's injured may be children: study », 28 janvier 2010.

333 Pour le rapport de Handicap International, voir : Colleen O'Connell, Aleema Shivji et Thomas Calvot, Earthquake of 12th January, 2010 - Haiti Preliminary findings about persons with injuries Greater Port au Prince Area 15-26 January, 2010, p. 5.

334 S. K. Kochar, Principles and Practice of Trauma Care, Jaypee Brothers Medical Publishers, New Delhi, p. 445.

335 À partir de données du premier hôpital de campagne établit à Port-au-Prince après le séisme (l'hôpital University of Miami Global Institute/Project Medishare [UMGI/PM], établi le 13 janvier), les Centres pour le contrôle et la prévention des maladies ont établi que 2,9 pour cent des décès ont eu lieu dans les cinq mois faisant suite au séisme (ce qui inclut tous les décès attribuables à des blessures et à des maladies traitées à cette période, notamment des maladies dermatologiques). Il ne s'agit pas d'un indicateur parfait, mais c'est tout de même très loin du 25 % de décès dans le mois ayant fait suite au séisme, selon Kolbe et Muggah.

336 Penchez-vous sur les autres enquêtes de Kolbe, Muggah, Hutson et autres et vous trouverez encore plus d'incohérences. Selon leur enquête pour le Programme alimentaire mondial, seulement 3 des 5 000 personnes dans la zone touchée par le tremblement de terre ont perdu un membre de leur ménage à la suite du séisme. Si on utilise cette donnée pour évaluer le nombre de victimes, on en arriverait à 9 000 morts. Ç'aurait dû être assez pour mettre fin à la comédie. Cependant, le plus étrange dans tout ça (et la raison pour laquelle c'est si important), c'est que la communauté de l'aide humanitaire et l'ONU n'ont jamais dit un mot sur les conclusions. La plupart du temps, elles les ont tout simplement acceptées. Il n'y avait aucun processus de vérification. Personne ne remettait en doute les conclusions. Peut-être a-t-on simplement tenu pour acquise la crédibilité des chercheurs, qui conjointement étaient affiliés à pas moins de cinq institutions des États-Unis et de l'Europe du Nord.

337 Royce A. Hutson, Eileen Trzcinski et Athena R. Kolbe, « Features of Child Food Insecurity after the 2010 Haiti Earthquake: Results from Longitudinal Random

Survey of Households », *PLOS*, 10 septembre 2010.
http://dx.doi.org/10.1371/journal.pone.0104497

[338] Athena Kolbe et Robert Muggah, « The economic costs of violent crime in Haiti », *The Guardian,* 22 août 2012.
http://www.theguardian.com/commentisfree/2012/aug/22/haiti-violent-crime-economic-costs

[339] Office des Nations Unies contre la drogue et le crime, *Étude mondiale sur l'homicide 2011*, Vienne, 2011.

[340] Trenton Daniel (Associated Press), « Recent study shows significant homicide drop in Port-au-Prince », *Boston Herald,* 18 novembre 2011.
http://www.bostonhaitian.com/2011/recent-study-shows-significant-homicide-drop-port-au-prince

[341] Athena Kolbe et Robert Muggah, « The economic costs of violent crime in Haiti », *The Guardian,* 22 août 2012.
http://www.theguardian.com/commentisfree/2012/aug/22/haiti-violent-crime-economic-costs

[342] Voir : Athena R. Kolbe, Royce A. Hutson, Harry Shannon, Eileen Trzcinski, Bart Miles, Naomi Levitz, Marie Puccio, Leah James, Jean Roger Noël et Robert Muggah, « Mortality, crime and access to basic needs before and after the Haiti earthquake: a random survey of Port-au-Prince households », *Medicine, Conflict and Survival*, 2010.

[343] Athena Kolbe et Robert Muggah, « Haiti's Silenced Victims », *The New York Times*, 8 décembre 2012.

L'article était accompagné de la photo d'un camp à la légende suivante :

« Une cité de tentes à Port-au-Prince en juillet. Après le séisme de 2010, les résidents des cités de tentes de la capitale étaient 20 fois plus susceptibles de signaler une agression sexuelle que les autres Haïtiens. »

[344] Pour être exact, Kolbe ne parle pas français, baragouine le créole et comprends la langue encore moins qu'elle ne la parle. Je comparerais ses compétences linguistiques en créole à celles d'un enfant de trois ans, une opinion corroborée par de nombreux étudiants de ma connaissance qui ont collaboré avec elle et par Glen Smucker, un autre doctorant américain qui parle couramment le créole et se dit perplexe devant tout ce qu'elle a accompli en Haïti en étant à ce point limitée sur le plan linguistique. J'avais été moi-même abasourdi la première fois que je l'ai rencontrée. Voilà une femme, une universitaire par-dessus le marché qui travaille et vit en Haïti de manière intermittente depuis 27 ans. Malgré tout, elle ne maîtrise pas la langue. Elle ne

cherche pas non plus à s'en cacher. Elle fait appel à des traducteurs pour communiquer avec ses étudiants et ne participe pas aux cours de créole pour étrangers qu'elle offre à son institut. En effet, à ma connaissance, Kolbe n'a jamais fait d'effort pour apprendre systématiquement le créole ou le français.

[345] D'après le compte LinkedIn de Kolbe :

> Bourses pour les étudiants haïtiens désirant étudier en travail social et en sciences sociales — l'échéance approche rapidement !

> Athena Kolbe, programme conjoint de doctorat en travail social et en science politique de l'Université du Michigan

> Chers amis sur LinkedIn :

> J'espère que vous m'aiderez tous à faire passer le mot au sujet de deux échéances très prochaines pour des demandes de bourse. Les bourses sont partielles et n'incluent pas le logement ni les repas. Elles s'adressent aux étudiants de premier ou de deuxième cycle de l'Enstiti Travay Sosyal ak Syans Sosyal (l'Institut du travail social et des sciences sociales) à Pétionville.

> Un généreux cadeau de fin d'année nous permet d'offrir trois bourses à des étudiantes prometteuses et deux bourses de travail-étude à des étudiants masculins ou féminins. Voici les détails : les dépôts de candidatures sont acceptés depuis la semaine dernière (!) et continueront d'être acceptés jusqu'à ce qu'une décision soit prise. Comme le comité d'évaluation des bourses se rencontre chaque semaine, les étudiants ont intérêt à déposer leur candidature le plus tôt possible. Le premier semestre débutera dans moins de deux semaines et ces bourses sont pour le semestre de janvier 2013.

> Les étudiants devront suivre un programme en travail social (premier ou deuxième cycle) et un deuxième programme en sciences sociales (diplôme de premier ou deuxième cycle en psychologie, science politique, économie, sociologie ou anthropologie). Le programme comprend de nombreux cours et méthodes de recherche offerts en anglais et tous les étudiants doivent démontrer leur maîtrise de l'anglais, du français et du créole écrit, ainsi que leur capacité à mener des recherches qualitatives ou quantitatives en sciences sociales. Les cours sont donnés par des professeurs titulaires de diplôme de cycle supérieur dans leur discipline. La langue d'enseignement est le créole,

bien que les professeurs invités puissent enseigner en français ou en anglais (avec une traduction en créole).

Pour en savoir plus sur l'institut et nos cours, voir : www.travaysosyal.com. Si vous désirez proposer la candidature d'un étudiant à l'une de ces bourses, veuillez envoyer un courriel à jean.almathe.ets@gmail.com et m'ajouter en copie conforme Athena@travaysosyal.com avec la mention « Bourse 2013 suggestions d'étudiant » suivi du nom complet de l'étudiant dans le champ objet. Pour une description des bourses et de leurs exigences, voir l'adresse suivante : http://www.travaysosyal.com/student.handbook.html. Veuillez noter que nous avons plusieurs autres bourses moins urgentes, quoique plus concurrentielles, disponibles pour les étudiants masculins et féminins qui couvrent partiellement les frais d'inscription à l'ETS. Vous pouvez proposer la candidature d'un étudiant de manière générale et nous tâcherons de trouver une bourse appropriée parmi les bourses disponibles (les frais d'inscriptions annuels sont de 1 800 USD par année, mais nous arrivons généralement à trouver un soutien pour les étudiants, qui doivent rarement payer ce montant en entier). Je vous souhaite de joyeuses fêtes et une bonne année !

Athena Kolbe
Directrice de l'éducation en travail social
Enstiti Travay Sosyal ak Syans Sosyal
Pétionville, Ouest, Haïti
www.travaysosyal.com

[346] J'en connais bien plus sur le travail de Duff/Kolbe qu'il ne convient d'en dévoiler dans le texte principal. Mais certains éléments devraient être commis quelque part par écrit, d'où la présente note. En réalité, j'ai collaboré avec Kolbe pour l'enquête du Programme alimentaire mondial mentionnée précédemment. Après avoir été critiqué dans le texte d'opinion de Muggah et Kolbe publié dans le *Los Angeles Times*, Kolbe est entré en contact avec moi. J'ai sauté sur l'occasion pour mentionner le « débat animé sur les bilans », mais elle a répondu de façon évasive, promettant d'étudier la question avec les autres professeurs, sans jamais me donner une réponse. À tout le moins, pas sur ce sujet. Ce qu'elle a fait, c'est me payer pour mener une des enquêtes du Programme alimentaire mondial. En effet, après m'avoir pourfendu dans un grand journal américain, Kolbe et cie. m'ont offert 10 000 $ en argent comptant pour mener une enquête d'une semaine. À l'époque, je venais d'être déclaré *persona non grata* par USAID et sans emploi. J'ai accepté l'offre. L'une des premières choses que

j'ai faites, c'est de demander à voir le questionnaire qu'ils avaient déjà utilisé pour interroger 5 000 personnes. Le questionnaire était incohérent, à la fois sur le plan grammatical et linguistique. Il était absolument impensable qu'un locuteur créole y ait compris quoi que ce soit. Jean Roger Noël, coauteur de la précédente enquête de l'Université du Michigan, était responsable du questionnaire. Après avoir indiqué que je ne voulais pas être associé à un tel questionnaire et que mes enquêteurs ne pouvaient l'utiliser, Kolbe a appelé Noël et lui a demandé de se présenter avec son équipe à la base logistique des Nations Unies à Port-au-Prince. Ce dernier a ensuite eu des « pépins de voiture ». On ne l'a plus revu pendant des mois. Cela signifiait beaucoup de choses. Nous étions en novembre 2011, déjà 5 000 personnes avaient été interrogées et le questionnaire était incohérent. Kolbe, qui à ce moment travaillait déjà en Haïti depuis 17 ans où elle menait des enquêtes depuis six ans, n'avait aucune idée de ce qui se trouvait sur le formulaire d'enquête. Elle ne lisait pas le créole et, semble-t-il, Noël ne maîtrisait pas très bien la langue non plus. L'enquête a éventuellement été mis aux oubliettes lorsque Kolbe a appris qu'un employé de World Vision aurait utilisé des denrées alimentaires pour inciter une fille de 14 ans à coucher avec lui. Soudainement, l'histoire de la fille de 14 ans était beaucoup plus urgente que l'enquête. D'après ce que m'a raconté Kolbe, le récit de l'événement aurait arraché des larmes à Stephen Kearney, le directeur du Programme alimentaire mondial en Haïti. Au-delà des détails de l'affaire elle-même, il s'agissait d'un rebondissement typique à la Kolbe : un intérêt envers les événements politisés et émouvants qui détournent l'attention de la crédibilité de la recherche. Cette histoire signifie également que le Programme alimentaire mondial n'a chargé aucun locuteur créole de vérifier le formulaire d'enquête. Ni avant ni après la tenue des enquêtes. Ils n'ont pas non plus remarqué que le questionnaire avait été modifié en profondeur après mon embauche.

Soit dit en passant, tandis qu'on tenait principalement dans l'ignorance, je me suis lié d'amitié avec Byron Poncesegura, le directeur responsable du Programme alimentaire mondial, qui avait lu et apprécié mon livre précédent, *Mascarade en Haïti*. À un certain moment, Royce Hutson, qui était apparemment un conseiller principal, s'est rendu en Haïti pour rencontrer les représentants du Programme alimentaire mondial au sujet des enquêtes. Cependant, il n'a jamais rencontré Byron Poncesegura, ce qui a rendu ce dernier furieux d'avoir été mis sur la touche. Je n'ai pas rencontré Hutson non plus. Kolbe m'a fait savoir que, une fois reparti, Hutson était à ce point furieux à propos des enquêtes qu'il lui a raccroché au nez. Je n'étais rien d'autre qu'un directeur des opérations sur le terrain d'une petite partie de l'enquête et j'étais principalement laissé dans l'ignorance, mais voici ce que tout ça m'amène à penser : a) Hutson et les professeurs de l'université ont dû se rendre compte que l'enquête était un vrai gâchis, pour ne pas dire bidon ; et b) le Programme alimentaire mondial n'a jamaismené de suivi de l'enquête, ni au sujet des données ni au sujet des questionnaires. Pas même après que le conseillé principal ait cherché à éviter Byron Poncesegura.

Un dernier mot pertinent sur toute cette histoire : j'ai écrit à Royce Hutson le 13 avril 2016 pour lui dire que je publiais le présent livre dans lequel je fais part de mes soupçons à l'endroit de Kolbe et présente des éléments prouvant que ses enquêtes étaient bidon ou extrêmement boiteuses. J'ai conclu ainsi : « Je ne veux pas traîner votre nom dans la boue sans vous donner la chance de clarifier votre rôle dans toute cette histoire. » Il ne m'a jamais répondu. J'ai envoyé le même courriel avec quelques modifications juste avant la publication du livre, le 29 octobre 2016. Royce Hutson n'a pas répondu à ce courriel non plus.

[347] Pour éviter d'accabler le lecteur, j'ai omis certains faits concernant Balistra. Elle est d'abord apparue dans les courriels destinés aux étudiants au moment où la directrice du personnel, une Haïtienne de 27 ans, accusait Kolbe d'avances sexuelles non désirées. La femme, qui croyait alors qu'il existait une instance supérieure au-delà de Kolbe, s'est plainte à la nouvelle administratrice de l'ETS, une doctorante américaine de l'Université du Michigan. Balistra est ensuite intervenue par courriel auprès de la doctorante américaine :

> De : Jennifer Balistra
> [mailto:balistra.jennifer.ets@gmail.com]
> Envoyé le : Vendredi 7 février 2014, 11 h 41
> À : Athena Kolbe ; Erica.Childs.ETS@gmail.com
> Objet : Re: plainte pour harcèlement sexuel
>
> Bonjour Erica,
>
> Mon nom est Jennifer et j'enseigne certains des cours d'anthropologie. Nous ne nous sommes toujours pas rencontrées puisque j'étais à l'ETS avant votre arrivée.
>
> On m'a demandé d'enquêter sur une plainte pour harcèlement sexuel qu'on vous aurait fait parvenir. Il s'agit de la cinquième plainte pour violation du code de conduite sur laquelle j'enquête pour l'ETS. Ce n'est donc pas ma première fois. Le processus a pour but d'empêcher la plaignante de devoir raconter son histoire de nombreuses fois.
>
> Premièrement, la personne responsable de la plainte (vous) doit commettre par écrit les faits allégués. Veuillez être aussi précise que possible et inclure les dates ou les heures (p. ex., l'après-midi après un cours en particulier) où les incidents ont eu lieu. Veuillez également inclure les circonstances dans lesquelles le harcèlement sexuel aurait eu

lieu selon les allégations et la date et l'heure approximative où vous avez pris connaissance des allégations. Envoyez-moi ce rapport et veillez à ne pas le partager, ni l'enregistrer sur un disque dur commun, ni en parler avec quiconque.

Je vais l'étudier pour vérifier s'il répond à la définition du harcèlement sexuel. Je vais ensuite passer en revue les données de notre registre des plaintes pour m'assurer qu'il ne s'agit pas d'un double (c.-à-d., une plainte qui aurait déjà fait l'objet d'une enquête). Si les faits allégués correspondent à la définition du harcèlement sexuel et n'ont pas déjà fait l'objet d'une enquête, je prendrai contact avec la plaignante pour vérifier si elle désirer lancer une enquête. Dans l'affirmative, je devrai peut-être vous poser d'autres questions de suivi.

N'hésitez pas à me faire part de quelque question ou préoccupation.

Cordialement,

Jennifer

348

De : Jennifer Balistra balistra.jennifer.ets@gmail.com
Date : Dimanche 21 septembre 2014, 15 h 17
Objet : Situation concernant les visas
À : Athena Kolbe <kolbe.athena.ets@gmail.com>, Marie Puccio <puccio.marie.ets@gmail.com>

Bon après-midi. Veillez m'excuser pour la réponse tardive et pour vous avoir appelé dix fois comme une obsédée ce matin.

Comme je l'ai mentionné, plus tôt, j'ai demandé à mon mari d'intervenir au sujet des visas...

Ce matin, j'ai discuté avec Suzanne, qui m'a expliqué un certain nombre de choses :

1) Les membres de l'ambassade à Port-au-Prince vous tiennent dans la plus haute estime, vous, Marie, Rob, etc. et apprécient tout le travail que vous faites en Haïti. Ils n'ont aucun commentaire négatif sur vous et votre travail.

2) L'ETS a acquis une mauvaise réputation au consulat en raison du comportement erratique de vos étudiants, des courriels et des appels téléphoniques d'étudiants affirmant avoir été maltraités, etc. Des

étudiants ont envoyé des courriels et fait des appels pour dire que l'ETS ne jouit d'aucun soutien international (alors que le consulat est au courant du soutien dont bénéficie l'ETS). Ils ont aussi fait de fausses déclarations concernant l'Université du Michigan, le Conseil sur l'éducation en travail social des États-Unis et le ministère de l'Éducation. Tout ça donne l'impression que les étudiants de l'ETS sont médisants ou malhonnêtes.

3) Selon la lettre, Athena serait allée devant les tribunaux et aurait témoigné devant un juge au sujet de l'ETS parce qu'une femme l'aurait accusé de vol. Le consulat était présent lors de l'audience pénale… Comme le consulat avait assisté à cette affaire et en connaissant les faits, il était clair que cette partie de la lettre était fausse.

4) Tous les étudiants en travail social des États-Unis sont tenus de suivre des stages non rémunérés. Il ne s'agit pas d'exploitation. En affirmant le contraire, vos étudiants ou anciens étudiants cherchent à être indemnisés par voie judiciaire ou à déposer une plainte non fondée en vue d'immigrer aux États-Unis ou d'obtenir une compensation monétaire de l'ETS ou du gouvernement américain. Ces démarches laissent deviner des étudiants capricieux.

À ce stade, l'ambassade affirme que les étudiants de l'ETS seront sans doute incapables d'obtenir des visas pour les États-Unis. Leur réputation est tout simplement trop mauvaise. Je pense que la seule façon pour eux de résoudre ce problème serait d'envoyer une lettre qui indique clairement que :

1) Le courriel a été envoyé en leur nom, mais sans leur autorisation.

2) Ils sont en désaccord avec les points de vue exprimés dans la lettre.

3) Ils ne sont pas exploités par quiconque à l'ETS ni par l'administration de l'ETS.

4) Toute préoccupation concernant leur éducation en travail social peut être résolue et sera résolue par l'administration en Haïti. Ils reconnaissent que tous les étudiants en travail social ont des problèmes avec les exigences de stage non rémunéré des programmes d'enseignement en travail social.

5) Ils sont traités avec respect et n'accusent pas Athena, Marie ou quiconque à l'ETS de leur avoir menti et de les exploiter. Le personnel

de l'ETS ne les a pas forcés à signer des papiers ou des accords contre leur gré.

6) Ils sont satisfaits des progrès réalisés vers la reconnaissance de l'institut par le ministère de l'Éducation.

7) Ils s'excusent pour le comportement non professionnel des autres. Cependant, en réalité, les autres personnes dans le courriel ne fréquentent pas l'ETS.

8) La personne ou les personnes qui ont envoyé la lettre pourraient avoir d'autres motifs ; des étudiants sont parfois en colère lorsqu'ils sont forcés de quitter un établissement d'enseignement pour des raisons financières ou autres.

9) Ils espèrent que cet événement ne salira pas la bonne réputation de l'ETS et de la faculté, du personnel et des étudiants de l'ETS.

Les étudiants ne devraient rédiger cette lettre que s'il s'agit de la vérité selon eux. S'ils ont RÉELLEMENT des problèmes avec l'ETS, le problème doit être résolu. Et j'ignore s'ils peuvent l'écrire, compte tenu de la désinformation propagée par certaines personnes. Et je ne peux pas confirmer non plus que ça résoudra le problème.

JB

[349] Grâce à sa réputation de spécialiste d'Haïti et de son poste de directrice de l'ETS, Kolbe a intimidé les universitaires étrangers. Le soutien manifeste de l'Université dont elle bénéficiait et ses connaissances apparemment omniscientes des « victimes » haïtiennes lui ont permis d'aller loin.

Les étudiants se sont plaints. Les étudiants de cycle supérieur étrangers se sont plaints. Bon nombre d'entre eux ont écrit à l'Université du Michigan sans obtenir de réponse. Bien qu'elle soit même incapable de baragouiner le créole, elle est tout de même devenue une experte de la sécurité et de la criminalité en Haïti. Même le Département des opérations de maintien de la paix de l'ONU lui prêtait oreille et suivait ses recherches (ce qui m'a été confirmé par deux directeurs du Département en Haïti lors de discussions personnelles en 2013 et en 2015). Et elle s'est prononcée sur des sujets extrêmement divers n'ayant rien à voir avec sa présumée expertise en sécurité alimentaire. En effet, ses données d'enquêtes prétendument valides (mais jamais vérifiées) ont eu une grande influence à un moment critique : elles ont contribué à inonder Haïti avec de l'aide alimentaire en 2012, une politique qui va à l'encontre de la revitalisation de l'économie haïtienne, mais très lucrative pour les ONG et les organismes de l'ONU.

350 Pour un résumé des réalisations et des publications de Mark Schuller, voir le site Web de la Northern Illinois University :
http://www.niu.edu/anthro/faculty_staff/faculty/schuller.shtml

351 Schuller est l'exemple parfait du rejet de la science au nom du militantisme. Schuller, tout comme la plupart des anthropologues-militants, n'a pas initialement choisi sa vocation pour étudier et comprendre le monde, mais pour promouvoir ses activités militantes :

> Je suis devenu un anthropologue en raison de mon expérience en tant qu'organisateur à l'échelle locale. À l'époque comme aujourd'hui, l'anthropologie me semble être la discipline la plus susceptible de soutenir des changements sociaux permanents à l'échelle locale.

Mark Schuller, « From Activist to Applied Anthropologist to Anthropologist? On the Politics of Collaboration », *Practicing Anthropology*, hiver, vol. 32, n° 1 (2010), p. 43.

Les méthodes utilisées par Schuller et les militants ne sont pas les outils utilisés par les anthropologues scientifiques pour atteindre un certain degré d'objectivité mesurable. Selon Schuller, de telles méthodes n'ont même pas leur place en anthropologie. Dans ses propres mots : « Nos principales méthodologies ressemblent plutôt à celles des militants sur le terrain : participation, écoute holistique et approche humaniste en ce qui concerne la bienveillance, la compréhension et la collaboration avec de véritables personnes. » Les priorités de Schuller : « mobiliser » et « émanciper » les pauvres. L'importance de ce point est soulignée par Schuller lui-même. Voici comment il décrit sa transition, d'organisateur communautaire à chercheur universitaire, et le prestige que lui a conféré son statut de chercheur :

> J'ai appris une leçon importante. En raison du ton érudit et de son indépendance des groupes de pression, il [un article écrit par Schuller] a été utilisé par un plus grand public que s'il avait été rédigé par ce partenaire syndicaliste européen [...] S'il avait été rédigé par le syndicat, ou par le même groupe qui faisait la promotion de ses efforts, ou s'il avait été rédigé plutôt dans le style militant que j'employais à mes tous débuts, il aurait été plus facile de discréditer, de marginaliser ou d'ignorer l'article. Parallèlement, je devenais un anthropologue. En fin de compte, c'était plus utile que d'être un organisateur ou un militant pour des ONG ou des causes en particulier [...]. J'offrais une certaine légitimité qu'un « militant » n'aurait pas.

Mark Schuller, « From Activist to Applied Anthropologist to Anthropologist? On the Politics of Collaboration », *Practicing Anthropology*, hiver, vol. 32, n° 1 (2010), p. 43.

Et, pour qu'un ne se méprenne surtout pas sur le fait que Schuller tente délibérément d'utiliser son statut de chercheur universitaire pour conférer une certaine crédibilité à ses activités militantes, notons que Schuller a déclaré ceci ailleurs :

> Toute mon énergie professionnelle, tout mon temps, mon doctorat, mes ressources, tout ce que je peux apporter à la table, la crédibilité rattachée au statut de professeur universitaire, tout ça est au service des gens avec qui je travaille et au service de notre vision partagée de la justice sociale.

Interview avec Mark Schuller, *Anthropology of Contemporary Issues*, avril 2012.

Permettez-moi de souligner l'absurdité de ce qu'avance Schuller : qui sont ces « gens » et comment Schuller décide-t-il qu'il va travailler avec eux ? Et comment les anthropologues comme Schuller savent-ils que ces gens « partagent sa vision de la justice sociale » ? Lui ont-ils dit ? Un scientifique répondrait à ces questions à l'aide d'outils statistiques permettant d'identifier les défavorisés, les impuissants et les pauvres. Cependant, sans ces outils, et sans aucune compréhension des moyens d'utiliser ces outils, n'importe qui peut prétendre défendre « les gens » ou « le peuple », n'importe qui peut solliciter de l'argent pour la justice sociale et, comme nous l'avons vu dans les chapitres précédents, n'importe qui peut inventer des histoires d'esclavage d'enfants, de viols, de violence et de crises d'orphelins. En effet, pour quiconque voudrait collecter de l'argent au nom des pauvres, l'anthropologue-militant représente le courtier par excellence : sa mission n'est pas de distinguer le vrai du faux, mais précisément de représenter ceux qui cherchent à retenir l'attention de la presse et à collecter des dons.

[352] Mark Schuller et Pablo Morales (dir.), *Tectonic Shifts: Haiti since the Earthquake*, Kumarian Press, Sterling (Virginie), 2013.

[353] Le chercheur le plus crédible dans l'anthologie de Schuller et Morales est Anthony Oliver-Smith, l'un de mes professeurs à l'époque où j'étudiais à l'Université de la Floride. Oliver-Smith n'a jamais mentionné Haïti dans l'un ou l'autre des trois cours que j'ai suivis avec lui et, avant d'être invité à contribuer à l'anthologie de Schuller, il n'avait jamais étudié ni écrit quoi que ce soit sur Haïti. En effet, à ma connaissance, il n'a jamais mis les pieds en Haïti.

[354] « Je ne pense pas qu'ils ont vraiment faim », a aussi déclaré Maria, la femme du Honduras, non pas par manque de sensibilité. Elle sait que la population est pauvre. Elle a aussi dit : « Ils sont si pauvres, si désespérés ». Cependant, elle demeure perplexe : « Ils agissent comme si c'était une occasion à saisir. »

³⁵⁵ Pour les citations et les témoignages de Joegodson, voir : Vilmond Joegodson Déralciné et Paul Jackson, *Rocks in the Water, Rocks in the Sun: A Memoir from the Heart of Haiti*, Our Lives: Diary, Memoir, and Letters Series, 23 avril 2015.

³⁵⁶ Pour l'évaluation structurelle des bâtiments, voir : H. Kit Miyamoto et Amir Gilani, *Haiti Earthquake Structural Debris Assessment Based on MTPTC Damage and USAID Repair Assessments*, Miyamoto International, 2011.

³⁵⁷ En ce qui concerne la véracité des réponses obtenues lors de l'enquête BARR à savoir si les personnes interrogées vivaient dans les camps : bien sûr, ce n'est pas parce qu'une personne affirmait ne pas avoir de tente dans les camps que cela était vrai. En effet, il était même improbable qu'une telle personne nous l'avoue. En contrepartie, on ne voit guère pourquoi une personne interrogée déclarerait vivre dans sa maison ou sur son terrain alors qu'en réalité elle habiterait dans un camp. C'est là toute la beauté de l'enquête BARR : nous avons abordé le problème de l'angle opposé. Plutôt que de compter les gens dans les camps et de leur demander s'ils vivaient réellement dans une tente ou s'ils possédaient une maison, nous nous étions rendus à la source, les maisons. Voilà pourquoi l'évaluation du véritable nombre de déplacés de l'enquête BARR est infaillible. En effet, il s'agissait probablement de la seule méthode fiable. Il était impossible d'obtenir cette information à partir des camps parce que les gens dans les camps qui possédaient une maison, les locataires qui n'avaient rien perdu, mais ne voulaient plus payer de loyer (et qui aurait pu leur leur reprocher ?) et les migrants des régions rurales qui misaient sur la possibilité de s'installer à Port-au-Prince n'allaient tout de même pas dire aux enquêteurs qu'ils essayaient de flouer les ONG. Cela irait à l'encontre de la raison même pour laquelle ils étaient dans les camps. Cependant, comme nous nous sommes rendus dans les maisons, la population n'avait aucune raison de prétendre qu'elle habitait dans les camps. En réalité, si une personne avait aussi une tente dans un camp, elle n'allait certainement pas le dire et risquer de s'incriminer. Aussi, en établissant combien de personnes vivaient dans une maison et où se trouvaient tous les autres qui y habitaient au moment du séisme, nous abordions la question de l'angle opposé. Nous avons demandé où s'étaient rendus les résidents des maisons après le tremblement de terre et où ils se trouvaient au moment de l'enquête. Lorsque nous n'arrivions pas à trouver les résidents pour leur demander directement (par exemple, lorsque la maison avait été détruite), nous demandions aux voisins. Cette méthode s'avéra très efficace pour évaluer la population des camps. Et, tout comme pour le bilan des morts, il y avait de bonnes raisons de croire que ce nombre était surévalué. Notre échantillon était issu des zones les plus durement touchées de Port-au-Prince. Et, tout comme pour le bilan des morts, les cadres de l'humanitaire et les militants étaient furieux. Cependant, je le répète, rien de tout cela

ne signifie qu'il n'y avait aucune personne désespérée à Port-au-Prince. Il y en avait, et depuis bien avant le tremblement de terre. J'y reviendrai.

[358] Kit Miyamota est l'ingénieur sismique japonais qui a supervisé le programme d'USAID, de l'ONU et du gouvernement haïtien pour l'évaluation des bâtiments. Il s'agit donc d'une autre personne ayant joué un rôle considérable dans le contexte post-séisme dont la déclaration contredit le bilan officiel de 2,3 millions de déplacés légitimes. Voici ce qu'il m'a raconté :

> Lorsque nous réparons les maisons jaunes [les maisons endommagées], nous en venons à très bien connaître les propriétaires et les locataires, puisque nous sommes en moyenne trois jours à chaque endroit. Nos ingénieurs haïtiens connaissent leur situation. Une fois les maisons jaunes réparées, environ 100 % des locataires retournent y vivre 24 heures par jour. Cependant, 90 % d'entre eux conservent leurs tentes inoccupées dans les camps de déplacés en espérant recevoir des services ou de l'argent pour les démonter.

Communication personnelle par courriel, 2011, publiée dans l'enquête BARR 2011.

[359] Pour l'analyse de la « panique morale » d'Arnaud Dandoy, voir : *Insecurity and humanitarian aid in Haiti: an impossible dialogue? Analysis of humanitarian organisations' security policies in Metropolitan Port-au-Prince*, Groupe URD.

[360] Pour les allégations de Nigel Fisher, voir : *Haïti : 6 months after... UN Stabilization Mission in Haiti*, 9 juillet 2010.
http://reliefweb.int/report/haiti/haiti-6-months-after

[361] Pour les données sur la densité démographique, voir : Banque mondiale, Centre du Réseau international d'information sur les sciences de la Terre, Centre international d'agriculture tropicale et Programme des Nations Unies pour l'environnement, *Latin American and Caribbean Population Database, Version 3*, 2005.
www.na.unep.net/datasets/datalist.php3orgisweb.ciat.cgiar.org/population/dataset.htm.

[362] Pour l'histoire du désastre écologique en Haïti, voir : Mats Lundahl, *The Haitian economy: Man, land, and markets*. New York St. Martin's, 1983.

[363] Pour les conséquences du ruissellement des eaux et des déchets en Haïti, voir par exemple : Programme des Nations Unies pour l'environnement, *Wastewater, Sewage and Sanitation*, Caribbean Environmental program.
http://www.cep.unep.org/publications-and-resources/marine-and-coastal-issues-links/wastewater-sewage-and-sanitation

[364] Pour les invasions militaires des États-Unis dans les Caraïbes au début du 20ᵉ siècle, voir : Zoltan Grossman, *A briefing on the history of U.S. military interventions*, 2001.

[365] Pour les subventions agricoles nationales des États-Unis et de l'Europe, voir :

Brian Reidl, « Still at the federal trough: Farm subsidies for the rich and famous shattered records in 2001 », *Research Agriculture Backgrounder*, n° 1452 (2001), The Heritage Foundation, Washington, DC.

Ivan Roberts et Frank Jotzo, *2002 US Farm Bill: Support and Agricultural Trade*, ABARE Research Report 1.13.

[366] Pour l'évolution de l'industrie du montage, voir : Lisa A. McGowan, *Democracy undermined, economic justice denied: Structural adjustment and the aid juggernaut in Haïti*, Development Group for Alternative Policies, Washington, DC, 1997.

[367] Pour les trois citations, voir : Josh DeWind et David H. Kinley III, *Aiding migration: The impact of international development assistance in Haiti*, Boulder, Westview, 1988, p. 61.

[368] Pour l'importation de riz et les pertes de revenu pour les agriculteurs locaux, voir :

Département du Commerce des États-Unis, *Haiti country reports on economic policy and trade practices—1998 key economic indicators*, Assistant Secretary of Commerce for Market Access and Compliance, Trade Compliance Center, 2006.

Josiane Georges, « Trade and the disappearance of Haitian rice » *Ted Case Studies*, n° 725 (2004).

[369] Pour le riz de l'Arkansas en Haïti, voir :

Letta Tayler, « U.S. exports killing Haiti's once thriving rice industry », *Newsday*, 12 février 2006.

Josiane Georges, « Trade and the disappearance of Haitian rice » *Ted Case Studies*, n° 725 (2004).

[370] Pour le jugement contre ERLY, voir :

United States of America before the Securities and Exchange Commission, Release No. 47286, 30 janvier 2003.

United States of America before the Securities and Exchange Commission, Release No. 1710, 30 janvier 2003.

Rice Corporation of Haiti (RCH), *Special Issue Report*, 1ᵉʳ novembre 1995.
Les exemplaires du rapport spécial sont disponibles auprès du Bureau de Washington sur Haïti, P.O. Box 29218, Washington D.C., 20017. Téléphone : 202-319-4464.

Don Bohning, « Customs dispute over rice halts U.S. aid to Haiti », *The Miami Herald*, 23 mars 2000.

[371] Voir : R. A. Haggerty, *Haiti: A Country Study*, United States Government Printing Office for the Library of Congress, Washington, DC, 1989.
http://countrystudies.us/haiti/

[372] Pour ceux qui aimeraient en savoir plus sur l'invasion des terres en Haïti : depuis 200 ans, les masses des classes populaires haïtiennes progressaient d'un bon pas, s'étant d'abord emparées des terres des colons français, puis de la classe des propriétaires de plantations métis qui ont survécu à la révolution. Jusqu'à aujourd'hui, les propriétaires fonciers de l'élite haïtienne sont régulièrement forcés d'observer impuissants des migrants envahir leurs terres, les scinder en petites parcelles et les incorporer dans leur vibrant marché informel de lopins pour jardins ou maisons (les membres de l'élite aussi s'emparent parfois mutuellement de terres de cette manière ; des arnaqueurs fonciers professionnels sont justement devenus membres de l'élite en envahissant systématiquement des terres). Une fois vos terres envahies, vous pouvez leur dire adieu. La plupart du temps, les membres de l'élite qui se sont présentés avec leur titre de propriété en main pour exiger qu'on quitte les lieux ont été accueillis par les pierres de centaines de paysans, machettes à la main. Ils ont clairement perdu au moins 90 % de ces batailles. Selon l'enquête BARR, 28 % des propriétaires craignent pour leurs droits de propriété.

Cela étant dit, il est intéressant de noter que le régime foncier serait principalement un concept imposé aux pays développés au service des intérêts coloniaux, selon ce qu'en disait la firme Payne and Associates lors d'une présentation à la Banque mondiale en 2000. Par ailleurs, toujours selon Payne and Associates, les frais juridiques liés à l'enregistrement, aux impôts et aux codes du bâtiment défavorisent les groupes à faible revenu, les forçant à s'établir clandestinement. La firme concluait que d'imposer aux pauvres un système nécessitant l'acquisition de titres ne fait d'exacerber les expulsions des groupes sociaux les plus vulnérables.

[373] La façon habituelle de procéder consiste à construire sur le terrain loué. Les loyers sont modiques, en moyenne 500 gourdes (environ 10 $) par année. Et le droit d'acheter le terrain va de soi.

[374] Deborah Sontag, « In Haiti, Rising Call for Displaced to Go Away », *The New York Times*, 4 octobre 2010.

[375] La nuit où Michel Martelly a remporté l'élection présidentielle, je me trouvais avec Sean Penn qui observait les tentes autour de nous. « Ce n'est plus un camp, a-t-il dit avec étonnement. C'est une ville. » Penn s'est lié d'amitié avec moi pendant une courte période. Selon lui, 50 000 personnes vivaient sur le terrain de golf du Pétionville Club. Grâce à Sean Penn, c'était maintenant l'un des camps de réfugiés les plus célèbres au monde. Autour du camp, des centaines de milliers de personnes vivaient dans des quartiers pauvres.

[376] Pour la citation d'Abdel Kouddous, voir : Amy Goodman, « Land Ownership at the Crux of Haiti's Stalled Reconstruction », *Democracy Now*, 14 juillet 2010.

[377] Voici la citation intégrale de la question posée à Kim Ives, le rédacteur en chef du journal américain *Haïti Liberté*. La question avait été posée par Sharif Abdel Kouddous, l'animateur de *Democracy Now*.

> Et Kim, cette question des terres qui, d'après ce que vous avez écrit, est au cœur du problème. À Port-au-Prince, c'est ce que tout le monde nous disait : « Où iront toutes ces personnes ? » On trouve littéralement des cités de tente sur chaque rue de Port-au-Prince, elles pullulent partout dans la ville. Et ce que disent les militants – les militants, les personnes sur le terrain, les organisateurs, les organisateurs communautaires – c'est : « Où iront toutes ces personnes ? » Et vous avez parlé de la bourgeoisie et de ses vastes étendues de terre idéales pour les relocalisations, mais le gouvernement et la commission intérimaire confisquent plutôt des terres publiques. Pouvez-vous expliquer cette division ?

[378] Dès avril, soit trois mois avant que Sharif Abdel Kouddous pose la question de la précédente note à Kim Ives, la direction des efforts de reconstruction avait été léguée aux 26 membres de la Commission intérimaire pour la reconstruction d'Haïti (CIRH). Coprésidée par l'ancien président Bill Clinton et le premier ministre haïtien Jean-Max Bellevire, la commission était composée de 13 membres de la communauté internationale – notamment du FMI, de la Banque mondiale et de la Banque interaméricaine de développement, ainsi que d'États donateurs comme les États-Unis, la France et le Canada – et de 13 autres membres issus de l'élite politique et du monde des affaires d'Haïti. Il est peu probable que les participants de la communauté internationale comprenaient tous les ramifications de la situation. Comme nous l'avons vu dans le texte principal, Kim Ives, sans doute le plus perspicace de tous les observateurs contemporains d'Haïti, avait compris.

[379] Voici la suite de la citation de Kim Ives : « Par conséquent, un seul véritable camp pour déplacés a été construit, le camp de Corail Cesse-Lesse [Canaan], situé à environ

15 km au nord de la capitale sur une menaçante bande désertique de sable brûlant située entre Titayen et Morne Cabrit, deux zones désertes où les escadrons de la mort se débarrassaient de leurs victimes lors des coups d'État contre Aristide. »

[380] Citation tirée du site Web d'Other Worlds :
http://otherworldsarepossible.org/two-years-after-earthquake-haiti-housing-our-battle

[381] Eramithe Delva et Malya Villard-Apollon, Tectonic Shifts, 2012, p. 164.

[382] Du point de vue des organismes humanitaires et du gouvernement des États-Unis, les camps coûtaient cher et devaient disparaître. Tant et aussi longtemps qu'ils existeraient, ils témoigneraient de l'échec des efforts de redressement. Cependant, pour l'heure, ils témoignaient de l'ampleur du désastre et de la nécessité d'un plan d'aide massive pour aider Haïti. Le gouvernement haïtien n'a peut-être pas reçu d'argent pour aider les camps, mais il jouera un rôle central lorsqu'il sera question de déterminer quoi faire avec les habitants des camps, les nouveaux logements et les sommes promises, lesquelles augmentèrent face aux besoins évidents dans les camps.

En ce qui concerne les militants habitués à malmener les organismes d'aide, il s'agissait d'une occasion tout aussi rêvée, comme ils n'en verront probablement plus jamais. Les camps témoignaient de tout ce dont ils s'étaient plaints : l'absence de domicile, l'insécurité extrême, la violence fondée sur le genre, la pauvreté, la vulnérabilité, l'apathie de l'élite et le monopole de l'élite sur la propriété et le pouvoir. Tous ces pauvres vivant dans des conditions misérables, entassés dans des endroits précis et facilement accessibles, lassés d'attendre, sans travail et prêts à ce qu'on leur dise quoi faire pour passer à l'action. Et des milliards de dollars en aide destinés à ces personnes étaient en jeu.

[383] Pour les ONG ayant participé à la relocalisation vers Corail Cesse-Lesse (Canaan), voir : Alex Wynter et Lynette Nyman, « Red Cross Volunteers Assist with New Settlement », *IFRC*, 19 avril 2010.

[384] Pour la citation de Leslie Voltaire, le conseiller du gouvernement haïtien, voir : Associated Press, « Haiti recovery bogged down 6 months after quake », 12 juillet 2010.

[385] Pour l'article de Janet Reitman publié dans le *Rolling Stone*, voir : Janet Reitman, « Beyond Relief: How the World Failed Haiti », *Rolling Stone*, 4 août 2011.

[386] Pour la couverture du fiasco de Corail Cesse-Lesse (Canaan) par la presse, voir : Jonathan Katz et Marko Alvarez, « Haiti: Summer storm floods 'safe' refugee camp », *NBC News*, 12 juillet 2010.

[387] Pendant six mois, de septembre 2010 à mars 2011, j'ai travaillé, dormi et mangé des repas dans la même maison que les employés du Département d'État responsables de l'approbation des sites, de l'élaboration des projets de logements et de l'embauche des géomètres. Les déceptions et la frustration abondaient. C'était une véritable montagne russe. Leurs journées de consultant au tarif de 500 $ à 700 $ étaient ponctuées de rebondissements scandaleux. Selon cette expérience vue de l'intérieur, voici mon opinion sur l'incident Corail/Canaan. D'abord, source d'eau ou non, ce n'était pas une mauvaise idée. Haïti venait d'être frappée par un tremblement de terre et 1,5 million de personnes n'avaient plus de maison. Plus d'un milliard de dollars avaient été promis pour aider Haïti à « reconstruire en mieux ». La reconstruction avait été déléguée à une commission formée de cadres haïtiens et étrangers possédant tous les pouvoirs nécessaires pour exproprier des terres et approuver les dépenses. Canaan, un désert ? Et puis après ? On aurait pu installer un réseau d'aqueduc, construire une usine de dessalement. La mer était littéralement juste en face, à quelques centaines de mètres. Un lac d'eau douce de 40 hectares se trouvait à environ un kilomètre dans l'autre direction. Quelques kilomètres plus haut dans la vallée, des dizaines de sources entouraient le plus grand lac d'eau salée des Antilles. Et, comme si tout cela n'était pas assez, dans les montagnes surplombant Corail Cesse-Lesse, un labyrinthe de rivières draine les hautes terres et les chaînes de montagnes haïtiano-dominicaines, de véritables Alpes antillaises aux sommets dépassant les 3 000 mètres. Tout cela, ou même une petite portion, aurait pu être mis au service de Canaan. Ils auraient pu faire fleurir le désert. Ils avaient tous les moyens à leur disposition : l'argent, le territoire, des sources d'eau pouvant être canalisées, et la volonté de la communauté internationale. La réussite était assurée. Puis le Département d'État américain a engagé Dalberg Global Development Advisors, une firme de New York. Dalberg a approuvé le développement de cinq sites. La machine était en branle… jusqu'à ce qu'elle se détracte.

USAID-Haiti a chargé leurs propres consultants de vérifier les sites de Dalberg. Bill Vastine était l'un d'eux. Voici ce qu'il a raconté à un journaliste de Reuter :

> L'un des sites qualifiés d'habitables était en réalité une petite montagne. Il y avait une mine à ciel ouvert, une falaise verticale de trente mètres et des ravins. On a alors compris que ces consultants [de Dahlberg] n'étaient probablement même pas sortis de leurs véhicules.

Bill Vastine faisait partie d'une équipe de consultants spécialistes du logement au sein d'USAID. Il s'avère que je vivais avec eux à l'époque, une exigence contractuelle d'USAID dans la foulée du séisme. Le processus d'évaluation et de réévaluation a traîné pendant des mois. Pendant ce temps, des dizaines de milliers de squatteurs envahissaient la zone.

Ils ont approuvé cinq sites pour la relocalisation des survivants au séisme en dehors de Port-au-Prince. Le gouvernement haïtien a ensuite laissé entendre que les sites deviendraient bientôt des lots de colonisation. Des dizaines de milliers de squatteurs sont apparus. Un soir d'octobre 2010, Earl Kessler, un consultant principal d'USAID et gourou de l'architecture et du logement, fort de plus de 40 ans d'expérience, a pénétré la pièce que lui et moi partagions dans un immeuble destiné aux consultants du gouvernement américain. Il était fatigué. Il venait de passer la journée à réévaluer les sites approuvés par Dalberg.

— Tu sais combine des cinq sites de relocalisation sont habitables ? », me demande-t-il.

Je suis assis sur mon lit. Je fais non de la tête. *Comment pourrais-je bien le savoir ?*

Il lève la main et forme un zéro avec son pouce et son index.

— Pas un seul. Apparemment, les gars de Dalberg ne sont jamais sortis de leur véhicule.

— Pourquoi ?

— Pourquoi ne sont-ils pas sortis du véhicule ?

— Non, pourquoi les sites ne sont-ils pas habitables ?

— Drainage, inondations. Là où l'organisme Samaritan's Purse a installé des abris, l'eau est montée à 35 centimètres avant même de commencer à drainer.

Les révélations sur Dalberg ont en quelque sorte officiellement sonné le glas de la « ville Zen ».

[388] Des projets d'habitation d'USAID qui ne se sont jamais matérialisés se sont butés à ce qu'on pourrait appeler des problèmes systémiques, à savoir des problèmes avec la façon de faire en Haïti. Ces problèmes ont aussi causé la perte de la plupart des autres projets d'habitation, qui se sont terminés dans le chaos et le désordre. Lorsque le Département d'État américain lance un appel d'offres pour des services professionnels, les soumissionnaires haïtiens, maintenant entièrement conscients de l'absence générale de coûts normaux, ont gonflé les prix à des niveaux qui seraient ridicules même dans un pays développé. Chemonics, le principal sous-traitant des États-Unis, a facturé au gouvernement américain 35 cents par pied carré pour le levé du territoire destiné aux logements, soit sept fois les 5 cents qu'il en coûterait aux États-Unis. Cela signifie que le Département d'État déboursait plus de 550 USD par hectare pour faire la levée d'un terrain qui ne valait même pas ce montant avant le séisme. L'achat d'un titre de propriété n'améliorait en rien la situation. Dans pratiquement tous les cas, les levées et les titres de propriété s'avéraient bidon ou douteux. Au final, on n'a jamais su clairement qui était le propriétaire du territoire au nord de Port-au-Prince, pas une seule partie. Un Marine américain se serait même pointé à l'ambassade avec ce qu'il prétendait être le titre de propriété du terrain.

[389] Pour la source des citations à l'exception de celle de Sean Penn, voir : Haiti Grassroots Watch, « Controversy over the Corail Camp », vol. 6, n° 48 (12 au 18 juin 2013).

[390] Dans le documentaire *Assistance mortelle* de Raoul Peck, Priscilla Phelps, qui fut à un certain moment conseillère principale de la CIRH en matière de logements, déclare ceci : « Aucune stratégie pour l'emploi, la subsistance ou le développement économique n'a jamais été élaborée en un an et demi. J'ai l'impression qu'on s'est joué de nous. »

[391] Pour l'article sur Gérald Émile « Aby » Brun et NABATEC, voir : Haiti Grassroots Watch, « HAITI: Profit-Driven "Slum Reconstruction" Will Cost "Hundreds Of Millions", *Global Research*, 20 juin 2013.

[392] Vilmond Joegodson Déralciné et Paul Jackson, *Rocks in the Water, Rocks in the Sun: A Memoir from the Heart of Haiti*, Our Lives: Diary, Memoir, and Letters Series, Athabasca University Press.

[393] Corail Cesse-Lesse ne constituait pas le seul effort de relocalisation au nord de Port-au-Prince. En réalité, la colonisation ne pouvait se faire que vers le nord, le territoire étant déjà habité dans toutes les autres directions.

[394] Pour la citation de Vilmond Joegodson sur la « guerre civile » que provoquerait une tentative d'évacuer Corail Cesse-Lesse, voir le blogue de Vilmond Joegodson et de Paul Jackson, *Hope in Canaan*, 20 mai 2010.

[395] Lors de la rédaction de ma thèse de doctorat en 2000, j'ai calculé le coût de construction d'une maison typique de deux pièces en région rurale haïtienne : de 150 à 700 $, selon la quantité de matériaux que le constructeur pouvait se procurer par lui-même. Quinze ans plus tard, en tant que novice inexpérimenté, j'ai supervisé la construction de deux de mes propres maisons, des maisons haïtiennes au coût d'environ 800 $ chacune.

Voir : Timothy Schwartz, *Children are the Wealth of the Poor: High Fertility and the Organization of Labor in the Rural Economy of Jean Rabel, Haiti*, thèse de doctorat, University of Florida, Gainesville, 2000.

[396] Pourquoi les gens refusaient-ils de déménager dans les cités de tentes « luxueuses » ? Parce que les gens pour qui elles avaient été construites habitaient à l'autre bout de la ville et refusaient de se déplacer aussi loin.

[397] Pour le nombre de toilettes par rapport au nombre de tentes dans le camp Jean-Marie Vincent, voir : Kimberly A. Cullen et Louise C. Ivers, « Human rights

assessment in Parc Jean Marie Vincent, Port-au-Prince, Haiti August 26 », *Health and Human Rights*, vol. 12, n° 2, décembre 2010.

[398] Pour les « espaces amis des enfants durables », voir : UNICEF, *For children and families in Haiti, the long road from relief to recovery. Haiti earthquake: one-year report*, 6 janvier 2011.
http://www.unicef.org/emergencies/haiti_57363.html

[399] Bien sûr, beaucoup de personnes avaient été traumatisées par le tremblement de terre. Cependant, la psychologie, le traumatisme et la façon dont les gens composent avec un traumatisme dépendent fortement de la culture. En effet, approcher ces questions de la mauvaise façon peut même exacerber la situation. En majeure partie, les « thérapeutes » n'avaient jamais mis les pieds en Haïti avant le séisme. Comme me l'a dit Maile Alphonse, tel que rapporté dans le chapitre 8 : « Ils ne parlent pas la langue et ne connaissent pas les expressions de frustration et de stress propres à la culture. » Voici un exemple de problème attribuable à une ignorance de la culture qui m'a toujours frappé, bien qu'il ne concerne pas spécifiquement le séisme : sur les vols d'American Airlines, avant le décollage de Port-au-Prince, on diffusait des vidéos de baleines nageant dans l'océan. Les vidéos avaient sans doute été concoctées par une équipe de psychologues américains dans le but d'apaiser les passagers nerveux. C'était logique : bon nombre de passagers quittant Haïti sont issus de milieux à faible revenu, des zones rurales des quartiers urbains et n'ont pas l'expérience des voyages de l'air. Les vidéos étaient accompagnés d'une musique douce que tout étranger supposerait aussi apaisante pour les Haïtiens que pour les Américains ou les Européens, qui savent très bien que les baleines sont des créatures dociles et bienveillantes. L'ironie dans tout ça, c'est qu'aux yeux des Haïtiens, les baleines sont des monstres qui mangent les humains. Dans le village où j'effectuais ma recherche, on a un jour aperçu une baleine au loin, ce qui a terrifié les villageois pendant des années. Les Haïtiens ont tout aussi peur des marsouins. C'était comme si American Airlines diffusait des images de Godzilla sur une musique légère dans le but d'apaiser les passagers nerveux d'un avion.

[400] Les enfants haïtiens ont des familles nombreuses qui peuvent s'occuper d'eux en l'absence de leurs parents. Par exemple, à Jean-Rabel, une commune du nord-ouest du pays où j'ai mené des recherches pendant plusieurs années (notamment une enquête aléatoire de 1 586 foyers sur un total d'environ 20 020), nous avons constaté qu'en moyenne, un enfant de 10 ans avait dix frères et sœurs (y compris les demi-frères et sœurs) ; 20 oncles et tantes (y compris les parents des demi-frères et sœurs) et 35 cousins germains. Il a aussi un maximum de 12 grands-parents en vie (quatre grands-parents et huit arrières-grands-parents) ; et potentiellement 40 grands-oncles et grand-tantes (les frères, sœurs, demi-frères et demi-sœurs de ses grands-parents). En

plus de ces liens de sang, un enfant type de Jean-Rabel avait deux pères fictifs et deux mères fictives (les parrains et marraines et leurs conjoints ou conjointes). L'un ou l'autre de ces proches pourrait être enclin, voire tout à fait disposé, à adopter l'enfant s'il perdait ses parents. En effet, environ 30 % des enfants de Jean-Rabel dont les parents sont en vie ne vivent pas du tout avec leurs parents, mais avec d'autres proches, normalement une grand-mère.

[401] Pour les données de la Croix-Rouge sur les services de thérapie par rapport au nombre de latrines, voir : International Federation of Red Cross and Red Crescent Societies, *Haiti Recovery Operation, From Camp to Community. Summary Plan of Action-July 2011 – December 2013.*

[402] Mercy Corps donnera des informations un peu plus précises dans une entrée de blogue publiée le 11 janvier 2013 :

- Création de 234 000 emplois temporaires par l'entremise d'activités de rémunération contre travail.

- Soutien de 100 000 enfants à se remettre de leur traumatisme.

- Aide apportée à 429 000 personnes pour l'accès à l'eau potable.

- Première ONG en Haïti à utiliser le portefeuille mobile pour le transfert de fonds à 8 700 familles.

- Transmission de renseignements vitaux sur les produits de traitement de l'eau pour la réduction de l'incidence du choléra à 1 million de personnes dans des zones à haut risque.

- Soutien de 30 000 familles hébergeant des survivants du séisme.

Mercy Corps, « Three Years Later, Investing In The Long-Term Haiti », 11 janvier 2013.
https://www.mercycorps.org/articles/haiti/three-years-later-investing-long-term

Pour des informations sur Mercy Corps, voir : Mercy Corps, *Annual Report: A Crisis is Just the Beginning,* 2010.
http://www.mercycorps.org/sites/default/files/2010_annual_report.pdf

[403] En ce qui concerne le documentaire « Where Did all the Money Go » de Michelle Mitchel, selon moi, ce film n'est qu'une attaque étriquée et démagogique contre les ONG de la part d'une journaliste fortement tributaire de militants comme Scott Snyder et Mark Schuller. Le film a néanmoins soulevé une tempête en assénant une vérité indéniable : les gens dans les camps n'ont pratiquement pas vu l'argent des dons qui leur était destiné. Bien sûr, si les camps n'ont rien reçu et que les ONG

soutiennent le contraire, la question qui s'ensuit est évidente et est devenue pratiquement un cliché : « Où est allé l'argent ? »

404 Romesh Ratnesar, « Who Failed on Haiti's Recovery? », *Time*, 10 janvier 2011. http://content.time.com/time/world/article/0,8599,2041450,00.html

405 Isabeau Doucet, « The Nation: NGOs Have Failed Haiti », *NPR*, 13 janvier 2011. http://www.npr.org/2011/01/13/132884795/the-nation-how-ngos-have-failed-haiti

406 Felix Salmon, « Where Haiti's money has gone », *Reuters*, 22 août 2011. http://blogs.reuters.com/felix-salmon/2011/08/22/where-haitis-money-has-gone/

407 Mark Schuller, « Smoke and Mirrors: Deflecting Attention Away From Failure in Haiti's IDP Camps », *The Huffington Post*, 22 décembre 2011.

408 Voir : R. Rana, J. Condor et C. Juhn, « External Evaluation of the Rental Support Cash Grant Approach Applied to Return and Relocation Programs in Haiti », *RSCG Programs – Operational Manual*, Wolfgroup Performance Consultants.

409 Voir : Socio-Dig, « Final Report for Comparative Assessment of Livelihood Approaches Across Humanitarian Organizations in Post-Earthquake Haiti Camp Resettlements », *Concern Worldwide*, 22 septembre 2016.

Période	Nombre de familles dans les camps	Nombre de personnes dans les camps	Nombre de personnes bénéficiaires d'allocation-logement
Juill. 2010	361 517	1 536 477	0
Déc. 2010	245 586	1 068 822	0
Juill. 2011	149 317	594 811	5 530
Nov. 2011	127 658	519 164	11 061
Juin 2012	97 913	390 276	60 834
Déc. 2012	87 750	347 284	91 804
Juin 2013	70 910	278 945	138 260
Déc. 2013	39 464	146 573	200 200
Juin 2014	28 134	103 565	235 594
Déc. 2014	21 218	79 397	255 227
Juin 2015	14 970	60 801	270 436
Déc. 2015	14 679	59 720	272 371
Mars 2016	17 119	62 590	275 689

[410] Pour les données sur le nombre de camps et la population des camps, voir : Nations Unies, HAITI Camp Coordination Camp Management Cluster, « Displacement Tracking Matrix v2.0 Update », 16 mars 2011. www.cliohaiti.org/index.php?page=document&op=pdf

[411] Voici un bref résumé des constatations de l'enquête que nous avons menée pour le compte du GCGC : à partir du 20 pour cent de numéros de téléphone fonctionnels, nous avons établi un échantillon de 1 400 personnes. Nous nous sommes rendus au logement locatif de ces personnes et les avons interrogés pendant plus d'une heure. Nous avons posé des questions détaillées sur une panoplie de sujet : où vivaient-ils et que possédaient-ils avant le séisme, dans les camps, maintenant ; des questions sur les soins médicaux, sur les personnes tombées malades, décédées ; ainsi que sur les activités professionnelles. La plupart des femmes de l'échantillon (cheffe du ménage, femme du chef du ménage ou cocheffe du ménage) n'avaient pas d'instruction et un grand nombre de bénéficiaires étaient manifestement très pauvres. Cependant, l'échantillon n'était pas si différent du reste de Port-au-Prince : 89 pour cent avaient un téléphone ; 53 pour cent avaient une télévision ; 14 pour cent des femmes étaient des commerçantes et 18 pour cent d'entre elles se rendaient régulièrement en République dominicaine pour y acheter des biens destinés à la revente (une femme a même révélé sans réfléchir qu'elle se rendait à Miami pour y acheter des biens) ; 32 pour cent des hommes et 13 pour cent des femmes étaient des ouvriers qualifiés, dont des maçons, des électriciens, des tailleurs et des couturiers. On comptait 39 chauffeurs, 18 chauffeurs de moto-taxi, 23 fonctionnaires, 16 pêcheurs, 19 enseignants et un policier. Aucune des personnes interrogées n'avait quitté les camps depuis plus de trois ans, la plupart depuis moins de deux ans. Malgré tout, 8 pour cent avaient fait l'acquisition d'un terrain à Port-au-Prince et 32 pour cent possédaient déjà un terrain en campagne. Dans le cas de ceux qui n'allaient pas bien et avaient quitté leur loyer locatif (soit 40 pour cent des gens interrogés), 30 pour cent avaient déménagé chez des proches ou des amis et 10 pour cent étaient retournés dans des tentes ou dans les camps. Vingt pour cent d'entre eux n'avaient plus de toilettes ni même de toilettes extérieures. Voilà les données pour les gens que nous avons retrouvés. Je pourrais continuer comme ça longtemps, mais en bref, il n'y avait rien d'anormal à propos des gens qui habitaient dans les camps. Dans l'ensemble, ils n'étaient pas les plus pauvres parmi les citadins pauvres : par exemple, 27 pour cent de l'échantillon n'avait pas de télévision lorsque le séisme a frappé, contre 30 pour cent pour la population générale ; 5 pour cent vivaient dans une maison avec un plancher de terre battue, contre 15 pour cent, respectivement ; et 4 pour cent n'avaient pas de toilettes, contre 15 pour cent, respectivement. Le loyer annuel moyen des membres de

l'échantillon avant le séisme était de 13 240 gourdes (331 USD), un montant beaucoup plus bas que le loyer annuel moyen de 20 817 gourdes (520 USD) signalé à Cité Soleil par OIM-ACTED dans un rapport de 2011.

[412] Pour la citation sur les 3 000 personnes ayant déclaré avoir perdu leur pièce d'identité alors que c'était vrai pour seulement 379 personnes, voir : Concern Worldwide, *Concern Worldwide Report to the European Commission - Directorate General - Humanitarian aid and Civil protection – ECHO eSingle form for humanitarian aid actions*, p. 6.

[413] Ce qu'il faut retenir, c'est que ceux qui travaillaient pour les organismes d'aide humanitaire triaient délibérément les données qu'ils transmettaient à la presse et, dans d'autres cas, manipulaient leurs propres données pour soutenir leur discours. Autrement dit, ceux qui étaient déterminés à prétendre que les camps étaient habités presque entièrement de victimes légitimes du tremblement de terre et de sans-abri ne se sont pas laissés dissuader par les évidences, les déductions logiques et les études statistiquement représentatives. Plutôt que de reconnaître l'ampleur de l'opportunisme et d'étudier les résultats (ce qui aurait certainement aidé les organismes humanitaires à venir en aide aux personnes les plus désespérées), on a réagi rapidement et agressivement à toute contradiction. Voici ce qu'a déclaré Leonard Doyle, le porte-parole de l'OIM, au *Miami Herald* :

> Il n'est pas très crédible de suggérer qu'il se trouve moins de 100 000 déplacés dans les camps alors que nous en avons compté physiquement 680 000 en mars […] Quelques camps de déplacés à Port-au-Prince pourraient facilement excéder [le nombre de déplacés selon l'enquête BARR].

Personne n'a jamais affirmé qu'il n'y avait aucun déplacé véritable. Personne n'a jamais affirmé qu'il n'y avait pas 680 000 personnes dans les camps au moment où l'enquête BARR a été publiée. À tout le moins, certainement pas moi. La question était de déterminer qui étaient ces personnes et combien d'entre elles étaient sans logis depuis le tremblement de terre. Mais peu importe puisque, au final, Doyle, comme tous les autres employés de l'OIM, savait pertinemment que ce qu'il affirmait était faux : un autre exemple de données délibérément mésinterprétées pour soutenir un certain discours. Cinq mois plus tôt, l'OIM avait mené une enquête dans 1 152 camps et découvert qu'au moins 25 pour cent de toutes les tentes des étaient vides (voir la note suivante).

[414] En janvier et à la mi-février 2011, exactement au moment où nous menions l'enquête BARR et que l'OIM affirmait à la presse qu'il se trouvait 806 377 déplacés dans 1 152 camps, l'OIM et son partenaire ACTED menaient une autre enquête.

Leurs équipes de terrain ont visité 1 152 camps de déplacés. Elles ont découvert que dans 92 de ces camps, il n'y avait que des tentes vides. Cela correspond à près de 10 pour cent de tous les camps, complètement vides. Des 1 061 camps où des tentes étaient habitées, on trouvait au moins quelques tentes inhabitées dans 712 d'entre eux. Les détails varient d'un endroit à l'autre. À Ganthier, 73 pour cent des 213 tentes étaient vides : 155 tentes vides qui abritaient un total de 58 ménages. Dans la commune de Croix-des-Bouquets, 6 525 tentes situées sur 63 sites étaient vides, soit 30 pour cent de toutes les tentes dans la zone. Au sud, dans la région de Grand-Goâve, 736 tentes de 34 camps étaient vides, soit 49 pour cent de toutes les tentes dans la zone. À Léogâne, 1 770 tentes de 74 camps de déplacés étaient vides, soit 36 pour cent de toutes les tentes dans la zone. Dans l'ensemble, on peut conclure que 25 pour cent de toutes les tentes des camps de déplacés visités par l'OIM étaient vides. En ce qui concerne les 75 pour cent restants, combien de résidents vivaient réellement dans ces tentes ? On l'ignore. Cependant, l'OIM a signalé une moyenne de 4,1 personnes par foyer (moyenne pouvant atteindre un plancher de 3,3 personnes dans certaines zones), comparativement à la moyenne normalement entre 5,2 et 5,8 pour les maisons de Port-au-Prince. À la décharge de l'OIM, voici comment l'organisation a interprété ces données : « Certains déplacés ont décidé de laisser certains membres du ménage dans les camps pour préserver l'accès aux services sur place tandis que les autres membres sont retournés à la maison ou se sont réinstallés ailleurs. »

Toutes ces données proviennent d'un sommaire non publié. Cependant, pour une référence et un sommaire officiel, voir : Nations Unies, HAITI Camp Coordination Camp Management Cluster, « Displacement Tracking Matrix v2.0 Update », 16 mars 2011.
www.cliohaiti.org/index.php?page=document&op=pdf

[415] Après la publication de l'enquête BARR, Leonard Doyle m'a écrit en se plaignant de la sorte :

> J'essaie de concilier vos données avec celles du DTM, qui a enregistré 680 000 résidents dans les camps en mars et un nombre légèrement inférieur dans un rapport à venir. Ces données sont issues d'un dénombrement par tête direct, normalement à 6 h, lorsque les chercheurs se rendent dans les camps. Les chefs de famille obtiennent une carte d'enregistrement. Il me semble difficile d'exploiter ce système puisqu'il s'agit d'un dénombrement réel.

Communication personnelle, courriel, 30 mai 2011.

Leonard Doyle savait que les gens dans les camps ne s'étaient pas enregistrés lors des dénombrements de 6 h. Les gens faisaient la file devant des tables disposées par l'OIM et s'enregistraient eux-mêmes.

[416] D'après l'enquête de l'OIM et d'ACTED :

À la question « où voudriez-vous aller ? », 17 % ont déclaré vouloir retourner dans leurs maisons d'origine, 12 % souhaitent quitter Port-au-Prince et retourner dans la campagne. Quelque 11 % ont déclaré avoir besoin de plus d'information pour prendre leur décision, 10 % aimeraient être logés dans un site organisé, alors que 9 % seraient prêts à retourner dans leurs maisons, même si elles n'étaient pas réparées. Enfin, 19 % ont confié n'avoir nulle part où aller.

« Ce sondage fournit des preuves factuelles de la nécessité d'améliorer la fréquence et la qualité des communications avec la population touchée par le séisme », a déclaré Ben Noble, coordinateur de CDAC Haïti. « Tous les partenaires humanitaires doivent mieux évaluer les besoins des communautés en matière d'information de manière à adapter et à concevoir des projets de relogement et de retour en fonction des besoins et des inquiétudes exprimés par les déplacés. »

Voir : ACTED, « Une écrasante majorité d'Haïtiens souhaite quitter les camps de déplacés, mais n'a nulle part où aller », 5 août 2011. https://reliefweb.int/report/haiti/overwhelming-majority-haitians-living-displacement-camps-want-leave-have-nowhere-go

[417] Comme nous l'avons vu ailleurs, l'anthropologue-militant Mark Schuller est devenu l'un des plus ardents défenseurs de la « légitimité » des résidents des camps et, à ce titre, il constituait une importante source de désinformation pour les organismes d'aide. Dans le cadre d'enquêtes menées par Mark Schuller dans des camps de déplacés pour le compte d'US National Science Foundation, 3,5 pour cent des personnes interrogées ont déclaré avoir immigré à Port-au-Prince après le séisme. Que des habitants des camps aient avoué avoir déménagé à Port-au-Prince après le séisme témoigne de leur honnêteté. Cela démontre aussi à quel point, même sans les organismes d'aide, les camps représentaient un avantage pour les pauvres, qui n'avaient pas à payer de loyer. Cependant, Mark Schuller a utilisé cette statistique pour avancer ceci :

> À ceux qui se disent inquiets que l'aide attire des dizaines de milliers de personnes de la campagne, l'enquête a démontré que seulement 3,5 pour cent des habitants des camps n'étaient pas à Port-au-Prince avant 2010. L'année médiane de migration vers Port-au-Prince des habitants des camps était 1993, ce qui s'inscrit dans les tendances

générales d'exode rural en Haïti. Autrement dit, seulement 3,5 pour
cent des habitants des camps ne sont pas de « vrais » déplacés.

Cette conclusion est quelque peu bizarre. Seuls les habitants de régions rurales s'étant rendus à Port-au-Prince après le séisme peuvent être qualifiés de « faux » déplacés ? Par ailleurs, supposer que les personnes dans les camps n'auraient pas la présence d'esprit de prétendre être des déplacés victimes du séisme (pour obtenir de l'aide et peut-être même un terrain, une maison ou, à tout le moins, un an de loyer gratuit) peut aussi sembler condescendant de la part de Mark Schuller. Ceux qui affirmaient avoir intégré un camp après le séisme s'assuraient de ne rien recevoir, avec la possibilité d'être évincé.

[418] En ce qui concerne la propriété domiciliaire à Port-au-Prince : en réalité, selon des enquêtes menées avant le tremblement de terre, 42 pour cent des résidents de la capitale étaient des propriétaires (voir : Fafo, *Enquête sur les conditions de vie en Haïti*, 2003, p. 53). Lors de notre enquête BARR, 70 pour cent des habitants de Port-au-Prince interrogés ont déclaré posséder la maison où ils habitaient, 60 pour cent ont déclaré posséder le terrain et 93 pour cent d'entre eux avaient un document quelconque à cet effet. À cet égard, le recensement de Ravine Pintade (l'un des quartiers les plus pauvres et les plus gravement touchés par le séisme à Port-au-Prince), effectué dans le cadre de l'enquête BARR, a révélé que 60 pour cent des habitants du quartier étaient propriétaires de leur maison et que 51 pour cent étaient propriétaires de la maison et du terrain. L'écart entre les données d'enquêtes d'USAID et d'une enquête de l'ECVH menée en 2001 est attribuable au fait que l'enquête de l'ECVH ne différenciait pas entre les propriétaires de maison et les propriétaires de terrain. Comme l'ont révélé les enquêtes d'USAID, il est d'usage dans les quartiers populaires de construire des maisons sur un terrain loué et d'acheter le terrain plus tard. En général, le prix de location d'un terrain se situe entre un dixième et un vingtième du prix de location d'une maison. Dans le cadre d'une enquête que j'ai élaborée et dirigée pour le compte de CARE International en 2012, nous avons visité 800 domiciles sélectionnés de manière aléatoire à Léogâne et 72 pour cent des chefs du foyer ont déclaré posséder le terrain et la maison. Dans une enquête de CARE auprès de 800 foyers sélectionnés de manière aléatoire à Carrefour, un quartier fortement urbanisé, 50 pour cent des chefs de ménage ont déclaré être propriétaire du terrain et 60 pour cent être propriétaire de la maison.

[419] Pour l'affirmation de Schuller selon laquelle le prix des loyers aurait augmenté de 300 pour cent, voir : Mark Schuller, *UNSTABLE FOUNDATIONS: Impact of NGOs on Human Rights for Port-au-Prince's Internally Displaced People*, 4 octobre 2010, p. 4.

[420] Pour l'interprétation erronée de Mark Schuller de la citation selon laquelle de 70 à 85 pour cent de la population de Port-au-Prince était locataire avant le séisme, voir :

Deepa Panchang et Mark Snyder, *"We Became Garbage To Them" Inaction And Complicity In IDP Expulsions A Call To Action To the U.S. Government*, 14 août 2010. Comme nous l'avons vu dans le texte principal, Panchang et Snyder, deux militants très productifs dans les mois et les années qui ont fait suite au séisme, n'avaient pas écrit 85 pour cent, mais plutôt « jusqu'à 70 pour cent ». Par ailleurs, ils ne faisaient pas référence à la population de Port-au-Prince, mais à la population dans les camps. Plus précisément, ils citaient comme source les inscriptions aux camps de l'OIM : Haiti Camp Coordination Camp Management Cluster, *Registration Update, February 25-June 25, 2010*.

Pour la citation de Schuller faisant état d'un taux de 70 à 85 pour cent de locataires avant le séisme, voir : Mark Schuller, *UNSTABLE FOUNDATIONS: Impact of NGOs on Human Rights for Port-au-Prince's Internally Displaced People*, 4 octobre 2010, p. 4.

[421] Dans le cas de Mark Schuller, il s'agissait probablement d'un petit mensonge pour une noble cause : aider les pauvres. Si cette cause est respectable, il n'en demeure pas moins présomptueux de remettre en question des données et de présumer savoir ce qui est dans l'intérêt supérieur des pauvres, ce que Mark Schuller semble faire souvent (voir le chapitre 9).

[422] Selon un rapport de la Banque mondiale, avant le séisme, il y avait un déficit de 500 000 unités résidentielles en Haïti, ce qui, interprété de manière littérale, signifierait qu'un quart de la population n'avait pas de maison. N'oublions pas qu'il s'agit de la situation avant le séisme. Étant donné qu'on trouve 5,2 personnes par foyer, cela aurait signifié 2,6 millions de personnes, environ 1 million de plus que la population de Port-au-Prince avant le séisme et environ 75 pour cent de toutes les personnes vivant dans la zone de frappe. Je suppose que tout dépend de ce que l'on entend par « unité résidentielle », ce que le rapport ne précisait pas. (Voir : Banque mondiale, Home Sweet Home: Housing programs and policies that support durable solutions for urban IDPs, 2005, p. 3).

[423] Stuart E. Eizenstat, « Nongovernmental Organizations as the Fifth Estate » Seton Hall Journal of Diplomacy and International Relations., vol. 5, n° 2, été/automne 2004.

[424] The 21st Century NGO in the Market for Change, SustainAbility, 2003.

[425] L. Salamon, W. Sokolowski et R. List, *Global Civil Society, An Overview*, The Johns Hopkins University, Baltimore, Maryland, 2003.

[426] Giving USA, « Giving USA: 2015 Was America's Most-Generous Year Ever », *Giving USA 2016: The Annual Report on Philanthropy for the Year 2015*, 13 juin 2016.

[427] Pour les statistiques sur l'importance économique du secteur humanitaire, voir :

Cory Steinhauer, « The Humanitarian Sector in 16 Stats », Humanitarian Institute, 7 août 2016.

Sophia Swithern, *GLOBAL HUMANITARIAN ASSISTANCE REPORT 2014*, Development Initiatives, Bristol, Royaume-Uni, 2014.

GHA, *GLOBAL HUMANITARIAN ASSISTANCE REPORT*, Development Initiatives, Washington D.C.

Secrétaire-général de l'ONU, *High-Level Panel on Humanitarian Financing Report to the Secretary-General Too important to fail—addressing the humanitarian financing gap*, rapport du Sommet mondial sur l'action humanitaire, janvier 2016.

[428] Pour une estimation de la proportion de l'aide financière perdue en Afrique en raison de la corruption, voir : James Bovard, « 2005 Bush's Foreign-Aid Fraud », *Freedom Daily*, 24 octobre 2005.

Pour l'enquête de l'Office européen de lutte antifraude (OLAF) sur la fraude généralisée et systématique au sein des grandes ONG sous la forme de double rémunération, voir : NGO Monitor, « EU Anti-Fraud Office to Investigate 32 NGOs », *NGO Monitor Digest*, vol. 3, n° 11, 14 juillet 2005.

Pour un résumé des fraudes majeures des ONG de 1998 à 2000, voir : Margaret Gibelman et Sheldon R. Gelman, *Very Public Scandals: An Analysis Of How And Why Nongovernmental Organizations Get In Trouble. A Working Paper.*

Pour les cas de fraude aux Philippines qui ont servi de catalyseur à la création du Conseil philippin pour la Certification des ONG (Philippine Council for NGO Certification, PCNC) – aux dires de plusieurs, l'un des organismes de réglementation des ONG les plus efficaces au monde –, voir : Danilo A. Songco, *The Evolution of NGO Accountability Practices and their Implications on Philippine NGOs A literature review and options paper for the Philippine Council for NGO Certification*, 2006, p. 4, 20.

Pour quelques exemples de la participation d'ONG à des opérations militaires secrètes et des actes de terrorisme, ainsi que des commentaires sur le sujet, voir :

Keith Harmon Snow, « Ben Affleck, Rwanda, and Corporate Sustained Catastrophe (Part 2) », *Dissident Voice*, 2009. http://dissidentvoice.org/2009/01/ben-affleck-rwanda-and-corporate-sustained-catastrophe-part-2

Philip Shenon. "Former Congressman Is Indicted Over Ties to Islamic Charity", *The New York Times*, 17 janvier 2008.

Philip Agee, « Former CIA agent tells: How US infiltrates "civil society" to overthrow governments », *Information Clearing House.*
http://www.informationclearinghouse.info/article4332.htm

Pour des exemples en Haïti, voir : Peter Hallward, *Damming the Flood: Haïti, Aristide and the Politics of Containment*, Verso, 2008.

Pour des exemples de dumping et de recours aux ONG pour des intérêts politiques et corporatifs, voir :

Oxfam International, « Food Aid or Hidden Dumping? Separating Wheat from Chaff ».
http://www.oxfam.org/en/policy/food-aid-or-hidden-dumping

Anup Shah, « Food Aid as Dumping », *Global Issues*, 2005.
http://www.globalissues.org/article/10/food-aid-as-dumping

Pour l'indifférence des ONG envers les désirs des bénéficiaires, voir : Ronelle Burger et Trudy Owen, *Promoting transparency in the NGO sector: Examining the availability and reliability of self-reported data*, Centre for Research in Economic Development and International Trade, University of Nottingham, 2008. Cette étude de 300 ONG en Ouganda qui a révélé que, même si elles prétendent le contraire, 69 % des ONG ne consultaient pas la communauté avant ou après avoir lancé une activité et 25 % des ONG qui prétendaient fournir des renseignements financiers avaient menti à ce sujet ou subséquemment refusé de les fournir.

Pour le secret entourant les renseignements financiers, voir : Carmentica T. Abella et Amor L. Ma, *Philippines NGOs As Major Actors in Philippine Society*, APPC Conference 2003.
http://asianphilanthropy.org/APPC/APPC-conference-2003/12-country-study-2003.pdf
Les auteurs de l'étude sur la reddition de comptes aux Philippines signalent que de nombreuses ONG protègent leurs renseignements financiers comme s'il s'agissait de « secrets d'État ». Voir également : Caucus of Development NGO Networks, *Project on Implementing the Code of Conduct for Development NGOs, Terminal Report*, 1997. Seulement 50 % des membres du Caucus of Development NGO Networks (CODE-NGO) ont fourni des renseignements de profil. Certains justifiaient cette décision en prétendant qu'ils ne voulaient pas que leurs renseignements se retrouvent « entre de mauvaises mains ».

Pour des exemples de gaspillage, de corruption et d'indifférence :
Michael Maren, *The Road to Hell: The Ravaging Effects Of Foreign Aid and International Charity*, New York, Free Press, 1997.

M. Edwards et D. Hulme, *NGO Performance and Accountability. In Beyond the Magic Bullet: NGO Performance and Accountability in the Post-Cold War World*, Kumarian Press, West Hartfort, 1996.

Anthony Adair, *Information on NGO*.
http://www.moyak.com/papers/ngo-information.html

M. Marschall, « Legitimacy and Effectiveness: Civil Society Organizations' Role in Good Governance », *Global Policy Forum*. 1er novembre 2002.

Evans Munyemesha, « International Aid », *The Zambian,* 20 octobre 2003.

L. Jordan, « Mechanisms for NGO Accountability » GPPi Research Paper, série n° 3, Global Public Policy Institute, Berlin, Allemagne, 2005.

K. Dombrowski, « Working Paper: Overview of Accountability Initiatives », Working Paper Number 100, One World Trust, janvier 2006.

[429] Pour l'étude de l'Université de Warwick, voir : Jan Sholte, Jan Aart, *Civil Society and Democracy in the Global Economy*, Université de Warwick, Royaume-Uni, 2003.

[430] William Easterly, *The White Man's Burden*, Penguin Press, 2006.

[431] Pour des « appels à la reddition de comptes » dignes de mention, voir notamment :

Andy W. Knight, Martha Schweitz, Kaoru Kurusu et John McLaughlin, *World NGO Conference: Report of the First Preparatory Meeting Held at UNU Headquarters*, Tokyo, 23 et 24 septembre 1996.

Sphere, « Fostering Accountability and Quality among Humanitarian Aid Agencies Through a Process of Accreditation: History, overview of current options and potential contribution », *Sphere*, 2000.
http://www.sphereproject.org/about/account.htm

SustainAbility, *Beyond the Usual Suspects: Engaging Southern NGOs*, Issue Brief n° 4, octobre 2003.

Pour un résumé de la crise de la reddition de compte en particulier, voir :

Michael Ewards, *NGO Rights and Responsibilities: A New Deal for Global Governance*, Foreign Policy Center, Londres, 2000.

H. Slim, « By What Authority? The Legitimacy and Accountability of Non-Governmental Organizations », presentation au International Meeting on Global Trends and Human Rights—Before and After September 11, Genève, du 10 au 12 janvier 2002.

Peter Shiras, « The new realities of non-profit accountability », *Alliance Magazine*, 1ᵉʳ décembre 2003.

Penny Bonda, « The 21st Century NGO: Poised for Change? », *green@work* magazine, 2009.

Owen Barder, *Beyond Planning: Markets and Networks for Better Aid*, Center for Global Development, octobre 2009.
http://www.owen.org/wp-content/uploads/CGD-WP-185-Beyond-Planning.pdf

William D. Savedoff et Ruth Levine, *The Evaluation Agenda*. 200.

J. McGann et M. Johnstone, M. « The Power Shift and the NGO Credibility Crisis », *The International Journal of Not-for-Profit Law*, vol. 8, n° 2 (2006), p. 65-77.

David Bonbright et Srilatha Batliwala, *Answering for Ourselves: Accountability for Citizen Organisations. Annex 1: Citizen Sector Accountability – Initiatives and Papers* et *Annex 2: NGO Accountability: A Review of the Literature*, 2007.
http://www.civicusassembly.org/default.asp?page= 155

David K. Constantino, « Intra-Civil Society Relations, An Overview », *Civil Society Making Civil Society*, M. Ferrer (ed.), Third World Studies Center, University of the Philippines, Quezon, 1997.

Commonwealth Business Council, « Strengthening Good Governance in Business, Government, & Civil Society: Shared Challenges of Leadership and Accountability », novembre 2003.
http://www.commonwealthclub.org/archive/02/02-04bush-speech.html

K. Dombrowski, « Working Paper: Overview of Accountability Initiatives », Working Paper Number 100, One World Trust, janvier 2006.

Pour l'autorégulation et ses problèmes, voir :

R. Lloyd, et L. de las Casas, *NGO Self-Regulation: Enforcing And Balancing Accountability*, One World Trust, Londres, 11 août 2006.

N. Leader, *Codes of Conduct: Who Needs Them?*, Relief and Rehabilitation Network, Newsletter n° 13, mars 1999.

[432] Avant le séisme, un changement semblait s'amorcer. En 2008, Barack Obama est devenu le président des États-Unis. Il a nommé Hillary Clinton au poste de secrétaire d'État. Elle a chargé l'une des membres les plus fidèles de son équipe, Cheryl Mills (que certains en sont venus à appeler la Dame de fer) de remettre Haïti sur les rails. En 2009, les Nations Unies ont nommé Bill Clinton au poste d'envoyé spécial pour Haïti. À son tour, l'ancien président américain a nommé au poste d'adjoint de l'envoyé spécial Paul Farmer, un grand érudit et défenseur d'Haïti et traditionnellement l'un des plus fervents détracteurs de la politique américaine au pays. À l'époque, bien des observateurs ont noté que les astres semblent prendre un tournant favorable. Voilà les architectes d'une nouvelle politique américaine et internationale à l'égard d'Haïti. Leur ascension au pouvoir a mené nombreux d'entre nous à croire de nouveau que peut-être, je dis bien peut-être, le système de l'aide pouvait fonctionner. Pendant ce temps, les astres continuaient de s'aligner. Le président haïtien René Préval, avec l'appui de l'ONU, avait restauré la stabilité politique dans les rues de Port-au-Prince. Son premier ministre, Jean-Max Bellerive, était aussi ministre de la Planification, le ministère chargé de superviser les ONG. Jean-Max Bellerive militait ardemment pour la responsabilisation des ONG. En effet, avant le séisme, il semblait que partout en Haïti, la question de la redevabilité des ONG était une priorité. Des conférences et des rencontres étaient organisées avec pour thème principal la reddition de comptes des ONG. Des fonds substantiels ont été affectés au développent du pays. Des changements étaient imminents… Puis le séisme a frappé et, même s'il s'agissait d'une catastrophe terrible, celle-ci ne semble que confirmer l'inéluctabilité de changements massifs.

Des âmes compatissantes, des entreprises, des congrégations religieuses, des écoles et des gouvernements de partout dans le monde ont promis plus de 12 milliards de dollars à Haïti. Il s'agissait d'une « occasion de changer Haïti », selon des organisations comme la Croix-Rouge américaine et Oxfam. Des organismes chargés de surveiller l'allocation de l'aide sont apparus spontanément. Et, peut-être plus pertinent que tout le reste, l'ONU a promis de coordonner et d'effectuer un suivi de l'aide. Un réel espoir renaissait. Les choses allaient changer. L'envoyé spécial Bill Clinton est devenu coprésident de la Commission intérimaire pour la reconstruction d'Haïti, qui était temporairement responsable des décisions politiques haïtiennes concernant l'allocation des dons et le choix des projets à mener. La représentante des États-Unis n'était nulle autre que Cheryl Mills, la Dame de fer ; le premier ministre Jean-Max Bellerive faisait aussi partie des membres ; et Philippe Bécoulet, l'homme qui depuis 29 ans était à la tête du mouvement pour la reddition de comptes en Haïti, avait été nommé à titre de représentant des ONG. Ils allaient faire la liste de toutes les ONG en Haïti ; ils allaient vérifier chaque organisme de bienfaisance disposant d'un budget annuel de plus de 500 000 $; ils allaient approuver tous les projets et assurer un suivi. Oui, les choses allaient changer. L'ONU avait mis en branle une importante machine administrative, assemblé toutes les ressources et l'expertise nécessaires de la plus grande organisation internationale que le monde n'a jamais connue. Enfin, un réel changement s'annonçait.

Puis rien n'est arrivé. Chaque promesse s'est évanouie. Chaque plan a fini en queue de poisson. La « carte de l'aide » de l'ONU constitue un bon exemple. L'idée était de dresser la liste de tous les projets autodéclarés par les organismes d'aide, de les vérifier et, ultimement, de rendre publics l'emplacement des projets, les détails de la vérification de l'ONU et une évaluation des projets par les bénéficiaires et les chefs communautaires dans la zone de mise en œuvre. Cependant, en pratique, la carte de l'aide est devenue l'endroit où les employés des organismes humanitaires étaient eux-mêmes autorisés à inscrire leurs projets, à revendiquer l'accomplissement de telle ou telle activité et, bien sûr, à chanter les louanges de leurs réussites. Ils étaient les seuls autorisés à accéder aux renseignements et à les modifier. Aucun mécanisme pour les commentaires ni pour la rétroaction. En d'autres mots, plutôt que d'être un mécanisme encourageant la transparence et permettant de vérifier les allégations des organismes humanitaires, la carte de l'aide est devenue un outil de propagande des ONG.

TIMOTHY T. SCHWARTZ

Timothy T. Schwartz vit, mène des recherches et travaille en Haïti et en République dominicaine depuis plus de 30 ans. Il a passé cinq ans dans les régions rurales d'Haïti. D'abord un an dans une communauté de pêcheurs, puis dans des villages et éventuellement à Port-au-Prince, où il a travaillé à titre de consultant pour des organismes d'aide internationaux. En 2001, dégoûté par le monde du développement, il part vivre en République dominicaine, où il restera 10 ans. Il passa la première année dans une colonie de squatteurs en périphérie d'un camp de travailleurs migrants haïtiens en dehors de Santo Domingo. Sur place, il a réalisé des études d'impact social pour des sociétés privées. En 2008, après l'élection de Barrack Obama, Schwartz retourne travailler en Haïti. Avant le tremblement de terre, il avait déjà effectué 20 grandes enquêtes et missions de conseil en Haïti. Dans les sept années qui ont fait suite au séisme, il a réalisé au moins 47 missions de conseil pour plus de 60 organisations différentes. *L'aide humanitaire en Haïti* est le troisième ouvrage de Schwartz. Son premier livre, *Mascarade en Haïti* (*Travesty in Haïti*), porte sur les efforts de développement ratés, la drogue et la corruption dans le secteur de l'humanitaire. Le livre a connu un grand succès. Son deuxième livre, *Sexe, famille et fertilité en Haïti* (*Sex, Family and Fertility in Haïti*), est un ouvrage universitaire sur les structures familiales haïtiennes. Timothy T. Schwartz a obtenu son doctorat en anthropologie de l'Université de la Floride en 2000. Il parle couramment anglais, créole haïtien et espagnol.